a luta de classes

domenico losurdo

a luta de classes

UMA HISTÓRIA POLÍTICA E FILOSÓFICA

TRADUÇÃO
SILVIA DE BERNARDINIS

Copyright desta edição © Boitempo Editorial, 2015
Copyright © Gius. Laterza & Figli, 2013
Título original: *La lotta di classe. Una storia politica e filosofica*

Direção editorial	Ivana Jinkings
Edição	Isabella Marcatti
Coordenação de produção	Livia Campos
Assistência editorial	Carolina Yassui e Thaisa Burani
Tradução	Silvia De Bernardinis
Preparação	Paula Nogueira
Revisão	Thais Rimkus
Diagramação	Antonio Kehl
Capa	Maikon Nery
	sobre cartaz de Karl Maria Stadler para o Dia Internacional da Mulher, 1914 (frente), e foto de trabalhadores da fábrica de tratores Putilov, em eleição para o soviete de Petrogrado, junho de 1920 (verso)

Equipe da Boitempo

Allan Jones, Ana Carolina Meira, Ana Yumi Kajiki, André Albert, Artur Renzo, Bibiana Leme, Eduardo Marques, Elaine Ramos, Frederico Indiani, Heleni Andrade, Isabella Barboza, Ivam Oliveira, Kim Doria, Marlene Baptista, Maurício Barbosa, Renato Soares, Thaís Barros, Tulio Candiotto

CIP-BRASIL. CATALOGAÇÃO-NA-FONTE
SINDICATO NACIONAL DOS EDITORES DE LIVROS, RJ

L89L

Losurdo, Domenico, 1941-
A luta de classes : uma história política e filosófica / Domenico Losurdo ; tradução Silvia de Bernardinis. - 1. ed. - São Paulo : Boitempo, 2015.

Tradução de: La lotta di classe. Una storia politica e filosofica
Inclui bibliografia e índice
ISBN 978-85-7559-438-4

1. Sociologia. 2. Política e governo. I. Título.

15-21486

CDD: 306
CDU: 316

É vedada a reprodução de qualquer parte deste livro sem a expressa autorização da editora.

1ª edição: junho de 2015; 1ª reimpressão: maio de 2018
2ª reimpressão: setembro de 2020; 3ª reimpressão: dezembro de 2020
4ª reimpressão: agosto de 2021

BOITEMPO
Jinkings Editores Associados Ltda.
Rua Pereira Leite, 373
05442-000 São Paulo SP
Tel.: (11) 3875-7250 / 3875-7285
editor@boitempoeditorial.com.br
www.boitempoeditorial.com.br | www.blogdaboitempo.com.br
www.facebook.com/boitempo | www.twitter.com/editoraboitempo
www.youtube.com/tvboitempo | www.instagram.com/boitempo

SUMÁRIO

Nota do autor 9

Introdução. O retorno da luta de classes? 11

I. As diferentes formas da luta de classes 19

    1. "Libertação da classe operária" e "libertação nacional" 19

    2. Uma distração da luta de classes? 23

    3. "Lutas de classes e nacionais": *genus* e *species* 25

    4. A condição da mulher e a "primeira opressão de classe" 29

    5. As lutas de classes das classes exploradoras 34

    6. 1848-1849: uma "luta de classes em formas políticas colossais" 35

    7. 1861-1865: uma "cruzada da propriedade contra o trabalho" 39

    8. A luta de classes e outros paradigmas 43

    9. A formação da teoria da luta de classes 48

    10. Luta de classes e luta ideológica 52

    11. Da religião ao "idílio bucólico" 57

    12. A "natureza" entre evasão e luta de classes 60

    13. Uma teoria geral do conflito social 63

II. Uma luta prolongada e não um jogo de soma zero 69

    1. "Nivelamento universal" ou "grande divergência"? 69

    2. Obsolescência da guerra? 74

    3. Um conflito eterno entre senhores e escravos? 77

    4. Proletariado, interesse de classe e sua transcendência 80

    5. Marx "contra" Nietzsche (e Foucault) 84

III. Lutas de classe e lutas pelo reconhecimento 91

    1. Redistribuição ou reconhecimento? 91

    2. Um pedido disseminado de reconhecimento 94

    3. "Humanismo positivo" e crítica dos processos de reificação 97

4. Paradigma do contrato e justificativa da ordem existente......... 104

5. As insuficiências do paradigma jusnaturalista 109

6. Hegel, Marx e o paradigma da luta pelo reconhecimento 112

7. Luta pelo reconhecimento e conquista da autoestima 116

8. A luta pelo reconhecimento, dos indivíduos aos povos............. 117

IV. A superação da lógica binária. Um processo gravoso e inacabado.. 121

1. As mutilações da luta de classes....................................... 121

2. "Socialismo imperial"... 124

3. "Classe contra classe" em escala planetária? 127

4. Lógica binária e "evidência" da exploração 132

5. "Lutas de classe" ou luta entre "opressores e oprimidos"? 135

6. Exportar a revolução? 137

V. Multiplicidade das lutas pelo reconhecimento e conflito entre liberdades.. 141

1. A hierarquização das lutas de classes 141

2. Emancipação dos escravos e "governo despótico".......... 145

3. O conflito das liberdades nas colônias 148

4. O internacionalismo e suas formas 152

5. Movimento operário e "socialismo imperial"................... 156

VI. Passagem a sudeste. Questão nacional e luta de classes 159

1. Lenin crítico das mutilações da luta de classes 159

2. *Psicologia das multidões* de Le Bon e *Que fazer?* de Lenin............... 164

3. A "enorme importância da questão nacional" 166

4. A breve estação da "guerra civil internacional".................... 171

5. "Proletários de todos os países e povos oprimidos do mundo inteiro, uni-vos!" 175

6. O Oriente e a dupla luta pelo reconhecimento 179

7. Mao e a "identidade entre luta nacional e luta de classes" 182

8. "Luta de raças" e luta de classes em Stalingrado 185

9. Uma luta de classes onipresente e impossível de encontrar........ 189

10. Do partido bolchevique mundial à dissolução da Internacional... 192

VII. Lenin 1919: "A luta de classes mudou sua forma".................... 197

1. Lenin, o operário belga e o católico francês 197

SUMÁRIO 7

2. "Ascetismo universal" e "rude igualitarismo"................................ 199

3. "Coletivismo da miséria, do sofrimento" 204

4. Uma inédita luta de classes do alto....................................... 209

5. A luta de classes e as duas desigualdades 214

6. Desigualdade quantitativa e qualitativa 220

VIII. Depois da revolução. As ambiguidades da luta de classes 225

1. O espectro da nova classe 225

2. Classes sociais e estratos políticos.................................... 228

3. Classe dominante e classe delegada 234

4. "Estado", "administração" e "resgate" em Lenin.......................... 237

5. "Expropriação política" e "expropriação econômica" em Mao......240

6. A consciência de classe como "espírito de cisão"
   e como "catarse" 243

7. Entre Rússia e China: a burguesia como classe em si e classe
   para si 249

IX. Depois da revolução. À descoberta dos limites da luta de classes 255

1. Esperanças revolucionárias e idealismo da práxis...................... 255

2. Guerra e retomada do idealismo da práxis............................... 258

3. A difícil passagem da práxis à teoria................................. 260

4. A dura descoberta do mercado 265

5. "Campo socialista" e "luta de classes".................................268

6. Contradições de classe e "não de classe" 270

7. Um inacabado processo de aprendizagem 272

X. A luta de classes no "fim da história"................................. 275

1. "Até que enfim o colonialismo voltou, estava na hora!" 275

2. O retorno da "acumulação originária" 282

3. Emancipação e "desemancipação"....................................... 285

4. Antiga e nova ordem 289

5. Impasse da nova ordem e Restauração: 1660, 1814, 1989-1991 292

XI. Entre exorcização e fragmentação das lutas de classes 297

1. Arendt e o "pesadelo" da luta de classes............................. 297

2. A remoção do conflito em Habermas 304

3. Mudança de paradigma?.. 308

8   A LUTA DE CLASSES

    4. A fragmentação das "lutas de classes" 312

    5. Entre trade-unionismo e populismo 316

    6. As lutas de emancipação entre vitória militar e derrota econômica 320

    7. "Anexação política" e "anexação econômica" 322

    8. A China e o fim da "época colombiana" 327

    9. O Ocidente, a China e as duas "grandes divergências" 330

    10. A China e a luta de classes 334

XII. A luta de classes entre marxismo e populismo 341

    1. Weil e a "luta dos que obedecem contra os que comandam" 341

    2. Weil e a "mendicidade" como lugar exclusivo da verdade 347

    3. Weil e a "produção moderna" como lugar da escravidão 350

    4. O populismo como nostalgia da "plenitude originária" 354

    5. O populismo de transfiguração dos oprimidos 358

    6. Populismo e leitura binária do conflito 363

    7. O "conjunto dos patrões contra o conjunto dos trabalhadores" 365

    8. "Proibido proibir!" e "Rebelar-se é justo!" 370

    9. Para além do populismo 375

    10. *Wall Street* e *War Street* 377

Referências bibliográficas 381

Índice onomástico 393

NOTA DO AUTOR

A sigla LO, seguida da indicação do volume e da página, remete à edição das *Opere complete* de Lenin. Em relação às obras de Marx e Engels, a sigla MEW, seguida da indicação do volume e da página, refere-se aos *Marx-Engels Werke*, enquanto MEGA-2, seguida da indicação da parte, do volume e da página, faz referência à *Gesamtausgabe*. As referências bibliográficas completas dessas obras são citadas no final deste volume.

Em todas as citações de textos, o uso do itálico foi livremente mantido, suprimido ou modificado segundo as exigências da exposição.

Na leitura do texto original e das provas impressas, contei com a ajuda de Stefano Azzarà, Paolo Ercolani, Giorgio Grimaldi e Emanuela Susca, aos quais agradeço.

INTRODUÇÃO
O RETORNO DA LUTA DE CLASSES?

À medida que a crise econômica acentua a polarização social e – reatualizando a memória histórica da Grande Depressão que eclodiu em 1929 – condena milhões e milhões de pessoas ao desemprego, à precariedade, à angústia cotidiana em relação à subsistência e até mesmo à fome, cresce o número de ensaios e artigos que falam de "retorno da luta de classes". Havia, então, esvaecido?

Em meados do século XX, ao criticar duramente o "dogma" da teoria marxiana da luta de classes, Ralph Dahrendorf sintetizava as metas alcançadas pelo sistema capitalista: "A atribuição das posições sociais tornou-se hoje cada vez mais uma prerrogativa do sistema de ensino". A propriedade havia perdido qualquer importância para ser substituída pelo mérito: "A posição social de um indivíduo [depende agora] das metas escolares que ele consegue alcançar". E ainda não era tudo. Afirmava-se "uma semelhança cada vez maior entre as posições sociais dos indivíduos", e era inegável a tendência a um "nivelamento das diferenças sociais". O autor desse quadro de mar de rosas era, contudo, obrigado a polemizar com outros sociólogos, segundo os quais iniciava espontaneamente o caminho rumo a "uma situação em que não haveria mais classes nem conflitos de classes, pela simples razão de que não existiriam mais argumentos de conflito"[1].

Eram os anos nos quais, a partir do sul do mundo e das áreas rurais, uma massa imensa de homens, mulheres e crianças começava a abandonar o local de origem em busca da sorte em outros lugares. Era um fenômeno que se manifestava massivamente também em um país como a Itália: provenientes

---

[1] Ralf Dahrendorf, *Classi e conflitti di classi nella società industriale* (Bari, Laterza, 1963), p. 66, 112s. e 120-1 [ed. bras.: *As classes e seus conflitos na sociedade industrial*, trad. José Viegas, Brasília, UnB, 1982, Coleção Pensamento Político, v. 28].

A LUTA DE CLASSES

sobretudo do *Mezzogiorno*, os migrantes atravessavam os Alpes ou paravam antes disso. As condições de trabalho nas fábricas do norte da península podem ser ilustradas por um detalhe: em 1955, buscando reprimir greves e agitações operárias, demitiam-se centenas ou milhares de militantes e ativistas da Confederazione Generale Italiana del Lavoro (CGIL), o sindicato acusado de inadmissível radicalismo[2]. Não se tratava, em absoluto, da prática de um país escassamente desenvolvido. Pelo contrário, o modelo era constituído pelos Estados Unidos, onde há muito vigoravam os *yellow-dog-contratcs*, segundo os quais, no ato da admissão, operários e funcionários se comprometiam (eram obrigados a comprometer-se) a não aderir a nenhuma organização sindical. Havia de fato desaparecido a luta de classes ou havia desaparecido considera-velmente a liberdade sindical, confirmando a realidade da luta de classes?

Os anos que seguiram foram os do "milagre econômico". Mas observemos o que acontecia em 1969 no país que liderava o Ocidente pelas palavras de uma revista estadunidense de circulação internacional e engajada na propaganda do *American way of life*. "Fome na América" era o título, em si eloquente, de um artigo que dizia o seguinte:

> Em Washington, capital federal, 70% dos internados em hospitais psiquiátri-cos sofrem de desnutrição [...]. Na América, os planos de assistência alimentar contemplam apenas cerca de 6 milhões dos 27 milhões de necessitados [...]. Um grupo de médicos, na volta de uma viagem de investigação nos campos do Mis-sissipi, declarou perante a subcomissão senatorial: "As crianças que vimos estão perdendo saúde, energia e vivacidade de maneira evidente. Sofrem com a fome e estão doentes, e essas são as razões diretas e indiretas que as fazem morrer".[3]

Segundo Dahrendorf, o que determinava a posição social dos indivíduos era somente, ou sobretudo, o mérito escolar; mas a revista estadunidense chamava a atenção para uma obviedade erroneamente negligenciada: "Os médicos estão con-vencidos de que a desnutrição incidiria sobre o crescimento e o desenvolvimento do cérebro"[4]. E, mais uma vez, impõe-se a pergunta: essa terrível miséria no país da opulência capitalista tinha algo a ver com a luta de classes?

---

[2] Sergio Turone, *Storia del sindacato in Italia (1943-1969)* (Roma/Bari, Laterza, 1973), p. 259.

[3] C. T. Rowan e D. M. Mazie, "Fame in America", *Selezione dal Reader's Digest*, mar. 1969, p. 99-104.

[4] Idem.

Nos anos seguintes, abandonando as fantasiosas constatações-previsões da metade do século XX, Dahrendorf tomava ciência de que nos Estados Unidos assistia-se "ao aumento da porcentagem dos pobres (frequentemente na ativa)"[5]. A observação mais interessante e inquietante estava em um parêntese pouco vistoso: nem o emprego constituía uma garantia contra o risco da pobreza! Por longo tempo esquecida, a figura do *working poor* tornava-se de novo atual, e junto com ela ressurgia o espectro da luta de classes que parecia ter sido exorcizado de vez. No entanto, nesse mesmo período, um ilustre filósofo, Jürgen Habermas[6], reafirmava as posições que o ilustre sociólogo havia abandonado. Sim, para confutar Marx e sua teoria do conflito e da luta de classes, havia uma realidade sob os olhos de todos: a "pacificação do conflito de classes por parte do Estado social", que "nos países ocidentais" havia se desenvolvido "desde 1945", por meio do "reformismo fundado sobre as ferramentas da política econômica keynesiana". Salta de imediato aos olhos uma primeira inexatidão: o discurso poderia, no caso, valer para a Europa ocidental, mas certamente não para os Estados Unidos, onde o Estado social nunca teve grande fortuna, como foi confirmado pelo quadro angustiante então observado.

Mas não é esse o ponto essencial. A tese de Habermas caracteriza-se, sobretudo, pela ausência de uma pergunta que deveria ser óbvia: o advento do *welfare State* foi a consequência inevitável de uma tendência intrínseca do capitalismo ou foi o resultado de uma mobilização política e social das classes subalternas, em última análise, de uma luta de classes? Se o filósofo alemão tivesse se colocado essa pergunta, talvez evitasse dar como certa a permanência do Estado social, cuja precariedade e cujo desmonte estão agora sob os olhos de todos. Quem sabe se, nesse meio-tempo, Habermas, considerado hoje herdeiro da Escola de Frankfurt, foi assaltado por alguma dúvida? No que diz respeito ao Ocidente, o Estado social não toma forma nos Estados Unidos, mas na Europa, onde o movimento sindical e operário é tradicionalmente mais enraizado, e toma forma nos anos em que esse movimento se torna mais forte do que nunca, por causa do descrédito que duas guerras mundiais, a Grande Depressão e o fascismo haviam projetado sobre o capitalismo. Pois bem, tudo isso constitui a refutação ou a confirmação da teoria marxiana da luta de classes?

---

[5] Ralf Dahrendorf, *Per un nuovo liberalismo* (Roma/Bari, Laterza, 1988), p. 122.

[6] Jürgen Habermas, *Teorie dell'agire comunicativo* (Bolonha, Il Mulino, 1986).

14 A LUTA DE CLASSES

O filósofo alemão indica o ano de 1945 como ponto inicial da construção do Estado social no Ocidente e do enfraquecimento e do desvanecimento da luta de classes. No ano anterior, ao visitar os Estados Unidos, o sociólogo sueco Gunnar Myrdal chegou a uma drástica conclusão: "A segregação está se tornando tão completa que um branco do Sul só enxerga um negro como servo e em situações análogas, formalizadas e padronizadas, próprias das relações entre castas"[7]. Duas décadas depois, a relação servo-senhor existente entre negros e brancos não havia ainda desaparecido por completo: "Nos anos 1960, mais de quatrocentos homens negros do Alabama foram usados como cobaias humanas pelo governo. Doentes de sífilis, deixaram de ser assistidos porque as autoridades queriam estudar os efeitos da doença sobre uma 'amostragem da população'"[8]. As décadas entre o fim da Segunda Guerra Mundial e a realizada "pacificação do conflito de classe" são, ao mesmo tempo, o período histórico que registra a eclosão da revolução anticolonial. Os povos da Ásia, da África e da América Latina libertam-se do jugo colonial ou semicolonial, ao passo que nos Estados Unidos se desenvolve a luta dos afro-americanos para pôr fim ao regime de segregação e discriminação racial, que continua a oprimi-los, humilhá-los, relegá-los aos segmentos inferiores do mercado do trabalho e até mesmo a usá-los como cobaias. Essa gigantesca onda revolucionária, que modifica profundamente a divisão do trabalho em âmbito internacional e não a deixa inalterada nem mesmo no interior do país-guia do Ocidente tem algo a ver com a luta de classes? Ou, ao contrário, a luta de classes é somente o conflito que contrapõe, em um país singular, proletários e capitalistas, trabalho dependente e grande burguesia?

Esta última é, claramente, a opinião de Niall Ferguson, historiador inglês de sucesso hoje. Na grande crise histórica da primeira metade do século XX, a "luta de classes", ou melhor, as "supostas hostilidades entre proletariado e burguesia", desenvolve, um papel bastante modesto; é decisiva, porém, aquela que Hermann Göring, com o olhar voltado sobretudo para o choque entre o Terceiro Reich e a União Soviética, define como a "grande guerra racial"[9]. A tentativa da Alemanha nazista de reduzir os eslavos à condição de escravos

---

[7] Gunnar Myrdal, *An American Dilema: the Negro Problem and Modern Democracy* (Nova York/Londres, Harper & Brothers, 1944).

[8] R. E. Clinton, "Usammo i neri come cavie umane. Una vergogna americana", *Corriere della Sera*, 10 abr. 1997, p. 8.

[9] Ver, neste volume, cap. 6, seção 8.

negros a serviço da raça dos senhores e a resistência épica de povos inteiros a essa guerra de sujeição colonial e de substancial escravização, em resumo, a "grande guerra racial" promovida pelo Terceiro Reich, não têm nada a ver com a luta de classes?

Não há dúvida: para Dahrendorf, Habermas e Ferguson (mas também, como veremos, para eminentes estudiosos de orientação marxista ou pós-marxista), a luta de classes remete exclusivamente ao conflito entre proletariado e burguesia e, aliás, a um conflito entre proletariado e burguesia que se agudizou e do qual as duas partes têm consciência; mas é esta a visão de Marx e Engels? Como sabido, após ter evocado "o espectro do comunismo" que "ronda a Europa" e antes ainda de analisar a "luta de classes (*Klassenkampf*) já em curso" entre proletariado e burguesia, o *Manifesto Comunista* abre enunciando uma tese destinada a se tornar celebérrima e a desenvolver um papel de primeiríssimo plano entre os movimentos revolucionários dos séculos XIX e XX: "A história de todas as sociedades até hoje existentes é a história das lutas de classes" (*Klassenkämpfe*)[10]. A passagem do singular ao plural deixa claramente entender que aquela entre proletariado e burguesia é apenas uma das lutas de classes e que estas, cruzando em profundidade a história universal, não são de modo nenhum característica exclusiva da sociedade burguesa e industrial. Se ainda persistirem dúvidas, algumas páginas depois, o *Manifesto* reafirma: "A história de toda a sociedade até nossos dias moveu-se em antagonismos de classes, antagonismos que se têm revestido de formas diferentes nas diferentes épocas"[11]. Portanto, não são apenas as "lutas de classes" a ser declinadas ao plural, mas também as "formas" que elas assumem nas diversas épocas históricas, nas diferentes sociedades, nas diferentes situações concretas que progressivamente surgem. Quais são as múltiplas lutas de classes, ou seja, as múltiplas configurações da luta de classes?

Para responder a essa pergunta, é necessário reconstruir, no plano filológico e lógico, o significado de uma teoria, bem como as mudanças e as oscilações pelas quais ela passou. Mas a história do texto não basta, é preciso fazer referência também à história real. Impõe-se uma dupla leitura de caráter histórico-teórico: é necessário clarificar a teoria da luta de classes enunciada por Marx e Engels, inserindo-a na história da evolução dos dois filósofos e militantes

---

[10] MEW, v. 4, p. 462 e 475 [ed. bras.: Karl Marx e Friedrich Engels, *Manifesto Comunista*, 2. ed. rev., org. Osvaldo Coggiola, trad. Álvaro Pina e Ivana Jinkings, São Paulo, Boitempo, 2010, p. 40].

[11] Ibidem, v. 4, p. 480 [ed. bras.: ibidem, p. 57].

16 A LUTA DE CLASSES

revolucionários e de sua ativa participação nas lutas políticas de seu tempo; por outro lado, é preciso averiguar se essa teoria esclarece a história mundial, rica e atormentada, que se inicia pelo *Manifesto Comunista*.

A primeira releitura, portanto, diz respeito ao tema da luta de classes em "Marx e Engels". Entretanto, é legítima uma aproximação tão estreita entre os dois? Esclareço brevemente as razões de minha abordagem. No âmbito de uma divisão do trabalho e de uma distribuição das tarefas pensada e combinada, os dois autores do *Manifesto Comunista* e de outras obras de não menor importância estão em uma relação de constante colaboração e metabolização do pensamento um do outro. Pelo menos no que diz respeito ao plano mais estreitamente ligado à política e à luta de classes, eles se consideram como membros, ou melhor, como dirigentes de um único "partido". Em uma carta a Engels, do dia 8 de outubro de 1858, após levantar um importante problema teórico e político (pode ter lugar na Europa uma revolução anticapitalista enquanto o capitalismo continua em fase de ascensão na maior parte do mundo?), Marx exclama: "Eis a questão difícil *para nós*!"[12]. Quem é chamado a responder não é um intelectual individual, ainda que genial, mas o grupo dirigente de um partido político em formação. Com efeito, os seguidores desse "partido" falam de "Marx e Engels" como de um indissolúvel sodalício intelectual e político, como de um grupo dirigente de partido que pensa e opera a uma só voz. Os adversários são da mesma opinião, a começar por Mikhail A. Bakunin, que também aproxima repetidamente em sua crítica "Marx e Engels", ou seja, "os senhores Marx e Engels", por vezes apontando o "senhor Engels" como "*alter ego*" de Marx[13]. Outros adversários alertam contra a "camarilha de Marx e Engels", ironizando sobre o "senhor Engels, primeiro-ministro de Marx", isto é, sobre "Marx e seu primeiro-ministro"[14]. A aproximação entre os dois grandes intelectuais e militantes revolucionários é tão estreita que às vezes fala-se de "Marx-Engels" no singular, como se fossem um único autor e uma única pessoa – quem notou isso foi Marx, numa carta para Engels, de 1º de agosto de 1856[15].

É óbvio que se trata, mesmo assim, de duas individualidades, e as diferenças que inevitavelmente subsistem entre duas distintas personalidades devem ser

---

[12] Ibidem, v. 29, p. 360.

[13] Hans Magnus Enzensberger (org.), *Colloqui con Marx e Engels* (Turim, Einaudi, 1977), p. 401, 356 e 354.

[14] Ibidem, p. 167, 296 e 312.

[15] MEW, v. 29, p. 68.

consideradas e, quando necessário, evidenciadas; mas nem por isso é preciso introduzir uma espécie de cisão póstuma em um "partido", ou em um grupo dirigente de partido, que soube enfrentar, unido, os inúmeros desafios do tempo. E, então, o que Marx e Engels entendem por luta de classes?

I
AS DIFERENTES FORMAS DA LUTA DE CLASSES

1. "LIBERTAÇÃO DA CLASSE OPERÁRIA" E "LIBERTAÇÃO NACIONAL"

Os dois filósofos e militantes revolucionários não expuseram nem esclareceram de maneira sistemática uma tese que afinal desenvolve um papel central no âmbito de seu pensamento. Entretanto, para perceber até que ponto a habitual leitura da teoria da luta de classes é redutiva e sem fundamento, é suficiente um olhar sobre a plataforma teórica e política que se pode ler em Marx (e em Engels), já a partir de seus primeiros escritos. O ponto inicial é bastante conhecido: embora conseguindo importantes resultados, a derrubada do Antigo Regime e a extinção do despotismo monárquico e das relações feudais de produção não constituem a conclusão do processo de transformação política e social necessária. É preciso ir além da "emancipação política", que é resultado da revolução burguesa: trata-se de realizar a "emancipação humana", a "emancipação universal"[1]. Uma nova revolução se vislumbra no horizonte, mas quais são seus objetivos?

É necessário derrubar o poder da burguesia objetivando arrebentar os "grilhões" por ela impostos, os grilhões da "moderna escravidão"[2], da "escravidão assalariada"[3]; é necessário conseguir a "libertação da classe operária"[4], a "emancipação econômica da classe operária" por meio da "aniquilação de todo domínio de classe"[5]. Não há dúvidas: é constante a atenção reservada à luta que

---

[1] MEW, v. 1, p. 356, 370 e 390.

[2] Ibidem, v. 4, p. 493 e 84.

[3] Ibidem, v. 17, p. 342.

[4] Ibidem, v. 16, p. 111.

[5] Ibidem, v. 16, p. 14.

o proletariado é chamado a conduzir contra a burguesia. Entretanto, esgota-se nisso a luta pela "emancipação humana", pela "emancipação universal"?

Pouco antes de lançar o apelo final pela "revolução comunista" e pela "derrubada violenta de toda ordem social existente", o *Manifesto Comunista* chama também à "libertação nacional" da Polônia[6]. Emerge, assim, uma nova palavra de ordem. Desde seus primeiros escritos e intervenções, Engels pronunciou-se pela "libertação da Irlanda"[7], isto é, a favor da "conquista da independência nacional"[8], por parte de um povo que sofre "opressão há cinco séculos"[9]. Por sua vez, após reivindicar desde 1847 a "libertação" das "nações oprimidas", Marx não para de chamar à luta pela "emancipação nacional da Irlanda"[10].

Analisando a situação, a revolução radical invocada por Marx e Engels não persegue apenas a libertação/emancipação da classe oprimida (o proletariado), mas também a libertação/emancipação das nações oprimidas. Depois de apontar brevemente o problema da "libertação nacional" da Polônia, o *Manifesto* encerra com uma exortação: "Proletários de todos os países, uni-vos!". Esse celebérrimo apelo constitui também o encerramento da *Mensagem inaugural* da Associação Internacional dos Trabalhadores, fundada em 1864. Nesse texto, é muito amplo o espaço dedicado a uma "política externa" que impeça o "assassínio da heroica Polônia", assim como da Irlanda e de outras nações oprimidas, que esteja engajada na luta pela abolição da escravidão negra nos Estados Unidos, que ponha fim às "guerras piratas" do "Ocidente europeu" nas colônias[11].

A luta pela emancipação das nações oprimidas não é menos importante do que a luta pela emancipação do proletariado. As duas foram acompanhadas e promovidas pela mesma paixão. Em agosto de 1844, Marx escreve a Feuerbach:

> Deveria ter assistido a uma das reuniões de operários (*ouvriers*) franceses para poder acreditar no frescor juvenil e na nobreza de alma (*Adel*) que irradia desses

---

6 Ibidem, v. 4, p. 492-3.

7 Ibidem, v. 4, p. 443.

8 Ibidem, v. 2, p. 485.

9 Ibidem, v. 1, p. 479.

10 Ibidem, v. 4, p. 416, 32 e 669.

11 Ibidem, v. 16, p. 13 [ed. bras.: Karl Marx, "Mensagem inaugural da Associação Internacional dos Trabalhadores", em Marcello Musto (org.), *Trabalhadores, uni-vos! Antologia política da Primeira Internacional*, trad. Rubens Enderle, São Paulo, Boitempo, 2014, p. 93-9].

homens esmagados pelo cansaço... Em todo caso, porém, a história prepara entre esses "bárbaros" de nossa sociedade civilizada o elemento prático para a emancipação do homem.[12]

Quatro anos depois, em um artigo de 3 de setembro de 1848, Engels chama a atenção para o desmembramento e a partilha da Polônia, entre Rússia, Áustria e Prússia. Na nação que sofre tal tragédia, ela provoca uma resposta quase que coral. Emerge um movimento de libertação do qual participa até a nobreza. Para conseguir o fim da opressão e da humilhação nacional, essa classe está disposta a abrir mão de seus privilégios feudais para alinhar-se "à revolução democrático-agrária com um espírito de sacrifício sem precedentes"[13]. O entusiasmo que aparece nesse texto não deve ser imputado à ingenuidade ou ao simplismo com os quais frequentemente se repreende Engels. A este propósito, Marx se expressa em termos ainda mais enfáticos: "A história universal não conhece outro exemplo de tal nobreza de alma a não ser a nobreza"[14]. É uma linguagem que obriga a pensar. A "nobreza da alma" (*Adel*) celebrada a respeito dos operários franceses passa a ser amplamente reconhecida também à aristocracia polonesa e, indiretamente, a uma grande luta de libertação nacional em seu conjunto.

Todavia, não se devem perder de vista as diferenças. Se o proletariado é o protagonista do processo de libertação/emancipação que arrebenta os grilhões do domínio capitalista, o campo chamado a quebrar os grilhões da opressão nacional é mais amplo. Já o vimos no caso da Polônia, mas isso vale também para a Irlanda. Em uma longa carta de abril de 1870, Marx apoia calorosamente uma união que salta aos olhos por suas características heterogêneas: ela deveria ter como protagonistas por um lado os operários ingleses, por outro a nação irlandesa enquanto tal. Os primeiros devem apoiar a "luta nacional irlandesa" e distanciar-se da política que "aristocratas e capitalistas" ingleses conduzem contra a Irlanda como um todo. Dura e implacável é a opressão exercida pelas

---

[12] Ibidem, v. 27, p. 426. Traduzi *Arbeiter* e *ouvrier* como "operário" e *Arbeitklasse* como "classe operária". Deve-se notar, entretanto, que nos primeiros escritos de Marx e Engels tais termos identificam o proletariado industrial propriamente dito, enquanto em seguida essas expressões tendem a ter um significado mais amplo, até se tornarem sinônimos, em última análise, de trabalho dependente.

[13] Ibidem, v. 5, p. 355.

[14] Karl Marx, *Manuskripte über die polnische Frage (1863-1864)* (org. W. Conze e D. Hertz-Eichenrode, Gravenhage, Mouton, 1961), p. 124.

22 A luta de classes

classes dominantes inglesas, mas por sorte pode-se contar com o "caráter revolucionário dos irlandeses"[15], mais uma vez considerados em sua globalidade. Esse impulso revolucionário deve ser empregado em primeiro lugar na luta de libertação nacional. Se a nação oprimida é solicitada a conduzir sua luta a partir de uma base nacional que seja a mais ampla possível, o papel do proletariado da nação que oprime é desenvolver o antagonismo em relação à classe dominante, promovendo, dessa maneira, a própria emancipação "humana" e contribuindo, ao mesmo tempo, à emancipação nacional da nação oprimida.

Marx e Engels chegaram a essa plataforma teórica não sem oscilações: "A Irlanda pode ser considerada como a primeira colônia inglesa" – escreve o segundo ao primeiro numa carta de maio de 1856[16]. Somos conduzidos, assim, ao mundo colonial extraeuropeu e em particular à Índia, definida por Marx, três anos antes, como a "Irlanda do Oriente"[17]. *Miséria da filosofia* já alude à trágica situação da Índia, chamando atenção para uma realidade geralmente ignorada pelos economistas burgueses, concentrados em demonstrar a capacidade do capitalismo de melhorar a condição da classe operária. Eles perdem de vista "os milhões de operários que tiveram de perecer nas Índias orientais para proporcionar ao milhão e meio de operários ocupados na Inglaterra na mesma indústria três anos de prosperidade sobre dez"[18]. Nesse caso, a comparação é entre operários e operários, e trata-se de uma comparação que desliza sobre a diversidade das condições entre metrópole capitalista e colônias. Observemos agora o quadro que emerge num artigo de Marx, de julho de 1853. Depois de descrever a trágica condição da Índia e dos novos fermentos que a atravessam em consequência do encontro-confronto com a cultura europeia (representada pelos colonizadores ingleses), o texto assim prossegue:

> Os indianos não colherão os frutos dos elementos de uma nova sociedade disseminados pela burguesia inglesa até que na própria Inglaterra as classes dominantes não tenham sido suplantadas pelo proletariado industrial ou até que os próprios hindus não tenham se tornado suficientemente fortes para se livrar do jugo da dominação inglesa.[19]

---

[15] MEW, v. 32, p. 667-9.

[16] Ibidem, v. 29, p. 56.

[17] Ibidem, v. 9, p. 127; MEGA-2 I/12, p. 166.

[18] Ibidem, v. 4, p. 123-4.

[19] Ibidem, v. 9, p. 224; MEGA-2 I/12, p. 251.

Pressupõem-se aqui dois cenários revolucionários diferentes: o primeiro (na Inglaterra) tem o "proletariado industrial" como protagonista da revolução anticapitalista, no segundo (na colônia subjugada) os "hindus" são os protagonistas. Toda vez que está em jogo a "emancipação nacional", isto é, a "libertação nacional", o sujeito é constituído pela nação oprimida como tal – os poloneses, os irlandeses, os hindus. Esvaneceu a atenção para a luta de classes nos dois teóricos do materialismo histórico e militantes revolucionários?

2. Uma distração da luta de classes?

Não faltam intérpretes que a essa pergunta respondam afirmativamente. O autor de um livro, ademais muito bem documentado, sobre Marx, Engels e a política internacional, sustenta que nos anos imediatamente sucessivos ao *Manifesto Comunista* "a política externa e a luta entre nações se afirma sobre a luta de classes". Sim, "Marx não só analisa com paixão e de modo detalhado as intrigas políticas [de caráter internacional], mas as avalia sem fazer referência às forças e aos fatores econômicos e sociais", de modo que os artigos publicados na *Nova Gazeta Renana*, só para citar um exemplo, "parecem inteiramente separados do corpo da doutrina"[20]. Tem-se a impressão de que, onde começa a "política externa" e as relativas "intrigas" diplomáticas e militares cessa a luta de classes e cala-se a "doutrina" do materialismo histórico.

Emergiria, assim, uma conclusão desconcertante: por um lado, Marx e Engels insistem no fato de que "toda sociedade" no curso de seu global desenvolvimento é atravessada pela luta de classes e que "todas as lutas da história" são lutas de classes; por outro lado, eles recorreriam à teoria por eles formulada só esporadicamente e de modo intermitente. Mas a questão está mesmo colocada nesses termos? É adequado começar pelo depoimento (verão de 1872) do socialista francês Charles Longuet, que, após homenagear os "mártires" da Comuna de Paris, assim prossegue, falando sobre o "templo do materialismo histórico", isto é, a residência de Marx (uma casa que ele conhece bem, sendo o genro do grande filósofo revolucionário):

A insurreição polonesa de 1863, as revoltas irlandesas dos fenianos de 1869, da Liga agrária e dos *Home Rulers* de 1874 – todas essas insurreições das nacionalidades

---

[20] Miklós Molnár, *Marx, Engels et la politique internationale* (Paris, Gallimard, 1975), p. 122, 114 e 120.

oprimidas foram acompanhadas pela bancada da fortaleza da Internacional com um interesse que não foi menor do que aquele que acompanhou a maré ascendente do movimento socialista dos dois hemisférios.[21]

Assim, o interesse para as "insurreições das nacionalidades oprimidas" não foi menos vivo e constante do que o reservado à agitação do proletariado e das classes subalternas. Fica difícil duvidar da credibilidade desse testemunho, e é suficiente folhear as edições das obras completas de Marx e Engels para perceber quão numerosos são os textos dedicados à luta dos povos irlandês e polonês e à denúncia da política de opressão nacional implementada respetivamente pela Grã-Bretanha e pela Rússia.

É um interesse intelectual e político, repleto de participação emotiva. Em 23 de novembro de 1867, em Manchester, três militantes revolucionários irlandeses foram enforcados com a acusação de orquestrar a libertação à mão armada de dois dirigentes do movimento independentista, durante uma ação que ocasionou a morte de um policial. Alguns dias depois, Marx escreve a Engels, referindo-se à reação da filha primogênita: "Desde a execução de Manchester, Jenny está de luto e usa sua cruz polonesa sobre um tufo verde"[22]. O símbolo da luta de libertação nacional do povo polonês (a cruz) se une, assim, com o verde da causa irlandesa. Ao receber a carta, Engels responde imediatamente, em 29 de novembro: "Não preciso dizer que também na minha casa preto e verde dominam"[23], as cores do luto infligido pelo carnífice britânico ao movimento de libertação nacional do povo irlandês.

Os dois filósofos e militantes revolucionários comparam as vítimas de Manchester a John Brown, o abolicionista que tentou propiciar a insurgência dos escravos do Sul dos Estados Unidos e que depois enfrentou bravamente o patíbulo[24]. Essa comparação entre os independentistas irlandeses e o campeão do abolicionismo confirma a paixão com que Marx e Engels acompanhavam as "insurreições das nacionalidades oprimidas" e o papel central que para eles tais insurreições ocupavam no contexto do processo de emancipação da humanidade.

Não só a hostilidade, como também a indiferença para as nações oprimidas, é objeto de dura reprovação no plano político e moral. A *Mensagem inaugural*

---

[21] Hans Magnus Enzensberger (org.), *Colloqui con Marx e Engels*, cit., p. 327-8.

[22] MEW, v. 31, p. 392.

[23] Ibidem, v. 31, p. 396.

[24] Ibidem, v. 31, p. 387, 16 e 439.

sem dúvida acusa "as classes superiores da Europa" ocidental e em particular a Inglaterra pela política antilaboral, mas também pelo apoio dado à secessão sulista nos Estados Unidos e, ademais, pela "vergonhosa aprovação, a irônica simpatia e a idiota indiferença" com que olham para a tragédia da nação polonesa[25]. Ostentando superioridade para essa tragédia, Pierre-Joseph Proudhon deu prova, aos olhos de Marx, de "cinismo" – e de um cinismo nada inteligente[26].

O interesse para a "política externa" não tem, então, nada a ver com a luta de classes e, aliás, é uma forma de distração dela? Na realidade, segundo o depoimento de Longuet, a paixão em completa sintonia com as "insurreições das nacionalidades oprimidas" inflama o "templo do materialismo histórico", o templo da doutrina que lê a história como história da luta de classes. E, de qualquer maneira, já em julho de 1848, ano da publicação do *Manifesto Comunista*, Engels evoca e invoca uma "política internacional da democracia" revolucionária[27]. Dezesseis anos depois, a Associação Internacional dos Trabalhadores realça, no ato de sua fundação, em texto de autoria de Marx: é evidente a necessidade de uma "economia política da classe trabalhadora", mas isso não é suficiente; é necessário esclarecer "às classes trabalhadoras o dever de dominarem elas mesmas os mistérios da política internacional, de vigiarem as ações diplomáticas de seus respetivos governos, de contrastá-los, se necessário, por todos os meios a seu dispor"; é necessário que elas tomem consciência de que a luta para uma "política externa" de apoio às nações oprimidas é parte integrante da "luta geral pela emancipação das classes trabalhadoras"[28]. Como explicar essa árdua afirmação?

3. "Lutas de classes e nacionais": *GENUS E SPECIES*

Além da "exploração (*Ausbeutung*) do trabalho", que no âmbito de um único país condena o trabalhador à "escravidão moderna", *Miséria da filosofia*, o *Manifesto Comunista* e outros textos coevos denunciam a "exploração (*Exploitation*) de uma nação sobre a outra", isto é, a "exploração (*Exploitation*) entre os povos"[29]. No que

---

[25] Ibidem, v. 16, p. 13.

[26] Ver, neste volume, cap. 4, seção 1.

[27] MEW, v. 5, p. 156.

[28] Ibidem, v. 16, p. 11 e 13 [ed. bras.: Karl Marx, "Mensagem inaugural da Associação Internacional dos Trabalhadores", cit., p. 97 e 99].

[29] Ibidem, v. 4, p. 164, 84, 479 e 416 [ed. bras.: Karl Marx e Friedrich Engels, *Manifesto Comunista*, cit, p. 56].

26 A LUTA DE CLASSES

concerne à Irlanda, é preciso considerar que "a exploração (*Ausbeutung*) do país" constitui "uma das principais fontes da riqueza material" da Inglaterra[30]. Mas é apenas a exploração que ocorre no contexto de um único país o que provoca a luta de classes? No mesmo ano em que escreve o *Manifesto Comunista*, Marx adverte peremptoriamente: os que "não conseguem entender como um país pode enriquecer à custa dos outros" menos ainda conseguirão entender "de que modo, no interior de um país singular, uma classe pode enriquecer à custa de outra"[31]. Longe de ter pouca relevância do ponto de vista da luta de classes, a exploração e a opressão que se desenvolvem em âmbito internacional são uma precondição, pelo menos no plano metodológico, para a compreensão do conflito social e da luta de classes em âmbito nacional.

Junto com a "libertação", ou seja, a "emancipação econômica do proletariado", Marx e Engels reivindicam, como sabemos, a "libertação", isto é, a "emancipação" das "nações oprimidas". É luta de classes aquela que aponta à libertação/emancipação das classes exploradas, mas não aquela que se propõe conseguir a libertação/emancipação das nações exploradas (e oprimidas)? É luta de classes aquela que tem como protagonista uma classe que conseguiu a emancipação política, mas não a econômica e social, ao passo que não seria luta de classes a luta conduzida por uma nação que está aquém da própria emancipação política?

Sem a emancipação econômica e social, o proletariado está submetido à "escravidão moderna". É uma expressão que imediatamente remete à escravidão propriamente dita. E de novo impõe-se uma pergunta: é luta de classes a que tem como protagonistas os que estão submetidos à "escravidão moderna", à "escravidão emancipada", isto é, à "escravidão salarial", à "escravidão indireta dos brancos na Inglaterra", ao passo que não o seria a luta cujos protagonistas estão submetidos à "real escravidão", à "escravidão direta dos negros do outro lado do Atlântico"[32]? É luta de classes aquela cujo sujeito é definido pelos *Grundrisse*, com insólita expressão de "trabalhador livre"[33], e não o é, em contrapartida, a luta cujos sujeitos, usando as palavras de

---

[30] Ibidem, v. 32, p. 667.

[31] Ibidem, v. 4, p. 457.

[32] Ibidem, v. 2, p. 129, 17, 342, 15 e 317.

[33] Karl Marx, *Grundrisse der Kritik der politischen Ökonomie* (Berlim, Dietz, 1953), p. 497 [ed. bras.: *Grundrisse. Manuscritos econômicos de 1857-1858. Esboços da crítica da economia política*, trad. Mario Duayer, São Paulo, Boitempo, 2011, p. 413].

A ideologia alemã, são os escravos "negros revoltosos do Haiti" e os escravos "fugidos de todas as colônias"[34]?

Observemos em que termos Marx condena a sociedade burguesa. Damos a palavra, para iniciar, a *Miséria da filosofia*: "Os povos modernos não souberam senão mascarar a escravidão em seu próprio país e impuseram-na sem máscara ao Novo mundo"[35]. Alguns anos depois, considerando em particular o domínio colonial imposto pela Grã-Bretanha à Índia, Marx reafirma: "A profunda hipocrisia e a intrínseca barbárie da civilização burguesa se oferecem aos nossos olhos sem disfarces, quando das grandes metrópoles, onde elas adquirem formas respeitáveis, voltamos os olhos para as colônias onde elas circulam em toda sua nudez"[36]. A luta de classes é somente a que põe em discussão a escravidão mascarada e a barbárie disfarçada e adornada? Seria um absurdo, acredito, responder afirmativamente a essa pergunta e deixar de fazer valer a categoria de luta de classes justo onde exploração e opressão são mais abertas e mais brutais.

Voltemos ao testemunho de Longuet. Depois de relatar o interesse e a paixão de Marx (seu sogro) para as "insurreições das nacionalidades oprimidas", ele assim continua: "A filosofia dele não era uma casuística; nunca se esconderia atrás de ambíguas cavilações em que estivesse em jogo clara e abertamente a teoria da luta de classes"[37]. Fica claro aqui o nexo estabelecido entre lutas nacionais e lutas de classes. É correta essa leitura?

Em 1849, escrevendo *Trabalho assalariado e capital*, Marx questiona as "relações econômicas que formam a base material das atuais lutas de classes e nacionais" (*Klassenkämpfe und Nationalkämpfe*) e declara que quer "observar a luta de classes (*den Klassenkampf*) em sua história cotidiana"[38]. Ao ler esse trecho, pode parecer que as "lutas nacionais" são subsumidas à categoria de "luta de classes" compreendida em sentido amplo. Seria, então, apropriada a comparação com outro trecho, presente na já citada carta de abril de 1870, na qual Marx analisa a fundo a questão irlandesa. Leiamos a conclusão:

> Na Irlanda, a questão da terra [historicamente expropriada pelos colonos ingleses ao povo irlandês] é, até o presente, a forma exclusiva da questão social,

---

[34] MEW, v. 3, p. 290 [ed. bras.: *A ideologia alemã*, trad. Luciano Cavini Martorano, Nélio Schneider e Rubens Enderle, São Paulo, Boitempo, 2007, p. 298].

[35] Ibidem, v. 4, p. 132.

[36] Ibidem, v. 9, p. 225; MEGA-2 I/12, p. 252.

[37] Hans Magnus Enzensberger (org.), *Colloqui con Marx e Engels*, cit., p. 328-9.

[38] MEW, v. 6, p. 397.

ao passo que é uma questão existencial, uma questão de vida ou morte para a imensa maioria do povo irlandês, ou seja, ela é ao mesmo tempo inseparável da questão nacional.[39]

Na Irlanda não existe uma "questão social" fora da "questão nacional"; aparece de fato uma identidade entre uma e outra, pelo menos por um período histórico inteiro, até a conquista da independência. A "questão social" é, nesse caso, a categoria mais geral, o gênero, que na situação concreta da infeliz ilha, há séculos explorada e oprimida pela Grã-Bretanha, se apresenta sob a espécie de "questão nacional". Para quem não entendeu ainda, Marx reafirma: nunca se deve perder de vista o "significado social da questão irlandesa"[40]; não se pode compreender a *species* separando-a do *genus*. De modo análogo, podemos argumentar, em relação ao trecho de *Trabalho assalariado e capital* que discute de "lutas de classes e nacionais", que luta de classes é o *genus* que, em determinadas circunstâncias, assume a forma específica de "luta nacional".

Se as classes e a luta de classes se constituem e se desenvolvem sobre a "base material" da produção e da distribuição dos recursos e dos meios que garantem a vida, sobre a base das "relações sociais vitais" e das "reais relações de vida"[41], fica evidente que é necessário considerar a "divisão do trabalho" não só em âmbito internacional, mas também internacional, sem nunca perder de vista "o mercado mundial"[42].

A ordem existente destina uma divisão do trabalho particularmente abjeta aos povos privados de sua independência, sobretudo aos povos sujeitados ao domínio e ao saqueio colonial. Nas colônias – observa Marx no verão de 1853 referindo-se à Índia –, o capitalismo arrasta "povos inteiros no sangue e na sujeira, na miséria e no embrutecimento"[43]. Sabemos que a Irlanda também é uma "colônia" e nela – observa Engels – não há sinal da "dita liberdade dos cidadãos ingleses"; "em nenhum país vi tantos gendarmes"[44]. Com precisão – insiste Marx num artigo de janeiro de 1859 –, trata-se de uma opressão que revela tendências genocidas: "Na Irlanda, os proprietários de terra [ingleses] aliaram-se por uma

---

[39] Ibidem, v. 32, p. 668.
[40] Ibidem, v. 32, p. 669-70.
[41] Ibidem, v. 23, p. 393 n.
[42] Ibidem, v. 27, p. 454.
[43] Ibidem, v. 9, p. 224; MEGA-2 I/12, p. 251.
[44] Ibidem, v. 29, p. 56.

diabólica guerra de extermínio contra os camponeses pobres [irlandeses], isto é, usando suas próprias palavras, eles se aliaram para conduzir um experimento econômico, o de 'tosquiar' a terra de bocas inúteis"[45]. É preciso reconhecer a diferença específica que, comparada com a metrópole capitalista, caracteriza a questão social e a luta de classes nas colônias: aqui a divisão internacional do trabalho transforma os povos submetidos numa massa de servos ou escravos sobre os quais se pode exercer de fato um poder de vida e de morte. Em segundo lugar, é o povo como um todo, a nação enquanto tal, que sofre essa condição. E, portanto, uma coisa é a Inglaterra, o país que "domina o mercado mundial", que impõe a "escravidão da Irlanda" e que constitui a "nação dominante"; outra coisa é a Irlanda, reduzida a "simples pastoreio que supre o mercado inglês de carne e lá pelo menor preço possível" e cuja população é drasticamente reduzida "mediante a expropriação e a emigração forçada"[46].

Talvez se torne mais claro agora o significado da expressão utilizada pelo *Manifesto Comunista*: "lutas de classes" (*Klassenkämpfe*). O plural não quer denotar a repetição do idêntico, o contínuo recorrer à mesma forma da mesma luta de classes; não, o plural remete à multiplicidade das configurações que a luta de classes pode assumir.

Podemos concluir sobre esse ponto que Marx não define de modo claro e unívoco a relação entre luta de classes e luta nacional, questão social e questão nacional, e que somente em alguns momentos ele chega à formulação mais madura que implicitamente diferencia entre *genus* e *species*. Mas a verdade é que o interesse e a paixão com que ele acompanha as "insurreições das nacionalidades oprimidas" são expressão não de distração em relação à luta de classes e à questão social, mas de empenho para colher suas manifestações concretas. As nações oprimidas são chamadas a protagonizar a segunda grande luta de classes para a emancipação.

4. A condição da mulher e a "primeira opressão de classe"

O gênero das lutas de classes emancipadoras conta com uma terceira espécie, além das duas já observadas. Sim, existe outro grupo social bastante numeroso, aliás, tão numeroso que constitui (ou supera) metade da população total, um grupo social que sofre a "autocracia" e que aguarda a "libertação"

---

[45] Ibidem, v. 12, p. 671.

[46] Ibidem, v. 32, p. 667-9.

(*Befreiung*) – trata-se das mulheres, sobre as quais pesa a opressão exercida pelo homem entre as quatro paredes[47]. Estou citando um texto (*A origem da família, da propriedade privada e do Estado*) que Engels publicou em 1884. É verdade, Marx havia morrido fazia um ano, mas já entre 1845 e 1846 *A ideologia alemã*, texto ao qual Engels explicitamente faz referência, observa que na família patriarcal "a mulher e os filhos são os escravos do homem"[48]. Por sua vez, o *Manifesto*, que não se cansa de acusar a burguesia por reduzir o proletariado a máquina e a instrumento de trabalho, chama atenção para o fato de que "para o burguês, a mulher nada mais é do que um instrumento de produção"; ora, "se trata precisamente de arrancar a mulher de seu papel de simples instrumento de produção"[49]. A categoria usada para definir a condição do operário na fábrica capitalista vale também para definir a condição da mulher no âmbito da família patriarcal.

Em geral, o sistema capitalista se apresenta como um conjunto de relações mais ou menos servis impostas por um povo sobre outro no âmbito internacional, por uma classe sobre outra no âmbito de um país singular e pelo homem sobre a mulher no âmbito de uma mesma classe. Compreende-se, então, a tese que Engels formula ligando-se a François-Marie-Charles Fourier, apreciada também por Marx, tese pela qual a emancipação feminina constitui "a medida da emancipação universal"[50]. No bem e no mal, a relação homem/mulher é uma espécie de microcosmo que reflete a ordem social global: na Rússia amplamente pré-moderna, submetida a uma impiedosa opressão por parte de seus senhores, os camponeses – observa Marx – aplicam, por sua vez, "horríveis espancamentos até a morte de suas mulheres"[51]. Ou tomemos como exemplo a fábrica capitalista: se é verdade que o poder despótico do patrão pesa sobre todos os trabalhadores, é sobre as mulheres – ressalta Engels – que se percebe de forma particularmente humilhante. "A sua fábrica é ao mesmo tempo o seu harém"[52].

---

[47] Ibidem, v. 21, p. 158.

[48] Ibidem, v. 3, p. 32.

[49] Ibidem, v. 4, p. 478-9 [ed. bras.: Karl Marx e Friedrich Engels, *Manifesto Comunista*, cit., p. 55-6].

[50] Ibidem, v. 20, p. 242, 32 e 583.

[51] Ibidem, v. 32, p. 437.

[52] Ibidem, v. 2, p. 373.

Não é difícil encontrar na cultura da época vozes que denunciam o caráter de opressão sobre a condição feminina. Em 1790, Condorcet[53] definiu a exclusão da mulher dos direitos políticos como "ato de tirania". No ano seguinte, a "Declaração dos direitos da mulher e da cidadã", de autoria de Olympia de Gouges, chama atenção no artigo 4 para a "tirania perpétua" imposta pelo homem sobre a mulher. Na Inglaterra, mais de meio século depois, John Stuart Mill fala de "escravidão da mulher", de "tirania doméstica" e de "real servidão" (*actual bondage*) sancionada por lei[54].

Quais são as causas de tal opressão e da difusa sensibilidade a respeito dela? Condorcet[55] condena o "poder do hábito", que embota o sentimento de justiça até mesmo entre os "homens iluminados". Argumenta analogamente Mill[56], que remete ao conjunto de "hábitos", "preconceitos", "superstições" que é preciso superar ou neutralizar mediante "uma salutar psicologia". Mesmo fazendo referência às relações sociais, trata-se somente das "relações sociais entre os dois sexos" – elas sancionam a escravidão ou a subalternidade da mulher por causa da "inferioridade de sua força muscular" e do perdurar nesse contexto da "lei do mais forte".

O nexo entre a condição da mulher e as outras formas de opressão não é investigado. Aliás, aos olhos de Mill[57], a relação homem/mulher se configura como uma espécie de ilha na qual sobrevive a lógica da opressão que em outros contextos já foi amplamente disperdida: "Nós vivemos, ou pelo menos uma ou duas das nações mais avançadas do mundo vivem, num estado em que a lei do mais forte parece totalmente abolida, nem parece mais ter utilidade como norma dos negócios dos homens". Do ponto de vista de Marx e Engels, ao contrário, a relação entre metrópole capitalista (as "nações mais avançadas do mundo") e colônias é mais do que nunca uma relação de domínio e de opressão; e na mesma metrópole capitalista a coação econômica (não mais jurídica) continua a governar as relações entre capital e trabalho.

---

[53]   Marie Jean Antoine Condorcet, *Oeuvres* (1847) (ed. fac-símile, org. A. Condorcet O'Connor e M. F. Arago, Stuttgart, Frommann-Holzboog, 1968), v. 10, p. 121.

[54]   John Stuart Mill, "The Subjection of Women" (1869), em *Collected Works*, v. 21 (org. J. M. Robson, Toronto/Londres, University of Toronto Press/Routledge & Kegan Paul, 1963-1991), p. 264, 288 e 323 [ed. it.: *La servitù delle donne*, Lanciano, Carabba, 1926, p. 18, 68 e 139].

[55]   Marie Jean Antoine Condorcet, *Oeuvres*, cit., v. 10, p. 121.

[56]   John Stuart Mill, "The Subjection of Women", cit., p. 15, 17 e 19.

[57]   Ibidem, p. 264-5.

Foi Mary Wollstonecraft[58], no caso, que ligou a denúncia da "dependência servil" imposta à mulher com a denúncia da ordem social existente. O domínio machista parece indivisível do Antigo Regime. Se os campeões da luta pela abolição da escravidão acusam a "aristocracia da epiderme", isto é, a "nobreza da pele"[59], a militante feminista visa àquilo que seus olhos se configura como o poder aristocrático dos homens; a denúncia deste último anda junto com a condenação das "riquezas" herdeiras e das "honras herdeiras", com a condenação das "absurdas distinções de classe". De qualquer maneira, "as mulheres não se liberarão" realmente "até que as classes não se misturem" e que "não se estabeleça mais igualdade na sociedade"[60].

Outras vezes, a feminista e jacobina inglesa parece pôr em discussão a própria sociedade capitalista. Sim, as mulheres deveriam "ter representantes, não ser governadas arbitrariamente sem ter voz nas deliberações do governo". Entretanto, é necessário não esquecer que na Inglaterra os operários também são excluídos dos direitos políticos.

> Todo o sistema de representação neste país é somente uma confortável ocasião de despotismo; as mulheres não deveriam queixar-se por serem representadas na mesma medida em que é representada a numerosa classe de operários, trabalhadores empedernidos que pagam para sustentar a família real, ao passo que mal conseguem satisfazer com pão a boca dos filhos.[61]

Não faltam pontos de contato entre condição operária e condição feminina: assim como para os membros da classe operária, "os poucos empregos abertos às mulheres, longe de ser liberais, são servis". Finalmente, no âmbito dessa crítica total das relações de domínio que caracterizam a ordem social existente, as próprias mulheres (em particular as que gozam de uma condição mais abastada) devem saber pôr-se em discussão – elas dão prova de "loucura" pela "forma com que tratam os servidores na presença

---

[58] Mary Wollstonecraft, *Sui diritti delle donne* (1792) (org. B. Antonucci, Milão, Bur, 2008), p. 30.

[59] Domenico Losurdo, *Controstoria del liberalismo* (Roma/Bari, Laterza, 2005), cap. 5, seção 6 [ed. bras.: *Contra-história do liberalismo*, trad. Giovanni Semerano, Aparecida, Ideias & Letras, 2006].

[60] Mary Wollstonecraft, *Sui diritti delle donne*, cit., p. 109 e 139.

[61] Ibidem, p. 113.

das crianças, permitindo aos filhos acreditar que aqueles devem servi-los e aguentar seus humores"[62].

A "jacobina inglesa", que constitui uma genial exceção, parece de alguma maneira antecipar Marx e Engels, os quais instituem um nexo entre divisão do trabalho no âmbito da família e divisão do trabalho no âmbito da sociedade. O segundo, em particular, formula a tese pela qual "a moderna família nuclear é fundada na escravidão doméstica, aberta ou dissimulada, da mulher"; de qualquer maneira, "o homem é o burguês, ao passo que a mulher representa o proletariado"[63].

Entre os contemporâneos de Marx e Engels, Nietzsche, mais do que John Stuart Mill, desenvolve uma análise que poderia se aproximar à deles, embora com um juízo de valor oposto. O crítico implacável da revolução enquanto tal, inclusive da revolução feminista, compara a condição da mulher à dos "miseráveis das classes inferiores", dos "escravos do trabalho (*Arbeitssklaven*) ou dos presos"[64] e indiretamente aproxima movimento feminista, movimento operário e movimento abolicionista: os três estão desalentadamente em busca das diferentes "formas de escravidão e servidão" – para denunciá-las indignados – como se sua constatação não fosse a confirmação de que a escravidão é "o fundamento de toda civilização superior"[65].

Obviamente, a razão do nexo entre subjugação da mulher e opressão social como um todo é desenvolvida de maneira mais ampla e orgânica por Engels, sempre retomando *A ideologia alemã*, que escreveu junto com Marx e que ficou inédita por muito tempo: "A primeira opressão de classe coincide com a opressão do sexo feminino pelo masculino". É um assunto que carrega uma longa história e que ainda não chegou à conclusão.

A derrubada do matriarcado marcou a derrota histórica do sexo feminino em todo o mundo. O homem assumiu também o comando da casa; a mulher foi degradada e reduzida à servidão; tornou-se escrava da lascívia e mero instrumento para a produção dos filhos (*Werkezeug der Kinderzeugung*). Esse estado de

---

[62] Ibidem, p. 115 e 137.

[63] MEW, v. 21, p. 75.

[64] Friedrich Nietzsche, *Genealogia della morale* (Milão, Orsa Maggiore, 1993), v. 3, p. 18 [ed. bras.: *Genealogia da moral*, trad. Mario Ferreira dos Santos, São Paulo, Vozes, 2009].

[65] Idem, *Al di là del bene e del male* (Roma, Newton Compton, 2011), p. 239 [ed. bras.: *Além do bem e mal*, trad. Renato Zwick, Porto Alegre, L&PM, 2008].

degradação da mulher [...] foi aos poucos embelezado e dissimulado, assumiu por vezes formas mais brandas, mas não foi absolutamente eliminado.[66]

5. As lutas de classes das classes exploradoras

Dediquei-me até aqui às três grandes lutas de classes emancipadoras, chamadas a modificar radicalmente a divisão do trabalho e de opressão que existem em âmbito internacional, dentro de cada país e no universo da família. É necessário, porém, não perder de vista as lutas que têm como protagonistas as classes exploradoras.

Observemos como, em novembro de 1848, Marx sintetiza os acontecimentos cruciais daquele ano: "Em Nápoles, o lúmpen aliado com a monarquia contra a burguesia. Em Paris, a maior luta histórica que já ocorreu: a burguesia aliada com o lúmpen contra a classe operária"[67]. Luta de classes é também aquela por meio da qual a reação feudal, valendo-se do apoio dos lúmpens, sufoca em Nápoles a revolução democrático-burguesa; e luta de classes é, além disso, a cruel repressão pela qual a burguesia francesa, sempre com apoio do lumpemproletariado urbano, cala, nas jornadas de junho, o desespero e a revolta dos operários parisienses.

Por fim, voltemos pela última vez ao testemunho de Longuet. Ele, confirmando a "clara, aberta teoria da luta de classes" professada por Marx e por seu círculo familiar, acrescenta um ulterior particular: "Naquela casa, nunca se hesitou em tomar posição em relação aos conflitos nos quais podiam ser reconhecidas 'as diversas frações da burguesia'"[68]. Como se nota, discute-se "luta de classes" também em relação aos conflitos entre as "diversas frações da burguesia", isto é, os conflitos que contrapõem as classes exploradoras ou suas frações. Como realça o *Manifesto*, "a burguesia sempre está em luta: inicialmente contra a aristocracia, depois contra as partes da própria burguesia cujos interesses estão em contradição com o progresso da indústria e sempre contra a burguesia de todos os países estrangeiros". Se a luta contra a aristocracia estimula as revoluções que marcam o colapso do Antigo Regime, a concorrência econômica entre as burguesias dos diversos países capitalistas pode conduzir a uma "guerra

---

[66] MEW, v. 21, p. 68 e 61.

[67] Ibidem, v. 6, p. 10.

[68] Hans Magnus Enzensberger (org.), *Colloqui con Marx e Engels*, cit., p. 328-9.

industrial e de extermínio entre as nações"[69]. Provavelmente, faz-se referência aqui às guerras da época napoleônica – elas têm como protagonistas dois países, Inglaterra e França, que superaram o Antigo Regime e passaram a se enfrentar em diversos continentes para o controle do mercado mundial. Todavia, ao passo que delineia o balanço histórico do passado, o "extermínio" que resulta da luta de classes entre as burguesias capitalistas traz à tona o massacre da Primeira Guerra Mundial, que acontecerá sessenta anos após a publicação do *Manifesto*.

6. 1848-1849: UMA "LUTA DE CLASSES EM FORMAS POLÍTICAS COLOSSAIS"

O intricado quadro das lutas de classes que começa a emergir ainda não é completo. Observamos as lutas de classes operarem separadamente; contudo, uma concreta situação histórica, uma grande crise, é caraterizada pelo entrelaçamento complexo e contraditório de lutas de classes.

Convém deter-nos sobre as grandes crises históricas que os autores do *Manifesto Comunista* presenciam. Em relação ao biênio revolucionário 1848--1849, temos dois balanços, ambos escritos por Marx no decorrer dos eventos. O primeiro, de abril de 1849, aparece em *Trabalho assalariado e capital*, que pelo título deveria tratar de um argumento de caráter mais estreitamente econômico e sindical. Na realidade, Marx coloca a "luta de classes" cotidiana no quadro das agitações em curso naquele momento: o "malogro dos operários revolucionários da Europa" (insurgidos em Paris em junho de 1848); as "heroicas guerras de independência" e os "desesperados esforços da Polônia, da Itália e da Hungria"; o perfilar-se no horizonte de uma possível "guerra mundial" na qual se enfrentariam "a revolução proletária e a contrarrevolução feudal"; a "inanição da Irlanda" (terrível carestia que dizimou os habitantes da ilha e que foi saudada por acreditados expoentes da classe dominante inglesa como intervenção da Providência, voltada a tosquiar um povo bárbaro e insubmisso); a contribuição fornecida com diferentes modalidades ao esmagamento do movimento revolucionário da Inglaterra e da Rússia; e, portanto, a recaída da Europa "em sua velha dúplice escravidão, na escravidão anglo-russa" com a reiterada "submissão e exploração comercial das classes burguesas das diversas nacionalidades europeias por parte do déspota do mercado mundial, a

---

[69] MEW, v. 4, p. 471 e 485 [ed. bras.: Karl Marx e Friedrich Engels, *Manifesto Comunista*, cit., p. 61].

Inglaterra". O mundo viu, assim, "desenvolver-se a luta de classes, em 1848, em formas políticas colossais"; nada ficou estranho "à luta de classes e à revolução europeia"[70]. Em vez de apresentar-se imediatamente como econômica, a luta de classes assumiu as formas políticas mais variadas (revoltas operárias e populares, insurreições nacionais, repressão desencadeada pela reação interna e internacional recorrendo a instrumentos militares e econômicos) e, longe de desaparecer, tornou-se mais dura.

As lutas de classes na França traçam o segundo balanço. Estamos em 1850 e para Marx a crise ainda não chegou à conclusão; ao contrário, poderia abrir novas grandiosas perspectivas revolucionárias.

> Derrota de junho [infligida aos operários parisienses] revelou às potências despóticas da Europa o seguinte segredo: a França precisava, sob todas as circunstâncias, preservar a paz no exterior para poder travar a guerra civil em seu interior. Assim, os povos que haviam iniciado sua luta pela independência nacional foram abandonados à supremacia da Rússia, da Áustria e da Prússia; ao mesmo tempo, porém, o destino dessas revoluções nacionais ficou subordinado ao destino da revolução proletária, foi privado de sua aparente autonomia, de sua independência da grande convulsão social. O húngaro não será livre, nem o polonês nem o italiano, enquanto os trabalhadores permanecerem escravos!
>
> Por fim, em virtude da vitória da Santa Aliança, a Europa assumiu uma forma que fazia cada novo levante proletário na França coincidir diretamente com uma *guerra mundial*. A nova revolução francesa é obrigada a abandonar imediatamente o território nacional e a *conquistar o terreno europeu*, o único em que será possível realizar a revolução social do século XIX.[71]

É previsível uma intervenção das potências contrarrevolucionárias parecida com a de 1792. Por consequência, "a guerra de classes (*Klassenkrieg*) dentro da sociedade francesa se converte em uma guerra mundial (*Weltkrieg*), na qual se confrontam as nações"[72].

Nesse quadro, a impaciência revolucionária na imaginação tende a queimar as etapas de um longo (e bem mais complexo) processo histórico. Mas aqui

---

[70] Ibidem, v. 6, p. 397-8.

[71] Ibidem, v. 7, p. 33-4 [ed. bras.: *As lutas de classes na França de 1848 a 1850*, trad. Nélio Schneider, São Paulo, Boitempo, 2012, p. 64-5].

[72] Ibidem, v. 7, p. 79 [ed. bras.: ibidem, p. 125].

vale investigar em primeiro lugar o aspecto teórico e categorial: é a "guerra mundial" que se configura como "guerra de classes", o entrelaçamento de revoluções e conflitos internacionais.

Claramente, o biênio 1848-1849 faz com que Marx relembre a crise histórica que se abriu em 1789 e que, a partir da invasão da França por parte das potências engajadas na defesa do Antigo Regime, também registra o entrelaçar-se e o confluir das revoluções e dos conflitos internacionais em uma guerra mundial ou europeia. A novidade mais relevante da nova crise está no fato de que seus protagonistas não são só dois, mas três sujeitos sociais: à aristocracia e à burguesia acrescentou-se o proletariado, que, sob os auspícios de Marx, poderia desenvolver um papel fundamental derrubando, além do Antigo Regime, o próprio capitalismo. Fica assente que nas duas crises históricas, assumindo uma configuração de vez em vez diferente, a luta de classes eclode em "formas políticas colossais" (usando os termos de *Trabalho assalariado e capital*) e que a "guerra de classes" acaba por configurar-se como "guerra mundial" (para citar, desta vez, *As lutas de classes na França*).

A luta de classes quase nunca se apresenta em seu estado puro, quase nunca se limita a envolver os sujeitos diretamente antagonistas; sobretudo, é justamente por essa ausência de "pureza" que ela pode desembocar em uma revolução social vitoriosa. Marx levanta a hipótese de que uma "revolta proletária" poderia acontecer também no país capitalista mais desenvolvido. A intervenção contrarrevolucionária teria, então, como alvo a Inglaterra, onde o peso da classe operária é ameaçador do ponto de vista das potências determinadas em manter a qualquer preço a ordem existente. No curso da "guerra mundial", isto é, do novo entrelaçamento de revoluções e guerras que esse evento poderia gerar, criar-se-iam assim as condições favoráveis para um acontecimento destinado a marcar uma virada na história mundial: "o proletariado [será] impelido a assumir a liderança do país que domina o mercado mundial, a assumir a liderança da Inglaterra. A revolução, que não tem aí seu término, mas seu começo em termos de organização, não será uma revolução de pouco fôlego"[73]. Na época, a intervenção das potências feudais contra a França revolucionária havia estimulado a radicalização jacobina, havia significado a chegada ao poder de uma camada política e ideológica não organicamente ligada à burguesia e que, ao contrário, como realça *A ideologia alemã*, a burguesia consegue reabsorver

---

[73] Idem.

só mais tarde e com dificuldade[74]. Uma eventual intervenção contrarrevolucionária poderia movimentar um processo parecido, chamando nesse caso os socialistas a dirigir o esforço para a defesa das conquistas sociais e, ao mesmo tempo, da independência nacional.

Se é evidente a inspiração às vezes onírica do quadro desenhado por Marx em 1850, por outro lado, é inegável a visão quase profética que isso testemunha. Na ocasião das grandes crises históricas, caraterizadas pelo entrelaçamento de conflitos no plano interno e internacional, a luta de classes se intensifica e se torna luta revolucionária em um país abalado por uma crise nacional sem precedentes. Trata-se de um cenário evocado também pelo último Engels. Este, em uma carta a August Bebel, datada de 13 de outubro de 1891, realça o agravamento dos perigos da guerra. O que aconteceria se a Alemanha, onde atua o mais forte partido socialista, fosse agredida pela Rússia czarista (apoiada a oeste por seus aliados) e ameaçada em sua própria "existência nacional"? "Poderia acontecer que, face à covardia dos burgueses e dos *Junker*, que querem apenas salvar sua propriedade, nós fôssemos o único real e enérgico partido da guerra. Naturalmente, poderia também acontecer que nós chegássemos ao governo e repitíssemos 1794, a fim de rejeitar os russos e seus aliados."[75]

Esse é um trecho ao qual, em 1914, a social-democracia alemã fará referência para justificar seu apoio à guerra imperialista: uma referência bastante bizarra, que indiretamente compara a Alemanha de Guilherme II à França de Robespierre! De qualquer modo, um aspecto essencial do século XX é constituído pelo florescer de movimentos de libertação nacional que acabam hegemonizados pelos partidos comunistas ou de inspiração comunista. E o desenvolvimento desses movimentos é marcado justamente pelas duas guerras mundiais, nas quais o aspecto da intervenção contrarrevolucionária está presente de maneira mais ou menos massiva – à intervenção da Entente contra a Rússia soviética segue, mais de vinte anos depois, a agressão da Alemanha hitleriana que objetiva ao mesmo tempo liquidar o movimento socialista e edificar a leste seu império colonial, porém com o resultado de que a derrota sofrida por esse projeto suscita em um nível planetário uma gigantesca onda de revoluções anticoloniais. E de novo, para retomar a linguagem de Marx, vemos "desenvolver-se a luta de classes [...] em formas políticas colossais" e a "guerra de classes" configurar-se como "guerra mundial".

---

[74] Ver, neste volume, cap. 8, seção 2.

[75] MEW, v. 38, p. 176.

7. 1861-1865: UMA "CRUZADA DA PROPRIEDADE CONTRA O TRABALHO"

Mais de duas décadas depois da crise revolucionária de 1848-1849, Marx e Engels são testemunhas da tragédia da Comuna de Paris, mas nesse caso o conflito entre burgueses e proprietários está sob os olhos de todos, no mínimo, pelos pelotões de fuzilamento que os primeiros acionam contra os segundos. Convém, no entanto, tratar de um acontecimento histórico mais complexo, que os dois filósofos e militantes revolucionários acompanham desde um observatório colocado a milhares de quilômetros de distância. Refiro-me à Guerra de Secessão, que o primeiro livro de *O capital*, publicado em 1867, define como "único acontecimento grandioso (*großartiges Ereignis*) da história contemporânea"[76]. É uma expressão que lembra a usada alguns anos antes em relação à revolta dos operários parisienses, da "insurreição de junho" de 1848, definida como "mais colossal acontecimento (*kolossalstes Ereignis*) na história das guerras civis europeias"[77].

O capital institui um paralelismo sobretudo entre a Guerra de Secessão e a luta (na Inglaterra e na França) contra condições de trabalho que de fato obrigam os operários a "trabalhar até a morte": se a abolição da escravidão negra é resultado da "guerra civil americana", de forma análoga, "as limitações e regulações legais da jornada de trabalho foram gradualmente arrancadas ao longo de meio século de guerra civil"[78]. Se nos Estados Unidos o decreto de emancipação proíbe a compra e a venda de escravos negros, na Europa a regulamentação legislativa do horário de trabalho impede os operários de, "por meio de um contrato voluntário com o capital, vender a si e a suas famílias à morte e à escravidão"[79]. Se do outro lado do Atlântico a eleição de Lincoln, suspeito de ser abolicionista, é seguida pela secessão dos estados escravistas, os capitalistas ingleses reagem à redução e à regulamentação do horário de trabalho com uma "rebelião *proslavery* [pró-escravidão] em miniatura", uma agitação em defesa da manutenção da escravidão assalariada[80].

---

[76] Ibidem, v. 23, p. 270, n. 90 [ed. bras.: Karl Marx, *O capital*, Livro I, trad. Rubens Enderle, São Paulo, Boitempo, 2013, p. 328, n. 90].

[77] Ibidem, v. 8, p. 121 [ed. bras.: idem, *O 18 de brumário de Luís Bonaparte*, trad. Nélio Schneider, São Paulo, Boitempo, 2011, p. 34].

[78] Ibidem, v. 23, p. 270 n., 271 e 312-3 [ed. bras.: idem, *O capital*, Livro I, cit., p. 328 n., 328 e 367].

[79] Ibidem, v. 23, p. 320 [ed. bras.: ibidem, p. 373].

[80] Ibidem, v. 23, p. 302 e 305 [ed. bras.: ibidem, p. 357 e 360-1].

40   A LUTA DE CLASSES

Nos dois casos, deparamo-nos com uma luta de classes conduzida ao mesmo tempo por baixo e pelo alto; nos Estados Unidos, sobretudo na última fase do conflito, o Exército da União vê suas fileiras engrossarem pelo ingresso de escravos ou ex-escravos que abandonam amos ou ex-amos para contribuir à derrota da secessão escravista, enquanto na Inglaterra a agitação operária é de velha data; nos dois países a burguesia reformadora desenvolve um papel importante. Estamos diante de uma luta de classes emancipadora, que não se apresenta em seu estado puro, como conflito entre explorados e exploradores, oprimidos e opressores.

Certamente, o caráter "impuro" da Guerra de Secessão era ainda mais marcado e mais evidente, e não somente pelo fato de que o conflito não era (ao menos à primeira vista) entre uma classe dominante e uma classe oprimida. Ademais, o que inspirava o Norte não era absolutamente o puro zelo abolicionista; o próprio Lincoln tranquilizava os estados escravistas dispostos a provar a lealdade nacional, garantindo o tranquilo benefício do autogoverno (e da propriedade privada sob forma de gado humano). Em relação a tudo isso, para justificar a simpatia em relação ao Sul, setores importantes da burguesia inglesa pressionavam, argumentando desta maneira: a União combatia em primeiro lugar a favor das tarifas aduaneiras protecionistas (necessárias para a promoção de um desenvolvimento industrial autônomo) e da defesa da integridade territorial (e do amplo mercado nacional de que a burguesia estadunidense precisava). A atitude de personalidades significativas do movimento socialista não era diferente[81]: justificava-se um banho de sangue somente para secundar a burguesia industrial do Norte contra a aristocracia fundiária do Sul, ou seja, para substituir uma classe exploradora por outra e para impor a generalização da escravidão assalariada derrubando a escravidão clássica? O que estava em jogo se revelava ainda mais mesquinho pelo fato de que as condições materiais dos escravos assalariados, no fundo, não eram tão melhores do que as dos escravos propriamente ditos. Como se não bastasse, havia a hipocrisia com que setores consistentes da classe operária inglesa repreendiam os abolicionistas de seu país: ficavam tocados pelos escravos negros que estavam do outro lado do Atlântico, mas impassíveis diante da tragédia dos escravos brancos em sua própria casa.

Dos limites do abolicionismo inglês estava bem consciente Marx, que em *O capital* expressava todo o seu desprezo para a figura ideal-típica representada pela duquesa de Southerland: a fidalga recebia em Londres "com grande pompa a autora de *Uncle Tom's Cabin* [A cabana do Pai Tomás], Harriet Beecher Stowe,

---

[81] Ver, neste volume, cap. 4, seção 2.

a fim de exibir sua simpatia pelos escravos negros da república americana", mas ao mesmo tempo era impiedosa com seus "escravos", "sistematicamente expulsos" de suas terras, condenados a morrer de inanição e às vezes arrastados junto às aldeias nas quais viviam e, assim, "exterminados"[82].

Todavia, desde seu primeiro artigo no *New York Daily Tribune* – publicado em 11 de outubro de 1861 – Marx recusava com clareza os argumentos que expusemos: é verdade, Lincoln tinha dado garantia de mirar apenas a preservação da integridade territorial dos Estados Unidos, mas "o Sul, por seu lado, iniciou a guerra proclamando claramente que 'a peculiar instituição' era o único e precípuo objetivo da rebelião". Por outro lado, a Constituição da Confederação "havia reconhecido pela primeira vez a escravidão como uma boa coisa em si e por si só, um baluarte de civilização e uma instituição divina. Se o Norte declarava lutar para a União, o Sul se gloriava de rebelar-se pela supremacia da escravidão"[83]. Era, portanto, claro o que estava em jogo: tratava-se de defender ou de liquidar a "escravocracia sulista"[84].

Como se percebe, assiste-se a uma surpreendente inversão de posições. Os setores filossulistas da classe dominante inglesa (geralmente propensa a celebrar a pureza dos valores espirituais) recorriam a uma crítica da ideologia (de tipo economicista e reducionista), ao passo que Marx, o grande e pungente crítico da ideologia, realçava o significado e o valor abolicionista da guerra do Norte. Por quais razões? Tento sintetizar por qual motivo a guerra da União que objetivava cortar pela raiz a secessão escravista se configura aos olhos de Marx como uma gigantesca e emancipadora luta de classes:

a) Era preciso derrotar uma sociedade dominada por "uma oligarquia" e "na qual todo o trabalho produtivo incumbe aos *niggers*"[85]. Como foi bem observado, "por grande parte da história humana a expressão 'trabalho livre' foi um oxímoro"[86], e um oxímoro particularmente clamoroso era, nos anos que precedem a Guerra de Secessão, no Sul dos Estados Unidos, como diria Tocqueville[87], "o trabalho não se confundia com a ideia de escravidão". Romper

---

[82] MEW, v. 23, p. 758-9 e n. 218 [ed. bras.: Karl Marx, *O capital*, Livro I, cit., p. 802 e n. 218].

[83] Ibidem, v. 15, p. 305.

[84] Ibidem, v. 15, p. 309.

[85] Ibidem, v. 30, p. 287.

[86] Seymoure Drescher, *From Slavery to Freedom. Comparative Studies in the Rise and Fall of Atlantic Slavery* (Londres, Macmillan, 1999), p. 401.

[87] Alexis Tocqueville, *Oeuvres complètes* (org. J. P. Mayer, Paris, Gallimard, 1951), p. 392 e 362.

com essa tradição significava atribuir dignidade à própria ideia de trabalho e conseguir uma importante vitória ideológica; sobretudo emancipando o trabalho "de pele negra" da escravidão propriamente dita, a "guerra abolicionista" da União contra os estados escravistas e secessionistas do Sul teria criado condições mais favoráveis para a emancipação do "trabalho de pele branca"[88]. Tanto mais que "a rebelião dos proprietários de escravos tocava a rebate para uma cruzada generalizada da propriedade contra o trabalho"[89]. Com essa observação, Marx acerta perfeitamente. No meio da Guerra de Secessão, um dos mais insignes teóricos do Sul, George Fitzhugh, mesmo legitimando e considerando necessária e benéfica a submissão dos negros, criticava a ideia de "confinar a essa raça a justificativa da escravidão". Na Europa, ecoando essas razões e colocando-as no âmbito de uma realizada filosofia da história, Nietzsche celebrava, enquanto fundamento inelutável da civilização, a escravidão enquanto tal, não necessariamente a racial[90].

b) Quando afirmava que o instituto da escravidão era chamado a regulamentar a relação entre capital e trabalho, Fitzhugh tinha presente, provavelmente, as expedições de "flibusteiros" que saíam do Sul para exportar a escravidão também em países da América Central, expedições que, diria Marx, almejavam "explicitamente a conquista de novos territórios para estender ali a escravidão e o poder dos escravistas"[91]. Nos anos que precedem a Guerra de Secessão, partiu do Sul William Walker, que, encabeçando um pequeno exército de aventureiros, propunha-se conquistar a Nicarágua, visando a reintroduzir ali a escravidão negra, a reabrir o tráfico de escravos e a impor o trabalho forçado aos próprios nicaraguenses[92]. Compreende-se, então, a mensagem de cumprimentos escrita por Marx em janeiro de 1865 e enviada pela Internacional a Lincoln na ocasião de sua reeleição: "Desde o início da titânica luta que se travava na América, os trabalhadores da Europa sentiram instintivamente que o destino de sua classe estava ligado à bandeira estrelada [...] da União", perceberam que "o imane conflito na outra margem

---

[88] MEW, v. 15, p. 312, 23 e 318.

[89] Ibidem, v. 16, p. 18-9.

[90] Domenico Losurdo, *Nietzsche, il ribelle aristocratico. Biografia intellettuale e bilancio critico* (Turim, Bollati Boringhieri, 2002), cap. 12, seção 8.

[91] MEW, v. 15, p. 334.

[92] Richard Slotkin, *The Fatal Environment. The Myth of the Frontier in the Age of Industrialization 1800-1890* (Nova York, Harper Perennial, 1994), p. 245-61.

do Atlântico colocava em risco as esperanças postas no futuro e, com elas, também as conquistas conseguidas no passado"[93].

c) Com a abolição da escravidão negra, a Guerra de Secessão resultava na emancipação, embora bastante parcial, de uma "raça" ou de uma nacionalidade oprimida. E também desse ponto de vista ela se configurava como uma grande luta de classes. Na fase final de sua existência, a Confederação foi forçada a recuar da atitude inicial e a "tratar os soldados negros como 'presos de guerra'" em vez de fuzilá-los como escravos rebeldes e bárbaros excluídos pelo *jus publicum europaeum*[94]. Além disso, Marx realçava que, mediante a abolição da escravidão nos Estados Unidos, entrelaçava-se o reconhecimento por parte de Washington da "independência das repúblicas negras da Libéria e do Haiti"[95]. Foi particularmente significativo o reconhecimento do Haiti, país nascido na onda da grande revolução dos escravos negros liderada por Toussaint Louverture e longamente submetido a isolamento diplomático e estrangulamento econômico por parte dos Estados Unidos e do Ocidente.

Por todas essas razões, a Guerra de Secessão era, na visão de Marx, um dos mais importantes capítulos da luta de classes de seu tempo. A pretensão dos proprietários de afirmar ou de reiterar a identidade entre trabalho e escravidão, a "cruzada generalizada da propriedade contra o trabalho", sofria uma derrota, cujo significado ultrapassava as fronteiras dos Estados Unidos e da própria "raça" negra.

Infelizmente, a derrota da contrarrevolução escravista foi apenas parcial, e não demoraram as tentativas de resgate sob o lema da *white supremacy*. Isso, para Marx, constituía a confirmação de que a gigantesca luta de classes eclodida entre 1861 e 1865 estava longe de ser concluída.

8. A LUTA DE CLASSES E OUTROS PARADIGMAS

Como se percebe, a teoria da luta de classes pretende iluminar o processo histórico enquanto tal. É um tipo de explicação que se contrapõe a outros tipos. Podemos analisar estes últimos e, por consequência, compreender melhor a teoria da luta de classes, dando uma olhada nos desafios teóricos que a cultura do século XIX teve de encarar. É necessário, antes de tudo, questionar as razões

---

[93] MEW, v. 16, p. 18-9.

[94] Ibidem, v. 30, p. 433-4.

[95] Ibidem, v. 15, p. 526.

da irrefreável ascensão do Ocidente. Com palavras entusiásticas no início da primeira guerra do ópio, Alexis de Tocqueville[96] diria que trata-se de esclarecer a "imensidão de acontecimentos de mesma natureza que empurram gradativamente a raça europeia para fora de suas fronteiras e sucessivamente submetem a seu império ou sua influência todas as outras raças", as razões da "submissão das quatro partes do mundo pela quinta". Pois bem, a que se deve essa marcha triunfal? Em segundo lugar, é necessário explicar o diferente desenvolvimento político da França em relação à Inglaterra e aos Estados Unidos. No primeiro país, à revolução seguiu a contrarrevolução, que por sua vez abriu o caminho a outra revolução. Os regimes políticos também se alternam: monarquia absoluta, monarquia constitucional, terror jacobino, ditadura militar, império, república democrática, bonapartismo... E não se enxergam o fim das convulsões nem o advento de um regime composto de liberdade e de governo da lei. Aliás, observando bem, com exceção de breves intervalos, o poder absoluto se apresenta como um destino ou uma maldição: a monarquia de direito divino é seguida pelo terror jacobino, que por sua vez abre o caminho à ditadura bonapartista. E isso contrasta de modo clamoroso com a evolução gradativa e construtiva dos outros dois países, sob o lema da liberdade e do governo da lei! Pois bem, quais são as razões da interminável crise histórica que devora a França? Em terceiro lugar, ao passo que desenvolve seu expansionismo colonial, o Ocidente observa angustiado a irrupção, em seu interior, de inauditos movimentos de massas que, incialmente com o jacobinismo e depois com o socialismo, parecem minar as próprias bases da sociedade. O que está acontecendo?

Observemos agora, por linhas gerais, os paradigmas mais frequentemente usados pela cultura do tempo para abordar esses três nós teóricos e políticos. Em 1883, o mesmo ano da morte de Marx, vê a luz na Áustria um livro de Ludwig Gumplowicz que, já pelo título (*Der Rassenkampf*, "A luta das raças"), se contrapõe à tese da luta de classes como chave de leitura da história. Três décadas antes de Gumplowicz, na França, Arthur de Gobineau publicou seu *Ensaio sobre a desigualdade das raças humanas*, uma obra cujo título também fala por si só. E, nesse mesmo período, na Inglaterra, Benjamin Disraeli argumenta de modo análogo, enunciando a tese de que a raça é "a chave da história" e que "tudo é raça e não há outra verdade", e, "é somente uma coisa, o sangue", que define e constitui uma raça. O ciclo histórico inteiro, que vai desde a conquista da América até as guerras do ópio e a ascensão e o triunfo do Império

---

[96] Alexis Tocqueville, *Oeuvres complètes*, cit., v. 6.1, p. 58.

Britânico, ilustra de maneira exemplar o caráter fundamental do fator racial. Somente assim se pode compreender por que, embora em número bastante reduzido, os *conquistadores* espanhóis conseguiram triunfar na América, e os ingleses, na China.

O paradigma racial, ou etnológico-racial, pode-se apresentar de forma enfraquecida e referir-se em primeiro lugar ao que, na linguagem atual, chamar-se-ia o "choque de civilizações". Obviamente, as civilizações têm uma existência real e não podem ser confundidas com as "raças", mas se elas, em vez de serem compreendidas a partir de contextos e conflitos historicamente determinados, forem consideradas como expressão de um espírito ou de uma alma tendencialmente eternos, eis que emerge o perigo do deslize naturalista. As civilizações que Tocqueville opõe à ocidental – ou seja, ao "mundo cristão"– aparecem todas com um valor incomparavelmente inferior, imóveis no tempo e de qualquer modo destinadas pela Providência a sucumbir – a este ponto, sente-se forte a tendência a abandonar o terreno da história. Assim que verter sobre as "tribos semicivilizadas" e sobre os "selvagens", o deslize naturalista resulta irrefreável.

> A raça europeia recebeu do céu ou adquiriu por seus esforços uma superioridade tão incontestável sobre todas as outras raças que compõem a grande família humana que o homem por nós colocado, por causa de seus vícios e de sua ignorância, no último degrau da escala social ainda é o primeiro perto dos selvagens.

Compreende-se claramente o horror exprimido pelo liberal francês para o fenômeno que acontece na Austrália: os detidos (europeus e brancos) ali deportados fogem pelos bosques, casam com as filhas dos "selvagens" aborígenes e realizam um "cruzamento" que gera uma "raça de mestiços" bastante perigosa para a existente ordem social e racial[97].

Doze anos depois da morte de Marx, morre Engels. Estamos em 1895, ano em que Gustave Le Bon publica a *Psicologia das multidões*. A tese central do livro é conhecida: a longa crise que vai de 1789 a 1871, desde a eclosão da Grande Revolução até a Comuna de Paris, é produto, em última análise, da insanidade mental. Eis o resultado: a cultura burguesa do século XIX encara o segundo desafio teórico e político (o desenvolvimento diferente da França em relação à Inglaterra e aos Estados Unidos) recorrendo ao paradigma psicopatológico.

---

[97] Ibidem, v. 4.1, p. 271-2.

No país do interminável ciclo revolucionário surge um "vírus de uma espécie nova e desconhecida", que afetou as faculdades mentais de gerações de intelectuais e agitadores políticos – essa é a opinião de Tocqueville, assim como de Hippolyte Taine e do próprio Le Bon.

Mas por que esse vírus deflagra num país e não em outros? A questão – lamenta Tocqueville – é que os franceses se revelam desprovidos de sólida moralidade, do robusto senso prático e do amor à liberdade e à dignidade individual que demonstram os anglo-saxões e, de modo particular, os americanos. Os franceses frequentemente sucumbem ao delírio das abstrações ideológicas e de qualquer modo demonstram um apego mórbido à igualdade e até mesmo à homologação; têm "medo do isolamento" e alimentam o "desejo de estar na multidão", percebem-se membros de uma "nação que marcha em um mesmo passo e toda alinhada"; enxergam na liberdade "a menos importante das propriedades e, assim, estão sempre dispostos a oferecê-la com a razão nos momentos de perigo". Difícil de imaginar que tais características possam ser dissipadas; estamos diante de "um povo tão imóvel em seus instintos principais que ainda é reconhecível nos retratos que foram traçados 2 ou 3 mil anos atrás".

Como se observa, o paradigma psicopatológico propende a entrelaçar-se com o etnológico-racial. E isso vale tanto para Taine como para Le Bon[98], que, a fim de explicar a insanidade, os delírios e as convulsões da França revolucionária, refere-se à mórbida "psicologia das multidões", mais exatamente à mórbida psicologia das massas "latinas", desprovidas "daquele sentimento de independência individual tão poderoso entre os anglo-saxões".

São estereótipos que encontram uma difusão maior do outro lado do canal da Mancha e que se manifestam também em John Stuart Mill. Ele contrapõe a composta liberdade e o desenvolvimento econômico do mundo anglo-saxão à "submissão", à "resignação" e ao estatismo próprios das "nações continentais" da Europa, as quais, além do mais, são "gangrenadas pela burocracia" e pelo invejoso anseio igualitário. No liberal inglês, se reapresenta, embora em forma menos gravemente naturalista, o entrelaçamento entre paradigma psicopatológico (que atribui uma prolongada crise histórica a uma psique doentia) e paradigma etnológico (que identifica tal psique doentia com povos bem determinados).

---

[98] Gustave Le Bon, *Psicologia delle folle* (1895) (2. ed., Milão, Longanesi, 1980), p. 63 e 79 [ed. bras.: *Psicologia das multidões*, trad. Mariana Sérvulo da Cunha, São Paulo, WMF Martins Fontes, 2008].

Em Tocqueville, o deslize naturalista do paradigma psicopatológico é mais acentuado. Ele morreu em 1859, não vivenciou a Guerra de Secessão, mas percebeu que ela se aproximava. Quais são as causas do cataclismo que está a ponto de eclodir? O fanatismo ideológico, que teve efeitos tão devastadores no país do Iluminismo radical e do jacobinismo, é ausente do outro lado do Atlântico – então, qual é a causa da guerra civil que agora se perfila? O liberal francês não tem dúvida: é a "rápida introdução nos Estados Unidos de homens estranhos à raça inglesa", é o intervir de "tantos elementos estranhos" que alteram de maneira desastrosa a "natureza" (*naturel*) e "a economia e a saúde" do "corpo social" originário.

Finalmente, para explicar a irrupção das classes subalternas no cenário da história e a emergência do movimento jacobino-socialista, a cultura do século XIX por um lado recorre ao entrelaçamento que já conhecemos de paradigma psicopatológico e paradigma etnológico – para Tocqueville, o socialismo é a "doença natural" dos franceses, ponto de vista compartilhado por Le Bon[99]. Por outro, faz uso do paradigma racial para etiquetar como bárbaras e selvagens as classes subalternas que se rebelam contra a ordem existente – está ocorrendo uma "nova invasão dos bárbaros", provindos, dessa vez, do interior, não do exterior do mundo civilizado. Sim – escreve Nietzsche[100] comentando e condenando a Comuna de Paris –, está em ação "uma camada barbárica de escravos" que ameaça infligir à civilização uma horrenda destruição. Ou seja, como diria Jeremy Bentham[101], nada de bom deve-se esperar daquele "selvagem" que é o pobre.

Como se observa, os paradigmas de que a cultura burguesa se vale – sobretudo a da segunda metade do século XIX (após o colapso da revolução de 1848, Hegel se tornou um cachorro morto) – deixam muito pouco espaço à história. Explicam-se, assim, alguns clamorosos infortúnios. Tocqueville contrapõe os Estados Unidos à França, então incapaz de acabar com o poder absoluto. Nos anos que precedem a Guerra de Secessão, o país onde a escravidão negra

---

[99] Nesta seção, sintetizei análises desenvolvidas em um trabalho precedente, a que faço referência para uma documentação mais aprofundada: Domenico Losurdo, *Controstoria del liberalismo*, cit., cap. 8, seção 2 (em relação a J. S. Mill); cap. 8, seção 6 (em relação à contraposição franceses/anglo-saxões, em particular em Tocqueville); cap. 8, seção 8 (para a denúncia de Tocqueville do afluxo nos Estados Unidos de imigrantes "estranhos à raça inglesa"); cap. 8, seção 10 (em relação a Gobineau e Disraeli).

[100] Friedrich Nietzsche, *Sämtlike Werke. Kritische Studienausgabe* (orgs. G. Colli e M. Montinari, Munique, dtv-de Gruyter, 1988), v. 1, p. 117.

[101] Jeremy Bentham, *Works* (org. J. Browning, Edinburgo, Tait, 1838-1843), v. 1, p. 309.

continua viva e vital é celebrado como campeão da causa da liberdade, ao passo que a nação que aboliu a escravidão em suas ex-colônias algumas décadas antes é a encarnação da surdez em relação a tal causa.

Polemizando com os paradigmas que acabamos de ver, Marx e Engels elaboram a teoria da luta de classes.

9. A FORMAÇÃO DA TEORIA DA LUTA DE CLASSES

Ao abordar a questão operária no campo da análise histórica e social, Marx, que na época tinha 26 anos, não somente ridiculiza o grito de alarme sobre a "nova invasão dos bárbaros", como o arremete contra os que o lançaram – é exatamente desses "bárbaros" que se pode esperar a emancipação absolutamente necessária. A "camada bárbara de escravos" contra a qual alerta Nietzsche (e a cultura do tempo) é a classe operária que, arrebentando os grilhões da "escravidão moderna" que a submetem, dará uma contribuição decisiva à edificação de uma sociedade e de uma civilização não mais fundada na exploração e na opressão. Os paradigmas da raça e do conflito de civilização são confutados já pelo fato de que a análise histórico-social concreta revela a labilidade da fronteira entre civilização e barbárie. Isso não vale só para as relações de classes internas à metrópole capitalista. Esta pretende exportar a civilização ao mundo colonial, pois é exatamente aqui que emerge com clareza a "intrínseca barbárie da civilização burguesa"[102]; em ocasião da "guerra civilizadora" que (para a ideologia dominante no Ocidente e até para Tocqueville e J. S. Mill) é a guerra do ópio, seria a China, "o semibárbaro", a dar prova de respeito para os "princípios da lei moral"[103]. Em todo caso, a expansão colonial não é o triunfo, requerido e consagrado pela Providência, da superior civilização e da "raça europeia" sobre a qual devaneia (entre outros) Tocqueville; ela é, sim, um momento essencial da construção do mercado mundial pela burguesia, uma construção que se desenvolveu "escorrendo sangue e lama por todos os poros". Com sua luta de classes, a burguesia ocidental impôs uma divisão internacional do trabalho fundada na escravização dos negros e na expropriação, na deportação e até na aniquilação dos ameríndios[104]. A tudo isso, a luta de classes dos povos oprimidos não deixará de responder.

---

[102] Ver, neste volume, cap. 1, seção 3.

[103] MEW, v. 13, p. 516, e v. 12, p. 552.

[104] Ibidem, v. 23, p. 788 e 779 [ed. bras.: Karl Marx, *O capital*, Livro I, cit., p. 830].

No que diz respeito à leitura da grande crise histórica iniciada em 1789, desde o início Marx desenvolve uma análise em que a raça, as caraterísticas estereotipadas atribuídas a este ou àquele povo e a loucura não têm papel nenhum. Em 1850, ele publica *As lutas de classes na França de 1848 a 1850*. A metodologia que tão claramente é enunciada no título constitui também o fio condutor do livro publicado dois anos depois, *O 18 de brumário de Luís Bonaparte*, que esclarece as razões pelas quais a crise revolucionária, após investir de diversas maneiras em "todas as classes e todos os partidos", resulta na ditadura de Bonaparte, "chefe do lumpemproletariado" e "lumpemproletário principesco"[105]. Não tem sentido opor Inglaterra e Estados Unidos a uma França considerada irremediavelmente surda ao valor da liberdade. No que diz respeito ao primeiro país, ele se distingue pela "indecorosa pressa" com que, antes de todos, reconhece a França originada pelo golpe de Estado de Luís Bonaparte, ademais "deificado" até o fim pela imprensa conservadora[106]. No que concerne à República norte-americana, mesmo abstraindo-a da escravidão negra, é necessário considerar que do lado de lá do Atlântico "as fronteiras de classe desenvolveram-se de maneira incompleta; as colisões de classe são cada vez dissimuladas mediante a emigração ao oeste da superpopulação proletária"[107], uma emigração que pressupõe a expropriação e a deportação dos indígenas e, portanto, uma feroz ditadura exercida contra eles.

O distanciamento dos paradigmas naturalistas é parte essencial do processo de elaboração da teoria da luta de classes. Desde seus escritos juvenis, Engels repreende Thomas Carlyle, esse "partidário do germanismo", por ter se entregado a uma condenação "exagerada e unilateral do caráter nacional dos irlandeses". Em vez de chamar atenção para a "vergonhosa opressão exercida pelos ingleses contra esse povo", o grande escritor comete o erro de rotular os habitantes da infeliz ilha sujeitada como "latinos", "celtas", como membros de uma "raça desumanizada", claramente inferior à "germânica" ou à "saxã", da qual os ingleses seriam parte integrante[108]. Nesse quadro deve também ser colocada a crítica de Marx à ideologia dominante, que pretende pôr a tragédia

---

[105] Ibidem, v. 8, p. 123, 161 e 169 [ed. bras.: idem, *O 18 de brumário de Luís Bonaparte*, cit., p. 91 e 102]

[106] Ibidem, v. 17, p. 278.

[107] Ibidem, v. 7, p. 288.

[108] Ibidem, v. 2, p. 295, 321 e 483-4.

50 A luta de classes

de um povo na conta dos "defeitos inatos da raça celta"[109]; é necessário questionar não a suposta "natureza dos irlandeses", mas o "desgoverno britânico" e, portanto, as responsabilidades das classes dominantes[110].

São os anos durante os quais os irlandeses, que na Grã-Bretanha ocupam os segmentos inferiores do mercado do trabalho, aparecem na visão de Carlyle[111] não só como "latinos" e "celtas", mas também, e pior do que isso, como "negros", membros da raça que justifica, segundo o escritor britânico, com o olhar voltado para os Estados Unidos, a escravidão. Lamentavelmente, trata-se de uma visão difusa também entre os operários ingleses, os quais – conforme observa Marx em 1870 – tendem a assumir em relação aos irlandeses uma atitude parecida àquela, no Sul dos Estados Unidos, dos brancos pobres contra os "*niggers*", contra os negros por eles desprezados e odiados[112]. No entanto, isso tudo tem muito pouco a ver com "raça". Em uma sociedade como a que vigorava no Sul dos Estados Unidos, onde até mesmo após a abolição formal da escravidão a oligarquia dominante exibe com orgulho seu *otium* e impõe "todo o trabalho produtivo" aos negros, a arrogância social se manifesta como arrogância racial, e o desprezo ao "trabalho produtivo" é o desprezo ao mesmo tempo à raça servil ou semiservil obrigada a concedê-lo.

Além de Carlyle, a polêmica dos dois filósofos e militantes revolucionários tem como alvo François Guizot, que, após a revolta operária de junho de 1848, de forma semelhante a Tocqueville e provavelmente na sua esteira, contrapõe Inglaterra e França: a primeira sabe conjugar o amor à liberdade com um robusto senso prático; a segunda é vítima de uma subversividade fanática e sem noção do limite. Portanto – ironiza Marx –, tudo se explicaria com a "superior inteligência dos ingleses". A luta de classes, o conflito social sempre historicamente determinado, cedeu lugar a uma mítica natureza, mais ou menos eterna, de povos com um diverso grau de senso prático e de senso da realidade. Quem argumenta assim não leva em conta o radicalismo nem a guerra civil que caracterizam a primeira revolução inglesa, a revolução puritana. Contudo, acontece que esta última, para Guizot, é de responsabilidade da irrupção de "fanáticos" e "malvados", que não se contentam com

---

[109] Ibidem, v. 9, p. 158 e 160 e MEGA-2 I/12, p. 195-6.

[110] MEW, v. 13, p. 493.

[111] Thomas Carlyle, *Latter-Day Pamphlet* (1850) (org. M. K. Goldberg e J. P. Seigel, Ottawa, Canadian Federation for the Humanities, 1983), p. 463-5.

[112] MEW, v. 32, p. 669.

a "liberdade moderada"[113]. O paradigma etnológico, que tem como alvo os franceses, cede lugar, nesse caso, ao paradigma psicopatológico, que vai à caça de fanáticos e loucos de todas as latitudes. Continua firme o abandono do terreno da "compreensão histórica"[114]. Essa forma de argumentar parece tão ridícula para Marx e Engels que eles apontam – nesse agarrar-se ao paradigma etnológico e psicopatológico – a demonstração do declinar das "capacidades da burguesia": aterrorizada pelo espectro da revolução proletária, ela não consegue mais ler o conflito social em termos históricos[115].

De modo direto ou indireto, a polêmica dos teóricos da luta de classes acaba envolvendo não poucos dos grandes autores do século XIX. Segundo Tocqueville[116], o veículo da "doença da Revolução Francesa" e do "vírus de uma espécie nova e desconhecida" é constituído por uma "nova raça de revolucionários": "Estamos sempre em presença dos mesmos homens, embora as circunstâncias sejam diferentes". Tem-se a impressão de que ao liberal francês responda Engels, em 1851, ao ironizar sobre a "superstição" que "atribui a revolução à maldade de um punhado de agitadores"[117].

Se com a denúncia da explosão da loucura revolucionária os liberais do século XIX têm como alvo específico a França, convicto da longa duração do ciclo revolucionário que assola o Ocidente, Nietzsche propõe que se faça finalmente um acerto de contas com o "mundo de manicômio de milênios" e com as "doenças mentais" que irrompem desde o "cristianismo"[118]. Mesmo radicalizando ao extremo o paradigma psicopatológico, Nietzsche reconhece sua dívida com a tradição que tem atrás de si e declara ter "passado pela escola de Tocqueville e Taine"[119]. Do lado oposto, Engels zomba de "Taine e Tocqueville divinizados pelo filisteu"[120].

Os diversos exponentes da cultura dominante do Ocidente concordam em identificar a França do longo ciclo revolucionário como o exemplo mais

---

[113] Ibidem, v. 7, p. 210.

[114] Ibidem, v. 7, p. 207.

[115] Ibidem, v. 7, p. 212 e 255.

[116] Alexis Tocqueville, *Oeuvres complètes*, cit., v. 13.2, p. 337 e v. 2.2, p. 337.

[117] MEW, v. 8, p. 5 e MEGA-2 I/11, p. 3.

[118] Friedrich Nietzsche, *L'anticristo* (Roma, Carocci, 2012), p. 38 [ed. bras.: *O anticristo. Ensaio de uma crítica do cristianismo*, trad. Renato Zwick, Porto Alegre, L&PM, 2008].

[119] Domenico Losurdo, *Nietzsche, il ribelle aristocratico. Biografia intellettuale e bilancio critico*, cit., cap. 28, seção 2.

[120] MEW, v. 37, p. 154.

iluminador do horror a que pode chegar a loucura revolucionária. Em 1885, no entanto, Engels afirma que a França é o "país em que as lutas de classes da história foram travadas, mais do que em qualquer outro lugar, até a solução decisiva"[121]. Por sua vez, Marx expressa todo o seu desprezo pelo paradigma psicopatológico, chamando atenção para o fato de que (em 1867) quem o propagou foi a Rússia autocrática e feudal: Nicolau I explica o espalhar-se na Europa da crise revolucionária de 1848 pela difusão da "peste francesa" e do "delírio" revolucionário francês, pela metástase do "tumor canceroso de uma vergonhosa filosofia", que atinge as "partes sadias do corpo social europeu"[122].

10. LUTA DE CLASSES E LUTA IDEOLÓGICA

A luta de classes não somente abrange as diversas relações sociais, mas se desenvolve também no plano ideológico, sem poupar a religião. Esta última pretende ser um espaço sagrado que transcende o conflito; na realidade, com frequência age como "ópio do povo", facilitando a tarefa da classe dominante[123]. É oportuno, contudo, nos determos sobre essa questão porque amiúde o discurso marxiano sobre a religião foi confundido com o discurso iluminista, o que significa correr o risco de comprometer a compreensão da crítica marxiana das ideologias. Para Marx, a religião é uma das ideologias, não a ideologia enquanto tal; é necessário investigar o papel que concretamente uma ou outra religião desenvolve no âmbito da luta de classes em suas diversas configurações. Olhemos para a história.

No fim do século XVIII, a Polônia ainda é formalmente um Estado soberano. Frederico II da Prússia aproveita dos sentimentos anticatólicos dos iluministas para justificar a anexação de territórios poloneses, apresentando-a como uma contribuição à difusão dos lumes e à defesa da tolerância religiosa. Em uma carta a ele enviada, Alambert celebra os "versos deliciosos" do soberano iluminista que, entrelaçando com êxito "imaginação" e "razão", zomba dos poloneses e da "santa Virgem Maria", à qual eles confiam suas esperanças de "libertação"[124]. Um fenômeno parecido acontece em relação à Irlanda, colônia

---

[121] Ibidem, v. 21, p. 248.

[122] Ibidem, v. 16, p. 201.

[123] Ibidem, v. 1, p. 378.

[124] Frederico II, rei da Prússia, "Oeuvres posthumes", v. 20, em *Correspondance de Monsieur d'Alembert avec Fréderic II roi de Prusse* (Berlim, 1791), p. 169-70.

da Inglaterra protestante e anglicana: nesse caso também, como na Polônia, o movimento de luta contra a opressão nacional alimenta-se de questões e agita palavras de ordem de caráter religioso (católico). John Locke[125] recorre ao *pathos* dos lumes para combater os rebeldes, expressão do "mundo ignorante e fanático" do papismo e enganado "pela hábil atividade de seu clero"; a atiçá-los estão "padres" que, para garantir seu domínio, excluíram a razão de qualquer tarefa no âmbito da religião"[126]. Não pode haver tolerância para os papistas – além de referirem-se a um poder estrangeiro e hostil, eles se alimentam de "perigosas opiniões, que são absolutamente destrutivas para todo governo, excetuando o do papa"; "o magistrado deve reprimir todos os que difundirem ou tornarem pública uma delas"[127]. Nos dois casos, a dita luta contra o obscurantismo clerical é ao mesmo tempo a repressão das aspirações nacionais respetivamente do povo polonês e do irlandês. Proudhon pode ser considerado herdeiro desse Iluminismo, pois nele soldam-se estreitamente uma atitude de livre pensador e o desrespeito em realação aos movimentos independentistas em que a defesa da identidade (e da libertação) nacional passa também pela defesa da identidade religiosa.

Bastante diferente é a atitude de Marx e Engels. Para eles, desde o início, o engajamento na luta pela emancipação das classes subalternas, frequentemente aturdidas e paralisadas pelo "ópio" religioso, cruza com o apoio a movimentos independentistas que, exatamente em função da religião, conseguem a primeira tomada de consciência da questão nacional. Na visão dos irlandeses – ressalta Engels –, os "intrusos protestantes" unem-se aos "proprietários de terra" e, de alguma maneira, são parte integrante da máquina que submete o povo, invadido e submetido à "mais brutal exploração"[128]. Aprofundando a visão da contraposição religiosa entre católicos e protestantes (anglicanos), observamos a emergência da contraposição entre jornaleiros agrícolas irlandeses, amiúde expropriados da terra, e colonos ingleses expropriadores; observamos a emergência da realidade da luta de classes em sua concreta configuração. O pertencer religioso pode ser provado

---

[125] John Locke, "Saggio sulla tolleranza" (1667), em Diego Marconi (org.), *Scritti sulla tolleranza* (Turim, Utet, 1977), p. 112 [ed. port.: *Carta sobre a tolerância*, trad. João da Silva Gama, Lisboa, Edições 70, 2000].

[126] Idem, "La ragionevolezza del cristianesimo quale si manifesta nelle Scritture" (1695), em Mario Sina (org.), *Scritti filosofici e religiosi* (Milão, Rusconi, 1979), p. 414.

[127] Idem, "Saggio sulla tolleranza" (1667), cit., p. 111.

[128] MEW, v. 2, p. 485.

de modo bastante intenso e pode estender sua eficácia sobre o desenvolvimento político e histórico, mas essa não é causa primária do conflito.

Em relação à Polônia, logo depois da revolta (rapidamente reprimida) de janeiro de 1863, ao reconstruir a história do país desmembrado e oprimido, Marx[129] evidencia que a Rússia czarista não hesitou em usar como pretexto a "exclusão dos dissidentes (não católicos) dos direitos políticos" para legitimar sua política de intervenção e expansionismo à custa da Polônia. É um tema ulteriormente desenvolvido por Engels. No período da partilha do país – ele observa –, havia-se formado uma "'opinião pública' iluminada na Europa", até pela "poderosa influência de Diderot, Voltaire, Rousseau e dos outros escritores franceses do século XVIII". Pois bem, em sua marcha expansionista, a Rússia czarista soube aproveitar essa situação; embora empenhada em uma feroz perseguição antijudaica, ela "logo se lançou sobre a Polônia em nome da tolerância religiosa" e dos direitos dos ortodoxos esmagados por um país e por um governo católicos e obscurantistas. Ao fazer isso, a Rússia pôde contar com o apoio ou a benevolência dos *philosophes*.

> A corte de Catarina II transformou-se em quartel-general dos homens iluminados da época, sobretudo franceses. A imperatriz e sua Corte professaram os mais altos princípios do Iluminismo, e ela conseguiu enganar tão bem a opinião pública que Voltaire e muitos outros louvaram a "Semiramide do Norte" e celebraram a Rússia como o país mais progredido do mundo, como a pátria dos príncipes e o campeão da tolerância religiosa.[130]

Estamos em 1866. No ano seguinte, observamos que Marx relata a Engels que sua filha Jenny homenageia os patriotas irlandeses enforcados, associando-os aos patriotas poloneses em luta também pela independência. O que dita essa atitude não é só a emoção do momento. Em 1869, Marx retorna ao argumento. Envia a Engels, e em seguida a Ludwig Kugelmann, uma foto de sua filha Jenny e explica na carta de acompanhamento: a cruz que ela usa ao pescoço é "a cruz da insurreição polonesa de 1864"[131]. Na casa do grande filósofo, revolucionário e fustigador do "ópio do povo", é expressa a solidariedade à luta de libertação de um povo oprimido, exibindo também seus símbolos religiosos.

---

[129] Karl Marx, *Manuskripte über die polnische Frage*, cit., p. 108.

[130] MEW, v. 16, p. 161.

[131] Ibidem, v. 32, p. 247 e 590.

A atenção colocada no significado concreto que a religião assume em uma situação histórica concreta e no âmbito de um conflito determinado representa um elemento constante do pensamento dos dois grandes revolucionários. Em ocasião da Guerra de Secessão, Marx evidencia acaloradamente o papel de vanguarda desenvolvido por abolicionistas cristãos como William L. Garrison e Wendell Phillips. Este último, em particular, "há trinta anos, arriscando a própria vida, tornou a emancipação dos escravos seu grito de batalha, indiferente da ironia da imprensa, dos raivosos cacarejos dos vândalos subornados, das argumentações conciliadoras dos amigos atenciosos". Sim, ele não hesita em criticar o próprio presidente Abraham Lincoln pelo fato de confiar em primeiro lugar nas tratativas, pelo alto, com os dirigentes dos estados à fronteira entre Norte e Sul, duvidosos sobre a posição a tomar, em vez de preferir a mobilização de baixo, dos negros decididos a romper as cadeias da escravidão. "Lincoln faz uma guerra política", essa é a nova denúncia de Phillips, que pretende transformar a prova de força militar entre as duas seções da União em uma espécie de revolução abolicionista auspiciada também por Marx[132].

O grande antagonista do abolicionismo cristão é John C. Calhoun, que ressoa contra "os fanáticos raivosos que consideram a escravidão um pecado e, justamente por isso, julgam ser seu supremo dever destruí-la, mesmo que isso leve à destruição da Constituição e da União". Para eles, a abolição é um "dever da consciência", e só assim eles pensam ser possível se livrar da sensação angustiante de serem cúmplices desse "pecado" imperdoável que seria a escravidão, contra a qual lançam, então, uma "cruzada" em plena regra, "uma cruzada generalizada"[133]. Mesmo em seu ódio, ou talvez justamente por causa disso, Calhoun acerta o alvo: não faltam os tons de alguma maneira fundamentalistas no abolicionismo cristão, a que o grande teórico do Sul escravista gosta de contrapor uma atitude laica, à sua maneira, "iluminista". E, todavia, Marx pronuncia-se a favor de Garrison e Phillips chegando até a celebrá-los como campeões da causa da liberdade. Na gigantesca luta de classes que se desenvolve à véspera e no curso da Guerra de Secessão, é o abolicionismo cristão, retumbante de tons fundamentalistas, que encarna a resistência contra a "cruzada generalizada da propriedade contra o trabalho", a causa revolucionária da emancipação do trabalho.

Não só como militantes chamados a tomar posição sobre os conflitos de seu tempo, mas também como historiadores que analisam conflitos já superados e

---

[132] Ibidem, v. 15, p. 530-1.

[133] Domenico Losurdo, *Controstoria del liberalismo*, cit., cap. 11, seção 2.

até mesmo remotos no tempo, Marx e Engels evitam cuidadosamente a liquidação indiferenciada dos movimentos inspirados, de um modo ou de outro, pela religião. Na época, a revolta da Espanha contra o Exército napoleônico havia posto em questão a ocupação militar e, junto com ela, a tradição cultural que o país invasor carregava consigo; havia denunciado Iluminismo e Revolução Francesa e, contra essas ideias, mais ou menos "satânicas", evocava a religião dos antepassados e a Santa Fé. Mas tudo isso não impediu Marx de formular, em 1854, um juízo equilibrado, pelo qual, na idade napoleônica, "todas as guerras de independência conduzidas contra a França carregam a marca comum de uma regeneração que se une com a reação"[134]. A "regeneração" é representada pela luta de massas para a independência nacional, ao passo que a "reação" apoia-se na ideologia obscurantista que preside tal luta.

Imediatamente depois do fracasso da revolução de 1848, rechaçando a tendência ao desânimo e à fuga, Engels empenha-se na reconstrução da "tradição revolucionária" alemã[135], escrevendo um livro sobre a guerra dos camponeses, sobre a grande revolta antifeudal eclodida mais de três séculos antes, na esteira da Reforma protestante e agitando palavras de ordem extraídas do Antigo e do Novo Testamento.

Mais tarde, em 1895, ou seja, no limiar final de sua existência, Engels não hesita em comparar a irresistível ascensão do socialismo ao triunfo do cristianismo, não obstante a grande perseguição de Diocleciano e graças à conversão de Constantino[136]. É uma tomada de posição que se torna mais significativa ainda pelo fato de se dar no mesmo período em que Nietzsche assimila e condena conjuntamente cristianismo e socialismo em nome, em primeiro lugar, do "Iluminismo" propriamente dito e, depois, na última fase de sua evolução, em nome do "novo Iluminismo"[137].

Finalmente, vale lembrar que, desde os primórdios, Marx polemiza contra Gustavo Hugo, que, ao assumir uma atitude de "completo cético", mais consequente ainda do que os "outros iluministas", zomba do ideal da emancipação dos escravos[138], não raramente cultivado, como vimos, também pelos abolicionistas cristãos.

---

[134] MEW, v. 10, p. 444.

[135] Ibidem, v. 7, p. 329.

[136] Ibidem, v. 22, p. 526-7.

[137] Domenico Losurdo, *Nietzsche, il ribelle aristocratico. Biografia intellettuale e bilancio critico*, cit., cap. 7-8 e cap. 28, seção 4.

[138] MEW, v. 1, p. 79-80.

Para concluir, em Marx e Engels, a religião se configura como "ópio do povo", com a pretensão de transcender o conflito; de tal modo, ela põe obstáculos à tomada de consciência revolucionária e acaba reiterando os grilhões da opressão. Há casos, porém, em que a religião constitui o terreno onde desabrocha uma tomada de consciência, embora primordial, do conflito da luta de classes em suas diversas configurações. É o que acontece em particular com a questão nacional. Nesse caso, a representação religiosa, que explica o conflito a partir da contraposição entre católicos irlandeses e protestantes ingleses, ou entre católicos poloneses e russos ortodoxos, é muito menos idealista e muito menos mistificadora do que a visão segundo a qual, na Irlanda e na Polônia, haveria um conflito entre os lumes de um lado e o obscurantismo do outro. Transfigurando o domínio como expressão dos lumes da razão, tal "Iluminismo", tão importante para Frederico II (e em parte para d'Alembert), assim como para Hugo, Calhoun e Nietzsche, poderia ser corretamente definido como um Iluminismo de corte; e é necessário, então, não perder de vista o fato de que a crítica da religião não pode ser separada, em Marx e Engels, da crítica do Iluminismo de corte.

11. DA RELIGIÃO AO "IDÍLIO BUCÓLICO"

Para promover uma ilusória evasão do conflito, pode-se aludir, assim como à religião, também à arte. Desde as obras-primas de Ésquilo, Aristófanes, Dante, Cervantes, emergem com clareza os "conflitos sociais"[139]. Melhor ainda, eles se impõem às vezes contra a vontade do próprio autor: Balzac descreve de maneira impiedosa o crepúsculo inevitável de uma classe (a aristocracia) à qual endereça sua simpatia e sua angustiante saudade[140]. As tentativas de evasão da realidade social e de suas contradições podem assumir formas diferentes, mas são todas inanes.

Após o fracasso da revolução de 1848, polemizando contra um autor hoje esquecido (Georg Friedrich Daumer), que expressa seu desdém pela "política abstrata e exclusiva" e contrapõe a tal miséria a beleza e o calor da natureza, Marx e Engels escarnecem a difusa tendência a fugir da "tragédia histórica na dita natureza, no simplório idílio bucólico"[141].

---

[139] Ibidem, v. 36, p. 394.
[140] Ibidem, v. 37, p. 43-4.
[141] Ibidem, v. 7, p. 200 e 202.

Em Feuerbach[142], naqueles anos, a decepção e a repulsa são tão fortes que ele repete a exclamação de Cícero em relação à "política de seu tempo": "*Sunt omnia omnium miseriarum pleníssima* [toda coisa está cheia de toda miséria]". Só resta praticar "a indiferença contra os partidos e os tráficos políticos" procurando amparo e consolo nos braços da natureza: "A natureza não só se ocupa de política, como é diretamente o contrário da política". Em vez de na religião, a evasão, ou seja, a fuga do conflito, busca refúgio na natureza. Contra essa atitude, Marx já havia alertado cinco anos antes da revolução de 1848, ao observar que Feuerbach aludia "muito à natureza e muito pouco à política"[143].

Em relação à natureza, valem em linhas gerais as considerações já desenvolvidas a propósito da evasão na religião: longe de expressar uma real superação do conflito social, ela é a expressão madura e amiúde mistificadora desse mesmo conflito. É uma atitude espiritual, que tende a manifestar-se toda vez que as esperanças postas na política e na mudança política refluem ou desaparecem. Foi o que aconteceu nos anos sucessivos a 1789, quando a extrema complexidade do processo revolucionário parecia ter ridicularizado de vez o entusiasmo inicialmente suscitado na cultura alemã pelo colapso do Antigo Regime na França. Em 1803, Friedrich Schiller havia entoado: "Só nas montanhas há liberdade!"; só onde a natureza ainda não foi contaminada pelo homem "o mundo é perfeito"; por isso deve-se considerar feliz só quem vive "no silêncio dos campos", apoiado, com abandono infantil, ao "peito da natureza", ou quem vive "na cela pacífica do convento", onde igualmente não desponta a "triste figura da humanidade", isto é, onde estamos longe do barulho efêmero das perturbações histórico-políticas. Contra Schiller e sua "invocação à natureza", polemizou Hegel, que, recusando toda evasão consolatória (na natureza ou na religião) das contradições e dos conflitos do mundo político, havia realçado: "O que é produzido pela razão humana deveria ter pelo menos a mesma dignidade daquilo que é produzido pela natureza"; nesse sentido, "a mais banal piada berlinense" não é menos digna de admiração que um magnífico espetáculo natural[144].

---

[142] Ludwig Feuerbach, "Die Naturwissenschaft und die Revolution" (1865), em A. Schmidt (org.), *Antrophologische Materialismus. Ausgewählte Schriften* (Frankfurt/Viena, Europäische Verlagsanstalt, 1967), v. 2, p. 213-4.

[143] MEW, v. 27, p. 417.

[144] Em Domenico Losurdo, *Hegel e la Germania. Filosofia e questione nazionale tra rivoluzione e reazione* (Milão, Guerini-Istituto italiano per gli studi filosofici, 1997), cap. 10, seção 5.

Trata-se de uma lição que deve ter influenciado profundamente Marx. Segundo o valioso depoimento de Paul Lafargue (genro do filósofo, casado com a filha Laura), ele amava repetir "o ditado de Hegel, o mestre de filosofia de sua juventude: "Até o pensamento criminoso de um malfeitor é mais grandioso e sublime do que as maravilhas do céu"[145]. Engels, por sua vez, em uma carta de 1893, escreveu: "A natureza é grandiosa, e sempre me voltei a ela para distrair-me do movimento da história; todavia, a história parece-me mais grandiosa do que a natureza". Eventualmente, o contato com a natureza deve servir para recuperar as forças para voltar, com renovado vigor, a observar o mundo histórico e político e a participar da edificação de uma sociedade fundada sobre a solidariedade e sobre a consciência da comum humanidade em vez de sobre a exploração e a opressão e, portanto, da "formação de algo nunca alcançado na história da nossa terra"[146].

Observamos Marx ironizar sobre a "dita natureza" em que o filisteu enjoado pelos desenvolvimentos históricos e políticos acredita encontrar refúgio. Tal "natureza" é "presumida" em um duplo sentido. Em primeiro lugar, ela não é absolutamente incontaminada pelo conflito político e social, pois a ela fazem referência os meios conservadores para pôr no banco dos réus as insanas agitações da cidade. Em segundo lugar – observa *A ideologia alemã* –, no planeta habitado pelo homem, a "natureza que precede a história humana", e que justamente é pensada em oposição à história humana, "hoje em dia, salvo talvez em recentes formações de ilhas de corais australianas, não existe mais em lugar nenhum"[147]. Os campos em que buscam refúgio Schiller, Daumer e Feuerbach têm uma longa e atormentada história, bem como uma gigantesca revolução, a revolução neolítica, que comportou a introdução da agricultura e da zootecnia e a domesticação dos animais. Na prática, tudo que até os nossos dias é celebrado como natureza eterna, no lema da ordem e da regularidade e então em oposição à luta de classes, às agitações e às convulsões do mundo histórico e político, é resultado de uma grande mudança histórica.

Nem as montanhas resultam incontaminadas pela "triste figura da humanidade", como pretendia Schiller – é suficiente pensar nos pastoreios e no gado, que remetem à história que acabamos de mencionar; e de qualquer modo, para alcançar tais alturas dificilmente acessíveis, sempre é necessário

---

[145] Hans Magnus Enzensberger (org.), *Colloqui con Marx e Engels*, cit., p. 246.

[146] MEW, v. 39, p. 63.

[147] Ibidem, v. 3, p. 44 [ed. bras.: Karl Marx e Friedrich Engels, *A ideologia alemã*, cit., p. 32].

A LUTA DE CLASSES

recorrer ao que foi produzido pelo trabalho humano, começando pela roupa que deve proteger do frio e das intempéries. A "natureza" evocada e sonhada por Schiller, Daumer e Feuerbach é "a expressão ideal de um desejo piedoso", a projeção fantasiosa das "ideias" que se queriam "ver realizadas na sociedade humana"[148]; eis uma "natureza" em que desaparece o "conflito entre vida e felicidade" lamentado na sociedade humana. Na realidade – para continuar com *A ideologia alemã* –, "Hobbes, com muito mais razão, pôde provar o seu *bellum omnium* contra omnes a partir da natureza, e Hegel [...] pôde vislumbrar na natureza o conflito"[149]. Só a ação política, a luta de classes, pode superar o "conflito entre vida e felicidade".

12. A "NATUREZA" ENTRE EVASÃO E LUTA DE CLASSES

Marx e Engels ironizam a aspiração de buscar refúgio do conflito em uma natureza incontaminada pela história humana e celebrada em oposição a esta, criticam a evasão implícita no "culto da natureza", assim como na religião propriamente dita[150], mas tudo isso não lhes impede de ser os primeiros a chamar atenção para o que hoje denominaríamos "questão ecológica".

Desde o início, Marx realça: "O homem vive da natureza"[151]. "O primeiro pressuposto de toda a história humana é naturalmente a existência de indivíduos humanos vivos", indivíduos cuja "organização corporal" e "sua relação dada com a restante natureza"[152] não podemos ignorar. Cerca de trinta anos depois, a *Crítica do Programa de Gotha* abre-se com uma advertência que hoje soa profética: por maior e mais crescente que seja a produtividade do trabalho, ele "não é a fonte de toda riqueza". Não se deve nunca perder de vista um ponto central: "A *natureza* é a fonte dos valores de uso (e é em tais valores que consiste propriamente a riqueza material!), tanto quanto o é o trabalho, que é apenas a exteriorização de uma força natural, da força de trabalho humana"[153].

---

[148] Ibidem, v. 3, p. 461 e 463 [ed. bras.: ibidem, p. 455 e 458].

[149] Ibidem, v. 3, p. 460 [ed. bras.: ibidem, p. 455].

[150] Ibidem, v. 7, p. 202.

[151] Ibidem, v. 1 Ergbd., p. 516.

[152] Ibidem, v. 3, p. 20-1 [ed. bras.: Karl Marx e Friedrich Engels, *A ideologia alemã*, cit., p. 87].

[153] Ibidem, v. 19, p. 15 [ed. bras.: Karl Marx, *Crítica do Programa de Gotha*, trad. Rubens Enderle, São Paulo, Boitempo, 2012, p. 23].

Somos imediatamente reconduzidos à luta de classes. Se por um lado o capitalismo tem o mérito de promover um desenvolvimento sem precedentes das forças produtivas, por outro, ele ameaça comprometer duplamente a "riqueza real". Em primeiro lugar, com sua impiedosa busca do máximo lucro e com suas crises periódicas, comporta uma enorme dissipação daquela "força natural" que é a "força de trabalho humana", sacrificada sem escrúpulos já nas crianças obrigadas a morrer de fadiga e sofrimentos. Poder-se-ia dizer que o primeiro livro de *O capital* é em grande parte a análise crítica do "rito sacrificial ininterrupto da classe trabalhadora" e do "desperdício mais exorbitante de forças de trabalho"[154].

Mas não é tudo. *O capital* realça também que "todo progresso da agricultura capitalista" é um "progresso não só na arte de saquear não só o trabalhador, mas também o solo", com o consequente "esgotamento das fontes duradouras" de sua fertilidade[155]. Em todo caso, se for aplicada à relação homem/natureza como um todo, a ideia de propriedade privada sobre a qual se funda a sociedade burguesa se revela mais do que nunca devastadora. Quanto mais absoluta é tal ideia, mais graves são as consequências para a natureza: no Sul dos Estados Unidos, a sociedade escravista é caraterizada também pela "brutal exploração do solo"[156]. Em relação à Irlanda, "a doença da batata foi uma das consequências do esgotamento do solo, um produto do domínio inglês" e da política de saqueio colonial do governo de Londres[157].

Podemos chegar a uma conclusão de caráter geral: "Mesmo uma inteira sociedade, uma nação ou todas as sociedades de uma época juntas não são proprietárias da terra. São apenas possuidoras, isto é, usufrutuárias, e devem legá-la, como *boni patres familias*, às gerações seguintes". No futuro, "do ponto de vista de uma mais elevada formação econômica da sociedade", parece absurda "a propriedade de um homem sobre outro homem", isto é, a relação de escravidão, e igualmente "absurda" parecerá "a propriedade privada do globo terrestre por certos indivíduos singulares", por nações singulares ou por toda a humanidade tomada em determinado período[158].

---

[154] Ibidem, v. 23, p. 511 [ed. bras.: Karl Marx, *O capital*, Livro I, cit., p. 557].

[155] Ibidem, v. 23, p. 529 [ed. bras.: ibidem, p. 573].

[156] Ibidem, v. 25, p. 632.

[157] Ibidem, v. 16, p. 551.

[158] Ibidem, v. 25, p. 784.

Compreende-se, assim, o alerta de Engels em *Dialética da natureza*: "Nós não dominamos a natureza como um conquistador que apossou-se de um povo estrangeiro; não a dominamos como estranhos; nós dependemos dela como carne, sangue e cérebro, estamos situados dentro dela"[159]. Objetivando salvaguardar uma natureza que possibilite a continuação e o desenvolvimento da história humana, é necessário enfrentar e resolver o conflito político-social, do qual o religioso "culto da natureza humana" recomenda fugir. O apelo a buscar na natureza um local estranho e transcendente em relação às dissonâncias e às contradições da sociedade é expressão, que distorce e mistifica, daquele mesmo conflito que ele tenta em vão remover.

Mas tentemos levar a sério tal apelo. É necessário em primeiro lugar ter em mente que o operário "nem tem como ver a natureza, vivendo em uma grande cidade e trabalhando durante um período prolongado"[160]. Por outro lado, a "natureza" presente nos "bairros operários" e nos "bairros pobres" dos centros urbanos oferece um espetáculo desolador: esses bairros foram edificados "sem nenhuma consideração pela areação, só levando em conta o lucro (*Gewinn*) que o construtor pode extrair", abandonados à "absoluta sujeira" e a uma "imundice e un fedor espantosos"[161]. Fornecendo uma das primeiríssimas análises da questão ecológica e ambiental, Engels ressalta como a lógica do lucro explica a poluição da atmosfera (eis uma cidade "coberta por uma nuvem cinzenta de fumaça de carvão") e dos rios (eis "um córrego graveolente, escuro como breu" e eis "uma água escura, que não se pode dizer se é riacho ou uma longa série de poças nauseabundas"[162].

O texto que citei amplamente é de 1845. Dois anos antes, Herbert Spencer[163] ironizava assim: se atribuirmos ao Estado a tarefa de intervir contra os resíduos poluentes das indústrias, por que então negar-lhe a competência da "saúde espiritual da nação"? Algumas décadas depois, o liberal inglês revê seu pensamento, sentindo-se compelido, ele mesmo, com o problema da poluição atmosférica, e faz observações que soam bastante modernas a respeito do ar

---

[159] Ibidem, v. 20, p. 453.

[160] Ibidem, v. 2, p. 454.

[161] Ibidem, v. 2, p. 284-5 e 266-7.

[162] Ibidem, v. 2, p. 272 e 274

[163] Herbert Spencer, *The Proper Sphere of Government* (1843), em *The Man Versus the State* (Indianápolis, Liberty Classics, 1981), p. 244.

viciado que às vezes é preciso respirar nos trens[164]. No cenário, porém, sempre e somente movem-se indivíduos, e o problema é tratado sem que haja alguma referência às fábricas e aos locais de produção, isto é, os rios, os lagos, o meio ambiente. O conflito emerge quando alguns *gentlemen*, ou melhor, "homens que consideram a si mesmos *gentlemen*, fumam em assentos que não os reservados aos fumantes". Mais do que nunca, permanecem ausentes as classes e a luta de classes.

13. UMA TEORIA GERAL DO CONFLITO SOCIAL

Podemos chegar a algumas conclusões. Em primeiro lugar, em virtude de sua ambição de abraçar a totalidade do processo histórico, a teoria da luta de classes se configura como uma teoria geral do conflito social. Segundo o *Manifesto Comunista*, é "a história de *cada* (*aller*) sociedade até hoje existente", "a história de *toda* (*ganzen*) sociedade" a caracterizar-se pela "luta de classes" e pelos "antagonismos de classes"[165]. Depois de décadas, em 1885, Engels volta ao tema: "Marx foi o primeiro a descobrir a grande lei da evolução histórica, a lei pela qual *todas* (*alle*) as lutas da história [...] são apenas a expressão mais ou menos clara de lutas entre classes sociais"[166]. Evidenciei em itálico as palavras-chave, ou melhor, a palavra-chave, que identifica na luta de classes o conflito social enquanto tal. Independentemente dos protagonistas e da forma que ele assuma.

Em segundo lugar, operando uma ruptura epistemológica radical com as ideologias naturalistas, a teoria marxiana da luta de classes põe o *conflito social* no terreno da história.

Em terceiro lugar, exatamente por fornecer uma chave de leitura do processo histórico, ela procura levar em conta as multiplicidades das formas nas quais o conflito *social* se manifesta. Uso o itálico nesse caso para sinalizar um problema preliminar: é evidente que a vida é caraterizada por uma infinidade de conflitos que se desenvolvem entre os indivíduos pelas mais diferentes razões, mas aqui trata-se de analisar os conflitos que têm como protagonistas não indivíduos

---

[164] Idem, *The Principles of Ethics* (1879-1893) (org. T. R. Machan, Indianápolis, Liberty Classics, 1978), v. 2, p. 99-100.

[165] MEW, v. 4, p. 461-2 e 480 [ed. bras.: Karl Marx e Friedrich Engels, *Manifesto Comunista*, cit., p. 40 e 57. Nessa passagem mantivemos, no entanto, a tradução direta do texto italiano].

[166] Ibidem, v. 21, p. 249.

singulares, mas sujeitos sociais e que, de modo direto ou indireto, imediato ou mediato, remetem à ordem social, a esta ou àquela essencial articulação da divisão do trabalho e da ordem social.

É assim que deve ser definido o objeto da teoria marxiana das "lutas de classes". Há uma categoria geral, um *genus*, que pode subsumir *species* bastante diversas. Pode-se tentar uma tipologia a partir, obviamente, não da história universal, mas do tempo histórico em que os autores do *Manifesto Comunista* se colocam. Impõe-se uma primeira distinção. Por um lado, há conflitos que opõem as classes exploradoras, as lutas de classes nas quais as burguesias dos diversos países levantam-se contra a aristocracia fundiária e o Antigo Regime para depois se enfrentarem uma contra outra em uma concorrência mais ou menos dura e suscetível de transformar-se em guerra. Por outro lado, temos as lutas pela emancipação, que constituem lutas de classes do ponto de vista dos sujeitos sociais engajados a consegui-la, assim como dos sujeitos sociais resolvidos a bloqueá-la ou impedi-la. É necessário, a esse ponto, avançar uma segunda distinção, mais exatamente, uma tripartição: a luta de classes que tem como protagonistas os povos em condições coloniais ou semicoloniais ou de origem colonial; a luta travada pela classe operária nas metrópoles capitalista (na qual se concentra a reflexão de Marx e Engels); a luta das mulheres contra a "escravidão doméstica". Cada uma dessas três lutas põe em discussão a divisão do trabalho vigente em âmbito internacional, nacional e familiar. "Relação de coerção" (*Zwangsverhältniß*) é a que na sociedade burguesa existe entre capital e trabalho[167], mas pode-se fazer a mesma consideração para as outras duas relações. As três lutas de emancipação põem em discussão as três "relações de coerção" fundamentais que constituem o sistema capitalista.

Isso tudo não é levado em consideração por Benedetto Croce[168] quando, em setembro de 1917, referindo-se ao acirrar-se da guerra em curso, ele declara: "O conceito de potência e de luta, que Marx havia transportado dos Estados às classes sociais, parece agora ter voltado das classes aos Estados". É verdade que, pelo menos na fase inicial da sagrada união patriótica, o gigantesco conflito é vivido e teorizado por não poucos intelectuais europeus como confirmação da crise do materialismo histórico, isto é, como "instrumento para abolir a

---

[167] MEGA-2 II/4.1, p. 93.

[168] Benedetto Croce, "Prefazione alla 3. ed." (set. 1917), em *Materialismo storico ed economia marxistica* (Bari, Laterza, 1973), p. XIV.

estrutura de classes"[169]. Contudo, poucas semanas depois da declaração de morte da luta de classes redigida por Croce, tem lugar na Rússia a Revolução de Outubro e a revolta das massas populares contra a guerra e contra as classes privilegiadas que dirigiam o país e o Exército. Mas não é só por isso que a terrível prova de força entre as grandes potências eclodida em 1914 está bem longe de ser o fim ou a suspensão da luta de classes.

Convém antes de tudo lembrar a observação de um eminente historiador contemporâneo, Arno Mayer, que disse que não há guerra que tenha sido ardentemente invocada como "profilaxia", como "instrumento de política interna", como âncora salva-vidas para uma ordem política e social que se sentia cada vez mais ameaçada pela ascensão do movimento operário e socialista. Para dar o exemplo não distante do círculo de Croce, dez anos antes de sua eclosão, a guerra era invocada e chamada por Vilfredo Pareto a rechaçar o socialismo "pelo menos por meio século". Em termos análogos, na Alemanha, o almirante Alfred von Tirpitz motivava sua política de rearmamento naval também pela necessidade de encontrar um antidoto à "difusão do marxismo e do radicalismo político entre as massas". Nem é preciso mencionar a convicção, amplamente difundida entre as classes dominantes e seus ideólogos, de que só o expansionismo colonial poderia desarmar a questão social na metrópole e enfraquecer ou encurralar o movimento socialista[170].

Observando com atenção, a Primeira Guerra Mundial não só é expressão da luta de classes, mas o é em sentido triplo. Ela remete: a) à luta pela hegemonia entre as burguesias capitalistas das grandes potências; b) ao conflito social na metrópole, o qual a classe dominante espera neutralizar e desviar mediante a prova de força no plano internacional e mediante a conquista colonial; c) à opressão e à exploração dos povos em condições coloniais e semicoloniais para os quais, na linguagem de Marx a propósito da Irlanda, a "questão social" põe-se como "questão nacional".

Certamente, no âmbito de cada país, a classe dominante aproveita a ocasião para recomendar ou impor a paz social e a unidade nacional, cortar pela raiz as greves e estender, eventualmente, o horário de trabalho. Todavia, longe de significar sua conclusão, tal comportamento é a manifestação da luta de classes

---

[169] George L. Mosse, *Le guerre mondiali. Dalla tragedia al mito dei caduti* (Roma/Bari, Laterza, 1990), p. 73.

[170] Domenico Losurdo, *Il revisionismo storico. Problemi e miti* (Roma/Bari, Laterza, 1996), cap. 3, seção 3.

travada pela burguesia; a esta, sucessivamente – pelo agravar-se dos sacrifícios impostos pela guerra e pela progressiva perda de credibilidade da retórica patriótica – acaba contrapondo-se, de forma até mesmo revolucionária, a luta de classes do proletariado.

À luz de tais considerações, só se pode rir da "síntese" de Karl Popper[171], que demonstra assim a tese de que fascismo e comunismo teriam em comum um pai desgraçado, obviamente alemão: "A ala esquerda [representada por Marx] substitui a guerra das nações, que aparece no esquema historicista de Hegel, pela guerra de classes; a extrema direita a substitui pela guerra de raças". Na realidade, o conflito social e de classes está presente de modo claro em Hegel, que faz constante referência a ele para explicar, por exemplo, o colapso na antiga Roma monárquica, derrubada por uma aristocracia decidida a fortalecer seu domínio sobre a plebe, ou para iluminar o processo que na Idade Moderna vê a monarquia absolutista limitar progressivamente o poder e os privilégios de uma aristocracia feudal tenazmente agarrada a seus privilégios, à servidão e à exploração impostos à massa dos camponeses. Para Hegel, no entanto, o advento do Estado representativo moderno originado pela Revolução Francesa não fez o conflito social se dissipar por completo: o proletário demitido ou inabilitado ao trabalho, o pobre que corre o risco de morrer por inanição está em uma condição parecida à do escravo e, portanto, tem pleno direito de rebelar-se[172]. Por outro lado, as "guerras das nações" (uma realidade que era e é visível a todos) estão claramente presentes em Marx e Engels – o capitalismo é por eles condenado até pelo fato de incubar em si a "guerra industrial de aniquilação entre as nações" e de travar "guerras de piratas" contra os povos coloniais, os quais respondem com legítimas guerras de resistência e de libertação nacional.

Em relação à "guerra de raças", com certeza Marx e Engels rejeitam a leitura com viés racial da história. Ao fazê-lo, eles são obrigados a polemizar não contra a imaginária "extrema direita" hegeliana devaneada por Popper – ele mesmo de alguma maneira prisioneiro do paradigma etnológico (é completamente impregnado pela ideologia da guerra da Entente, que identifica a fonte de todo mal sempre e exclusivamente na Alemanha) –, mas contra personalidades e órgãos de imprensa dos Estados Unidos e da Inglaterra liberal. Assim, o que à primeira vista se apresenta como "guerra de raças" é na realidade uma luta de

---

[171] Karl Popper, *La società aperta e i suoi nemici* (1943) (Roma, Armando, 1974), p. 44 [ed. bras.: *A sociedade aberta e seus inimigos*, trad. Milton Amado, São Paulo, Edusp, 1974].

[172] Domenico Losurdo, *Hegel e la libertà dei moderni* (Roma, Editori Riuniti, 1997), cap. 7 e ss.

classes. Por exemplo, é evidente que nos Estados Unidos da escravidão negra e da *white supremacy* o destino dos afro-americanos está marcado em primeiro lugar pelo pertencer à "raça". Nessas circunstâncias, levantar a questão "racial" (ou nacional) não significa de modo nenhum remover o conflito social, mas, ao contrário, enfrentá-lo nos termos concretos e peculiares em que ele se manifesta.

Somente levando em consideração isso podemos compreender o século XX, período que, como veremos, é caraterizado por lutas de classes épicas e de resistência nacional que combatem as tentativas do Terceiro Reich e do Império do Sol Nascente de retomar a tradição colonialista e até mesmo escravista, impondo-a na Europa oriental e na Ásia.

Em poucas palavras, o que passa despercebido a Croce, Popper e Ferguson é o papel desenvolvido pela luta de classes em contradições, embates e provas de força que pareceriam de caráter puramente nacional e racial. Os três não levam em consideração o fato de que a teoria da luta de classes de Marx e Engels é uma teoria geral do conflito social, embora não seja apresentada de forma orgânica e sistemática. É possível fazer uma comparação: considerando a experiência da extraordinária estação cultural marcada pelo desenvolver-se da filosofia clássica alemã, Carl von Clausewitz escreve seu celebérrimo ensaio *Sobre a guerra*, que abrange os mais diversos conflitos armados, lendo-os como continuação da política por outros meios; Marx e Engels compõem idealmente um tratado *Sobre o conflito social e político*, que, elevando-se a um nível mais alto de generalização e abstração, a partir da divisão do trabalho em classes antagonistas e da luta de classes, lê em chave unitária as diversas formas do conflito social, inclusive as guerras e os diversos tipos de guerra. Contudo, é preciso de imediato acrescentar que, ao passo que Clausewitz assume uma atitude pelo menos em aparência objetivista, os dois filósofos e militantes revolucionários declaram explicitamente que não querem ficar em cima do muro, limitando-se a observar, distanciados, a luta, que querem estar ativamente engajados em transformar o mundo numa direção claramente definida.

II
UMA LUTA PROLONGADA E NÃO UM
JOGO DE SOMA ZERO

1. "Nivelamento universal" ou "grande divergência"?

O *Manifesto Comunista* teoriza a luta de classes a partir da análise da sociedade burguesa que está se afirmando cada vez mais no Ocidente. Mas essa visão não seria já confutada pelo desaparecer do Antigo Regime, articulado em classes estáveis e rígidas por natureza, e pelo sobrevir de uma ordem caraterizada pela mobilidade social? Na visão de Tocqueville[1], o advento da sociedade industrial e democrática torna obsoletas as lutas que remetem a um estado social ultrapassado. A *Democracia na América* expressa a ideia de que "as castas desaparecem (*les castes disparaissent*) e as classes se aproximam" (*les classes se rapprochent*); ou melhor, "pode-se dizer que não existem mais classes". Pelo menos no que diz respeito ao Ocidente, elas pertencem ao passado, ou, de qualquer maneira, estão destinadas a desaparecer do horizonte as sociedades cujos "cidadãos estão divididos em castas e em classes".

Não se trata de uma previsão formulada com o olhar voltado só para os Estados Unidos, país sem um passado feudal prolongado. Na realidade, estamos diante de uma análise sociológica que cruza com um discurso de filosofia da história. Segundo o liberal francês, desde o século XI está em vigor no Ocidente "uma dupla revolução nas condições sociais". Sim, "o nobre recuará na escala social, o plebeu avançará – um desce, o outro sobe. A cada meio século se aproximam e logo estarão lado a lado". Tudo opera de modo convergente para esse resultado. Não mais somente a riqueza fundiária, também a "riqueza mobiliária"

---

[1] Alexis Tocqueville, *Oeuvres complètes* (org. J. P. Mayer, Paris, Gallimard, 1951 v. 1.2, p. 40, 12 e 288 n.

pode "criar a influência política e dar o poder". Já isso enfraquece os privilégios e o domínio da aristocracia. Junto com a propriedade em suas diferentes formas, as mesmas "atividades intelectuais" são "fonte de potência e de riqueza", de modo que as "descobertas na civilização" e os "aperfeiçoamentos em campo comercial e industrial" se tornam, "na mesma medida, elementos de igualdade entre os homens". Em conclusão, a tendência ao "nivelamento universal" (*nivellement universel*) é irreversível: não pode mais ser impedida ou amenizada, ainda mais que "os ricos [...] estão dispersos e impotentes" e, portanto, impossibilitados de opor uma eficaz resistência. Não há dúvida, uma vontade superior preside tudo isso: "O gradativo desenvolvimento da igualdade das condições é um fato providencial e possui tais características essenciais: é universal, duradouro, foge todo dia da potência do homem, todos os acontecimentos, assim como todos os homens, favorecem seu desenvolvimento"[2].

Os trechos citados são extraídos do primeiro e do segundo livro de *Democracia na América*, remetendo respetivamente a 1835 e 1840. Nos anos sucessivos, com o olhar voltado para a França e a Inglaterra, Tocqueville[3] desenha um quadro sensivelmente diferente: "Em todo lugar a igualdade estende progressivamente seu domínio, com exceção da indústria, que se organiza cada dia mais sob a forma aristocrática" e hierárquica; uma relação de "estreita dependência" liga o operário assalariado ao empregador. Em relação às relações de poder e à distribuição da riqueza social, estamos bem longe da igualdade: "As forças organizadas de uma multidão produzem proveito para um só". Em síntese: "Aqui o escravo, lá o patrão, lá a riqueza de alguns, aqui a miséria do maior número"; as "guerras servis" estão à espreita[4]. Antes ignorada, a realidade das classes sociais, e de classes sociais preparadas a uma prova de força, aparece em sua rudeza. Agora, porém, não é mais a igualdade, mas justamente a desigualdade a ser sancionada por uma vontade superior, como emerge da polêmica contra "as teorias econômicas e políticas", as quais queriam induzir a "acreditar que as misérias humanas sejam obra das leis, não da Providência, e que se poderia suprimir a pobreza mudando a ordem social"[5].

Todavia, ao publicar imediatamente depois da revolução de fevereiro de 1848 a 12ª edição da *Democracia na América*, Tocqueville[6] reafirma o ponto

---

[2]   Ibidem, v. 1.1, p. 3-4 e v. 1.2, p. 259.

[3]   Ibidem, v. 3.2, p. 105-6.

[4]   Ibidem, v. 5.2, p. 80-2 e v. 3.2, p. 727.

[5]   Ibidem, v. 12, p. 92-4 e 84.

[6]   Ibidem, v. 1.1, p. XLIII.

de vista manifestado "quinze anos" antes, relativo ao caráter irresistível e providencial da marcha da igualdade nos Estados Unidos e no Ocidente como um todo. Mas como é possível conciliar a tese do empobrecimento dos ricos e do enriquecimento dos pobres com o alerta contra uma polarização social acentuada a ponto de ameaçar a explosão de "guerras servis"? A verdade, entretanto, é que o liberal francês recusa pôr em discussão a visão pela qual se perfila no Ocidente o "nivelamento universal". Primeiro ignorada, depois, em alguns momentos, reconhecida, a realidade das classes e da luta de classes é agora, de alguma maneira, removida. Essa remoção soa, porém, como uma involuntária confirmação, claramente estimulada pela preocupação política de amortecer e conter o ressentimento das classes subalternas.

O persistente poder da riqueza, apesar do eclipse do Antigo Regime, é subestimado também por J. S. Mill[7], que em 1861 expressa uma preocupação que hoje pode parecer bastante estranha: ele temia que, com a extensão do sufrágio, as "classes operárias", na Inglaterra (e na Europa), muito mais difundidas e numerosas do que nos Estados Unidos (na época ainda escassamente industrializados), pudessem conquistar a maioria eleitoral e depois utilizá-la para "transferir aos pobres aquela influência de classes que hoje pertence somente aos ricos". O "governo da maioria numérica" acabaria sendo "um governo de classe", no sentido de que sancionaria o "despotismo coletivo", ou seja, o poder inconteste da "maioria dos pobres" sobre "uma minoria que podemos chamar de ricos". Objetivando evitar tal perigo, Mill recomenda o recurso ao voto plural a favor das pessoas consideradas mais inteligentes ou que desenvolvem na vida tarefas mais exigentes, como, por exemplo, os empreendedores. Isso possibilitaria aos ricos marcar nos órgãos representativos uma presença, ainda que exígua. O liberal inglês chega à mesma conclusão que Tocqueville: o rico está agora isolado. E, então, a luta de classes do proletariado é supérflua ou só anunciadora de desastres.

Enquanto, enroscando-se em estridentes contradições, profetiza o advento no Ocidente do "nivelamento universal", Tocqueville[8] também registra e mostra complacência pelo abismo que se escava entre o Ocidente e o resto do mundo: a relação que torna "alguns milhões de homens", os ocidentais, "os dominadores de toda a sua espécie", é "claramente preordenada no desenho da

---

[7] John Stuart Mill, *Considerazioni sul governo rappresentativo* (1861) (org. P. Crespi, Milão, Bompiani, 1946), p. 138.

[8] Alexis Tocqueville, *Oeuvres complètes*, cit., v. 9, p. 243-4.

Providência". De modo análogo, se, por um lado, alerta contra um processo de democratização que no Ocidente avança de forma tão impetuosa a ponto de condenar a riqueza ao isolamento e à impotência, por outro, J. S. Mill[9] celebra "o despotismo vigoroso" em âmbito internacional exercido pelo Ocidente (e por suas classes dominantes). Longe de ser algo negativo, essa relação de extrema desigualdade deve ser estendida até abranger o globo todo; o "despotismo direto dos povos progredidos" sobre os atrasados é "a condição ordinária", mas se deve tornar "geral".

A relação de desigualdade extrema que se instaura em âmbito internacional não diz só respeito à distribuição do poder político e militar. Tocqueville[10] escreve: "O descobrimento da América abre mil novos caminhos à fortuna e oferece riqueza e poder ao escuro aventureiro". A mesma mola pode fazer com que alguns cidadãos franceses mudem-se para as colônias e, em particular, para a Argélia. "Para atirar os habitantes para esse país, é preciso, em primeiro lugar, oferecer-lhe grandes possibilidades de enriquecer"; é necessário reservar para eles "as terras mais férteis, mais bem irrigadas"[11]. Dessa forma, a expansão colonial (na América e na Argélia) estimula uma prodigiosa mobilidade vertical, que permite o acesso a indivíduos de origem popular e que, assim, confirma o processo de "nivelamento universal". Mas essa é só uma face da moeda – o mesmo liberal francês admite que, em consequência do processo de colonização, na Argélia a população árabe "morre literalmente de fome" e na América os indígenas estão à beira de ser eliminados[12]. Isto é, mesmo atenuando as desigualdades na metrópole ou no âmbito da comunidade branca, o enriquecimento dos "aventureiros" e dos colonos escava um abismo cada vez mais profundo entre conquistadores de um lado e povo submisso do outro. Colocando-se constante e exclusivamente do ponto de vista do "mundo cristão", isto é, do Ocidente, Tocqueville não percebe o nexo entre esses aspectos contraditórios de um mesmo fenômeno e, de qualquer modo, nunca aproveita essa sugestão para problematizar a visão, que lhe é familiar, da marcha irrefreável da igualdade das condições e do desvaecer não só das "castas", mas das mesmas "classes".

Aos dois autores liberais parece responder o *Manifesto Comunista*: "A sociedade burguesa moderna, que brotou das ruínas da sociedade feudal, não aboliu

---

[9] John Stuart Mill, *Considerazioni sul governo rappresentativo*, cit., p. 291.

[10] Alexis Tocqueville, *Oeuvres complètes*, cit., v. 1.1, p. 3.

[11] Ibidem, v. 3.1, p. 259 e 321-2.

[12] Ibidem, v. 15.1, p. 224-5 e v. 1.1, p. 339 e 335.

UMA LUTA PROLONGADA E NÃO UM JOGO DE SOMA ZERO   73

os antagonismos de classe. Não fez mais do que estabelecer novas classes, novas condições de opressão, novas formas de luta em lugar das que existiram no passado"[13]. Sim, com o acesso das massas populares ao direito de voto e com o cancelamento da discriminação censitária, a riqueza perde seu significado político imediato, mas justamente a partir desse momento ela pode celebrar seu triunfo: a miséria de massa entra, então, em uma esfera privada, na qual o poder público não tem nenhum direito de intervir. É um triunfo que a burguesia capitalista pode celebrar também no plano internacional, dando impulso ao expansionismo colonial e escravizando e dizimando populações inteiras.

Confirmando essa tendência irresistível que promove o "nivelamento universal" e também a igualdade entre "plebeu" e "nobre", Tocqueville[14] afirma que "a imprensa oferece os mesmos recursos à sua inteligência". De forma muito diferente, argumenta *A ideologia alemã*: "A classe que tem à sua disposição os meios da produção material dispõe também dos meios da produção espiritual, de modo que a ela estão submetidos aproximadamente ao mesmo tempo os pensamentos daqueles aos quais faltam os meios da produção espiritual"[15].

Para concluir, longe de ser sinônimo de "nivelamento universal", a revolução burguesa comporta o agravamento das desigualdades em níveis múltiplos. No plano internacional, nos dias atuais foi definida *great divergence*, a "grande divergência", isto é, a grande disparidade que escava um abismo entre o próspero Ocidente e o restante do planeta[16]. Com uma longa história, que a colocou durante séculos ou milênios em posição eminente no desenvolvimento da civilização humana, ainda em 1820, a China apresentava um exitoso produto interno bruto – 32,4% do produto interno bruto mundial –, enquanto "a expectativa de vida chinesa (e, portanto, a nutrição) estava próxima dos níveis ingleses (e, com isso, sobre a média continental) até o fim do século XVIII"; no momento de sua fundação, a República Popular da China era o país mais pobre, ou um dos mais pobres, do globo. Não muito diferente é a história da Índia, que, em 1820, representava 15,7% do produto interno bruto mundial e

---

[13] MEW, v. 4, p. 463. [ed. bras.: *Manifesto Comunista*, 2. ed. rev., org. Osvaldo Coggiola, trad. Álvaro Pina e Ivana Jinkings, São Paulo, Boitempo, 2010, p. 40]

[14] Alexis Tocqueville, *Oeuvres complètes*, cit., v. 1.1, p. 3.

[15] MEW, v. 3, p. 46 [ed. bras.: Karl Marx e Friedrich Engels, *A ideologia alemã*, trad. Luciano Cavini Martorano, Nélio Schneider e Rubens Enderle, São Paulo, Boitempo, 2007, p. 47].

[16] Kenneth Pomeranz, *La grande divergenza. La Cina, l'Europa e la nascita dell'economia mondiale moderna* (Bolonha, Il Mulino, 2004) [ed. port.: *A grande divergência. A China, a Europa e a formação da economia mundial moderna*, Lisboa, Edições 70, 2013].

74 A luta de classes

depois caiu em uma miséria desesperadora[17]. É um processo que se pode compreender a partir de Marx (e do capítulo dedicado em *O capital* à "acumulação originária"), mas que se coloca muito além do horizonte de Tocqueville, que tende a uma descrição apologética do mundo em que vive.

De qualquer modo, longe de tornar obsoleta a luta de classes através da realização do "nivelamento universal", a sociedade burguesa agudiza no plano nacional e internacional desigualdades que só podem ser enfrentadas mediante a luta de classes.

2. Obsolescência da guerra?

Com o surgimento da democracia industrial, estaria destinado a desaparecer também o fenômeno da guerra junto ao da luta de classes? Depois de entrar em crise pelas guerras pós-termidorianas e napoleônicas, a esperança manifestada por Kant – de que ao colapso do Antigo Regime e da concepção patrimonial do Estado seguiria a chegada de uma ordem internacional marcada pela paz – parece encontrar algum crédito após a revolução de julho, após o eclipse do antagonismo entre França e Inglaterra e a consolidação da *pax britânica*. Nesse contexto, é necessário inserir as tese de Tocqueville[18] de que na sociedade democrática moderna faltaria a base objetiva para a guerra, embora a ambição de militares de origem social modesta, e desejosos de fazer carreira distinguindo-se nos campos de batalha, tenha sempre um papel. Outros autores, mais do que no regime representativo, confiam no desenvolvimento da sociedade industrial e comercial para a realização do ideal da paz perpétua: o mercado mundial tornaria as fronteiras estatais e nacionais cada vez mais insignificantes e estreitaria os povos em vínculos de interesse, respeito recíproco e amizade cada vez mais sólidos e, por fim, indissolúveis. De tal modo argumentam Benjamin Constant e, sobretudo, Spencer.

Em alguns momentos, o *Manifesto Comunista* adverte a influência deste último discurso: "Os isolamentos e os antagonismos nacionais entre os povos desaparecem cada vez mais com o desenvolvimento da burguesia, com a liberdade de comércio, com o mercado mundial, com a uniformidade da produção industrial e com as condições de existência a ela correspondentes". Parece assistir a uma deterioração do fenômeno da guerra na onda do

---

[17] Mike Davis, *Olocausti tardovittoriani* (Milão, Feltrinelli, 2001) [ed. bras.: *Holocaustos coloniais*, trad. Alda Porto, Rio de Janeiro, Record, 2002].

[18] Alexis Tocqueville, *Oeuvres complètes*, cit., v. 1.2, p. 220 e ss.

desenvolvimento do capitalismo, sem que seja preciso esperar o comunismo – "quando os antagonismos de classes, no interior das nações, tiverem desaparecido, desaparecerá a hostilidade entre as próprias nações"[19]. Por outro lado, o próprio *Manifesto*, como sabemos, rejeita a visão harmônica daquilo que chamaríamos hoje de processo de globalização.

Uma análoga oscilação atravessa o discurso pronunciado por Marx em Bruxelas em janeiro de 1848: o livre-câmbio deixa "cair os poucos obstáculos nacionais que ainda freiam a marcha do capital", e isso dissolve as "antigas nacionalidades", deixando espaço apenas ao "antagonismo entre burguesia e proletariado", o que prepara o terreno para a "revolução social"[20]. Contudo, nesse mesmo discurso está também a afirmação de que o livre-câmbio acirra as contradições também em âmbito internacional.

> Já vimos o que é a fraternidade que o livre-câmbio faz nascer entre as várias classes de uma única e mesma nação. A fraternidade que o livre-câmbio viesse a estabelecer entre as diversas nações da terra não seria muito mais fraternal. Designar pelo nome de fraternidade universal a exploração internacional é uma ideia que não poderia ter origem senão no seio da burguesia.[21]

É essa última visão que se afirma em Marx e Engels. Só poucos meses depois, a *Nova Gazeta Renana* repreende Arnold Ruge por não ter compreendido que o fenômeno da guerra não desaparece com o regime feudal: em vez de serem "aliados naturais", os países nos quais domina a burguesia são dilacerados por uma concorrência cruel, cujo êxito pode ser a guerra[22]. É uma concorrência que tem também por objeto o saqueio em detrimento dos povos coloniais. Apesar da opinião contrária de Spencer, o afirmar-se da sociedade industrial e capitalista não significa o desvaecer da guerra como instrumento de enriquecimento – para isso é suficiente olhar para as "guerras de piratas" e as "expedições de piratas contra a China, a Cochinchina, etc."[23].

E assim – realça mais tarde *O capital* –, longe de ser sinônimo de desenvolvimento pacifico, o sistema capitalista comporta nas colônias a "mais brutal

---

[19] MEW, v. 4, p. 479 [ed. bras.: Karl Marx e Friedrich Engels, *Manifesto Comunista*, cit., p. 56].

[20] Ibidem, v. 4, p. 455 e 457-8.

[21] Ibidem, v. 4, p. 456.

[22] Ibidem, v. 5, p. 359-63.

[23] Ibidem, v. 16, p. 13 e v. 15, p. 326.

violência". As guerras (de escravização e até mesmo de extermínio) desencadeadas contra os "bárbaros" estão entrelaçadas pela rivalidade e pelo conflito no âmbito do "mundo civilizado" entre as grandes potências protagonistas e beneficiárias da expansão e do saqueio colonial. No conjunto, o que caracteriza o capitalismo é "a guerra comercial entre as nações europeias, tendo o globo terrestre como palco"; ela "é inaugurada pelo levante dos Países Baixos contra a dominação espanhola, assume proporções gigantescas na guerra antijacobina inglesa e prossegue ainda hoje nas guerras do ópio contra a China etc."[24]. A "guerra comercial entre as nações europeias" lembra a "guerra industrial de aniquilação entre as nações" de que fala o *Manifesto*. Em todo caso, o período histórico que vai da emergência da Holanda (primeiro país a livrar-se do Antigo Regime) até à ascensão da Inglaterra liberal (e imperial) não é em si um prelúdio à instauração da paz perpétua.

Para que sejam extirpadas de vez as raízes da guerra não é suficiente a substituição de uma classe exploradora por outra, como aconteceu com a revolução burguesa. É necessário eliminar todo o sistema de exploração e opressão, no plano interno e no plano mundial. Nesse sentido, em 1870, posicionando-se em relação à guerra franco-alemã recém-eclodida, em um texto redigido por Marx, a Associação Internacional dos Trabalhadores chama à luta por "uma nova sociedade cujo princípio internacional será a paz, porque em toda nação governa o mesmo princípio, o trabalho"[25].

Trata-se de uma análise quase contemporânea à de J. S. Mill[26], que celebra o Império Britânico como "um passo rumo à paz universal e à cooperação e à compreensão geral entre os povos". Para demonstrar essa tese, é aduzido um singular argumento: aquela gigantesca "federação" (mesmo "desigual") que é o Império Britânico encarna a causa da "liberdade" e da "moralidade internacional" num grau "que nenhum outro grande povo pode conceber e alcançar"; assim, as populações atrasadas têm interesse em começar a fazer parte desse império, até para evitar "*ser absorvidas* por um Estado estrangeiro e constituir uma nova fonte de *força agressiva* nas mãos de alguma potência rival". A homenagem à "paz universal" não consegue esconder a realidade das guerras coloniais, chamadas a "absorver" essa ou outra colônia, nem a

---

[24] Ibidem, v. 23, p. 779 [ed. bras.: Karl Marx, *O capital*, Livro I, trad. Rubens Enderle, São Paulo, Boitempo, 2013, p. 821].

[25] Ibidem, v. 17, p. 7.

[26] John Stuart Mill, *Considerazioni sul governo rappresentativo*, cit., p. 288.

rivalidade geradora de guerras de mais amplo alcance entre a Grã-Bretanha, celebrada como encarnação da causa da paz, e uma "potência rival qualquer", à qual se atribui o inquietante reforço de uma "força agressiva".

Se J. S. Mill busca demostrar o desvaecer da guerra a partir da competição imperialista que na realidade a prepara, Tocqueville, já no título de um capítulo central do segundo livro da *Democracia na América*, afirma que "as grandes revoluções tornar-se-ão raras". Na realidade, o século e meio que aproximadamente transcorreu de tais previsões talvez constitua o período mais rico de guerras e revoluções da história universal. E agora podemos ler Marx. Poucos anos depois da publicação do texto que acabo de citar, em uma carta de 28 de dezembro de 1846, a partir do "conflito entre as forças produtivas já conquistadas pelos homens e suas relações sociais, que não correspondem mais a essas forças produtivas", ele evoca as "terríveis guerras que se preparam entre as diversas classes, entre cada nação e entre nações diferentes"[27]. Pouco tempo depois, o *Manifesto Comunista* percebe o perfilar-se no horizonte tanto de revoluções proletárias (isto é, "revoluções burguesas" suscetíveis de transformar-se em "revoluções proletárias") como de "revoluções agrárias" e de "libertação nacional"[28] contra uma ordem que derrama violência não só porque se funda sobre a opressão social e nacional, mas também porque evoca o perigo de uma catastrófica prova de força da concorrência entre as diversas burguesias capitalistas. Não há dúvida de que, a partir da teoria da luta de classes, Marx soube, de algum modo, pressagiar as transformações do século XX.

3. UM CONFLITO ETERNO ENTRE SENHORES E ESCRAVOS?

Para compreender de modo adequado a teoria marxiana da luta de classes, não basta distingui-la da tese dos que percebem, no eclipse do Antigo Regime, o início do desvaecer ou da drástica atenuação do conflito político-social no plano nacional e internacional. Em uma célebre carta de 5 de março de 1852, Marx observa: "No que me diz respeito, não pertence a mim o mérito de ter descoberto a existência das classes na sociedade moderna nem da luta entre elas"; disso haviam já falado muito antes, com modalidades diferentes,

---

[27] MEW, v. 27, p. 460

[28] Ibidem, v. 4, p. 492-3 [ed. bras.: Karl Marx e Friedrich Engels, *Manifesto Comunista*, cit., p. 68-9].

os historiadores e os economistas burgueses. A verdadeira novidade do materialismo histórico está na afirmação do caráter historicamente determinado e transitório das sociedades fundadas sobre a luta e sobre o domínio de classes[29].

Estamos em meados do século XIX. À luz dos desenvolvimentos sucessivos, podemos fazer uma comparação com outros autores, o que talvez seja ainda mais significativo. Se o *Manifesto Comunista* fala de "lutas de classes", Nietzsche[30] também percebe o desenvolver-se na história da "luta de camadas e de classes" (*Stände- und Classenkampf*). Se os autores do *Manifesto* comparam e aproximam repetidamente a escravidão moderna e assalariada e a escravidão negra, também o fazem em diversas ocasiões tanto Nietzsche quanto, do outro lado do Atlântico, os ideólogos do Sul escravista, os quais, porém, objetivam demonstrar com isso a inanidade do projeto abolicionista. Se na visão de Marx e Engels a sociedade capitalista substitui a medieval servidão da gleba – que na época havia suplantado a escravidão propriamente dita da Antiguidade clássica – pela escravidão moderna, na visão de Nietzsche, na Europa, e dos ideólogos do Sul, nos Estados Unidos, a sujeição servil do trabalho constitui um fundamento essencial e inextirpável da civilização. Como diria talvez o mais ilustre entre os ideólogos do lado de lá do Atlântico, John C. Calhoun:

> Penso que nunca existiu uma sociedade rica e civilizada na qual uma parte da comunidade não vive do trabalho da outra [...]. Há e sempre houve, em um estado avançado de riqueza e de civilização, um conflito entre trabalho e capital.[31]

"Luta de camadas e de classes", permanência da "escravidão" mesmo em uma ordem social que formalmente a aboliu; "conflito entre trabalho e capital" – não se esgotam aqui as analogias conceituais. Em Nietzsche, encontramos duas categorias centrais do discurso marxiano: ele fala de "mais-trabalho" (*Mehrarbeit*) extraído dos escravos e dos operários, submetidos, portanto, à "exploração" (*Ausbeutung*)[32]. Mas, então, onde estão as diferenças?

---

[29]   Ibidem, v. 28, p. 507-8.

[30]   Friedrich Nietzsche, *Sämtlike Werke. Kritische Studienausgabe* (orgs. G. Colli e M. Montinari, Munique, dtv-de Gruyter, 1988), v. 12, p. 493.

[31]   John C. Calhoun, *Union and Liberty* (org. R. M. Lence, Indianápolis, Liberty Classics, 1992), p. 474-5.

[32]   Domenico Losurdo, *Nietzsche, il ribelle aristocratico. Biografia intellettuale e bilancio critico* (Turim, Bollati Boringhieri, 2002), cap. 12, seção 7 e cap. 20, seção 8.

Para o teórico do "radicalismo aristocrático", extorsão do "mais-trabalho" e exploração expressam uma geral e não suprimível tendência da realidade natural e social, da vida enquanto tal. É necessário acrescentar que em Marx e Engels não somente a escravidão é superável em todas as formas, mas essas formas não são equivalentes entre si. Já em um escrito juvenil (*A sagrada família*), eles repreendem os jacobinos por ter confundido a "real escravidão" (*wirkliches Sklaventum*) do mundo antigo pela "escravidão emancipada" (*emanzipiertes Sklaventum*) do mundo moderno[33]. Com certeza o adjetivo não apaga o substantivo, e todavia isso não é uma nulidade insignificante. Vimos em *Miséria da filosofia*, posterior, a denúncia da escravidão, de algum modo camuflada, imperante na Europa. A "máscara" a que se faz referência é como a "aparência" (*Schein*) discutida pela lógica de Hegel[34] e que exprime um grau, embora bastante superficial, de realidade.

Compreende-se, então, que, ao eclodir a Guerra de Secessão, os dois filósofos e militantes revolucionários colocam-se resolutamente a favor da União. Desde o início das hostilidades, eles solicitam combater contra o Sul uma guerra revolucionária pela abolição da escravidão negra; contudo, no Norte é viva e vital a escravidão a que estão submetidos os trabalhadores assalariados, aquela que alguns anos depois *O capital*, retomando a declaração do Congresso operário geral de Baltimore, define como a "escravidão capitalista"[35]. O fato é que a "escravidão indireta (*indirekte Sklaverei*) dos brancos na Inglaterra" não é a mesma "escravidão direta (*direkte Skkaverei*) dos negros do outro lado do Atlântico"[36]. O "trabalho forçado imediato" a que está submetido o escravo não é assimilável à indireta coerção econômica que pesa sobre o trabalhador assalariado, sobre o "trabalhador" pelo menos formalmente "livre"[37]. Pelo contrário, enquanto nos Estados Unidos se alastra a guerra civil – à qual não faltam na Europa os simpatizantes do Sul –, parece que Marx quer evitar qualquer desentendimento: colocando em surdina sua tradicional denúncia da

---

[33] MEW, v. 2, p. 129 [ed. bras.: *A sagrada família*, trad. Marcelo Backes, São Paulo, Boitempo, 2003, p. 135].

[34] G. W. F. Hegel, *Werke in zwanzig Bänden* (org. E. Moldenhauer e K. M. Michel, Frankfurt, Suhrkampf, 1969-1979), v. 6, p. 17-24.

[35] MEW, v. 23, p. 318 [ed. bras.: Karl Marx, *O capital*, Livro I, cit., p. 372].

[36] Ibidem, v. 15, p. 317.

[37] Karl Marx, *Grundrisse der Kritik der politischen Ökonomie* (Berlim, Dietz, 1953), p. 156 e 497 [ed. bras.: *Grundrisse. Manuscritos econômicos de 1857-1858. Esboços da crítica da economia política*, trad. Mario Duayer, São Paulo, Boitempo, 2011, p. 256].

"escravidão indireta" ínsita no sistema capitalista, ele chama insistentemente a lutar a favor do "sistema de trabalho livre" e contra o "sistema da escravidão"[38].

Certamente – observa Engels em 1885 – com o fim da Guerra de Secessão busca-se sub-rogar a "escravidão declarada dos negros" (formalmente abolida) pela "escravidão mascarada" (*verdeckte Sklaverei*) de *coolies* indianos e chineses[39]. Nesse contexto, no âmbito do discurso sobre a escravidão que, em modalidades e em medidas diversas, pesa sobre o trabalho, observamos delinear-se uma dupla diferenciação: distingue-se por um lado entre "escravidão declarada" e "escravidão mascarada", imposta respetivamente aos negros e aos indianos e chineses, isto é, populações coloniais ou de origem colonial; e na metrópole capitalista, a luta pela redução e regulamentação do horário de trabalho parece ter atenuado e ter condição de atenuar ulteriormente aquilo que de escravista, no âmbito da sociedade capitalista, está presente na condição operária.

Portanto. em Nietzsche (assim como em Calhoun), podemos identificar algumas categorias centrais do discurso de Marx, mas neste último a análise do conflito entre capital e trabalho é a história da progressiva emancipação do trabalho que, embora de modo parcial, ocorreu e que é possível conseguir pela luta de classes já no âmbito da sociedade existente. No primeiro, o conflito se reduz esquematicamente, e às vezes em sentido gravemente naturalista, fora de uma concreta dialética histórica, ao antagonismo que eternamente contrapõe senhores e escravos. Portanto, a luta de classe dos que estão submetidos à escravidão em sua forma antiga ou moderna, aberta ou mascarada, a revolta de "uma camada barbárica de escravos", não pode conseguir emancipação real, só pode significar a catástrofe da civilização.

4. Proletariado, interesse de classe e sua transcendência

Em Marx e Engels, não só não há contraposição eterna entre senhores e escravos, como também estes últimos, liquidando de vez as relações sociais fundadas sobre o domínio e sobre a exploração, acabam realizando uma ordem que comporta, em uma perspectiva estratégica, formas de vida mais ricas e mais satisfatórias para os ex-senhores.

Observamos em primeiro lugar o que acontece em relação ao desenvolvimento das forças produtivas. Pondo fim às crises de superprodução que caracterizam

---

[38] MEW, v. 15, p. 340 e 346.

[39] Ibidem, v. 4, p. 132 n.

a sociedade burguesa, a revolução socialista promove o desenvolvimento das forças produtivas: o proletariado é o primeiro e mais imediato beneficiário da superação de um sistema que pretende transformá-lo num "escravo ascético, mas produtivo"[40], mas não é o único a tirar proveito do crescimento global da riqueza social.

É importante, sobretudo, o que acontece no plano intelectual e moral. Os *Manuscritos econômico-filosóficos* de 1844 insistem no fato de que o sistema capitalista comporta a desumanização dos mesmos protagonistas da exploração do trabalho operário.

> A produção [capitalista] produz o homem não apenas como uma mercadoria, o homem-mercadoria (*Menschenware*), o homem com o caráter da mercadoria, mas o produz, em conformidade a essa caraterística, como ente privado de sua humanidade tanto no plano espiritual como no plano físico: imoralidade, *monstruosidade, hebetismo dos operários como dos capitalistas*.[41]

Além dos explorados, o processo de estupidificação e de mercantilização acaba engolindo os mesmos exploradores. É uma tese reafirmada em *A sagrada família*.

> A classe possuinte e a classe do proletariado representam a mesma autoalienação humana. Mas a primeira das classes se sente bem e aprovada nessa autoalienação, sabe que a alienação é seu próprio poder e nela possui a aparência de uma existência humana; a segunda, por sua vez, sente-se aniquilada nessa alienação, vislumbra nela sua impotência e a realidade de uma existência desumana.[42]

Mesmo pesando em primeiro lugar e com particular força sobre o trabalhador, que "para o burguês é menos do que um homem" e é explorado e "usado como puro e simples material, como coisa", os processos de empobrecimento das relações sociais e de reificação atingem a sociedade capitalista como um todo: "Os homens consideram os outros somente como sujeitos utilizáveis"[43]. Ninguém, nem o burguês, é poupado.

---

[40] Ibidem, v. 1 Ergbd., p. 549.
[41] Ibidem, v. 1 Ergbd., p. 524.
[42] Ibidem, v. 2, p. 37 [ed. bras.: Karl Marx, *A sagrada família*, cit., p. 44].
[43] Ibidem, v. 2, p. 352, 286 e 257.

Não se trata de uma tese que remete exclusivamente ao período juvenil. Ao descrever o horror da acumulação capitalista originária, *O capital* convida a "ver o que o burguês faz de si mesmo e do trabalhador lá onde tem plena liberdade para moldar o mundo segundo sua própria imagem"[44]. O patrão capitalista "está enraizado num processo de alienação e nele encontra sua satisfação absoluta, ao passo que o trabalhador, enquanto vítima desse processo, tem com ele *a priori* uma relação de rebelião, o percebe como processo de escravização" (*Knechtungsproceß*)[45]. O que não impede que, uma vez conseguida a vitória, a "rebelião" operária acabe por libertar da alienação o próprio patrão capitalista.

É um discurso que vale inclusive para as reformas singulares, impostas pela luta de classes operária no âmbito da sociedade burguesa. Em diversos aspectos, a redução do horário de trabalho poderia resultar benéfica para os mesmos que fazem de tudo para impedi-la. Leiamos *O capital*.

> Com ironia contida e expressões muito cuidadosas, os inspetores de fábrica insinuam que a atual Lei das 10 Horas também liberta o capitalista, de alguma maneira, de sua brutalidade natural como mera corporificação do capital, dando-lhe tempo para sua própria "formação".[46]

Dito de outra forma, se o proletariado tem interesse material, além de intelectual e moral, em derrubar o domínio da classe capitalista, indivíduos e setores da mesma classe exploradora poderiam madurar um interesse intelectual e moral de acabar com a ordem existente. É um ponto sobre o qual insiste sobretudo Engels, ele próprio um "capitalista". Mais exatamente, ele sugere que os burgueses mais previdentes poderiam ter um interesse na transformação da sociedade que fosse além do plano propriamente intelectual e moral. Pensemos nas consequências provocadas na Inglaterra pela terrível degradação dos bairros operários e populares. É verdade, eles se configuram como guetos em que procuram-se "esconder dos ricos senhores e das ricas madames, de estômagos fortes e nervos fracos, a miséria e a sujeira, que constituem o complemento de sua riqueza e de seu luxo". Todavia, por mais sofisticada que seja "essa hipócrita urbanística", isto é, essa "arrumação urbanística plena de

---

[44] Ibidem, v. 23, p. 779 n [ed. bras.: Karl Marx, *O capital*, Livro I, cit., p. 821, n. 241].

[45] MEGA-2 II/4.1, p. 65 [ed. bras.: idem, *Capítulo VI: inédito de O capital*, trad. Klaus Von Puchen, São Paulo, Centauro, 2004].

[46] Ibidem, v. 23, p. 320, n [ed. bras.: Karl Marx, *O capital*, Livro I, cit., p. 374, n. 201].

pudores"[47], ela não apaga a deturpação da paisagem urbana, que continua sendo um soco no olho para todos.

Os bairros-guetos operários e populares são repugnantes pelas condições higiênicas e pela miséria, estando, portanto, expostos às epidemias. Com a difusão do cólera, em Manchester, "uma onda de terror atingiu a burguesia da cidade; de repente as pessoas lembraram-se das insalubres habitações dos pobres e arrepiaram-se tendo a certeza de que cada um daqueles míseros bairros se tornaria um surto de infecção e dali o morbo se espalharia ruinosamente em todas as direções para as casas da classe abastada"[48]. Mesmo desencadeando consequências mais graves sobre os trabalhadores amontoados e confinados em fábricas e bairros insalubres, a lógica desenfreada do lucro capitalista provoca uma devastação de caráter geral.

Isso vale também por outros aspectos da vida social. Ninguém deveria ser insensível à polarização de riqueza e pobreza, ínsita na sociedade burguesa, pois disso deriva "a guerra social, a guerra de todos contra todos" e uma insegurança generalizada, que de fato coloca "a casa de *cada indivíduo* em estado de sítio"[49]. Também nesse caso, a ordem social existente comporta consequências negativas para a própria classe dominante.

Por outro lado, até que ponto os membros singulares da burguesia capitalista podem ser considerados culpados? Depois de chamar atenção sobre as consequências desastrosas provocadas no proletariado pela falta de limites da caça ao "lucro" ("morte prematura", "tortura do mais-trabalho" etc.), *O capital* adverte a necessidade de acrescentar:

> De modo geral, no entanto, isso tampouco depende da boa ou má vontade do capitalista individual. A livre-concorrência impõe ao capitalista individual, como leis eternas inexoráveis, as leis imanentes da produção capitalista.[50]

Embora pese em primeiro lugar sobre o proletariado, a "relação de coerção" entre capital e trabalho não poupa o capitalista individual, ele mesmo sujeitado a uma "lei coercitiva" que nasce do exterior[51]; ele "não é mais que uma engrenagem"[52].

---

[47] Ibidem, v. 2, p. 279-80.

[48] Ibidem, v. 2, p. 295.

[49] Ibidem, v. 2, p. 257.

[50] Ibidem, v. 23, p. 286 [ed. bras.: Karl Marx, *O capital*, Livro I, cit., p. 342].

[51] MEGA-2 II/4.1, p. 93

[52] MEW, v. 23, p. 618 [ed. bras.: Karl Marx, *O capital*, Livro I, cit., p. 667].

Ao analisar o modo de funcionar da ordem social, o jovem Engels vai além, escrevendo que o socialismo/comunismo impõe o "princípio da não imputabilidade do indivíduo singular". Justamente por isso, já que "o proletariado acolherá em si elementos socialistas e comunistas, na mesma medida" deveria suavizar "a exasperação do proletariado em relação a seus opressores" enquanto pessoas individuais (portanto, deveria diminuir o peso da violência da revolução anticapitalista)[53].

Para Marx e Engels, não se trata apenas de suprimir a exploração de classe no interior de um determinado país, mas também a opressão nacional. E de novo emerge a linha fundamental que já conhecemos: se se voltam, em primeiro lugar e de forma direta, para o povo oprimido, os dois pensadores revolucionários não só convocam o proletariado do país opressor a não aliar-se com as classes privilegiadas, como ainda deixam uma porta aberta aos membros mais iluminados dessas classes. Observaremos que a tese de que não é livre um povo que oprime outro povo é enunciada repetidas vezes; assim como a "guerra social", no interior de um país, *a fortiori* o estado de guerra latente ou manifesto entre os povos provoca um "estado de sítio" mais ou menos generalizado e, portanto, uma limitação da liberdade para o mesmo povo opressor.

Em conclusão, a mudança social que se impõe é de interesse da esmagadora maioria da humanidade. Até os setores e os membros da classe exploradora e do povo opressor mais voltados para o estudo teórico e para a reflexão moral estão convidados a não perder de vista os graves inconvenientes práticos e a geral devastação humana produzida por um sistema social que os torna beneficiários no plano material imediato. Ser comunista significa, com certeza, avocar para a luta de classes travada pelos oprimidos (em âmbito internacional, nacional e familiar), mas também amadurecer essa capacidade de olhar o conjunto. Nesse sentido, o jovem Engels afirma que "o comunismo ergue-se acima do conflito entre proletariado e burguesia" e nisso se diferencia do "cartismo, que tem um caráter exclusivamente proletário" e, por isso, revela resíduos de corporativismo[54].

5. Marx "contra" Nietzsche (e Foucault)

Emergiu um resultado surpreendente: por um lado, não há como fugir da luta de classes; por outro, ela transcende a si mesma, perseguindo e realizando

---

[53] Ibidem, v. 2, p. 505.

[54] Ibidem, v. 2, p. 506.

objetivos que podem ser universalmente recebidos. Como isso é possível? O *pathos* da razão e da ciência caracteriza os autores do *Manifesto Comunista* durante todo o arco de sua evolução: "A verdade é universal, não é ela que me pertence, sou eu que lhe pertenço, é ela que me possui, não sou eu que a possuo"[55]. Quando se exprime assim, em tons claramente hegelianos, Marx tem apenas 24 anos, mas ele ficará fiel a essa visão até o fim. *O capital* afirma com força: a "aparência" ou "aparência enganadora" de um fenômeno não coincide com sua "essência", impõe-se, portanto, um prolongado e cansativo empenho intelectual para conseguir a "ciência", a "verdade científica"[56].

Desapareceu o conflito? Não se trata disso. O *pathos* da razão e da verdade científica não impede Marx de evidenciar que, no âmbito da sociedade burguesa, a ciência é obrigada a "servir o capital": a história e a crítica do "utilização capitalista da maquinaria" que podemos ler em *O capital* representam justamente a história e a crítica do uso capitalista da ciência[57]. Em 1854, Engels declara que quer proceder segundo o "princípio" de que "a ciência militar, assim como a matemática e a geografia, não tem nenhuma opinião política particular"[58]. Obviamente, ao expressar-se assim, ele não ignora o fato de que a "ciência militar" desenvolve um papel essencial na luta de classes, nas guerras entre burguesias opostas ou das guerras civis e guerras coloniais. Isso não impede que mesmo os que condenam o uso das diversas ciências a serviço do capitalismo e do colonialismo (ou de outras causas) saibam analisar e avaliar sua lógica, sua coerência interna e sua eficácia.

É um discurso que não vale apenas para as ciências aplicadas. Como fica evidente pela crítica que movem ao que defini como "Iluminismo de corte", Marx e Engels têm clara consciência de que é possível usar a razão e os lumes para legitimar o domínio e a opressão; a verdade é que tal modo de proceder pode ser evidenciado e confutado apenas mediante um novo, e mais articulado e convincente, uso da razão e dos lumes da razão. Isto é, estamos diante de uma crítica ao Iluminismo bastante diferente da que nos nossos dias encontrou expressão em Hans Georg Gadamer. Ele escreve: "O Iluminismo também tem um preconceito fundamental e constitutivo; esse preconceito que está na base do Iluminismo é o preconceito contra os preconceitos em geral e, portanto, a

---

[55] Ibidem, v. 1, p. 6.

[56] Ibidem, v. 25, p. 825 e v. 16, p. 129.

[57] Ibidem, v. 23, p. 382 e 465 [ed. bras.: Karl Marx, *O capital*, Livro I, cit., p. 435 e 513].

[58] Ibidem, v. 28, p. 602.

destituição da tradição"[59]. Dessa maneira, porém, ele procede assimilando duas atitudes entre si bastante diferentes. Referindo-se à razão e submetendo-se ao seu controle, o "preconceito" iluminista consegue se pôr em discussão; não é assim para o preconceito anti-iluminista. A razão pode compreender o que há de racional no preconceito e o que há de preconceito nas formas histórica e socialmente determinadas que a própria razão cada vez assume; o preconceito, que recusa submeter a si mesmo e a tradição que o representa à autoridade da razão, não é capaz de uma operação análoga.

Se para Gadamer tudo é atingido pelo "preconceito", para Nietzsche tudo é atravessado em profundidade pelo conflito – não há expressão cultural que reivindique uma autonomia, mesmo que relativa e parcial. Tome-se, por exemplo, a ciência física: a vontade de ler na natureza regularidade, normas, igualdades, a presumida "normatividade da natureza" anda junto com a presumida "igualdade perante a lei" (que preside à ordem jurídica originada pelo colapso do Antigo Regime). Eis "uma graciosa astúcia mental que serve para mascarar mais uma vez [...] a hostilidade dos plebeus em relação a tudo que é privilegiado e soberano"; em última análise, gritar, à moda dos físicos, "viva as leis de natureza!" constitui apenas outra forma de gritar, à moda dos anarquistas, "*ni Dieu ni maître*"; sim, a modernidade e a razão, que é tão importante para ela, se caracterizam pela "oposição a cada *particular* pretensão, a cada direito *particular* e a cada privilégio"[60].

A leitura em chave antissocrática da argumentação filosófica e científica não é tão nova quanto poderia parecer à primeira vista. Observamos a tradição de pensamento que atua antes de Marx. Já Kant[61] evidencia como a "rigorosa universalidade", própria da religião, exclui de antemão "toda exceção". Hegel, por sua vez, afirma que a filosofia "*enquanto ciência da religião*, pela maneira de seu ser e segundo sua natureza, é ciência para todos"[62]. Posto o diferente e contraposto o juízo de valor, Nietzsche concorda com essa tese. Ele não erra quando realça: em aparência, o "silogismo", tão importante para Sócrates, é

---

[59] Hans Georg Gadamer, *Verità e método* (3. ed., Milão, Bompiani, 1983), p. 317 [ed. bras.: *Verdade e método*, trad. Flavio Paulo, 3. ed., Petrópolis, Vozes, 1999].

[60] Friedrich Nietzsche, *Al di là del bene e del male* (Roma, Newton Compton, 2011), p. 22 e 202.

[61] Immanuel Kant, *Gesammelte Schriften* (Berlim/Leipzig, Academia das Ciências, 1900), v. 3, p. 28-9.

[62] Johannes Hoffmeister (org.), *Dokumente zu Hegels Entwicklung* (Stuttgart, Frommann, 1936), p. 242.

só uma regra formal do discurso, que não persegue objetivos políticos particulares; na realidade, no uso do "silogismo" do discurso lógico-racional de que todos os homens podem participar – e que, desse modo, se distingue bastante da revelação esotérica e aristocrática de uma verdade sapiencial – estão ínsitas mortíferas "punhaladas" plebeias[63]. Isto é, o "silogismo", ou seja o discurso lógico-racional, não é politicamente mais puro do que o discurso sapiencial. A comparação entre esses dois tipos de discurso produz o mesmo resultado que emergiu comparando os dois tipos de "preconceito" (iluminista e anti-iluminista): o discurso lógico-racional é capaz de confutar a si mesmo e de compreender o que de válido poderia ter no outro tipo de discurso; de uma operação análoga, não é capaz o discurso sapiencial. Não casualmente, para confrontar Sócrates, Nietzsche cai em uma contradição performativa: busca demonstrar o caráter benéfico do privilégio aristocrático fazendo uso da argumentação lógica, que por definição põe todos os interlocutores no mesmo plano e exclui todo privilégio; valendo-se de argumentos lógico-racionais, o campeão do "radicalismo aristocrático" desacredita de alguma maneira o discurso sapiencial e acaba infligindo aquelas mesmas "punhaladas" plebeias que ele condena em Sócrates.

Se Nietzsche incorre em uma estridente contradição performativa, como Marx e Engels podem conjugar *pathos* da luta de classes e *pathos* da razão e da ciência? Com certeza a razão pode ser utilizada objetivando legitimar o privilégio, o domínio, a opressão; todavia, por admissão do próprio Nietzsche, nela é intrínseca a tendência a afirmar relações de igualdade e, portanto, de deslegitimar o privilégio, o domínio, a opressão. Há uma tendencial convergência entre luta de classes emancipadora e razão.

Ademais, longe de constituir a eterna contraposição entre senhores e escravos discutida por Nietzsche e Calhoun, a luta de classes comporta incessantes desenvolvimentos e mutações. Disso surgem os "processos de objetivação". Mesmo claramente "ligados a certas formas do desenvolvimento social" – observa Marx –, "a arte e o *epos* grego [...] continuam suscitando em nós um prazer estético e constituem, em certo aspecto, uma norma e um modelo inalcançáveis"[64]. Já ficaram para trás os conflitos políticos e sociais que inspiraram essas obras-primas; não somente o prazer estético permanece

---

[63] Friedrich Nietzsche, *Crepuscolo degli idoli, Il problema Socrate* (Milão, Adelphi, 1983), p. 7 [ed. bras.: *Crepúsculo dos ídolos*, trad. Renato Zwick, Porto Alegre, L&PM, 2012].

[64] MEW, v. 13, p. 641.

imutado, como também de tal prazer participam ou tendem a participar homens e mulheres das mais diferentes extrações sociais e colocações políticas. Interveio um processo de objetivação.

Isso não vale apenas para a arte. A visão ptolemaica do universo foi confutada e derrotada no curso de um duro embate ideológico; todavia, no heliocentrismo acabaram por reconhecerem-se também os herdeiros dos que, alguns séculos atrás, condenaram Galileu. A consideração que acabei de fazer em relação à visão ptolemaica pode ser tranquilamente estendida à dita "doação de Constantino" – o suposto testamento do imperador romano, que legitimava o poder temporal da Igreja católica, não é levado a sério sequer pelos que continuam sendo mais do que nunca fieis à Igreja católica. De maneira análoga poder-se-ia argumentar em relação ao silogismo socrático e à ciência física apontados por Nietzsche. Nos dias atuais, por mais aristocrática e maior que seja sua admiração pelo filósofo do "radicalismo aristocrático", um movimento político ou um governo talvez afetasse seu ar de superioridade em relação ao plebeísmo do silogismo, mas dificilmente baniria a ciência física enquanto anárquica. Poderíamos, assim, sintetizar o ponto de vista de Marx: tudo está exposto ao conflito, mas não segundo as mesmas modalidades e, de qualquer modo, não com modalidades imodificáveis no tempo.

É necessário, contudo, ir mais fundo se queremos compreender a diferente relação instituída entre razão e poder respectivamente pelo campeão do "radicalismo aristocrático" e pelo teórico da luta de classes emancipadora. Muito além da razão, o primeiro propõe-se pôr em discussão o conceito de homem enquanto tal. Não há e não pode haver comunidade humana propriamente dita. A condenação do plebeísmo ínsita na ciência lógica e na ciência física anda junto, em Nietzsche, com a desconstrução nominalista do conceito universal de homem, com a crítica da "exangue entidade abstrata 'homem'", essa "pálida ficção universal"[65], com a afirmação da tese de que "os demais não são nenhuma pessoa", não podem ser subsumidos à categoria de homem ou de indivíduo, já que "são portadores, instrumentos de transmissão", exatamente como os escravos aristotélicos[66]. Em Marx, as coisas se apresentam de forma oposta: o *pathos* da comunidade do conceito e da razão anda junto com o *pathos* da comunidade humana, que constitui a motivação inspiradora da luta de classe emancipadora.

---

[65] Friedrich Nietzsche, *Aurora* (Roma, Newton Compton, 1990), p. 105.

[66] Idem, *Sämtlike Werke. Kritische Studienausgabe*, cit., v. 12, p. 492.

Argumentam de maneira errada e equivocada os que (pensamos em particular em Michel Foucault) leram em Nietzsche uma crítica ao domínio mais radical daquela realizada por Marx, que teria parado no meio do caminho, como demostrariam suas reverências perante a razão e a ciência. Na realidade, no teórico do radicalismo aristocrático, a intranscendência (mesmo parcial e temporalmente distante) do conflito mediante a razão refere-se, em última análise, à intransponível ranhura que dilacera irremediavelmente a comunidade humana em senhores e escravos, bem-sucedidos e malsucedidos.

A posição de Marx e Engel sobre a relação entre luta de classes e razão se torna mais persuasiva ainda se olharmos para a história do movimento político que se inspirou neles. No curso dessa história, estimulado pelo horror e pela carnificina da Primeira Guerra Mundial e pela necessidade de romper radicalmente com o passado, manifestou-se uma espécie de espontâneo foucaultismo *ante litteram* à caça de relações de poder a ser desmascaradas e condenadas em todo âmbito. O resultado não foi de forma nenhuma positivo. A identificação imediata entre razão e domínio favoreceu a emergência de uma hermenêutica da desconfiança universal comprometendo amplamente o espaço da comunicação intersubjetiva: toda proposição foi lida abstraindo de sua base argumentativa e de sua estrutura lógica, como expressão da luta de classes. Além disso, a construção da sociedade pós-capitalista se tornou mais difícil ainda por uma "microfísica do poder" que denunciava o advento de novas formas de poder e de domínio na regulamentação de qualquer relação ou instituição, na ordem jurídica enquanto tal. Essa atitude essencialmente anárquica abria um enorme espaço vazio e sem regras, que só poderia ser preenchido pela violência imediata e pela prossecução indefinida da violência imediata ínsita na revolução.

III
LUTAS DE CLASSE E LUTAS PELO RECONHECIMENTO

1. Redistribuição ou reconhecimento?

A luta de classes emancipadora tende a transcender os interesses dos explorados e dos oprimidos que a promovem. À luz desse resultado, revela-se completamente redutiva a tese de que a redistribuição da renda constituiu o paradigma dominante "nos últimos 150 anos", até a "morte do comunismo"[1]. O movimento originado pelo *Manifesto Comunista* teria agitado, então, em primeiro lugar a bandeira da redistribuição?

Na realidade, desde o início ele está engajado nas três frentes emancipadoras da luta de classes, a partir de uma plataforma que com certeza inclui as reivindicações econômicas e que, contudo, vai muito além delas. A Associação Internacional dos Trabalhadores pronuncia-se desde o momento de sua fundação a favor da libertação das "nações oprimidas". No que diz respeito à causa da emancipação política e social da mulher, com a superação da exclusão dos direitos políticos e das profissões liberais e com o fim da escravidão doméstica, limito-me a uma referência eloquente em si: no prefácio de *O socialismo e a mulher*, Bebel, interlocutor de Engels e líder histórico da social-democracia alemã, lembra que seu livro, publicado trinta anos antes, que havia chegado no entanto à 50ª edição e havia sido traduzido em quinze idiomas, iniciou sua marcha triunfal só pela difusão clandestina promovida por militantes do Partido Socialista que Bismarck havia posto

---

[1] Nancy Fraser, "Social Justice in the Age of Identity Politics: Redistribution, Recognition and Participation", em Nancy Fraser e Axel Honneth (orgs.), *Redistribution or Recognition? A Political-Philosophical Exchange* (Londres, Verso, 2003), p. 7-8.

A LUTA DE CLASSES

na ilegalidade[2]. O movimento feminista resultava vinculado por múltiplos fios ao movimento operário.

Mesmo querendo concentrar a atenção sobre este último, é difícil compreender sua tenaz luta para eliminar a discriminação censitária, fazendo exclusiva referência ao paradigma da redistribuição. Esse paradigma ajuda pouco mesmo quando analisamos o empenho desenvolvido pela Associação Internacional dos Trabalhadores pela causa da emancipação dos escravos afro-americanos e da guerra travada por Lincoln contra o Sul escravista. O bloqueio naval imposto pelo Norte ao Sul secessionista tornava impossível a exportação de algodão na Inglaterra – disso originavam uma grave crise da indústria têxtil britânica e demissões em massa e reduções do horário de trabalho e dos já magros salários. Mesmo assim, Marx identificava e celebrava como expressão de uma madura consciência de classes a determinação dos operários ingleses não só se contrapor às medidas tomadas pelos industriais têxteis, mas sobretudo em apoiar a luta da União para liquidar a revolta escravista, sua mobilização de massa para impedir que o governo inglês sustentasse a Confederação secessionista no plano militar ou só mesmo diplomático.

Se observarmos com atenção, o paradigma da redistribuição não consegue explicar adequadamente sequer a luta operária na fábrica. Além dos salários baixos ou de fome, o *Manifesto Comunista* denuncia o "despotismo" praticado pelo patrão[3]. E os "grilhões", que na conclusão desse texto os proletários são chamados a rebentar, são em primeiro lugar os grilhões da "escravidão" imposta pela sociedade burguesa[4]. Estamos diante de uma luta que reivindica a liberdade na fábrica e também fora dela. Pensemos na agitação, travada na clandestinidade, para eliminar a legislação antissocialista lançada por Bismarck, que era um alvo, apesar de ter sido o iniciador do Estado social.

Não satisfeito com o paradigma da redistribuição, deparo-me com um texto do jovem Engels, utilizado por Marx como rascunho para a redação do *Manifesto Comunista*. Sim, estou me referindo aos *Princípios do comunismo,* que sugerem um paradigma alternativo.

> O escravo é vendido de uma vez por todas; o proletário tem que se vender a si mesmo a cada dia e a cada hora. O escravo individual, propriedade de um senhor, tem,

---

[2]   August Bebel, *Die Frau und der Sozialismus* (60. ed., Berlim, Dietz, 1964), p. 21-2.

[3]   MEW, v. 4, p. 469 [ed. bras.: Karl Marx e Friedrich Engels, *Manifesto Comunista,* cit., p. 41].

[4]   Ibidem, v. 4, p. 493 e 473 [ed. bras.: ibidem, p. 45 e 69].

por interesse desse senhor, uma existência assegurada, por mais miserável que seja; o proletário individual, propriedade, por assim dizer, de toda a classe burguesa e que só tem seu trabalho vendido quando alguém necessita, não tem a existência assegurada [...]. O escravo é considerado um objeto, não um membro da sociedade civil; o proletário é reconhecido (*anerkannt*) como pessoa, como membro da sociedade civil. Portanto, o escravo pode ter uma existência melhor do que a do proletário, mas o proletário pertence a uma etapa superior de desenvolvimento da sociedade e ocupa também, ele mesmo, uma posição superior à do escravo.[5]

Quando se refere ao proletário, a expressão-chave usada é: "*reconhecido como pessoa*". Mesmo exposto a uma precariedade que torna problemática sua sobrevivência e que é ignota ao escravo, o proletário não deve mais sofrer a total reificação de quem é considerado e tratado como mera mercadoria. As relativas vantagens econômicas das quais o escravo pode dispor pouco ou nada pesam em relação ao primeiro (modesto) resultado conseguido pelo proletariado em sua luta pelo reconhecimento.

A tradição liberal leu a luta de classes em termos reducionistas e vulgarmente economicistas, forçando a dupla conceitual liberdade/igualdade, atribuiu a si mesma o amor ciumento e desinteressado para a liberdade e rotulou seus adversários como almas vulgares e invejosas, movidas apenas por interesses materiais e pela perseguição da igualdade econômica. É uma tradição de pensamento que resulta em Hannah Arendt[6], segundo a qual Marx seria o teórico da "abdicação da liberdade perante o imperativo da necessidade" e o campeão da tese de que "o escopo da revolução" não seria a "liberdade", mas somente a "abundância" material. O empenho concreto pela emancipação da mulher e das nações oprimidas, a disponibilidade (no tempo da Guerra de Secessão) para aguentar os mais duros sacrifícios materiais para contribuir a rebentar os grilhões impostos aos afro-americanos, a determinação a abolir junto com a escravidão propriamente dita também a "escravidão moderna" e assalariada, a luta cotidiana contra o "despotismo" dos patrões na fábrica e a legislação tirânica de Bismarck, tudo isso é esquecido por uma interpretação que se distingue mais pela paixão política e ideológica (estamos nos anos da Guerra Fria) do que pelo rigor filológico e filosófico.

---

[5]   Ibidem, v. 4, p. 366.

[6]   Hannah Arendt, *Sulla rivoluzione* (Milão, Comunità, 1983), p. 62 e 65 [ed. bras.: *Sobre a revolução*, trad. Denise Bottmann, São Paulo, Companhia das Letras, 2011].

2. Um pedido disseminado de reconhecimento

O chamado geral à luta de classes lançado por Marx e Engels cai em um momento histórico em que é muito difusa a demanda, a reivindicação do reconhecimento sustentada pelos que, de uma maneira ou de outra, percebem estar submetidos a cláusulas de exclusão, que humilham e esmagam sua dignidade humana. Um famoso manifesto da campanha abolicionista mostra um escravo negro que exclama: "Não sou eu também um homem e um irmão?" ("*Am I not a man and a brother?*"). É um manifesto publicado pela revista inglesa *Punch* em 1844, mesmo ano em que Marx escreve os *Manuscritos econômico-filosóficos*, atravessados em profundidade pelo *pathos* do homem e de sua dignidade. Atrás disso age a experiência da revolução dos escravos negros que eclodiu no fim do século XVIII em São Domingos e que, com seu líder (Toussaint Louverture), havia invocado "a adoção absoluta do princípio de que nenhum homem, vermelho [isto é, mestiço], negro ou branco que seja, pode ser propriedade de seu semelhante"; por mais modesta que fosse sua condição, os homens não podiam ser "confundidos com os animais", como acontecia no âmbito do sistema escravista[7].

Anteriormente, Condorcet[8] havia denunciado: o colono "americano esquece que os negros são homens; não tem com eles alguma relação moral; eles não são nada mais do que objetos de lucro". E, dirigindo-se justamente aos escravos, o filósofo francês se expressava assim:

> Caros amigos, embora eu não tenha a vossa mesma cor, sempre vos considerei como meus irmãos. A natureza formou para ter o mesmo espírito, a mesma razão, as mesmas virtudes dos brancos. Eu aqui só falo dos brancos da Europa, porque em relação aos brancos das colônias não faço a injúria de compará-los a vocês [...]. Se fôssemos buscar um homem nas ilhas da América, não se poderia certamente encontrá-lo entre as populações de carne branca.[9]

À desumanização do escravo negro praticada pelo proprietário branco, o filósofo francês responde excluindo idealmente do gênero humano o

---

[7] Citado em Laurent Dubois, *Avengers of the New World* (Cambridge/Londres, The Belknap Press of Harvard University Press, 2004), p. 242 e 210.

[8] Marie Jean Antoine Condorcet, *Oeuvres* (1847) (ed. fac-símile, org. A. Condorcet O'Connor e M. F. Arago, Stuttgart, Frommann-Holzboog, 1968), v. 3, p. 647-8.

[9] Ibidem, v. 7, p. 63.

responsável por tal infâmia. Como se percebe, a polêmica gira em torno da subsunção, ou da não alcançada subsunção, à categoria "homem" – estamos diante de uma luta pelo reconhecimento. De modo não dessemelhante de Condorcet se mostra Engels, quando, em 1845, analisa e denuncia *A situação da classe operária na Inglaterra*. Dirigindo-se aos trabalhadores ingleses, com os quais teve a felicidade e o orgulho de conviver, que, pelas relações sociais existentes, "são degradados ao nível das máquinas" e que vivem uma escravidão "pior que a dos negros da América"[10], Engels exclama: "verifiquei que sois homens – não membros de uma nação isolada, puramente ingleses –, membros da grande e universal família da humanidade" e que expressam "a causa da humanidade", humilhada pelos capitalistas empenhados em um "comércio indireto de carne humana" em um tráfico de escravos disfarçado[11].

A atitude assumida para quem está se tornando o colaborador próximo e inseparável de Marx constitui uma espécie de balanço histórico e teórico da luta já em curso, que tem como protagonistas as classes subalternas. Elas foram olhadas longamente pela ideologia dominante com um desprezo, de alguma maneira, racial. Um ilustre sociólogo observou que entre 1660 e 1760 se desenvolveu na Inglaterra

> uma atitude em relação ao novo proletariado industrial consideravelmente mais dura do que a geralmente difundida na primeira metade do século XVII, tanto que se registra nos nossos tempos apenas no comportamento dos mais abjetos colonizadores brancos em relação aos trabalhadores de cor.[12]

Trata-se na realidade de um fenômeno que vai além dos limites espaciais e temporais aqui indicados. É suficiente pensar em Edmund Burke e Emmanuel--Joseph Sieyès, que definem o trabalhador assalariado como "*instrumentum vocale*", isto é como "máquina bípede"[13]. Certamente essa desumanização tão vulgar e tão explícita entra em crise com a Revolução Francesa e com a irrupção

---

[10] MEW, v. 2, p. 229 e 400 [ed. bras.: Friedrich Engels, *A situação da classe trabalhadora na Inglaterra*, trad. B. A. Schumann, São Paulo, Boitempo, 2008], p. 37 e 215.

[11] Ibidem, v. 2, p. 230-1 [ed. bras.: ibidem, p. 38-9].

[12] Richard H. Tawney, *La religione e la genesi del capitalismo* (Turim, Utet, 1975), p. 513 [ed. bras.: *A religião e o surgimento do capitalismo*, trad. Janete Meiches, São Paulo, Perspectiva, 1971].

[13] Domenico Losurdo, *Controstoria del liberalismo* (Roma/Bari, Laterza, 2005), cap. 3, seção 10.

no cenário da história dos presumidos instrumentos de trabalho e, todavia, ela não desaparece, de modo que em toda etapa da luta de classes observamos emergir a reivindicação do reconhecimento. Em junho de 1790, Marat põe um representante dos "mal-afortunados", cuja cidadania política é negada para polemizar contra a "aristocracia dos ricos": "Aos vossos olhos, sempre somos canalhas"[14]. Excluir os indigentes dos direitos políticos – declara Robespierre em abril do ano sucessivo – significa querer empurrá-los de novo para a "classe dos 'hilotas'". Não menos do que a "aristocracia feudal", a "aristocracia dos ricos" também imprime sobre os membros das classes inferiores "certa ideia de inferioridade e de desprezo"[15]. Na Paris imediatamente sucessiva à revolução de julho, os jornais populares, indignados pela persistência da discriminação censitária e com a proibição de coalizão e de organização sindical, desancam os "nobres burgueses" por querer obstinadamente enxergar nos operários não "homens", mas "máquinas", nada mais do que "máquinas", chamadas a produzir só para as "necessidades" de seus patrões. Após a revolução de fevereiro de 1848, a obtenção dos direitos políticos por parte dos proletários é a demonstração, a seus olhos, de que, por meio da luta, eles também começam finalmente a ser elevados à "categoria de homens"[16].

Motivações e enfoques parecidos ressoam finalmente na agitação e no movimento de luta que tem as mulheres como protagonistas. Num dos primeiríssimos textos do feminismo, Wollstonecraft[17] acusa a sociedade de seu tempo de considerar e tratar as mulheres como se fossem "escravas", às quais não é permitido "respirar o ar regenerador e penetrante da liberdade" ou, pior, como "graciosos animais domésticos"; aliás, a cultura dominante chega a discutir a "alma feminina" como "alma dos animais". Pois bem, "chegou a hora de recuperar a dignidade perdida": as mulheres devem finalmente ser reconhecidas "enquanto criaturas racionais", "enquanto parte da espécie humana"[18]. Nesse mesmo ano (1792), de forma bastante parecida se expressa uma feminista

---

[14] Henri Guillemin, *La première résurrection de la République* (Paris, Gallimard, 1967), p. 13.

[15] Maximilien Robespierre, *Oeuvres* (Paris, PUF, 1950-1967), v. 7, p. 167-8.

[16] Domenico Losurdo, *Democrazia o bonapartismo. Trionfo e decadenza del suffragio universale* (Turim, Bollati Boringhieri, 1993), cap. 1, seção 11 [ed. bras.: *Democracia ou bonapartismo. Triunfo e decadência do sufrágio universal*, trad. Luiz Sérgio Henriques, Rio de Janeiro/São Paulo, Editora da UFRJ/Editora da Unesp, 2004].

[17] Mary Wollstonecraft, *Sui diritti delle donne* (1792) (org. B. Antonucci, Milão, Bur, 2008), p. 57, 34 e 67.

[18] Ibidem, p. 67 e 110.

francesa, Pierre Manuel: "Houve um tempo em que a sociedade humana e machista se perguntou se as mulheres teriam uma alma", uma alma humana[19]. E, de novo, por meio dessas palavras indignadas emerge a reivindicação do reconhecimento. Quase um século depois, é a própria filha de Marx, Eleanor, na qualidade de militante do movimento operário e ao mesmo tempo do feminista, que denuncia o fato de que a sociedade burguesa nega às mulheres, assim como aos trabalhadores, "os direitos que lhe competem enquanto seres humanos"[20]. A luta pelo reconhecimento estava bem longe de terminar.

E, assim, o chamado geral lançado por Marx e Engels suscita um eco enorme por uma razão muito simples: os dois pensadores revolucionários souberam absorver e elaborar no plano teórico e político uma demanda de reconhecimento bastante difusa. O ponto de partida pode, então, ser identificado na hegeliana *Fenomenologia do espírito* e na dialética do servo e do senhor que ela apresenta. Além das referências explícitas a esse texto, que deve ter agido em profundidade na formação intelectual sobretudo de Marx, sua influência se percebe com clareza já pela linguagem. Os *Manuscritos econômico-filosóficos* evidenciam que, "sob a aparência de um reconhecimento do homem" (*Anerkennung des Menschen*), a economia política, a sociedade burguesa, "é, ao contrário, somente a consequente efetivação da negação do homem"[21]. O *Anerkennung*, o "reconhecimento", perseguido por aquela espécie de escravo moderno que é o operário assalariado não se seguiu ao colapso do Antigo Regime. E isso vale também para os outros protagonistas das lutas de classe e para o reconhecimento. Podemos, então, compreender os termos em que o *Manifesto* se dirige aos burgueses, os quais se erguem a campeões do "indivíduo" e de sua dignidade: "quando falais do indivíduo, quereis referir-vos unicamente ao burguês, ao proprietário burguês"[22].

3. "Humanismo positivo" e crítica dos processos de reificação

Os diversos sujeitos sociais e nacionais que vimos reivindicar o reconhecimento lamentam o fato de não serem propriamente subsumidos à categoria de "pessoa" e de homem. Nesse contexto devemos colocar a requisitória que o jovem Marx

---

[19] Anne Soprani, *La révolution et les femmes, 1789-1796* (Paris, MA Éditions, 1988), p. 99.

[20] Eleanor Marx-Aveling e Edward Aveling, *Die Frauenfrage* (1887) (org. I. Nödinger, Frankfurt, Marxistische Blätter, 1983), p. 21.

[21] MEW, v. 1 Ergbd., p. 530-1.

[22] Ibidem, v. 4, p. 447 [ed. bras.: Karl Marx e Friedrich Engels, *Manifesto Comunista*, cit., p. 54].

pronuncia contra a sociedade capitalista, pois ela impele o proletário a uma penosa mutilação, prendendo-o e isolando-o na "existência abstrata do homem como mero trabalhador (*Arbeitsmensch*) que, por conseguinte, diariamente salta de sua nulidade realizada para a nulidade absoluta, para a não existência social e por isso real"[23]; o operário assalariado é compelido a "vender a si mesmo e a sua humanidade" (*seine Menscheit*), é "degradado a máquina" (*Maschine*), é tratado como um "cavalo" (*Pferd*)[24]. A questão é que "a economia conhece o trabalhador apenas como besta de carga, animal reduzido às mais estreitas necessidades do corpo". Apesar dos discursos grandiloquentes sobre a liberdade finalmente conquistada após o colapso do Antigo Regime, o que caracteriza a ordem social é a opressão imposta a uma "classe de escravos" (*Sklavenklasse*)[25]. No ano seguinte, 1845, Engels se expressa em termos análogos, tendo ele também a opinião de que, além dos negros do Sul dos Estados Unidos, os trabalhadores, em teoria livres, estão submetidos a uma substancial escravidão. E essa escravização significa algo muito preciso: a sociedade burguesa declara "abertamente que os proletários não são homens e não merecem ser tratados como tais"[26]. Em todo caso, a condição em que estão condenados a viver não é a "em que um homem – ou uma classe inteira de homens – possa pensar, sentir e viver humanamente". E, portanto, "operários devem, portanto, procurar sair dessa situação que os embrutece, criar para si uma existência melhor e mais humana". E isso só é possível com a luta de classes: "o operário só pode salvar sua condição humana pelo ódio e pela rebelião contra a burguesia"[27]. Para o proletário, lutar contra a burguesia significa, em última análise, "salvar sua humanidade"[28]. Os dois pensadores revolucionários ainda não se conhecem, mas já falam a mesma linguagem, a linguagem que tece o *pathos* do homem com a enérgica reivindicação do reconhecimento.

Pode-se compreender, então, que o jovem Marx acuse a sociedade existente como negação do "humanismo positivo" (*positiver Humanismus*) e do "acabado humanismo" (*vollendeter Humanismus*)[29], do "humanismo real"

---

[23] Ibidem, v. 1 Ergbd., 524-5.

[24] Ibidem, p. 476-7.

[25] Ibidem, 478 e 475.

[26] Ibidem, v. 2, p. 502 [ed. bras.: Friedrich Engels, *A situação da classe trabalhadora na Inglaterra*, cit., p. 324].

[27] Ibidem, v. 2, p. 430 [ed. bras.: ibidem, p. 247].

[28] Ibidem, v. 2, p. 347 [ed. bras.: ibidem, p. 156].

[29] Ibidem, v. 1 Ergbd., p. 583 e 536.

(*realer Humanismus*)[30]. Ele formula seu programa revolucionário enunciando o "imperativo categórico de derrubar todas as relações nas quais o homem é um ser degradado, sujeitado, abandonado, desprezível"[31]. É necessário pôr fim a uma ordem social em que o homem está "sob o domínio de relações e elementos desumanos" e não consegue ser "ainda um ente genérico real"[32]. Aos olhos de Althusser, essas formulações constituem ingenuidades ideológicas, felizmente superadas pelo Marx maduro, a partir *grosso modo* de 1845, quando, ao acontecer a "ruptura epistemológica", a retórica humanista, que esqueceu a luta de classes, seria suplantada pelo materialismo histórico, ou melhor, pela ciência da história.

É uma leitura que no plano filosófico erra ao confundir a luta pelo reconhecimento, e pela subsunção real do escravo ou semiescravo à categoria de homem, com um humanismo edificante, que ignora ou remove o conflito social. Na realidade, vimos o jovem Engels convidar o trabalhador a "salvar a própria humanidade" mediante a "rebelião contra a burguesia", isto é, não mediante genéricos e indistintos chamados morais, mas com uma concreta ação política, pondo em questão um sistema social claramente definido. E *A ideologia alemã* zomba de Max Stirner, repreendendo-o por sua visão de que "os negros revoltosos do Haiti e os negros fugidos de todas as colônias não quisessem libertar a si, mas 'o homem'"[33]. O "humanismo" é "real" só na medida em que consegue identificar e concretizar a universalidade em lutas determinadas. A Ruge, que celebra a revolução de 1848 como "a mais humana em seus princípios", Engels objeta que ela é assim pelo fato de que "esses princípios surgiram do mascaramento dos interesses contrapostos" e do conflito entre proletariado e burguesia capitalista; por outro lado, o fato de repetir (em setembro do mesmo ano) as "fantasias filantrópicas e as frases sentimentais sobre a fraternidade" só serve para apagar de vez as "crueldades canibalescas dos vencedores de junho de Paris" e os antagonismos que continuam se deflagrando[34]. Em Marx e Engels, o chamado ao conceito universal de homem e à luta pelo reconhecimento anda junto com a crítica do humanismo edificante.

---

[30] Ibidem, v. 2, p. 7.

[31] Ibidem, v. 1, p. 585.

[32] Ibidem, v. 1, p. 360.

[33] Ibidem, v. 3, p. 290 [ed. bras.: Karl Marx e Friedrich Engels, *A ideologia alemã*, cit., p. 298].

[34] Ibidem, v. 5, p. 538.

A tese de Althusser não persuade nem no plano mais estreitamente filológico. A alegada retórica "humanística" repercute fortemente no discurso sobre o livre-câmbio que Marx profere em Bruxelas no início de 1848 e que condena o capitalismo pelo fato de querer reduzir ao mínimo os custos "para manter essa máquina que se chama trabalhador"[35]. Por sua vez, o *Manifesto Comunista* incita a derrubada de um sistema, o capitalista, que desconhece a dignidade humana da esmagadora maioria da população: no banco dos réus estão as relações econômico-sociais que comportam a transformação dos proletários em máquina[36], transformados desde a infância em "simples artigos de comércio, em simples instrumentos de trabalho"[37], a "simples apêndice da máquina"[38], acessório "dependente e impessoal" do capital "independente e pessoal"[39].

É verdade, o *Manifesto* caberia, segundo o interprete francês, entre as "obras da maturação teórica", não entre as "obras da maturidade" plenamente conseguida[40]. Vejamos, então, em que termos, em 1865, *Salário, preço e lucro* coloca no banco dos réus o sistema capitalista.

> O tempo é o espaço do desenvolvimento humano. Um homem que não dispõe de nenhum tempo livre, cuja vida, à parte as interrupções puramente físicas do sono, das refeições etc., é tomado por seu trabalho para o capitalista, é menos que uma besta de carga. Ele é uma simples máquina para a produção de riqueza alheia, é fisicamente destroçado e espiritualmente animalizado.[41]

Estamos diante de um sistema – preme *O capital* – que não hesita em sacrificar vidas humanas em formação e incapazes de qualquer defesa: eis o "grande roubo das crianças que o capital, à maneira de Herodes, cometeu nos inícios do sistema fabril nos abrigos de pobres e de órfãos [...] material humano miserável que assim haviam obtido"[42]. São terríveis os custos humanos do capitalismo.

---

[35] Ibidem, v. 4, p. 450.

[36] Ibidem, v. 4, p. 477 [ed. bras.: Karl Marx e Friedrich Engels, *Manifesto Comunista*, cit., p. 54].

[37] Ibidem, v. 4, p. 478 [ed. bras.: ibidem, p. 55].

[38] Ibidem, v. 4, p. 468 [ed. bras.: ibidem, p. 46].

[39] Ibidem, v. 4, p. 476 [ed. bras.: ibidem, p. 53].

[40] Louis Althusser, *Per Marx* (Roma, Editori Riuniti, 1967), p. 17-8 [ed. bras.: *A favor de Marx*, 2. ed., trad. Dirceu Lindoso, Rio de Janeiro, Zahar, 1979].

[41] MEW, v. 16, p. 144.

[42] Ibidem, v. 23, p. 425 n. 144 4 [ed. bras.: Karl Marx, *O capital*, Livro I, trad. Rubens Enderle, São Paulo, Boitempo, 2013, p. 476, n. 144].

Basta pensar na formação da indústria têxtil na Inglaterra: procura-se a matéria-prima necessária cercando e destinando à pastagem as terras comunais que antes asseguravam a subsistência de grande parte da população que, expropriada, é condenada à fome e ao desespero, de modo que, citando a expressão de Thomas More retomada por Marx, "as ovelhas devoram os *homens*"[43].

Não se trata de um capítulo de história já concluído, que diz respeito apenas ao processo de formação do capitalismo. Mesmo em sua forma madura, esse sistema é marcado por uma busca pelo lucro que comporta um "'desperdício' de vida humana, digno de Timur-Tamerlão"[44]. Sim, "com todo o cercear", a produção capitalista é "em geral muito pródiga de *material humano*", é "dilapidadora de *homens*", é caraterizada pela "dissipação da vida e da saúde dos operários"[45]. Em síntese, o capitalismo estabelece o "domínio da coisa sobre o *homem*"[46], implica a transformação dos operários em "máquinas de força-trabalho" (*Arbeitskraftmaschines*), a transformação até mesmo das crianças, "de *homens* que ainda não alcançaram a maioridade, a simples máquinas para a produção de mais-valor", sem se preocupar de modo algum com a "atrofia moral" e a "aridez intelectual" que tudo isso origina. A sociedade burguesa ama celebrar a si mesma como "um verdadeiro Éden dos direitos inatos do homem", quando, na realidade, em seu seio o "trabalho *humano*", aliás, "o homem comum desempenha, ao contrário, um papel muito miserável"[47]. Assim que passamos da esfera da circulação à da produção percebemos que, longe de ser reconhecido em sua dignidade de homem, o operário assalariado leva "sua própria pele ao mercado e, agora, não tem mais nada a esperar além da... despela"[48]. Se ao escrever *A situação da classe operária na Inglaterra* Engels denuncia, como vimos, o "comércio indireto de carne *humana*" pelo qual são responsáveis os capitalistas, *O capital* chama atenção para o "regateio de carne *humana*", parecido ao que se desenvolveu para os escravos negros, que continua a desenvolver-se na Inglaterra, no país modelo, naquele momento, do desenvolvimento capitalista e da tradição liberal[49].

---

[43] Ibidem, v. 23, p. 747, n. 193 [ed. bras.: ibidem, p. 791, n. 193].

[44] Ibidem, v. 23, p. 279, n. 103.

[45] Ibidem, v. 25, p. 97, 99 e 102.

[46] MEGA-2 II/4.1, p. 64.

[47] MEW, v. 23, p. 189 e 59 [ed. bras.: ibidem, p. 37 e 112].

[48] Ibidem, v. 23, p. 191 [ed. bras.: ibidem, p. 251].

[49] Ibidem, v. 23, p. 283 [ed. bras.: ibidem, p. 340].

A crítica dos processos de desumanização ínsitos no capitalismo ressoa com uma força ainda maior quando fala do destino reservado aos povos coloniais: com "a aurora da era da produção capitalista" a África se transforma em uma "reserva para a caça comercial de peles-negras"[50]. Mudemos agora para a Ásia e para o império colonial holandês: eis em ação "o sistema de roubo de pessoas, aplicado nas ilhas Celebes para obter escravos para Java", com "ladrões de pessoas" (*Menschenstehler*) propositalmente "treinados para esse objetivo"[51]. Ainda em meados do século XIX, observamos que nos Estados Unidos o escravo negro é tão desumanizado pelos seus patrões que assume a forma de simples "propriedade", como as outras, a forma de "gado humano", isto é, de "bem móvel de cor preta" (*black chattel*)[52]. A redução a mercadoria é tão acabada que alguns estados se especializam na "criação de negros" (*Negerzucht*)[53], isto é – um conceito que Marx reafirma também em inglês –, no "*breeding of slaves*"[54]; abrindo mão dos tradicionais "artigos de exportação", esses estados "criam escravos" como mercadorias de "exportação"[55]. Mais do que isso, a lei sobre a restituição dos escravos fugitivos sanciona a transformação dos próprios cidadãos do Norte em "caçadores de escravos"[56]. O doméstico "gado humano" transformou-se, assim, em caça, com ulterior escalada do processo de desumanização.

Como se percebe, também nos escritos da maturidade é recorrente em Marx a crítica que acusa a sociedade burguesa de reduzir a esmagadora maioria da humanidade a "máquinas", a "instrumentos de trabalho", a "mercadoria" que pode ser tranquilamente "desperdiçada", a "artigos de comércio" e "de exportação", a "bem móvel", a gado de criação ou, ainda, a caça ou a pele que se deve caçar ou destinar ao curtume.

A denúncia do anti-humanismo do sistema capitalista não desaparece por completo e não pode desaparecer porque ocupa o centro do pensamento de Marx – a comparação, tão importante para ele, entre escravidão moderna e escravidão antiga, escravidão assalariada e escravidão colonial, significa a permanência no âmbito do capitalismo daquele processo de reificação que se manifesta

---

[50] Ibidem, v. 23, p. 779 [ed. bras.: ibidem, p. 821].

[51] Ibidem, v. 23, p. 780 [ed. bras.: ibidem, p. 822].

[52] Ibidem, v. 15, p. 333, 23, 282, 30 e 290.

[53] Ibidem, v. 23, p. 467 [ed. bras.: ibidem, p. 516].

[54] Ibidem, v. 30, p. 290.

[55] Ibidem, v. 15, p. 336.

[56] Ibidem, v. 15, p. 333.

em toda sua crueza em relação ao escravo propriamente dito, de modo que a análise científica e a condenação moral resultam estreitamente entrelaçadas, e somente esse entrelaçamento pode explicar o chamado à revolução. Por mais fiel e impiedosa que seja a descrição da sociedade existente, não pode por si só estimular a ação para a sua derrubada se não houver a mediação da condenação moral; e tal condenação moral ressoa tanto mais forte pelo fato de que a ordem político-social analisada e posta no banco dos réus resulta responsável não só e nem tanto pelas singulares injustiças, mas pelo desconhecimento da dignidade humana por toda uma classe social e para os povos coloniais em geral, em última análise para a grande maioria da humanidade.

A partir daqui, a realização de uma nova ordem é sentida como um "imperativo categórico", tanto nos escritos da juventude como nos da maturidade. Se as Teses sobre Feuerbach se concluem com uma crítica aos filósofos que se revelam incapazes de "transformar" um mundo em que o homem é esmagado e humilhado, *O capital* constitui uma "crítica da economia política" – como reza o subtítulo – inclusive no plano moral: o "economista político" é criticado não só por seus erros teóricos, como também por sua "imperturbabilidade estoica", isto é, por sua incapacidade de indignação moral diante das tragédias provocadas pela sociedade burguesa[57]. Nesse mesmo contexto deve ser colocada a denúncia dos "fariseus da 'economia política'". Em breve, é difícil imaginar um texto mais cheio de indignação moral que o primeiro livro de *O capital*! A continuidade na evolução de Marx é evidente, e o que Althusser descreve como ruptura epistemológica é apenas a passagem para um discurso no âmbito em que a condenação moral dos processos de reificação ínsitos na sociedade burguesa e de seu anti-humanismo se expressa de forma mais sintética e mais elíptica.

É verdade, o filósofo francês admite que possa existir até um "humanismo revolucionário"[58], embora hesite bastante nesse ponto; e por isso impede a si mesmo a compreensão das lutas de classes enquanto lutas pelo reconhecimento; sim, luta pelo reconhecimento é a luta de classes travada pelos escravos (e pelos povos coloniais ou de origem colonial) que constituem o sujeito social exposto à desumanização mais explícita e mais radical; luta pelo reconhecimento é também a luta de classes que tem como protagonistas os proletários da metrópole capitalista, eles mesmos por longo tempo assimilados pela ideologia

---

[57] Ibidem, v. 23, p. 756 [ed. bras.: ibidem, p. 799].

[58] Louis Althusser e Étienne Balibar, *Leggere "Il capitale"* (Milão, Feltrinelli, 1968), p. 150 [ed. bras.: *Ler "O capital"*, trad. Nathanael C. Caixeiro, Rio de Janeiro, Zahar, 1979, 2 v.].

104 A LUTA DE CLASSES

dominante a instrumentos de trabalho ou a "máquinas bípedes"; e luta pelo reconhecimento é também a luta de classes que vê as mulheres empenhadas a pôr em discussão, a minar ou a liquidar a escravidão doméstica que a família patriarcal lhe impõe.

Desde já, fica evidente o caráter inadequado e equivocado da leitura meramente economicista da teoria marxiana do conflito. O que está em jogo na luta de classes? Os povos submetidos, o proletariado e as classes subalternas, as mulheres submetidas à escravidão doméstica, esses sujeitos tão diferentes entre si podem apresentar as mais diversas reivindicações: a libertação nacional; a abolição da escravidão propriamente dita e a conquista das formas mais elementares de liberdade; melhores condições de vida e de trabalho; a transformação das relações de propriedade e de produção; o fim da segregação doméstica. Os sujeitos são diferentes, e igualmente diferentes são os conteúdos da luta de classes; todavia podemos identificar o denominador mínimo comum: no plano econômico-político, ele é constituído pelo objetivo da modificação da divisão do trabalho (no plano internacional, no âmbito da fábrica ou no da família); no plano político-moral, pelo objetivo da superação dos processos de desumanização e reificação que caracterizam a sociedade capitalista, pelo objetivo da obtenção do reconhecimento.

4. PARADIGMA DO CONTRATO E JUSTIFICATIVA DA ORDEM EXISTENTE

Percebe-se claramente a presença do paradigma, de derivação hegeliana, da luta pelo reconhecimento. Os outros paradigmas filosóficos em circulação revelam-se inadequados e esgotados já a partir da configuração que o conflito político-social assumiu naqueles anos. À reivindicação popular do direito à vida e a uma vida humanamente digna, as classes dominantes replicam: por mais baixo que seja o nível dos salários, ele é, de qualquer forma, sempre expressão de um contrato livremente concordado; quanto aos desempregados e aos deficientes, nenhum contrato impõe que a eles seja dada assistência, e exigi-la ou invocá-la é uma atitude de escravo (que espera a subsistência de seu patrão), não de homem livre, que sabe assumir as responsabilidades de sua livre escolha e de suas consequências[59]. Em 1845, depois de evidenciar que na fábrica o capitalista assume a atitude de "legislador absoluto" e arbitrário,

---

[59] Gertrud Himmelfarb, *The Idea of Poverty. England in the Early Industrial Age* (Nova York, Vintage Books, 1985), p. 162 e 183.

Engels faz referência ao argumento de que na Inglaterra "o juiz de paz, que é um burguês", recomenda resignação e obediência ao operário: "'Você é livre para decidir, só deve aceitar os contratos que lhe interessarem. Mas agora que subscreveu livremente esse contrato, tem de cumpri-lo'"[60]. *O capital* tem em seu centro justamente a crítica do paradigma do contrato: "quando o modo de produção capitalista atinge certo grau de amadurecimento, o trabalhador isolado, o trabalhador como 'livre' vendedor de sua força de trabalho, sucumbe a ele sem poder de resistência"[61]. É por isso que na regulamentação legislativa do horário de trabalho Marx identifica uma medida que impede os operários de se venderem como escravos por meio de um "contrato voluntário com o capital"[62]. A lógica tendencialmente escravista do contrato pode ser retida só pela luta de classes, pela ação sindical e política da classe operária e pela intervenção do Estado pressionado pela classe operária.

Na frente oposta, os capitalistas condenam como violação da liberdade de contrato as tentativas de regulamentação do horário e das modalidades de trabalho, tanto os que intervêm pelo alto (mediante legislação estatal) como os que intervêm de baixo (mediante a ação sindical). Sim, a referência ao contrato e ao livre e incontestado desenvolvimento do mercado de trabalho serviu também, naqueles anos, para motivar a proibição das coalizões e das organizações sindicais, esses "monopólios ampliados" segundo a definição de Adam Smith[63], que têm a culpa de obstaculizar a livre contratação individual dos termos do trabalho a ser fornecido. Do ponto de vista de Burke[64], apenas o contrato assinado fora de qualquer *combination or collusion* (é transparente a alusão e o apoio às *Combination Laws*, que nesses anos proíbem e punem as coalizões operárias) pode ser considerado realmente livre e válido.

É uma motivação ideológica que revela uma grande vitalidade: o *Sherman Antitrust Act*, aprovado em 1890, é aplicado antes de tudo e com muita eficácia contra os operários, culpados por se reunirem em "monopólios" sindicais,

---

[60] MEW, v. 2, p. 399 [ed. bras.: Friedrich Engels, *A situação da classe trabalhadora na Inglaterra*, cit., p. 214].

[61] Ibidem, v. 23, p. 316 [ed. bras.: Karl Marx, *O capital*, Livro I, cit., p. 370].

[62] Ibidem, v. 23, cap. 1, seção 7 [ed. bras.: ibidem, p. 373].

[63] Adam Smith, *Indagine sulla natura e le cause della ricchezza delle nazioni* (1775-1776; 1783) (3. ed., Milão, Mondadori, 1977), livro I, cap. 7, p. 62 [ed. bras.: *A riqueza das nações. Investigação sobre sua natureza e suas causas*, trad. Luiz João Baraúna, São Paulo, Nova Cultural, 1996, Coleção Os Economistas].

[64] Edmund Burke, *The Works. A New Edition* (Londres, Rivington, 1826), v. 7, p. 380.

pouco respeitosos da iniciativa e da liberdade individual. Perfeitamente legais, foram considerados por longo tempo os contratos em base aos quais, no momento da admissão, operários e empregados empenhavam-se (eram obrigados a empenhar-se) a não aderir a alguma organização sindical: do ponto de vista do legislador e da ideologia dominante, de qualquer forma eram respeitadas as cláusulas do contrato e as regras do mercado e da liberdade individual[65].

Para confirmar sua escassa usabilidade na luta de emancipação da classe operária, vamos dar uma olhada na história do paradigma contratualista. Dele se vale Ugo Grozio para explicar e justificar o instituto da escravidão: quem se empenha em servir ininterruptamente o patrão é o prisioneiro de guerra, à mercê do vencedor, ou o miserável que está a ponto de sucumbir de inanição. Um e outro, em virtude de um contrato implícito ou explícito, têm em troca a subsistência. O apelo ao contrato serve para legitimar a escravidão. Em um teórico do contratualismo como John Locke, podemos ler que os plantadores das Índias ocidentais possuem "escravos ou cavalos" por meio de uma regular "compra", isto é, "através do contrato e do dinheiro" (depositado)[66]. Ainda na metade do século XIX, os proprietários de escravos do Sul dos Estados Unidos argumentam da mesma maneira. Em *O capital*, Marx chama atenção, indignado, sobre esse ponto: "O senhor de escravos compra seu trabalhador como compra seu cavalo"[67], mais uma vez por meio de um contrato regular.

Além de legitimar a escravidão propriamente dita, por longo tempo o paradigma contratualista foi chamado a contrapor-se à luta contra as relações de trabalho mais ou menos servis. Na França, Sièyes propõe transformar a "escravidão da necessidade", que pesa sobre os pobres e os miseráveis, em "engajamento servil" (*engageance serve*), em "escravidão sancionada pela lei", segundo o modelo adotado na América para os servos brancos contratados, para os *indentured servants*, de fato semiescravos, frequentemente objeto de compra e venda (como os escravos negros propriamente ditos). Poder-se-ia objetar que o servo de que se fala "perde uma parte de sua liberdade". Mas a réplica de Sièyes é pronta: "É mais exato dizer que, no momento em que assina o contrato, longe de ser obstaculizado, ele exerce da maneira que mais lhe convém sua liberdade. Toda convenção é uma troca em que cada um ama

---

[65] Domenico Losurdo, *Controstoria del liberalismo*, cit., cap. 6, seção 10.

[66] Ibidem, cap. 2, seção 3.

[67] MEW, v. 23, p. 281 [ed. bras.: Karl Marx, *O capital*, Livro I, cit., p. 338].

o que recebe mais do que aquilo que cede". É verdade, por toda a duração do contrato, o servo não pode exercer a liberdade que cedeu, mas a regra geral é que a liberdade de um indivíduo "nunca se estende até o ponto de afetar os outros". Em certo sentido, no plano histórico, o autor francês tem razão. Após a abolição da escravidão nas colônias, a Inglaterra preocupa-se em substituir os negros pelos servos por contrato, os quais faz afluir da África e da Ásia; eis em ação os *coolies* indianos e chineses, submetidos a uma escravidão ou uma semiescravidão, ainda que legitimada e adocicada pelo "contrato".

Como se percebe, a ideia de contrato pode ser invocada e foi historicamente invocada para legitimar as mais diferentes relações sociais, mesmo as mais despóticas. Procura-se corrigir tal formalismo realçando o fato de que nem tudo pode ser objeto de contratação e compra e venda. Diria Kant que "todo pacto de submissão servil não tem valor legal, é nulo em si; o homem pode conceder seu próprio trabalho só em aluguel"[68] e só pode fazer isso cumprindo ao mesmo tempo "o imprescritível dever" de salvaguardar "sua própria determinação humana em relação ao gênero" (humano). Excluem-se, assim, a escravidão e a semiescravidão mais ou menos dissimuladas, toda relação social que "degrada a humanidade". "A personalidade não é alienável", de modo que é inadmissível uma relação social pela qual o servo "é coisa, não pessoa (*est res, non persona*)". São de qualquer forma inalienáveis – proclama por sua vez a hegeliana *Filosofia do direito*[69] – "esses bens, ou melhor, essas determinações essenciais" que "constituem minha mais própria pessoa e a essência universal de minha autoconsciência".

Dessa tradição e dessa lição tira proveito, na Inglaterra da segunda metade do século XIX, Thomas Hill Green[70], um hegeliano de esquerda, no curso da polêmica contra os liberais de seu tempo, empenhados em condenar a regulamentação estatal do horário de trabalho nas fábricas ou do trabalho das mulheres e das crianças, em nome da "liberdade de contrato" e de uma liberdade entendida exclusivamente como não interferência do poder político na esfera privada. Dessa campanha ideológica, que registra sucessivamente a intervenção

---

[68] Immanuel Kant, *Gesammelte Schriften* (Berlim/Leipzig, Academia das Ciências, 1900), v. 19, p. 547 e 545.

[69] G. W. F. Hegel, *Lineamenti di filosofia del diritto* (Roma, Laterza, 2012), par. 66 [ed. bras.: *Linhas fundamentais da filosofia do direito*, trad. Paulo Meneses et al., São Leopoldo/São Paulo, Unisinos/Loyola, 2010].

[70] Thomas Hill Green, "Lecture on Liberal Legislation and Freedom of Contract" (1881), em R. L. Nettleship (org.), *Works* (3. ed., Londres, 1891) (ed. fac-símile, Londres, Longmans Green, 1973), v. 3, p. 367.

de Herbert Spencer, Lord Acton etc., Green tem plena consciência: "As mais urgentes questões políticas do nosso tempo são questões cuja solução, afirmo, não implica necessariamente uma interferência com a liberdade de contrato, mas será com certeza combatida no sagrado nome da liberdade individual". Aos ideólogos liberais de seu tempo, Green objeta:

> Nós condenamos a escravidão mesmo quando ela se origina de um consenso voluntário da pessoa tornada escrava. Consideraríamos vazio um contrato segundo o qual um consente, por determinados motivos, se tornar escravo de outro. Eis, portanto, uma limitação da liberdade de um contrato que todos reconhecemos como justa. Nenhum contrato, em cujo âmbito pessoas humanas são tratadas voluntária ou involuntariamente, como mercadorias, tem validade.[71]

O argumento que no passado foi usado para confutar a legitimação contratualista da escravidão (e das relações de trabalho mais ou menos servis) é usado agora para pôr em discussão os aspectos mais odiosos daquela que, na visão de Marx e Engels, se configura como a "escravidão moderna".

Nem por isso é superado – aliás, resulta ulteriormente confirmado – o que poderíamos definir como duplo formalismo do paradigma contratualista. O contrato a que se refere pode compreender e legitimar os conteúdos mais diferentes e contrastantes (em nome da liberdade, assim como da servidão). Sobretudo, não é claro quem são os contraentes. Durante séculos, o mercado do Ocidente liberal implicou a presença da *chattel slavery*, da escravidão--mercadoria; os antepassados dos atuais cidadãos negros foram no passado mercadorias a ser vendidas e compradas, não consumidores autônomos; foram objetos, não sujeitos do contrato de compra e venda.

Por outro lado, a insistência sobre a existência de bens (ou determinações) inalienáveis, dos quais mesmo querendo o indivíduo não poderia abrir mão, a insistência sobre a existência de bens (ou determinações) que em nenhum outro caso podem ser objeto de compra e venda e de contratação, pelo fato de serem inseparáveis da natureza e dignidade do homem, tudo isso marca a passagem do paradigma contratualista ao jusnaturalista.

---

[71] Ibidem, v. 3, p. 372-3.

5. As insuficiências do paradigma jusnaturalista

O paradigma jusnaturalista, entretanto, nem sequer conseguiu estimular as "lutas de classes" emancipadoras, teorizadas e invocadas por Marx e Engels. Ele revela todo o caráter problemático e a inadequação já desde o triunfo, quando inspira a *Declaração de Independência* dos Estados Unidos de 1776 e, treze anos depois, na França, a *Declaração dos direitos do homem e do cidadão*. O primeiro desses dois solenes documentos proclama que "todos os homens foram criados iguais" e titulares de "inalienáveis direitos"; com uma eloquência ainda maior, o segundo homenageia os "direitos naturais, inalienáveis e sagrados do homem" e afirma que "o esquecimento ou o desprezo dos direitos do homem são as únicas causas das calamidades públicas e da corrupção dos governos". Mas isso não impede o florescer da escravidão nos Estados Unidos (onde, durante 32 dos primeiros 36 anos de vida do país, proprietários de escravos ocuparam o cargo de presidente) e nas colônias francesas.

Em relação à escravidão, uma crise violenta irrompe já em 1791 na colônia francesa de São Domingos e, décadas depois, ela começa a amadurecer nos Estados Unidos, nos anos da formação intelectual de Marx e Engels, antes de eclodir na Guerra de Secessão. Nos dois casos, o problema é o mesmo: devem os negros ser incluídos entre os titulares dos direitos naturais e inalienáveis? A resposta está longe de ser óbvia. Grozio – que recorre também ao paradigma contratualista, mas que no conjunto é, com razão, considerado o pai do jusnaturalismo – não tem nenhuma dificuldade para justificar o instituto da escravidão. Mesmo recorrendo ao paradigma jusnaturalista, a *Declaração de independência* e a Constituição estadunidense de 1787 têm como autores principais respetivamente Thomas Jefferson e James Madison, ambos proprietários de escravos. Compreende-se claramente o balanço traçado pelo *Anti-Düring* de Engels: "A Constituição americana, a primeira a reconhecer os direitos do homem, reconhece ao mesmo tempo a escravidão dos negros vigente na América"[72].

É significativo, sobretudo, o que acontece na França. Quem se opõe à *Declaração dos direitos do homem e do cidadão* é, em particular, Pierre-Victor Malouet, proprietário de plantações e de escravos e que, sucessivamente, ocupa a frente (com o clube Massiac) da luta contra os projetos abolicionistas. No momento em que toma a palavra na Assembleia Nacional, em 2 de agosto de 1789, ele alerta

---

[72] MEW, v. 20, p. 98 [ed. bras.: Friedrich Engels, *A revolução da ciência segundo o senhor Eugen Dühring*, trad. Nélio Schneider, São Paulo, Boitempo, no prelo].

contra o efeito incendiário que o discurso sobre os direitos do homem poderia ter sobre a "multidão imensa de homens sem propriedade", engajados na árdua luta pela "subsistência" e propensos a irritar-se perante o "espetáculo do luxo e da opulência"[73]. Não há nenhuma referência aos escravos. Dito de outra forma, está fora de discussão o fato de que os escravos negros possam ser subsumidos entre os titulares dos direitos do homem; há o perigo de que para tais direitos apele o povo miúdo de Paris, não o gado humano de São Domingos.

O segundo momento grave de crise do paradigma jusnaturalista é ocasionado pelo movimento feminista que começa a ganhar corpo na França, na onda da derrubada do Antigo Regime: declinando para o feminino os direitos do homem e do cidadão proclamados pela Revolução Francesa, Olyimpia de Gouges elabora em 1791, mesmo ano da revolta dos escravos negros de São Domingos, a *Declaração dos direitos da mulher e da cidadã*. E de novo nos deparamos com o problema que já conhecemos: deve a mulher ser subsumida entre os titulares dos direitos naturais e inalienáveis? Nesse caso também a resposta está longe de ser óbvia, como demonstra o trágico fim de Gouges, guilhotinada em 1793, num momento em que está no poder um convicto defensor do paradigma jusnaturalista como Robespierre. Por outro lado, o dirigente jacobino não tem nenhuma dificuldade em fazer referência a tal paradigma quando, antes mesmo de sancionar a abolição da escravidão negra, proclama "os direitos políticos dos homens de cor" e exige para eles também o respeito dos "direitos da humanidade"[74].

Muito além desse acontecimento exemplar, por longo tempo no âmbito da tradição liberal, a exclusão da mulher dos direitos políticos foi considerada óbvia como a da criança e do menor: tanto num caso como no outro, tratava-se de tomar ciência, pacificamente, da ausência da maturidade necessária para participar da vida política. Para Marx e Engels, trata-se da confirmação de que a referência aos direitos naturais e inalienáveis da tradição jusnaturalista não é o instrumento apto a pôr em discussão realmente a escravidão negra, a escravidão assalariada ou a escravidão doméstica da mulher e a superação de sua visão como "simples instrumentos de produção".

Finalmente, o terceiro momento de crise do modelo jusnaturalista é representado pela irrupção do movimento operário no cenário da história. Marx se

---

[73] Christine Fauré (org.), *Les déclarations de droits de l'homme de 1789* (Paris, Payot, 1988), p. 162.

[74] Maximilien Robespierre, *Oeuvres*, cit., v. 7, p. 366 e 728.

debruça amplamente sobre a lei que, na França, em junho de 1791, proíbe as coalizões operárias enquanto "atentado contra a liberdade e a *Declaração dos direitos do homem*". O relator, Isaac R. G. Le Chapelier, reconhece que os trabalhadores estão de fato em "dependência absoluta condicionada pela privação dos meios de primeira necessidade, que é quase a dependência da escravidão" e, todavia, julga prioritária a tutela daquele direito do homem à liberdade do trabalho que os nascentes sindicatos operários pretenderiam entravar[75]. Emerge mais claro do que nunca o fenômeno que permite que a bandeira jusnaturalista seja agitada por partidos e classes contrapostas. As massas populares reivindicam o direito à vida, definido por Robespierre[76] como o primeiro entre os "direitos imprescritíveis do homem". Esse direito deveria ser garantido pela intervenção do poder político sobre as relações de propriedade existentes, de modo que essa intervenção é imediatamente rotulada pelas classes abastadas como violação intolerável do direito natural ao tranquilo gozo da propriedade. Por esse último posicionamento pode-se compreender o balanço traçado em *A sagrada família*: "o reconhecimento dos direitos humanos por parte do Estado moderno tem o mesmo sentido que o reconhecimento da escravatura pelo Estado antigo"[77]. Isto é, citando agora *A questão judaica*, "a aplicação prática do direito humano à liberdade equivale ao direito humano à propriedade privada", e esta, por sua vez, é o "direito humano" de gozar de "seu patrimônio" e de dispor dele "sem levar outros em consideração" (por exemplo, os escravos, ou ainda os semiescravos cuja existência o próprio Le Chapalier é obrigado a admitir)[78].

Para concluir, o paradigma contratualista, assim como o jusnaturalista, sofre de um duplo formalismo. A categoria dos direitos do homem pode subsumir conteúdos diferentes e contrastantes entre eles: direito do proprietário de gozar e dispor como quiser da propriedade ou direito à vida ou a uma existência digna, a ser realizada mediante a intervenção do poder político sobre as relações de propriedade existentes, isto é, mediante uma intervenção que é uma patente violação dos direitos do homem perante o proprietário. Mas o formalismo mais grave é o segundo, que diz respeito à figura do titular dos direitos do homem: quem são os sujeitos sociais realmente abrangidos nessa

---

[75] MEW, v. 23, p. 769-70 [ed. bras.: Karl Marx, *O capital*, Livro I, cit., p. 813]

[76] Maximilien Robespierre, *Oeuvres*, cit., v. 8, p. 90 e v. 9, p. 112.

[77] MEW, v. 2, p. 120 [ed. bras.: Karl Marx e Friedrich Engels, *A sagrada família*, cit., p. 126].

[78] Ibidem, v. 1, p. 364 [ed. bras.: Karl Marx, *Sobre a questão judaica*, trad. Nélio Schneider e Wanda Nogueira Caldeira Brant, São Paulo, Boitempo, 2010, p. 49].

figura? Locke, representante de primeiro plano do contratualismo, não levanta nenhuma objeção em relação à figura do escravo negro, que, portanto, é objeto, não sujeito, do contrato; Grozio, fundador do jusnaturalismo, tampouco põe em discussão a figura do escravo negro, que, portanto, não está incluído entre os titulares dos direitos inalienáveis, aliás, pode ser o objeto do direito inalienável à propriedade e ao gozo tranquilo da propriedade, de que desfrutam os cidadãos livres. Um exemplo deduzido da história ilustra o problema. Nos Estados Unidos de América, há pouco constituídos na onda de uma revolta alimentada por motivações ideológicas derivadas tanto do contratualismo como do jusnauralismo, a Virgínia e outros estados premiam os veteranos da guerra de independência com terras e escravos negros[79].

Não aparecendo entre os assinantes do contrato nem entre os titulares dos direitos inalienáveis, o escravo que ambiciona a liberdade não pode apelar ao contratualismo e ao jusnaturalismo. Em outros termos, paradigma contratualista e paradigma jusnaturalista erram ao dar por pressuposto o essencial, ao considerar pressuposto aquilo que, ao contrário, é o resultado de uma luta prolongada e, às vezes, tão dura que assume a forma de luta armada: esse "pressuposto" é o reconhecimento que intervém entre os assinantes do contrato, isto é, entre os titulares de direitos inalienáveis, mais exatamente entre os que se reconhecem reciprocamente como assinantes de direitos inalienáveis.

6. HEGEL, MARX E O PARADIGMA DA LUTA PELO RECONHECIMENTO

É necessário, então, iniciar pela luta pelo reconhecimento. Mesmo querendo concentrar-se exclusivamente na metrópole capitalista, a luta proletária promovida por Marx e Engels, além da vigente distribuição da renda, tem como alvo as relações de coerção e os processos de desumanização que constituem a sociedade capitalista. Ademais, não é possível traçar uma linha clara entre a luta pela redistribuição e a luta pelo reconhecimento. Um homem que corre o risco de morrer de inanição – observam os *Princípios da filosofia do direito*[80] – é reduzido a uma condição de "total ausência de direitos", isto é, a uma condição que é própria do escravo; e o que define a figura do escravo é a falta de subsunção ao conceito universal de homem, a falta de reconhecimento como homem.

---

[79] Domenico Losurdo, *Controstoria del liberalismo*, cit., cap. 2, seção 6.

[80] G. W. F. Hegel, *Lineamenti di filosofia del diritto*, cit., par. 127.

Entretanto, a influência de Hegel sobre os dois filósofos e militantes revolucionários é bem documentada? Paradoxalmente, a presença do paradigma hegeliano da luta pelo reconhecimento se manifesta com particular clareza a propósito da relação não entre indivíduos empíricos, mas entre povos, isto é, a propósito de um âmbito que Hegel não considerou explicitamente quando desenvolveu sua análise da luta pelo reconhecimento. Observaremos que em diversas ocasiões Marx e Engels afirmam que "não pode ser livre um povo que oprime outro". Vem imediatamente à mente a *Fenomenologia do espírito*, que assim sintetiza o resultado da dialética do servo e do senhor: "Eles se reconhecem como reconhecendo-se reciprocamente". Isto é, como expressa a *Enciclopédia*[81]: "Sou realmente livre quando o outro também é livre e é por mim reconhecido como livre"[82].

Para colher a amplidão da presença do tema da luta pelo reconhecimento em Marx, é necessário considerar o fato de que esse tema é desenvolvido por Hegel recorrendo a duas diferentes linguagens. Já vimos a primeira; devemos agora investigar a segunda, que é mais elítica e que origina-se de uma importante distinção formulada em *Ciência da lógica*. É necessário distinguir entre "juízo negativo simples", que em relação a um sujeito nega um predicado determinado e limitado (essa rosa não é vermelha) e um "juízo negativo infinito", que, em vez de negar um ou vários predicados singulares, nega o sujeito enquanto tal (essa não é uma rosa). Isto é, se o juízo negativo infinito nega o gênero (a rosa enquanto tal), o juízo negativo simples nega apenas a espécie, a determinação específica (a cor vermelha da rosa). A distinção lógica aqui apontada pode ser útil também na análise das relações sociais. Uma coisa é – realça Hegel – a "controvérsia civil", que intervém, por exemplo, em ocasião da contenda entre herdeiros de determinada propriedade a ser partilhada ou atribuída. Quem se dirige à magistratura porque tem sofrido um dano é vítima de um juízo negativo simples: no caso foi violado "só este direito particular", não "o direito enquanto tal", não a "capacidade jurídica de uma pessoa determinada". O direito penal – que constitui a esfera de aplicação do juízo negativo infinito – é algo bastante diferente: o delito propriamente dito nega também o universal, a "capacidade jurídica" da vítima, que se vê desconhecida como sujeito titular de direitos e, em última análise, não é mais subsumida à categoria de homem.

---

[81] Idem, *Enciclopedia delle scienze filosofiche* (Milão, Bompiani, 2000), par. 431 Z.

[82] Idem, *Werke in zwanzig Bänden* (org. E. Moldenhauer e K. M. Michel, Frankfurt, Suhrkampf, 1969-1979), v. 3, p. 147, e v. 10, p. 220.

O gênero negado no juízo negativo infinito, que é próprio do delito, é o gênero "homem", ao passo que no juízo negativo simples da controvérsia civil é a espécie que é posta em discussão, a determinação específica pela qual uma pessoa é reconhecida proprietária de determinada propriedade. Não subsumindo mais a vítima ao gênero "homem", o delito extingue o reconhecimento do outro.

Na visão de Hegel, mesmo sobre o escravo é pronunciado um "juízo negativo infinito", aliás, um "juízo negativo infinito" em sua plenitude, numa "infinidade" inteiramente adequada ao conceito: a negação do reconhecimento alcançou seu ápice. É por isso que a escravidão pode ser considerada o "delito absoluto", um delito que em certo sentido é até pior que o assassinato. Neste último caso, a negação do reconhecimento e do conceito universal de homem, mesmo tendo um êxito fatal, consome-se todavia em um instante. A escravidão, diferentemente, representa uma negação do reconhecimento e uma reificação que se tornam ininterrupta prática cotidiana. Por sua vez, o faminto que corre risco de morrer por inanição e que é reduzido a uma condição de "total ausência de direitos" pode ser comparado ao escravo. Ele também sofre um juízo negativo infinito, que liquida ou torna impossível o reconhecimento. Não se trata de casos isolados ou individuais. Em detrimento da massa dos que vivem em condições de extrema indigência, "é pronunciado o juízo [negativo] infinito do delito"; em última análise, eles não são mais reconhecidos como sujeitos titulares de direitos, não são reconhecidos como homens[83].

É o próprio Hegel que aproxima as duas linguagens. Depois de observar que para orientar-se corretamente no debate sobre a escravidão é necessário ter consciência da ilegalidade ou "injustiça absoluta" que se perpetra contra o escravo, a *Filosofia do direito*[84] por um lado remete às páginas da *Fenomenologia* e da *Enciclopédia* relativas à luta pelo reconhecimento; por outro, realça que o instituto da escravidão está em contradição com o "conceito de homem enquanto espírito" e que "o homem em si e por si não está destinado (*bestimmt*) à escravidão". *Pathos* do conceito universal de homem e luta pelo reconhecimento coincidem (são uma única coisa).

Ambas as linguagens de que se discutem aqui recorrem no jovem Marx. Comecemos por *Sobre a questão judaica*, que critica nesses termos a sociedade civil burguesa: em seu âmbito, o indivíduo "encara as demais pessoas como

---

[83] Ver Domenico Losurdo, *Hegel e la libertà dei moderni* (Roma, Editori Riuniti, 1997), cap. 7, seções 5 e 7.

[84] G. W. F. Hegel, *Lineamenti di filosofia del diritto*, cit., par. 57 A.

meios" e, ao fazê-lo, "ele degrada a si próprio à condição de meio"[85]. Já sabemos como a hegeliana *Enciclopédia* descreve a luta pelo reconhecimento: "Sou realmente livre só quando o outro também é livre e é por mim reconhecido como livre"; com as palavras do jovem Marx, acabo de ser "instrumento de outros" e sou reconhecido como homem e homem livre só quando recuso-me a degradar os outros homens a simples "meio". Nesse mesmo contexto, podemos colocar a tese, mais vezes enunciada tanto por Marx como por Engels, de que a alienação e a reificação da burguesia impostas ao proletariado acabam por investir a mesma classe dominante[86]. É o mesmo ponto de vista de *A sagrada família*, que porém recorre também ao segundo tipo de linguagem, no momento em que identifica na palavra de ordem da *égalité* "a expressão francesa para a unidade essencial humana, para a consciência de espécie e para o comportamento de espécie próprio do homem, para a identidade prática do homem com o homem, quer dizer, para a relação social ou humana do homem com o homem"[87]. A celebração do gênero humano e de sua unidade é a condenação do não alcançado reconhecimento sofrido na sociedade burguesa por uma massa imensa de homens.

Em conclusão, o essencial do paradigma do reconhecimento está no fato de que ele não dá por pressuposto o sujeito do qual originam acriticamente – como se fosse um dado imediato e incontrovertível – os paradigmas do contrato e dos direitos do homem. E a mesma consideração pode ser feita em relação aos paradigmas da "práxis" e da "ação comunicativa", tão importantes para Arendt e Habermas nos nossos dias. Nesse caso também o essencial é ignorado: a determinação do sujeito considerado subscritor do contrato, titular dos direitos do homem ou partícipe da práxis e da ação comunicativa esteve no centro de lutas seculares contra cláusulas de exclusão para prejuízo dos povos coloniais, das classes subalternas, das mulheres. O desvanecer das cláusulas de exclusão é o resultado de um atormentado processo histórico e de uma prolongada luta pelo reconhecimento. O conflito social é ao mesmo tempo uma luta pelo reconhecimento; isto é, a teoria geral do conflito social é também uma teoria geral da luta pelo reconhecimento.

---

[85] MEW, v. 1, p. 355 [ed. bras.: Karl Marx, *Sobre a questão judaica*, cit., p. 40].

[86] Ver, neste volume, cap. 2, seção 4.

[87] MEW, v. 2, p. 41 [ed. bras.: Karl Marx e Friedrich Engels, *A sagrada família*, cit., p. 51].

7. Luta pelo reconhecimento e conquista da autoestima

O modelo hegeliano sofre, contudo, alguma mudança. Na visão de Marx e Engels, os escravos assalariados dão o primeiro passo na luta pelo reconhecimento entrando em relação entre si. Se Nietzsche e Bentham falam do proletariado e das classes subalternas respetivamente como de uma "camada barbárica de escravos" e de uma tribo de "selvagens", as vítimas do sistema capitalista começam a livrar-se da culpabilização e da consequente falta de autoestima que a ideologia dominante faz pesar sobre elas no momento em que, ao superar o isolamento, empenham-se na luta comum e na construção de organizações chamadas a promover a luta comum. Independentemente dos desenvolvimentos sucessivos da organização e da luta, esse encontro já se configura como um resultado decisivo. Entrando em contato entre si, os membros de uma classe não só "oprimida", mas também – realça Engels – caluniada[88], aprendem a se conhecer e sacodem o descrédito e o autodescrédito impostos pela classe dominante. Nesse ponto – reafirma o jovem Marx dos *Manuscritos econômico-filosóficos* –, emerge "uma nova carência, a carência da sociedade", de modo que "a sociedade, a associação, o entretenimento" configuram-se como "um fim" em si[89]. Como diz o texto de *Miséria da filosofia*:

> A manutenção da associação torna-se, para os trabalhadores, ainda mais necessária do que a do salário. Isso é tão verdadeiro que os economistas ingleses se mostram espantados ao ver os operários sacrificarem uma boa parte do salário em favor das associações que, aos olhos desses economistas, não foram criadas senão a favor do salário.[90]

O objetivo do salário tornou-se menos importante do que a associação sindical ou do partido político operário, não somente porque ambos permitem conferir regularidade e profundidade estratégica à luta pelo salário. O fato de associar-se é por si só a primeira grande vitória conseguida pelos operários.

A organização da luta e a própria luta intervêm depois para consolidá-la. Muitos anos depois, em duas cartas a Eduard Bernstein e a Laura Lafargue, respetivamente

---

[88] Ibidem, v. 2, p. 229 [ed. bras.: Friedrich Engels, *A situação da classe trabalhadora na Inglaterra*, cit., p. 37].

[89] Ibidem, v. 1 Ergbd., p. 553-4 [ed. bras.: Karl Marx, *Manuscritos econômico-filosóficos*, cit., p. 16].

[90] Ibidem, v. 4, p. 180.

de 22 e de 29 de agosto 1889, Engels relata uma greve organizada em Londres pelos trabalhadores portuários temporários e explica as razões de seu entusiasmo.

East End esteve até agora imerso em um pântano passivo da miséria, sua caraterística era a resignação de quem é vergado pela fome, de quem é absolutamente desprovido de esperanças. Quem caía nesse pântano estava perdido física e moralmente [...]. Por causa da falta de organização e do passivo vegetar dos verdadeiros trabalhadores em East End, o lumpemproletário aqui prevaleceu, dominava e era considerado o representante típico dos milhões que sofrem de fome em East End.

Ora, na sequência da "greve gigantesca dos mais depravados dos depravados", tudo mudou.

Eles são os mais pobres de todos os *misérables* de East End, são os mais depravados, provindo de todos os ofícios, o estrato social imediatamente precedente o lumpemproletariado. O fato de esses pobres seres, famintos e quebrantados, os quais toda manhã combatem para ser admitidos a trabalhar, se unirem para resistir e entrar em greve em 40 ou 50 mil pessoas, envolvendo na greve toda atividade de East End vinculada de alguma maneira à navegação, e resistirem mais de uma semana semeando angústia entre as ricas e poderosas sociedades portuárias, tudo isso é um despertar e sou feliz de tê-lo vivido.[91]

Primeiro, o encontro dos membros da classe "oprimida e caluniada", depois a organização pela luta de classes e a luta de classes no sentido próprio – esses movimentos preliminares mudaram radicalmente o quadro. A miséria está longe de ter desaparecido, as condições materiais de vida não melhoraram ainda, e os "bárbaros" e os "selvagens" deixaram de ser tais porque se reconheceram reciprocamente como membros de uma classe explorada e oprimida, convocada a alcançar a emancipação pela luta.

8. A LUTA PELO RECONHECIMENTO, DOS INDIVÍDUOS AOS POVOS

Uma segunda mudança intervém no paradigma da luta pelo reconhecimento: sua presença no pensamento de Marx e Engels emerge com particular clareza no que diz respeito às relações entre os povos. Assistimos, assim, a uma extensão

---

[91] Ibidem, v. 37, p. 260-1 e 266.

118 A LUTA DE CLASSES

desse paradigma e a sua aplicação em um âmbito não levado em consideração explicitamente por Hegel. De acordo com o paradigma de luta pelo reconhecimento, o indivíduo só é realmente livre quando reconhece e respeita o outro como indivíduo livre. A mesma consideração é colocada repetidamente por Engels no que diz respeito às relações entre os povos. No fim de 1847, em ocasião de uma manifestação londrina de solidariedade à Polônia, ele proclama: "Uma nação não pode ser livre e ao mesmo tempo continuar a oprimir outras nações. Não pode haver, portanto, liberdade para a Alemanha se a Polônia não for liberada da opressão alemã"[92]. Poucos meses depois, eclode a revolução, e Engels convida a Alemanha a acabar ao mesmo tempo com a opressão que ela sofre nas mãos do absolutismo monárquico e do Antigo Regime e com a opressão que ela impõe em particular à Polônia: "A Alemanha torna-se livre ao deixar os povos vizinhos livres"[93].

Não se trata só de um apelo ao povo alemão para que não se deixe arrastar pelo chauvinismo e para que identifique sua própria causa com a do povo polonês. A palavra de ordem que acabamos de ver quer exprimir também um significado analítico, como emerge da tomada de posição de Marx e Engels em 1875, em ocasião de outra manifestação de solidariedade à Polônia: "Ninguém pode submeter impunemente um povo". Pensemos nas consequências que derivaram disso para a Prússia-Alemanha, uma das três protagonistas do desmembramento do infeliz país: "Temos inimigos em todo lugar, somos oprimidos pelas dívidas e pelos impostos que servem a manter massas desmedidas de soldados, os quais são impelidos a prestar serviço para sujeitar os operários alemães"[94].

É uma dialética que se manifesta também em outras áreas geográficas e em outros contextos políticos. Observa Engels, em 1869: "No exemplo da história irlandesa, pode-se ver a infelicidade de um povo por ter subjugado outro povo"[95]. Esse é o recorrente fio condutor da análise desenvolvida por Marx sobre a questão irlandesa. A incapacidade da classe operária inglesa de se solidarizar com um povo oprimido fortalece o domínio exercido pela aristocracia e pela burguesia mesmo na Inglaterra: "Um povo que subjuga outro povo forja suas próprias cadeias"; a "escravização da Irlanda" impede a "emancipação da classe

---

[92] Ibidem, v. 4, p. 417.
[93] Ibidem, v. 5, p. 155.
[94] Ibidem, v. 18, p. 573.
[95] Ibidem, v. 32, p. 378.

operária inglesa", e o "grosso exército permanente", aprontado para controlar e calar a ilha rebelde, incumbe também sobre o proletariado da nação dominante, aliás, sobre toda a sociedade inglesa[96].

Por fim, a dialética aqui discutida encontra sua plástica ilustração em uma célebre página de *O capital*. Procedendo do Oriente, o ópio irrompe em Londres e nas outras cidades industriais, mascarando a fome das famílias operárias, acalmando os gritos das crianças famintas, às vezes se tornando até o instrumento de "infanticídio disfarçado"; os lactantes "atrofiam tornando-se pequenos anciãos e murcham até ficar como pequenos macacos". Retomando das mesmas relações oficiais esses detalhes horripilantes, Marx comenta: "Veja como a Índia e a China se vingam da Inglaterra"[97]. Por uma espécie de lei do contrapasso, a falta de reconhecimento do povo chinês acaba tendo consequências sobre o país protagonista da opressão colonial e das guerras do ópio.

Observando com atenção, a história do Ocidente pode ser lida à luz do princípio de que não é livre um povo que oprime outro: o século XX é o século em que o domínio totalitário e as práticas genocidas que percorrem em profundidade a tradição colonial surgem no mesmo continente que originou esse acontecimento, na onda da tentativa de Hitler de edificar um império continental na Europa oriental, sujeitando, dizimando e escravizando os "indígenas" que a habitam.

---

[96] Ibidem, v. 16, p. 417 [ed. bras.: Karl Marx, "(A Irlanda e a classe trabalhadora inglesa)", em Marcello Musto (org.), *Trabalhadores, uni-vos! Antologia política da I Internacional*, trad. Rubens Enderle, São Paulo, Boitempo, 2014, p. 276].

[97] Ibidem, v. 23, p. 779 e 421 [ed. bras.: Karl Marx, *O capital*, Livro I, cit., p. 317 e 472].

IV
A SUPERAÇÃO DA LÓGICA BINÁRIA.
UM PROCESSO GRAVOSO E INACABADO

1. AS MUTILAÇÕES DA LUTA DE CLASSES

Em sua mais madura formulação, a teoria das "lutas de classes" configura-se como uma teoria geral do conflito social e reflete teoricamente e estimula ao mesmo tempo uma multiplicidade de lutas pelo reconhecimento. Mas não é fácil elevar-se e manter-se à altura desse ponto de vista; não raras vezes, personalidades e movimentos engajados numa frente de luta não prestam atenção ou até olham com desdém para as outras frentes. Se por um lado Proudhon (1875) percebe com força a questão social, por outro rotula o incipiente movimento feminista sob o sinônimo puro e simples de "pornocracia" e não mostra nenhuma simpatia às nações oprimidas que ambicionam sacudir o jugo da autocracia czarista! Ele não consegue compreender a trama confusa das contradições de classes: o proletariado explorado pela burguesia pode ser partícipe da "primeira opressão de classes" em detrimento da mulher; o nobre polonês opressor de seus servos da gleba pode ser eventualmente envolvido na luta contra a opressão nacional.

Mesmo em relação à luta de classes que na França opõe as classes subalternas ao privilégio e ao poder dominante, Proudhon expressa uma visão bastante limitada: a seu ver, o protagonista do golpe de Estado de 19 Brumário não é o herdeiro, ainda que contraditório, do massacre dos trabalhadores parisienses de junho de 1848, não é aquele que, a partir da aspiração da burguesia de impor a "espada" ao proletariado insurgido, acaba impondo-a à sociedade francesa como um todo, inclusive à burguesia[1]. Longe de compartilhar essa leitura de

---

[1] Ver, neste volume, cap. 8, seção 2.

A LUTA DE CLASSES

Marx, Proudhon parece, em alguns momentos, fascinado por Luís Bonaparte, a ponto de, logo depois do golpe de Estado, escrever a um amigo e tomar nota em sua agenda: "Tenho razão de acreditar que sou muito bem visto no Eliseu [...]. Por conta disso, estimo levantar de novo, em dois ou três meses, a bandeira da República social, nem mais nem menos. A ocasião é magnífica, o sucesso quase certo"; "ouve-se dizer que o Eliseu manifestou mais vezes o desejo de dirigir-se a mim e que muitos esforços foram feitos para impedi-lo"[2]. O juízo de Marx é duro, ele denuncia os dois "opróbrios" de Proudhon, isto é, "seu livro sobre o golpe de Estado, no qual flerta com L. Bonaparte esforçando-se para torná-lo aceitável aos trabalhadores franceses, e o outro contra a Polônia, que, em homenagem ao czar, ele trata com um cinismo de cretino"[3]. Em todo caso, o autor francês, que teve o mérito de pôr em discussão a propriedade privada burguesa, desenvolve uma função deseducadora, rezando ou sugerindo à classe operária a "abstenção do movimento político", da luta contra o bonapartismo no plano interno e contra a opressão nacional no plano internacional, além da luta pela emancipação feminina[4]. A leitura binária do conflito social, que registra apenas uma contradição (que opõe ricos e pobres), não permite compreender movimentos de emancipação, cuja base social não é constituída exclusivamente pelos pobres. A atenção colocada na questão social na França transformou-se numa prisão em nome do mais mesquinho corporativismo.

Se Proudhon alimenta ilusões sobre Luís Bonaparte, Lassalle as nutre para Bismarck, que espera ganhar para a sua causa. Ao polemizar contra a visão do Estado como "guardião noturno" da propriedade e da ordem pública, indiferente às desesperadoras condições de vida e de trabalho da classe operária, Lassalle[5] tem como alvo em primeiro lugar, ou exclusivamente, a burguesia liberal. Marx não se engana quando o repreende pelo fato de perseguir uma "aliança com os adversários absolutistas e feudais contra a burguesia"[6], flertando com quem, algum tempo depois, lançará uma impiedosa legislação antissocial (e antioperária).

---

[2] Mario Albertini, "Nota biografica", premissa a Pierre-Joseph Proudhon, *La giustizia nella rivoluzione e nella chiesa* (Turim, Utet, 1968), p. 50-1.

[3] MEW, v. 16, p. 31.

[4] MEW, v. 33, p. 329.

[5] Ferdinand Lassalle, "Arbeiterprogramm" (1862-1863), em *Reden und Schriften* (Leipzig, Reclam, 1987), p. 221.

[6] MEW, v. 19, p. 23.

Podemos repetir aqui as considerações já desenvolvidas a respeito de Proudhon. Também no caso do grande intelectual e carismático agitador alemão, o engajamento na questão social, mais exatamente a tentativa de conquistar ao poder existente alguma graciosa concessão em direção ao Estado social, anda junto com a falta de atenção para as outras frentes da luta de classes e com a visão mesquinhamente economicista da própria luta de classes trabalhadora. Como veremos em breve, Lassalle não compreende a importância histórica da luta pela abolição da escravidão negra nos Estados Unidos. No que diz respeito à França, ele se põe a fazer declarações singulares sobre o golpe de Estado de Luís Bonaparte: ele, alcançado o poder, havia providenciado a abolição da discriminação censitária, já liquidada pela revolução de fevereiro de 1848, mas reintroduzida pela burguesia liberal com a lei de 30 de maio de 1850. Nas condições da ditadura bonapartista, a volta ao sufrágio universal (masculino) significava apenas a possibilidade para as massas populares mais pobres de participar da aclamação plebiscitaria do líder. Não argumenta assim Lassalle[7], segundo o qual Luís Bonaparte não havia derrubado a "república", mas somente "a república burguesa que queria impor também ao Estado republicano o selo da burguesia, do domínio do capital".

Tendências análogas às observadas na França e na Alemanha manifestam-se também em outros países. Engels critica os intelectuais e os círculos que na Rússia adoram opor positivamente seu país (onde persistem formas de propriedade comum) à França e à Inglaterra (onde propriedade privada burguesa e polarização social capitalista já são onipresentes). É uma corrente de pensamento que argumenta desta maneira:

> Na Europa ocidental, a introdução de uma ordem social melhor tornou-se difícil pela ampliação sem fronteiras dos direitos da pessoa singular [...]. Na Europa ocidental, o indivíduo acostumou-se com a falta de limites de seus direitos privados [...]. No Ocidente, uma ordem econômica melhor é ligada a sacrifícios, portanto, encontra dificuldades para realizar-se.[8]

Tal visão não é alheia a Alexandr I. Herzen, que diz que "é possível que na Rússia exista um problema político, mas o social já está bem resolvido"[9].

---

[7] Ferdinand Lassalle, "Arbeiterprogramm" (1862-1863), cit., p. 225.

[8] MEW, v. 22, p. 422 e 425.

[9] Ibidem, v. 22, p. 422.

124 A luta de classes

Estamos diante de uma corrente populista que – observa Engels – ama "apresentar os camponeses russos como os portadores do socialismo, como os comunistas nascidos perante o Ocidente europeu podre e decrépito", capaz de assimilar o socialismo só de maneira exterior e, de qualquer forma, "a custo de enormes esforços". Sucessivamente, "a ideia migrou de Herzen a Bakunin e de Bakunin a Tkaciov"[10]. É clara a subestimação da tarefa da liquidação de um Antigo Regime que se distingue pela opressão das nações e das mulheres, bem como da classe operária. E, mais uma vez, a luta de classes é gravemente mutilada e, mesmo no que diz respeito ao empenho a favor das classes subalternas, o que resta é bem pouco.

2. "Socialismo imperial"

A mutilação da luta de classes pode acontecer também de outro modo, fechando os olhos em primeiro lugar para a sorte infligida pelo capitalismo aos povos coloniais ou de origem colonial. Desde o início, chamando a atenção para os "milhões de trabalhadores" obrigados a morrer na Índia para permitir que os capitalistas outorguem alguma modesta concessão aos trabalhadores ingleses, Marx realça a relação entre a questão colonial e a questão social na metrópole capitalista[11]. Trata-se, todavia, de uma abordagem gravosa mesmo no plano intelectual. Em clara antítese em relação a Proudhon, Fourier é paladino da causa da emancipação feminina. Acontece, porém, que, exatamente nos anos em que Marx e Engels expressam com ênfase juvenil suas esperanças no proletariado como protagonista da emancipação universal, seguidores de Fourier (e de Saint-Simon) propõem-se edificar comunidades de tipo mais ou menos socialistas na Argélia, nas terras conquistadas aos árabes com uma guerra brutal e em alguns momentos genocida[12].

Mais tarde, o socialismo utópico olha o movimento abolicionista em geral com desconsideração e desconfiança. Após a revolução de fevereiro de 1848, Victor Schoelcher e o novo governo abolem definitivamente nas colônias francesas a escravidão negra, reintroduzida quase meio século antes por Napoleão, que havia anulado os resultados da revolução negra em São Domingos liderada

---

[10] Ibidem, v. 18, p. 562.

[11] Ver, neste volume, cap. 1, seção 3.

[12] Deduzo esta informação pela nota de André Jardín a Tocqueville, incluída em Alexis Tocqueville, *Oeuvres complètes* (org. J. P. Mayer, Paris, Gallimard, 1951), v. 3.1, p. 250-1.

por Toussaint Louverture e da lei de emancipação dos negros inaugurada pela convenção jacobina. Pois bem, Etienne Cabet, expoente do socialismo utópico francês, critica Scoelcher por concentrar-se sobre um objetivo limitado, o da emancipação dos escravos negros, em vez de empenhar-se para a universal emancipação do trabalho[13]. Em relação aos Estados Unidos, quando eclode a Guerra de Secessão, Lassalle argumenta de forma parecida, pelo menos a julgar por uma carta de Marx a Engels de 30 de julho de 1862, na qual ele critica as "velhas e mofadas insensatezes" de Lasalle, quando diz que o gigantesco embate em curso nos Estados Unidos seria "coisa absolutamente sem interesse". Em vez de amadurecer "ideias" positivas para a transformação da sociedade, "os ianques" limitar-se-iam a agitar "uma ideia negativa" como "a 'liberdade individual'"[14]. Para os dois exponentes socialistas citados, o empenho para a abolição da escravidão nas colônias da república norte-americana tiraria a atenção da questão social, que continuava incendiando a metrópole capitalista.

Lassalle faz apenas distraídas e redutivas referências à Guerra de Secessão, que aos olhos de Marx é um acontecimento épico. Por causa do bloqueio imposto pela União ao Sul secessionista e pela consequente falta de algodão destinado à indústria têxtil da Inglaterra e, em particular, de Lancashire os operários ingleses são impelidos ao desemprego e correm o risco de "emigrar nas colônias"; trata-se de "uma das guerras mais sangrentas e terríveis que a história já viu". Não há nenhuma referência ao contencioso da guerra civil. Aliás, o "federalismo" e o autogoverno concedido aos Estados, mais do que a escravidão, são colocados no banco dos réus – isso teria provocado o "afundar nos interesses particulares" e o "ódio" recíproco dos partidos contrapostos, colocados assim no mesmo plano[15].

Os limites economicistas ou corporativistas demonstrados por um ou outro exponente do movimento operário e socialista não devem ser disjuntos da iniciativa das classes dominantes, cuja eficácia é, porém, subestimada por Marx e Engels. Depois de inserir a "Jovem Inglaterra" no âmbito do "espetáculo" do "socialismo feudal" ostentado pelos "aristocratas", o *Manifesto Comunista* conclui: "Mas assim que o povo acorreu, percebeu que as costas da bandeira estavam ornadas com os velhos brasões feudais e dispersou-se com grandes e

---

[13] Seymoure Drescher, *From Slavery to Freedom. Comparative Studies in the Rise and Fall of Atlantic Slavery* (Londres, Macmillan, 1999), p. 193, n. 58.

[14] MEW, v. 30, p. 258.

[15] Ferdinand Lassalle, *Reden und Schriften*, cit., p. 230 e 310.

irreverentes gargalhadas"[16]. Na realidade, as coisas ocorreram de forma bastante diferente. O membro historicamente mais importante da Jovem Inglaterra foi Disraeli. Nele (assim como na organização da qual em certo momento passou a fazer parte) podem ser identificados elementos de transfiguração do Antigo Regime, mas ele pode ser considerado o inventor de um "socialismo" que se pode definir "imperial", mais do que como "feudal". Trata-se de um socialismo que, longe de provocar a imediata zombaria das classes populares, a miúdo as prendeu e enredou.

Nos mesmos anos em que *A sagrada família* e *A ideologia alemã* proclamam o irredutível antagonismo entre proletariado e burguesia, Disraeli publica um romance que em certo sentido trata dos mesmos temas. Observamos um agitador cartista contestar duramente a ordem existente e denunciar a realidade das "duas nações" ("os ricos e os pobres") em que é dilacerada a Inglaterra. Os "cartistas" são colocados pelo *Manifesto Comunista* entre "os partidos operários já constituídos"[17], e o agitador protagonista parece demonstrar a consciência revolucionária que Marx e Engels atribuem ao proletariado. É interessante ver a resposta de Disraeli[18]: não tem sentido falar de "duas nações"; uma ligação de "fraternidade" já une "o *privilegiado* e próspero povo inglês". A palavra-chave é a que evidenciei em itálico: a aristocracia inglesa coloca em surdina a arrogância de casta e até a racial, tradicionalmente manifestada na relação com as classes populares; mas agora é a comunidade nacional inglesa reunida na "fraternidade" que exibe o supremo desdém aristocrata em relação às outras nações, sobretudo aos povos coloniais. Em outros termos, em vez de desaparecer, a racialização de que eram tradicionalmente vítimas as classes populares inglesas sofre um deslocamento. Não casualmente, Disraeli, que se torna depois o protagonista do Segundo Reform Act (que pela primeira vez estende os direitos políticos para além do círculo da aristocracia e da burguesia) e de uma série de reformas sociais, é ao mesmo tempo o campeão do imperialismo e do direito das raças "superiores" de subordinar as "inferiores". Dessa maneira, o estadista inglês propõe neutralizar a questão social e a luta de classes no próprio país: "Afirmo confiante de que na Inglaterra os trabalhadores em sua grande maioria [...] são essencialmente ingleses. Eles são a favor da manutenção do Reino e do

---

[16] MEW, v. 4, p. 482-3 [ed. bras.: Karl Marx e Friedrich Engels, *Manifesto Comunista*, cit., p. 60].

[17] Ibidem, v. 4, p. 492 [ed. bras.: ibidem, p. 68].

[18] Bejamin Disraeli, *Sybel or the Two Nations* (1845) (org. S. M Smith, Oxford/Nova York, Oxford University Press, 1988), p. 65-6 e 422.

A SUPERAÇÃO DA LÓGICA BINÁRIA. UM PROCESSO GRAVOSO E INACABADO   127

Império e têm orgulhosos de serem súditos do nosso Soberano e membros deste Império"[19]. São os anos nos quais, na França, Proudhon exibe uma atitude, segundo a observação de Marx, de "socialista do Império", mais exatamente do Segundo Império[20].

Eis, então, um movimento político novo: no fim do século XIX, a este propósito, um observador alemão falava – em relação não só a Disraeli, mas também a Napoleão III e a Bismarck – de "política social imperialista", isto é, de "socialismo imperial" (*Imperialsozialismus*)[21]. Já evidenciada por Marx, a relação entre questão colonial e questão social na metrópole capitalista é reconhecida e colocada no centro de um novo projeto político, que propõe uma espécie de troca: as massas populares e o proletariado devem responder às limitadas reformas sociais das classes dominantes com a lealdade patriótica e o apoio ao expansionismo colonial.

3. "Classe contra classe" em escala planetária?

É uma troca rejeitada com desprezo pelos autores da teoria da luta de classes. Há, todavia, um problema que permanece em aberto. Uma situação de desenvolvimento pacífico, e mais ainda uma grande crise histórica, é caraterizada pelo entrelaçamento de múltiplas contradições e de diversas formas de lutas de classes: entre elas não existe harmonia preestabelecida. Uma compreensão adequada de uma concreta situação histórica pressupõe a superação da habitual lógica binária, que pretende explicar tudo a partir de uma única contradição. Para Marx e Engels, tal superação configura-se como um percurso gravoso e inacabado.

A situação da classe trabalhadora na Inglaterra, publicada em 1845, termina evocando a revolução iminente, aliás, de fato já iniciada, dos "trabalhadores" contra a "burguesia", isto é, a "guerra dos pobres contra os ricos", dos "campos" contra os "palácios"[22]. A questão nacional irlandesa, para a qual Engels também chama enfaticamente atenção, não parece desenvolver algum papel no embate que se perfila no horizonte. Cerca de dois anos depois, em *Miséria da*

---

[19] Em William John Wilkinson, *Tory Democracy* (1925) (Nova York, Octagon, 1980), p. 52.

[20] MEW, v. 32, p. 443.

[21] Georg Adler, *Die imperialistische Sozialpolitik. Disraeli, Napoleon III, Bismarck. Eine Skizze* (Tübingen, Laupp'sche Buchhandlung, 1897), p. 43-4.

[22] MEW, v. 2, p. 505-6 [ed. bras.: Friedrich Engels, *A situação da classe trabalhadora na Inglaterra*, cit., p. 328].

filosofia, Marx lança uma espécie de palavra de ordem: "luta de classe contra classe"[23]. O *Manifesto Comunista* esclarece o fundamento dessa palavra de ordem:

> nossa época, a época da burguesia, caracteriza-se por ter simplificado os antagonismos de classe. A sociedade divide-se cada vez mais em dois campos opostos, em duas grandes classes em confronto direto: a burguesia e o proletariado.[24]

É verdade, é necessário levar em consideração também outros sujeitos sociais, mas a burguesia capitalista, um punhado de exploradores, resulta cada vez mais isolada. As perspectivas da revolução são claramente encorajantes: os proletários – lê-se já em *A ideologia alemã* – constituem uma "classe que configura a maioria dos membros da sociedade"[25]. Por outro lado – acrescenta o *Manifesto* –, "frações inteiras da classe dominante, em consequência do desenvolvimento da indústria, são lançadas no proletariado"[26].

Nos textos (juvenis) até aqui citados, a nova revolução (convocada a emancipar, além do proletariado, a humanidade como um todo), origina-se, em última análise, por uma única contradição, a que opõe burguesia e classe operária; e essa nova revolução é inelutável por causa do progressivo e irrefreável aumento do bloco operário e filo-operário.

Não há diferenças relevantes entre os países; ao contrário, as próprias fronteiras nacionais tendem a perder importância. É uma visão que encontra sua mais eloquente expressão num discurso pronunciado por Engels em 9 de dezembro de 1847, na ocasião de uma manifestação em Londres a favor da independência da Polônia: na Inglaterra, "em consequência da indústria moderna e das máquinas, todas as classes oprimidas fundem-se numa grande classe com interesses comuns na classe do proletariado", mais do que nunca unida pelo "nivelamento das condições de vida de todos os operários". "Do lado oposto, todas as classes dos opressores estão, por sua vez, unidas em uma só classe, a burguesia. Assim, a luta simplificou-se e poderá ser decidida por um único grande golpe". No que diz respeito ao plano internacional, em todos os países "a condição de todos os operários já é idêntica ou torna-se cada vez mais idêntica", de modo que em todos os países "os operários têm o mesmo

---

[23] Ibidem, v. 4, p. 181.

[24] Ibidem, v. 4, p. 463 [ed. bras.: Karl Marx e Friedrich Engels, *Manifesto Comunista*, cit., p. 40-1].

[25] Ibidem, v. 3, p. 369 [ed. bras.: idem, *A ideologia alemã*, cit., p. 41].

[26] Ibidem, v. 4, p. 471 [ed. bras.: idem, *Manifesto Comunista*, cit., p. 48].

interesse, isto é, derrubar a burguesia, a classe que os oprime". Em conclusão, "como a condição dos trabalhadores de todos os países é a mesma, como eles têm os mesmos interesses, devem opor à fraternidade dos burgueses de todas as nações a fraternidade dos operários de todas as nações"[27]. Não só tudo se move em volta de uma única contradição, como a política, as peculiaridades nacionais e os fatores ideológicos não parecem desenvolver nenhum papel.

A leitura binária do conflito social não é própria só de Engels, tampouco se limita exclusivamente ao período juvenil. Basta pensar no celebérrimo trecho do primeiro livro de *O capital*:

> A centralização dos meios de produção e a socialização do trabalho atingem um grau em que se tornam incompatíveis com seu invólucro capitalista. O entrave é arrebentado. Soa a hora derradeira da propriedade privada capitalista, e os expropriadores são expropriados.[28]

Quatro anos depois, ao encerrar a "guerra civil na França", Marx delineava este balanço: à "patifaria cosmopolita" do Segundo Império correspondia e opunha-se o autêntico internacionalismo; a Comuna de Paris era "um governo internacional no sentido pleno da palavra, já que era um governo de trabalhadores e campeão audaz da emancipação do trabalho" (que se deve realizar num quadro justamente internacional); não casualmente, "a Comuna concedeu a todos os estrangeiros a honra de morrer por uma causa imortal"[29].

O quadro se torna ainda mais claro após a repressão atuada pela burguesia francesa (com a cumplicidade do Exército prussiano) e a caça às bruxas (aos militantes da Internacional) desencadeada em toda a Europa pelas classes dominantes.

> Ao mesmo tempo em que atestam, diante de Paris, o caráter internacional de sua dominação de classe, os governos da Europa proclamam a Associação Internacional dos Trabalhadores – a contraorganização internacional do trabalho em oposição à conspiração cosmopolita do capital – como a fonte principal de todos esses desastres.[30]

---

[27] Ibidem, v. 4, p. 417-8.

[28] Ibidem, v. 23, p. 791 [ed. bras.: Karl Marx, *O capital*, Livro I, trad. Rubens Enderle, São Paulo, Boitempo, 2013, p. 832].

[29] Ibidem, v. 17, p. 346 [ed. bras.: Karl Marx, *A guerra civil na França*, trad. Rubens Enderle, São Paulo, Boitempo, 2011, p. 63].

[30] Ibidem, v. 17, p. 361 [ed. bras.: ibidem, p. 78].

130   A LUTA DE CLASSES

A tese de "conspiração cosmopolita do capital" erra ao esquecer a concorrência e os conflitos entre as diversas burguesias, assinalados pelo *Manifesto*, e ao tornar absoluta uma situação provisória e de breve duração. O primeiro livro de *O capital* lembra que "a insurreição de junho em Paris" reuniu diversos países burgueses e "todas as frações das classes dominantes"[31]. É uma observação de 1867. Três anos depois, eclode a guerra franco-prussiana; no rasto dela, emerge a Comuna de Paris, esmagada graças também à aliança entre ex-inimigos. Mas trata-se de uma aliança que rapidamente cede lugar ao ódio chauvinista, destinado a culminar na "guerra industrial de aniquilação entre as nações", isto é, a Primeira Guerra Mundial. No curso da luta contra aquela carnificina, eclodirá a primeira revolução que faz referência a Marx e Engels, e na esteira de tal revolução se desenvolverá um movimento anticolonial de dimensões planetárias, que terá como alvo a "exploração de uma nação sobre outra", da qual já falam o *Manifesto* e os textos coevos, mas que é totalmente removida em 1871, na onda da indignação provocada pela colaboração franco-alemã na repressão da Comuna de Paris e da aprovação quase geral da burguesia internacional ao massacre perpetrado nessa ocasião.

Em outras circunstâncias também emerge a tendência a ler o processo revolucionário pela lógica binária da "classe contra classe". No fim dos anos 1850, enquanto na Rússia se reforça a agitação camponesa que em breve levaria o czar Alexandre II a abolir a servidão da gleba, nos Estados Unidos os sinais premonitórios da guerra civil que se aproxima tornam-se mais claros. Na noite entre 16 e 17 de outubro 1859, John Brown, fervoroso abolicionista do Norte, irrompe na Virgínia e se torna protagonista de uma tentativa desesperada e sem êxito de provocar a insurreição dos escravos do Sul. Em 11 de janeiro do ano seguinte, Marx escreve a Engels:

> Em minha opinião, em todo o mundo a coisa mais importante que se verifica é, por um lado, o movimento dos escravos americanos, desencadeado pela morte de John Brown, e, por outro, o movimento dos escravos na Rússia [...]. Leio no *Tribune* que no Missouri eclodiu uma nova revolta dos escravos, obviamente reprimida. Mas o sinal foi lançado. Se isso se tornar cada vez mais sério, o que acontecerá em Manchester?[32]

---

[31]   Ibidem, v. 23, p. 302 [ed. bras.: Karl Marx, *O capital*, Livro I, cit., p. 357].

[32]   Ibidem, v. 30, p. 6-7.

Aqui é evocado o cenário de uma revolução em escala quase planetária: serão protagonistas os escravos negros nos Estados Unidos, os servos da gleba na Rússia e os escravos assalariados, isto é, os operários na Inglaterra; nos três casos tratar-se-á de revoluções de baixo e de lutas de classes que enfrentam diretamente seus exploradores e opressores.

É o caso apenas de dizer que a diferença entre expectativas e desenvolvimentos reais do processo histórico é clara. Na Inglaterra, embora o bloqueio naval imposto pela União aos estados escravistas provoque uma grave crise em particular na indústria têxtil, os operários condenados ao desemprego não se deixam instrumentalizar pelos setores da classe dominante que queria levá-los a se manifestar contra Lincoln (e a favor da guerra contra a União). Marx reconhece esse mérito; ao mesmo tempo, suscita nele desaponto e até mesmo indignação à revolução que faltou. Numa carta a Engels de 17 de novembro de 1862, ele zomba, por um lado, dos "burgueses e dos aristocratas, por seu entusiasmo pela escravidão *in its direct form*"; por outro, dos "trabalhadores [ingleses], por sua natureza cristã de escravos"[33].

Não se assiste a uma revolução dos escravos assalariados no rasto da revolução dos escravos negros do outro lado do Atlântico; na realidade, nem esta última se realiza. A coragem e a dignidade com as quais Brown enfrenta o processo e o enforcamento suscitam uma grande emoção na comunidade branca e fortalecem o partido abolicionista, mas não provocam a insurreição dos escravos da Virgínia e do Sul, como espera Brown e, junto com ele, os dois filósofos e militantes revolucionários que desde a Europa acompanham com trepidação os acontecimentos. Não só não se verifica a auspiciada revolução de baixo dos escravos negros, como também no longo período não há sequer espaço para sua participação no conflito promovida pelo alto. Cai no vazio o pedido de "armamento geral dos escravos enquanto medida bélica" articulado pelos oficiais (brancos) mais radicais do Exército do Norte e realçado positivamente por Marx[34]. Para grande decepção dos dois filósofos e militantes revolucionários, durante grande parte de seu desenvolvimento a guerra civil estadunidense apresenta-se como uma guerra interestatal comum, conduzida, de um lado e de outro, com exércitos tradicionais. Só no final a União procede ao alistamento de negros livres e de escravos negros que, fugindo de seus patrões no Sul, encontram o Exército do Norte, que avança. Assim, pode-se dizer que a Guerra de Secessão

---

[33] Ibidem, v. 30, p. 301.

[34] Ibidem, v. 15, p. 419.

conduz a uma espécie de revolução abolicionista, mas dirigida prevalentemente pelo alto e que tem por protagonistas os brancos, em primeiro lugar os homens de Estado e os generais do Norte industrializado. Marx e Engels têm razão ao deplorar tal êxito. A revolução pelo alto revela-se absolutamente incompleta: abole a escravidão, mas não implica uma real emancipação dos negros, que, depois de um breve interlúdio de democracia inter-racial, estão submetidos a um regime de *white supremacy* terrorista. Permanece o fato de que a espera por uma generalizada revolta de baixo dos escravos negros, dos servos da gleba e dos escravos assalariados embaça a capacidade de previsão histórica.

Tal capacidade ganha de novo lucidez quando nos afastamos da leitura binária do conflito social. Alguns meses antes da desesperada tentativa de Brown, no início de 1859, Marx publica um artigo sobre os desenvolvimentos da situação na Rússia, que havia acabado de sofrer uma dura derrota na Guerra de Crimeia (contra a França e a Inglaterra) e que, com Alexandre II, prepara-se para abolir dois anos depois a servidão da gleba. Nem por isso a tensão social diminui. Ao contrário, "as revoltas dos servos da gleba" tornaram-se "uma epidemia", de modo que, segundo as mesmas estatísticas oficiais do Ministério do Interior, todo ano cerca de sessenta nobres são assassinados. Os servos da gleba estão tão decididos que acalentam a ideia de aproveitar o avanço das tropas franco-inglesas para desencadear uma revolta em ampla escala[35]. Nesse caso, mais do que a insurreição generalizada dos pobres contra os ricos, espera-se a revolução originada pelo entrelaçamento de guerra internacional e conflito social interno à Rússia: somos levados a pensar no outubro de 1917.

4. Lógica binária e "evidência" da exploração

A leitura binária do processo revolucionário e do conflito social em geral corresponde a uma teoria que parece gerar a consciência revolucionária de classe já pela imediata evidência sensível. A sociedade capitalista – observa em 1845-1846 *A ideologia alemã* – coloca-nos perante

> uma classe que tem de suportar todos os fardos da sociedade sem desfrutar de suas vantagens e que, expulsa da sociedade, é forçada à mais decidida oposição a todas as outras classes; uma classe que configura a maioria dos membros da sociedade e da qual emana a consciência da necessidade de uma revolução

---

[35] Ibidem, v. 12, p. 681-2.

radical, a consciência comunista, que também pode se formar, naturalmente, entre as outras classes, graças à percepção da situação dessa classe.[36]

As condições materiais de vida impostas ao proletariado são tão intoleráveis que não lhe permitem rebelar-se e, ao tomar "visão" delas, mesmo os membros de outras classes sociais podem ser induzidos à contestação da ordem existente. Dito de outra forma, a evidência sensível impõe-se com tal força que a tomada de consciência revolucionária é de alguma maneira considerada como certa. Diz *A sagrada família*:

> Porque a abstração de toda humanidade, até mesmo da aparência de humanidade, praticamente já é completa entre o proletariado instruído [...] porque o homem se perdeu a si mesmo no proletariado, mas ao mesmo tempo ganhou com isso não apenas a consciência teórica dessa perda, como também, sob a ação de uma penúria absolutamente imperiosa – a expressão prática da necessidade –, que já não pode mais ser evitada nem embelezada, foi obrigado à revolta contra essas desumanidades. [...] Mas ele não pode libertar-se a si mesmo sem suprassumir suas próprias condições de vida. Ele não pode suprassumir suas próprias condições de vida sem suprassumir todas as condições de vida desumana da sociedade atual, que se resumem em sua própria situação. [...] Não se trata do que este ou aquele proletário, ou até mesmo do que o proletariado inteiro pode imaginar de quando em vez como sua meta. Trata-se do que o proletariado é e do que ele será obrigado a fazer historicamente de acordo com o seu ser.[37]

A força da percepção sensível faz com que o proletariado resulte essencialmente imune das influências ideológicas da classe dominante. Ao dedicar *A situação da classe trabalhadora na Inglaterra* às "classes trabalhadoras da Grã-Bretanha", Engels escreve: "Com grande alegria, constatei que sois imunes a essa maldição que são a estreiteza e o preconceito nacionais"; ao contrário, "a nacionalidade inglesa está anulada entre os operários"[38].

Na realidade, ainda que de forma contraditória, esse texto chama atenção para o fato de que a "concorrência" dos trabalhadores irlandeses "contribui bastante

---

[36] Ibidem, v. 3, p. 69 [ed. bras.: Karl Marx e Friedrich Engels, *A ideologia alemã*, cit., p. 41-2].

[37] Ibidem, v. 2, p. 38 [ed. bras.: idem, *A sagrada família*, cit., p. 49].

[38] Ibidem, v. 2, p. 229 e 431 [ed. bras.: Friedrich Engels, *A situação da classe trabalhadora na Inglaterra*, cit., p. 38 e 248].

para baixar o salário" deles: podemos imaginar o rastro de recriminações e ressentimentos; seja como for, Carlyle (escritor até esse momento compreensivo com o movimento cartista) refere-se a essa situação para traçar um balanço bastante negativo dos irlandeses[39]. Três anos depois, dessa vez com o olhar voltado para a Europa central e oriental, Engels assim sintetiza os princípios aos quais se atêm as classes dominantes: "Atiçar os povos uns contra os outros, usar um para oprimir outro e garantir a permanência do poder absoluto"[40]. Evidentemente, o proletariado não está protegido contra a onda chauvinista. Desaparece a "evidência", de modo que a leitura binária do conflito social se torna insustentável.

Sobretudo porque a própria classe antagonista do proletariado não é absolutamente unida. Depois de chamar atenção para os múltiplos conflitos nos quais está engajada a burguesia de todo os países, no plano nacional e internacional, o *Manifesto* acrescenta que tais conflitos "favorecem de diversos modos o desenvolvimento do proletariado": isto é, a própria emergência e o desenvolvimento da consciência revolucionária têm em seu fundamento uma multiplicidade de conflitos e não podem ser deduzidos exclusivamente pelo antagonismo entre classe operária e burguesia[41].

E, portanto, longe de originar-se de uma presumida evidência empírica, a tomada de consciência revolucionária pressupõe a compreensão de relações políticas e sociais que ultrapassam o conflito entre burguesia e proletariado. Agora a consciência revolucionária configura-se como produto da ação direta ou indireta de uma multiplicidade de sujeitos e conflitos sociais: as diversas facções da burguesia em luta pelo poder no interior de um país singular; as burguesias no poder nos diversos países que disputam a hegemonia no plano internacional; e o proletariado que adquire autonomia ideológica e política, resistindo às lisonjas da nova classe dominante como também às da velha aristocracia fundiária, que, como sabemos, tenta seduzi-lo através do canto das sereias do "socialismo feudal".

Assim, mais tortuoso se torna o processo de aquisição da consciência de classe pelo fato de que, faltando "coalizões" sólidas e estáveis (nada fácil de constituir e de manter em pé), os trabalhadores, mesmo os de uma "grande indústria", constituem "uma multidão de pessoas que se desconhecem", "uma massa disseminada" e "dispersa pela concorrência"[42]. Não se trata só de

---

[39] Ibidem, v. 2, p. 323 e 321 [ed. bras.: ibidem, p. 305 e 324].

[40] Ibidem, v. 5, p. 154.

[41] Ibidem, v. 4, p. 471 [ed. bras.: Karl Marx e Friedrich Engels, *Manifesto Comunista*, cit., p. 48].

[42] Ibidem, v. 4, p. 180 e 470 [ed. bras.: ibidem, p. 59 e 47].

A SUPERAÇÃO DA LÓGICA BINÁRIA. UM PROCESSO GRAVOSO E INACABADO   135

concorrência e de conflito entre indivíduos. Mais tarde, Engels evidencia que na Inglaterra os trabalhadores desprovidos de qualquer qualificação são vistos e "tratados com desprezo" pelos operários qualificados[43]. A concorrência pode assumir formas até bastante duras, como as "verdadeiras batalhas" nas quais "toda manhã" estão engajados em Londres os portuários que esperam ser admitidos para um trabalho temporário e ocasional[44].

Poder-se-ia dizer que o protagonista dessas batalhas é o lumpemproletariado propriamente dito. Na realidade, Engels fala de "pobres diabos" que estão "à fronteira" entre essas duas classes[45]. E trata-se de uma fronteira bastante lábil. Aliás, observando com atenção, a categoria de "lumpemproletariado" ou de "proletariado esfarrapado" (*Lumpenproletariat*), mais do que a uma condição social bem definida, remete a uma função política mutável. Conforme o caso, ele pode estar a serviço do bloco dominante ou, mais raramente, deixar arrastar-se pelo movimento revolucionário. Os brancos que nos Estados Unidos se colocam ao lado da oligarquia escravista são etiquetados como *mob* e *white trash*, como "gentalha" e "lixo branco", em última análise, como lumpemproletariado[46], não por sua condição social (que é modesta, mas que certamente não está no limite da subsistência), mas por sua atitude política.

Mais tarde, em 1870, Engels identifica no "lumpemproletariado da cidade" (junto com "pequeno-burgueses", "pequenos camponeses" e "jornaleiros") um dos possíveis aliados do proletariado, que continua constituindo uma minoria da população total e que, portanto, só pode aspirar à conquista do poder se houver uma adequada ação política que consiga isolar a classe dominante[47]. Claramente, a maturidade ideológica e política e a política das alianças tomaram aqui o lugar do papel solucionador da imediata evidência sensível e da leitura binária do conflito social e do processo revolucionário.

5. "Lutas de classe" ou luta entre "opressores e oprimidos"?

A configuração do conflito social é extraordinariamente variada, e seus protagonistas podem ter natureza bastante diferente. Todavia, depois de chamar

---

[43] Ibidem, v. 37, p. 261.
[44] Ibidem, v. 37, p. 260 e 266.
[45] Ibidem, v. 36, p. 441.
[46] Ibidem, v. 30, p. 185-6 e 287.
[47] Ibidem, v. 16, p. 398.

A LUTA DE CLASSES

atenção para as "lutas de classe" (em suas diversas configurações) como chave de leitura do processo histórico, o *Manifesto Comunista* prossegue assim:

> Homem livre e escravo, patrício e plebeu, senhor feudal e servo, mestre de corporação e companheiro, em resumo, opressores e oprimidos, em constante oposição, têm vivido numa guerra ininterrupta, ora franca, ora disfarçada; uma guerra que terminou sempre ou por uma transformação revolucionária da sociedade inteira, ou pela destruição das duas classes em conflito.[48]

Evidenciei em itálico a expressão que "em resumo" relaciona "lutas de classes" (no plural) e luta (no singular) entre "opressores e oprimidos". É correta essa síntese? Esclarecendo, a fórmula que acabamos de ver consegue realmente sintetizar a visão que os autores do *Manifesto Comunista* têm da história, da política, das "lutas de classes"?

É útil em primeiro lugar observar que em Marx e Engels os conflitos entre as classes exploradoras constituem a regra, não uma exceção. Eles explicam a Revolução Francesa pela contradição entre aristocracia feudal e burguesia industrial. Esta última classe, embora antes de 1789 não faça parte do bloco dominante em sentido estrito, dificilmente pode ser inserida na categoria dos "opressores" – ela não somente goza de uma crescente riqueza e de um incipiente prestigio social, como já exerce na fábrica o poder sobre uma classe explorada e oprimida, e não hesita, nas colônias, em recorrer a práticas genocidas. E se em seguida, cruzando o Atlântico, olharmos para a "revolução burguesa" na América, observamos que um papel fundamental é desenvolvido pelos proprietários de escravos e sobretudo pelos que, ao confrontar-se com o governo de Londres, estão resolvidos a se expandir mesmo além dos Allegheny e a imprimir uma firme aceleração ao processo de expropriação, deportação (e dizimação) contra os peles-vermelhas. Longe de serem "oprimidos", os protagonistas dessa revolta são às vezes "opressores" mais ferozes do que a classe dominante que eles derrubaram. A luta de classes que, de qualquer forma na leitura de Marx e Engels, preside ambas as revoluções das quais se fala, não coincide em nada com a luta entre "opressores e oprimidos". Análogas considerações valem para o colapso ou o tramonto do Antigo Regime na Itália e na Alemanha do século XIX.

Mesmo atendo-se apenas às lutas de classes de caráter emancipador, o quadro não muda. Se por um lado explora e oprime os trabalhadores, no momento

---

[48] Ibidem, v. 4, p. 462 [ed. bras.: Karl Marx e Friedrich Engels, *Manifesto Comunista*, cit., p. 40].

em que dirige a revolução contra o Antigo Regime, a burguesia desenvolve um papel essencial na luta contra os "opressores" que nesse momento devem ser derrubados. As lutas pela emancipação de uma nação oprimida, ou da mulher, registram também a participação de camadas sociais que não podem ser univocamente subsumidas à categoria de "oprimidos". No que diz respeito à luta de classes proletária, ela às vezes conta com o apoio – e muito mais frequentemente lida com a hostilidade – do lumpemproletariado, que pode ser aliado dos oprimidos ou, mais frequentemente, dos opressores.

A ambiguidade não desaparece nem se dirigirmos nossa atenção de modo exclusivo ao proletariado propriamente dito: explorado na fábrica, o trabalhador (por exemplo, o inglês) pode ser indiferente ou até mesmo aprovar a submissão da Irlanda ou da Índia e, portanto, nesse sentido, tornar-se cúmplice dos opressores. Consideremos, então, o trabalhador irlandês ou indiano, duplamente oprimido, como membro de uma classe explorada e ao mesmo tempo de uma nação oprimida. Contudo, ele é o "burguês" no âmbito da família, ao passo que a mulher, que está submetida à "escravidão doméstica", representa o proletariado. No caso de uma mulher trabalhadora e irlandesa, três vezes oprimida – no âmbito da família, na fábrica e por pertencer a uma nação oprimida –, pelo menos no âmbito da família patriarcal, ela também é partícipe da "exploração dos filhos por parte dos pais" da qual fala o *Manifesto* e que os comunistas querem extinguir[49].

Em outros termos, todo indivíduo (e até mesmo um grupo) é colocado em um conjunto contraditório de relações sociais, atribuindo a cada uma delas um papel diferente. Longe de basear-se em uma "relação de coerção" singular, o sistema capitalista mundial é o entrelaçamento de múltiplas e contraditórias "relações de coerção". O que decide a colocação final de um indivíduo (e de um grupo) no campo dos "oprimidos" ou no dos "opressores" é, por um lado, a hierarquização dessas relações sociais segundo sua relevância política e social em uma situação concreta e determinada; por outro, a escolha política do singular indivíduo (ou do grupo).

6. Exportar a revolução?

O caráter gravoso e não acabado do processo de superação da leitura binária do conflito social adverte-se negativamente também em outro plano. Quais são as tarefas do proletariado, uma vez conquistado o poder? O *Manifesto Comunista* o

---

[49] Ibidem, v. 4, p. 478 [ed. bras.: ibidem, p. 55].

convoca a promover o desenvolvimento das forças produtivas e a transformação socialista do país por ele governado. Quase um quarto de século depois, Marx atribui à Comuna o mérito de ter se empenhado na França a "eliminar as condições sociais e políticas do domínio de classe"[50]. Assistimos aqui à manifestação de uma luta de classes pelo alto, que tem como protagonista o proletariado no poder?

É um quadro que contrasta com o trecho do *Manifesto* que "em resumo" estabelece uma correspondência entre a luta de classes e o conflito entre "opressores e oprimidos" e, mais exatamente, a revolta dos segundos contra os primeiros. Sendo assim, a luta de classes se torna impensável após a conquista do poder – desde sempre antagonistas aos "opressores", os proletários vitoriosos e detentores do poder político nem podem mais ser inseridos entre os "oprimidos"; por outro lado, se considerarmos os proletários no poder como protagonistas de uma nova fase da luta de classes, teríamos uma luta de classes não só conduzida pelo alto, mas cujos protagonistas não são propriamente os oprimidos. Será a via percorrida por Lenin, a qual o próprio Marx parece tomar quando teoriza sobre a "ditadura revolucionária do proletariado"[51]. Mas a hesitação é forte: talvez pela perspectiva da conquista do poder ser remota e regularmente ignorada pelos desenvolvimentos da situação, nunca desaparece completamente a visão unilateral da luta de classes enquanto revolta dos oprimidos colocados em baixo contra os opressores colocados em cima.

A partir desse pressuposto, se uma luta de classes pode ser dirigida pelo proletariado vitorioso em um país singular, é a luta que o vê revoltar-se contra o domínio que a burguesia capitalista continua exercendo em todos os outros países e, em última análise, em âmbito mundial. Não surpreende, então, que a repressão da revolta operária de junho de 1848 por mão da burguesia francesa e as revoltas nacionais na Hungria, na Polônia e na Itália por mão dos impérios austríaco e russo representem a lição, para *As lutas de classes na França,* de que a revolução proletária "será obrigada a abandonar imediatamente o campo nacional e conquistar o campo europeu"[52]. Nesse caso, a luta de classes do proletariado vitorioso parece ser a exportação da revolução. Assim é resolvida, à própria maneira, a dificuldade teórica precedentemente mencionada: considerando o quadro internacional, mesmo que tenham conquistado o poder num país singular (isolado e circundado), os proletários continuam sendo os "oprimidos",

---

[50] Ibidem, v. 17, p. 342 [ed. bras.: Karl Marx, *A guerra civil na França*, cit., p. 163].

[51] Ibidem, v. 19, p. 28 [ed. bras.: idem, *Crítica do Programa de Gotha*, cit., p. 43].

[52] Ver, neste volume, cap. 1, seção 6.

chamados a enfrentar o bloco muito mais poderoso dos "opressores". Ainda em 1850, com a ilusão da aproximação de uma nova onda revolucionária, Marx e Engels assim explicam os objetivos da Liga dos Comunistas:

> Nossos interesses e nossas tarefas consistem em tornar a revolução permanente até que todas as classes mais ou menos possuidoras sejam eliminadas do poder, até que o proletariado conquiste o poder do Estado, até que a associação dos proletários se desenvolva, não só num país, mas em todos os países dominantes do mundo, em proporções tais que cesse a competição entre os proletários desses países e até que pelo menos as forças produtivas decisivas estejam concentradas nas mãos do proletariado.[53]

Conseguido o sucesso em um país, a luta de classes revolucionária empenha-se em ultrapassar as fronteiras estatais e nacionais. Poder-se-ia dizer que o "'napoleonismo' anacrônico e antinatural" com que Antonio Gramsci[54] repreende Trotski já está presente em Marx. Tanto que, nos escritos juvenis, ele tende a pensar a revolução socialista por analogia com a revolução burguesa. *A ideologia alemã* atribui à ocupação napoleônica da Alemanha o mérito de ter infligido golpes vigorosos ao edifício feudal, "com sua limpeza das cavalariças de Augias alemães"[55]. Em termos mais enfáticos se expressa *A sagrada família*, que identifica em Napoleão a última expressão do "terrorismo revolucionário"; ele "aperfeiçoou o terrorismo [jacobino], colocando no lugar da revolução permanente a guerra permanente". Mesmo assumindo uma nova forma, a luta de classes antifeudal e a liquidação do Antigo Regime continuam e, aliás, assumem uma dimensão europeia[56]. Nesse caso, a revolução burguesa é lida por uma lógica binária, como se estivesse agindo exclusivamente a contradição entre burguesia e aristocracia feudal e como se o expansionismo napoleônico não provocasse profundas contradições nacionais. E, pelo menos nos escritos juvenis, Marx pensa a revolução socialista segundo o modelo da revolução lida nesses termos. No final de 1847, ele dirige-se assim aos cartistas ingleses:

---

[53] MEW, v. 7, p. 247-8.

[54] Antonio Gramsci, *Quaderni del cárcere* (ed. crítica de V. Gerratana, Turim, Einaudi, 1975), p. 1.730 [ed. bras.: *Cadernos do cárcere*, trad. Carlos Nelson Coutinho, Rio de Janeiro, Civilização Brasileira, 1999, 6 v.].

[55] MEW, v. 3, p. 179 [ed. bras.: Karl Marx e Friedrich Engels, *A ideologia alemã*, cit., p. 195].

[56] Ibidem, v. 2, p. 130 [ed. bras.: idem, *A sagrada família*, cit., p. 142].

De todos, a Inglaterra é o país onde o antagonismo entre proletariado e burguesia é mais desenvolvido. A vitória do proletariado inglês sobre a burguesia inglesa é, portanto, decisiva para a vitória de todos os oprimidos contra seus opressores. A Polônia não se liberta, portanto, na Polônia, mas na Inglaterra.[57]

A mesma emancipação nacional dos países menos desenvolvidos da Europa oriental configura-se aqui como o resultado da iniciativa do proletariado que alcançou o poder no país mais avançado.

A exportação da revolução não constitui um problema, até porque está em andamento e na ordem do dia a exportação da contrarrevolução. Isso vale tanto para 1848 como para 1871, quando o vitorioso Exército prussiano fica ao lado da burguesia francesa na repressão da Comuna de Paris. Como sabemos, nessa última ocasião, Marx percebe o mundo transversalmente lacerado entre uma burguesia unificada em âmbito mundial e um proletariado chamado a realizar uma "contraorganização internacional do trabalho": as diversas formas da luta de classe reduziram-se na essência a uma só.

---

[57] Ibidem, v. 4, p. 417.

V
MULTIPLICIDADE DAS LUTAS
PELO RECONHECIMENTO E CONFLITO
ENTRE LIBERDADES

1. A HIERARQUIZAÇÃO DAS LUTAS DE CLASSES

Em seus melhores momentos, quando ultrapassam a lógica binária na qual às vezes, apesar de suas premissas teóricas, acabam escorregando, Marx e Engels deparam-se com o problema que mencionei. Uma situação histórica sempre é caraterizada por uma multiplicidade variegada de conflitos, e, por sua vez, cada conflito registra a presença de uma multiplicidade de sujeitos sociais, os quais expressam interesses e ideias diferentes e contrastantes. Para orientar-se nessa espécie de labirinto, é necessário investigar não somente a configuração interna de cada um desses conflitos, mas também a forma com que eles se articulam e se estruturam em uma totalidade concreta. Dominar uma crise histórica é um desafio no plano teórico, além do político.

Representa um desafio o entrelaçamento de conflitos políticos e sociais, nacionais e internacionais, que eclodem entre 1848 e 1849 na Europa centro-oriental. Uma grande revolução que põe radicalmente em discussão o Antigo Regime abala as fundações do Império dos Habsburgos. Metternich consegue sufocá-la usando habilmente as aspirações de autonomia e de autogoverno alimentadas por algumas minorias eslavas que não se reconhecem no poder político que está se afirmando em Viena e Budapeste. A intervenção da Rússia czarista sela, em seguida, definitivamente a derrota da revolução. No geral, nos deparamos com um conjunto de reivindicações e de direitos que, tomados separadamente, resultam todos legítimos e até mesmo sacrossantos. Sustentadas por Metternich e Nicolau I, as aspirações nacionais de alguns povos não só fornecem a massa de manobra para liquidar a revolução em Viena e Budapeste, mas também fortalecem o expansionismo da Rússia czarista, que é o baluarte da reação europeia.

Como fazer frente, então, a essa situação? No início de novembro de 1848, Marx compara a tragédia que está se produzindo na Europa centro-oriental contra o movimento democrático com a desencadeada poucos meses antes contra o proletariado parisiense: "Em Paris a Guarda Móvel, em Viena os 'croatas', canalhas em ambos os casos, lumpemproletariado armado e recrutado contra o proletariado trabalhador e pensante"[1]. Assim, as nações eslavas que se deixam arrolar pelo Império dos Habsburgos são comparadas ao lumpemproletariado, a uma classe que, embora esteja prevalentemente a serviço da reação, pode ser conquistada pelo movimento revolucionário. Isto é, não se trata, nesse caso, de reconhecer em abstrato o direito de toda nação à autodeterminação. Isso está fora de cogitação. O problema está no fato de que, em uma situação concreta e determinada, o direito de algumas nações à autodeterminação – por causa também da iniciativa e da habilidade política do poder imperial – pode entrar em conflito com o direito de outras nações e com o conjunto do movimento de luta contra o Antigo Regime e o absolutismo monárquico, pela realização da democracia no plano interno e internacional. A habitual lógica binária está fora de jogo.

Em fevereiro de 1849, Engels pensa dominar teoricamente essa complexa situação, rotulando os povos "contrarrevolucionários" em luta contra "a aliança dos povos revolucionários" de "naçõezinhas" (*Natiönchen*) eslavas que "nunca tiveram uma história". Em alguns momentos, reconhece-se o caráter contingente do conflito que se criou: "Como seria bom se os croatas, os panduros e os cossacos constituíssem a vanguarda da democracia europeia!". Infelizmente, para que isso aconteça, é necessário "esperar" muito, demasiado tempo; contudo, trata-se de um cenário que não pode ser excluído *a priori*. Outras vezes, ao contrário, Engels não só invoca o "mais decidido terrorismo" revolucionário contra as aspirações independentistas ou secessionistas de tais povos "contrarrevolucionários", como parece condená-los de vez[2].

A linguagem em alguns momentos até repugnante não deve fazer com que percamos de vista o problema teórico e político com que nos deparamos e que o próprio Engels enfrenta de maneira mais madura em outras ocasiões. Pode-se começar pela intervenção de 1866. A Associação Internacional dos Trabalhadores, constituída dois anos antes, reivindica a independência da Polônia. Mas – objetam os seguidores de Proudhon – de tal maneira desvia-se da questão social e,

---

[1]   MEW, v. 5, p. 457.

[2]   Ibidem, v. 6, p. 271, 274-5 e 286.

MULTIPLICIDADE DAS LUTAS PELO RECONHECIMENTO E CONFLITO ENTRE LIBERDADES   143

além disso, ressoam os temas tão caros à propaganda de Napoleão III. Ele, com o fim de promover seus projetos expansionistas, declara que quer também apoiar a luta de libertação das "nacionalidades oprimidas". Buscando desvincular-se de um lado do niilismo nacional no estilo de Proudhon e do outro da agitação filobonapartista, Engels responde a tal objeção distinguindo entre "nações" e "nacionalidades": é necessário apoiar a luta pela independência de nações como a polonesa ou a irlandesa. Por outro lado, deve-se tomar consciência de que não há nação na qual não estejam presentes "nacionalidades" ou resquícios de "nacionalidade" diferentes. Pensemos nos alemães alsacianos, nos "habitantes célticos da Bretanha" na França e nos grupos étnicos de idioma francês na Bélgica e na Suíça. Assim, sempre há um espaço, mais ou menos amplo, para as manobras de desestabilização ou de desmembramento com as quais o czarismo e o bonapartismo procuram promover seu expansionismo e sua hegemonia[3]. Para opor-se a tais manobras – observa Engels em uma intervenção de 1852 –, é necessário ater-se a uma regra. Não se pode atribuir o estatuto de nação aos grupos que não têm um idioma próprio e "a que faltem as primeiras condições de uma existência nacional: uma população consistente e a continuidade do território"[4].

A dicotomia nações ricas de história/"naçõezinhas" sem história é substituída agora pela dicotomia nações/nacionalidades. Mas o quadro não se tornou muito mais claro. Emerge, porém, com força o nó teórico e político que deve ser enfrentado: a afirmação do princípio da autodeterminação não comporta necessariamente o apoio das agitações das "naçõezinhas" ou das "nacionalidades". Justamente as páginas mais discutíveis ou absolutamente inaceitáveis de Engels levantam um problema de grande atualidade: são inúmeros os movimentos separatistas instrumentalmente promovidos ou apoiados pelas grandes potências que, de outra forma, são protagonistas de uma opressão nacional em ampla escala[5]. Pode até acontecer que o reconhecimento da autodeterminação de um povo fortaleça o inimigo principal do movimento de libertação dos povos oprimidos como um todo: não se deve perder de vista o conflito entre liberdades que pode surgir. Em outros termos, é necessário rejeitar a mutilação das lutas de classes, o que não significa ignorar o problema de que uma situação histórica (e, sobretudo, uma grande crise histórica) pode impor uma hierarquização das lutas de classes.

---

[3]   Ibidem, v. 16, p. 153-9.
[4]   Ibidem, v. 8, p. 81; MEGA-2 I/11, p. 65.
[5]   Ver, neste volume, cap. 6, seção 3.

144   A LUTA DE CLASSES

O erro de Engels é recorrer às vezes a formulações que implicam o deslizamento – ou criam a impressão do deslizamento – da história na natureza. Há, porém, poucas dúvidas sobre a inspiração de fundo. Em 1848, confirmando o papel decisivo da história, Engels compara Provença e Polônia. Com sua cultura e sua "bela língua", a primeira desenvolveu por muito tempo um papel de vanguarda, mas em seguida acabou sofrendo a "completa aniquilação de sua nacionalidade" e a total assimilação pela França. No plano histórico e social, verifica-se até uma inversão: a Provença torna-se o ponto de concentração da "oposição contra as classes progressivas da França inteira" e o "ponto de força da contrarrevolução". Parece oposto o destino da Polônia, que por tanto tempo representou a encarnação do Antigo Regime e da opressão exercida por uma restrita aristocracia contra a massa imensa dos servos da gleba. Mas agora, desenvolvendo a luta contra a opressão nacional e promovendo uma "revolução democrático-agrária" da qual participa generosamente pelo menos uma parte da nobreza, a Polônia pode ser a vanguarda revolucionária dos povos eslavos. Tanto que ela constitui a antagonista por excelência àquele baluarte da reação que é a Rússia czarista[6].

Mas nem a Rússia é claramente imóvel no tempo. Em 1875, Engels relata com esperança a agitação social que se difunde no imenso país.

> Há séculos que a grande massa do povo russo, formada por camponeses, vegetava de uma geração a outra em uma espécie de degradação sem história (*geschichtslose Versumpfung*), e a única mudança que interrompia essa tristeza eram revoltas isoladas e infrutuosas seguidas por novas opressões por parte da nobreza e do governo, quando o mesmo governo, em 1861, pôs fim a essa ausência de história (*Geschichtslosigkeit*) com a abolição não mais procrastinável da servidão da gleba e com a supressão das *corvées* [...]. As próprias condições em que se encontra agora o camponês russo o empurram ao movimento.[7]

Depois de perdurar por tanto tempo, a "ausência de história" das massas camponesas e da ampla maioria da população russa não só tem fim, como parece estar a ponto de transformar-se em seu contrário. No prefácio à segunda edição da tradução russa do *Manifesto Comunista*, Marx e Engels expressam a esperança de que a revolução na Rússia constitua "o sinal para a revolução

---

[6]   MEW, v. 5, p. 354-5.

[7]   Ibidem, v. 18, p. 586.

proletária no Ocidente"[8]. Esse grande país pode desenvolver uma função de vanguarda pelo fato de que nele age – observa Engels em uma carta de 23 de abril de 1885, endereçada a Vera Zasulič – "um partido que faz suas, abertamente e sem ambiguidades, as grandes teorias econômicas e históricas de Marx" e do qual podemos ficar orgulhosos[9]. O baluarte da reação está para transformar-se em baluarte da revolução. O país caraterizado por longo tempo pela "ausência de história" está por tornar-se, retomando uma expressão de Marx, uma "locomotiva da história"[10]. A hierarquização das lutas de classes, imposta em determinadas circunstâncias por uma trama particularmente emaranhada de contradições e de conflitos das liberdades, nada tem a ver com a hierarquização naturalista das nações.

2. EMANCIPAÇÃO DOS ESCRAVOS E "GOVERNO DESPÓTICO"

O que faz emergir o conflito entre liberdades é também a Guerra de Secessão. No momento de sua eclosão, Marx relata as argumentações dos filossulistas nas duas margens do Atlântico da seguinte maneira: "Mesmo se a justiça estivesse do lado do Norte, permaneceria, todavia, vã a tentativa de querer submeter pela força 8 milhões de anglo-saxões"[11]. E ainda: "Os estados do Sul têm o direito de separar-se do Norte na mesma medida em que os Estados Unidos tinham o direito de separar-se da Inglaterra"[12]. Eis um bom exemplo de lógica binária! Concentra-se exclusivamente no embate ente as duas seções da comunidade branca, abstraindo tanto a sorte dos afro-americanos como a política externa das duas partes em luta. Vejamos agora a resposta de Marx: James Buchanan, o sulista que ocupava o cargo de presidente dos Estados Unidos antes de Lincoln, perseguia uma política que tinha como emblema a exportação, ou seja, "a propaganda armada da escravidão no México e na América Central e meridional"; sim, naqueles anos o "objetivo declarado" de Washington era "a propagação da escravidão no exterior pela força das armas". Mas não é tudo: Buchanan estava resolvido a anexar Cuba, comprando-a eventualmente dos espanhóis ou ainda recorrendo às armas, em todo caso, sem

---

[8] Ibidem, v. 19, p. 296 [ed. bras.: Karl Marx e Friedrich Engels, *Manifesto Comunista*, cit., p. 73].

[9] Ibidem, v. 36, p. 303-4.

[10] Ibidem, v. 7, p. 85.

[11] Ibidem, v. 15, p. 329.

[12] Ibidem, v. 15, p. 456.

146 A LUTA DE CLASSES

consultar a população local[13]. E, no que diz respeito aos seguidores europeus da Confederação escravista: "É maravilhoso observar o *Times* (que sustentou com ardente zelo todos os *coercion bills* contra a Irlanda) lamentar a perda da 'liberdade' no caso de o Norte tiranizar o Sul"[14]. Isto é, mesmo querendo abstrair a sorte dos afro-americanos, quem pode agitar com certa credibilidade a bandeira do autogoverno e da autodeterminação não são evidentemente os inimigos estadunidenses e europeus de Lincoln.

Estes últimos impõem um ulterior argumento: "O governo [da União], há três meses, não permite que ninguém abra a boca [...]. A guerra tem muitos inimigos no Norte, mas eles não ousam falar. Não menos de duzentos jornais foram suprimidos ou destruídos pela gentalha"[15]. E de novo observamos em ação a lógica binária. Ignorados e removidos todos os outros aspectos do conflito, comparam-se os regimes políticos vigentes no Sul e no Norte, que parece mais iliberal, porque se empenha em neutralizar os que propagandeiam a capitulação em relação aos secessionistas ou pelo menos o compromisso com eles. Em resposta, Marx evidencia que, muito antes da eclosão da guerra, um clima de insana violência contra os abolicionistas enfurecia cada canto do país, de modo que um líder como Wendell Phillips "há cerca de trinta anos" era obrigado não só a enfrentar insultos e ameaças dos "vândalos subornados", mas também a arriscar a "própria vida"[16]. E, portanto, nem concentrando-se exclusivamente na comunidade branca os secessionistas podem ser considerados os campeões da liberdade.

Obviamente, a abstração da sorte dos negros, da escravidão que lhe é infligida, é macroscópica e arbitrária. Marx não considera "formal" e "abstrato" nem o autogoverno nem a liberdade de imprensa e dedica páginas importantes a uma e outra causa. Acontece, porém, que em uma situação concreta e determinada somos obrigados a escolher: escravidão perpétua dos negros ou a parcial e temporária limitação do princípio do autogoverno e da liberdade de imprensa? Trata-se de duas opções dolorosas, embora não na mesma medida: a abolição da escravidão é a tarefa decididamente preeminente e prioritária. Daqui o firme apoio a Lincoln, embora ele suspenda o *habeas corpus* e imponha a conscrição obrigatória, reprimindo com mão de ferro a resistência e a revolta contra essa medida de arregimentação da população masculina adulta.

---

[13] Ibidem, v. 15, p. 338 e 334.

[14] Ibidem, v. 30, p. 242-3.

[15] Ibidem, v. 15, p. 456.

[16] Ibidem, v. 15, p. 530.

Mais do que isso, Marx e Engels convidam a União a dar prova de firmeza jacobina, a recorrer a "métodos revolucionários" na guerra contra a secessão escravista[17]. As hesitações são condenadas sem apelação: "Que covardia no governo e no Congresso! Tem-se medo da conscrição [...], de tudo que é urgentemente necessário"[18]. Infelizmente, "o partido cansado de guerra vem crescendo" e de tal maneira entrava a solução de "uma questão de tão desmedida importância"; "aumentam diariamente os sinais de abatimento moral, e a incapacidade de ganhar torna-se a cada dia maior. Onde está o partido cuja vitória e cujo *avènement* seria sinônimo de continuação à *outrance* e com todos os meios?"[19]. No conjunto – escreve Engels a Marx em 15 de novembro de 1862 –, a União parece não saber como enfrentar o "grande dilema histórico" em que se encontra[20].

Sucessivamente, torna-se mais equilibrado o juízo sobre Lincoln, que dá demonstração de inesperada energia e que, não casualmente, é acusado por seus adversários voltados ao compromisso com o Sul escravista de fazer recurso a métodos jacobinos, impondo "governos militares" e "tribunais militares" e interpretando "a palavra 'lei'" no sentido de "vontade do presidente" e o *habeas corpus* no sentido de "o poder do presidente de prender qualquer pessoa e pelo período que lhe agradar"[21]. Todavia, no conflito concreto entre liberdades que se criou, com certeza é Lincoln, não seus adversários, que encarna a causa da liberdade.

Marx não é o primeiro a pôr em discussão a leitura binária do conflito social e a levantar o problema do conflito entre liberdades. No fim do século XVIII, Adam Smith[22] observava: a escravidão pode ser eliminada mais facilmente por um "governo despótico" do que por um "governo livre", com seus organismos representativos reservados exclusivamente aos proprietários brancos. Nesse caso, os escravos negros estão numa condição desesperadora: "Toda lei é feita por seus patrões, os quais nunca deixarão passar uma medida que lhe seja de prejuízo". E assim: "A liberdade do homem livre é a causa da grande opressão dos escravos

---

[17] Ibidem, v. 30, p. 270.

[18] Ibidem, v. 30, p. 255.

[19] Ibidem, v. 30, p. 294 e 328.

[20] Ibidem, v. 30, p. 298.

[21] Em Arthur Schlesinger Jr. (org.), *History of United States Political Parties* (Nova York/ Londres, Chelsea House and Bawker, 1973), p. 915-21.

[22] Adam Smith, *Lectures on Jurisprudence* (1762-1763 e 1766) (Indianápolis, Liberty Classics, 1982), p. 452-3 e 182.

148   A LUTA DE CLASSES

[...]. E como eles constituem a parte mais numerosa da população, nenhuma pessoa que tenha humanidade desejará a liberdade num país que estabeleceu essa instituição". De maneira análoga havia argumentado Hegel[23] em relação à servidão da gleba: para aboli-la, é necessário que sejam "violados despoticamente os direitos privados" dos senhores feudais e que seja atingida "a liberdade dos barões", que comporta a "absoluta servidão" da "nação" e impede a "libertação dos servos da gleba". Nessa linha de pensamento, podemos colocar também a forma de argumentação do *Manifesto Comunista*, que exige "intervenções despóticas no direito de propriedade e nas relações de produção burguesas" para pôr fim ao "despotismo" exercido pelo patrão e à escravidão assalariada[24].

Para ser exato, não se trata de escolher entre "liberdade" e "despotismo", como poderia parecer por algumas formulações de Smith, mas de compreender o conflito entre liberdades; no que diz respeito à situação descrita pelo grande economista, a luta pela liberdade passava pela luta sem trégua contra os proprietários de escravos e os organismos representativos "livres" por eles monopolizados.

3. O CONFLITO DAS LIBERDADES NAS COLÔNIAS

A condição dos afro-americanos conduz-nos ao tema mais geral dos povos coloniais e de origem colonial. A categoria que dá o título a este capítulo ("conflito das liberdades") permite que nos orientemos nas oscilações e na evolução de Marx e Engels a propósito do tema que me proponho analisar.

Desde o início eles chamam atenção para a tragédia dos países atropelados pelo expansionismo colonial. Não tem tanta importância a referência aos escravos "negros protagonistas da revolução de Haiti", da qual já fala *A ideologia alemã*, ou a evidenciação em *Miséria da filosofia* do fato de que o capitalismo inglês sacrifica em massa o povo indiano no altar do bem-estar ou da paz social na metrópole. Outra consideração é mais importante. As categorias centrais da análise do capitalismo desenvolvida pelos dois pensadores implicam a colocação da questão colonial: a escravidão mascarada e camuflada, identificada e denunciada na metrópole, é explicitamente contraposta à escravidão "sem máscara"

---

[23] G. W. F. Hegel, *Vorlesungen über die Philosophie der Weltgeschichte* (org. G. Lasson, Leipzig, Meiner, 1919-1920), p. 918 e 902-3 [ed. it.: *Lezioni sulla filosofia della storia*, Florença, La Nuova Italia, 1963, v. 4, p. 195 e 176-7].

[24] MEW, v. 4, p. 481 e 469 [ed. bras.: Karl Marx e Friedrich Engels, *Manifesto Comunista*, cit., p. 58].

imposta ao "novo mundo"[25]. Mesmo quando o discurso é mais elíptico, fica evidente que a "escravidão assalariada" chama imediatamente à memória, além da escravidão antiga, a escravidão negra e colonial.

O expansionismo colonial está longe de constituir a marcha triunfal da civilização e do progresso com que fantasia a cultura do tempo. São iluminadoras as páginas que Marx dedica, nos anos 1850, à conquista da Ásia. Mais do que pelos "militares britânicos", isto é, pela violência militar direta, as tradicionais "comunidades familiares [...] baseadas na indústria doméstica" e "autossuficientes" entram irremediavelmente em crise sob os golpes "do vapor e do livre-câmbio *made in England*": "miríades de laboriosas comunidades sociais, patriarcais e inofensivas" são "atiradas num mar de sofrimento, e seus membros individuais perdem ao mesmo tempo sua antiga forma de civilização e seus meios de subsistência hereditários"[26]. Não há dúvidas: "Os efeitos destruidores da indústria inglesa, observados em relação à Índia, um país grande como a Europa inteira, são palpáveis e são terríveis"[27]. Assistimos, na Ásia, a um retrocesso assustador: na China também "a população precipita em massa no pauperismo"[28]. Torna-se sempre mais nítido aquilo que nos nossos dias foi definido como a "grande divergência".

A tragédia dos povos investidos pela colonização vai muito além da deterioração das condições de vida materiais:

A miséria infligida pela Grã-Bretanha ao Indostão é de uma espécie essencialmente diferente e infinitamente mais intensiva do que a que todo o país teve de sofrer em épocas anteriores [...]. A Inglaterra [...] destruiu toda a estrutura da sociedade indiana, sem que ainda hoje apareçam quaisquer sintomas de reconstituição. Essa perda de seu velho mundo, sem qualquer ganho de um novo, confere uma espécie particular de melancolia à miséria atual dos hindus e separa o Indostão dominado pelos britânicos de todas as antigas tradições e do conjunto de sua história passada.[29]

O quadro do colonialismo aqui delineado é impiedoso. Não faltam, todavia, declarações que dão o que pensar: "Pode a humanidade cumprir seu

---

[25] Ver, neste volume, cap. 1, seções 1 e 3.

[26] MEW, v. 9, p. 132; MEGA-2 I/12, p. 172-3.

[27] MEW, v. 9, p. 225; MEGA-2 I/12, p. 252.

[28] MEW, v. 7, p. 222.

[29] Ibidem, v. 9, p. 128-9; MEGA-2 I/12, p. 169.

destino (*destiny*) sem uma profunda revolução nas relações sociais da Ásia?". Pois bem, embora impulsionada por motivações egoísticas e até mesmo ignóbeis, a Inglaterra conquistadora conduz na Índia "a maior, e para dizer a verdade, a única *revolução social* de que já se ouviu falar na Ásia"[30]. E então: "A Índia não podia fugir ao destino (*fate*) de ser conquistada"[31]. No plano da filosofia da história a conquista e o domínio inglês têm assim reconhecida certa legitimação.

Podemos compreender essa atitude com base no conflito entre liberdades. Faltando um sujeito revolucionário, em uma colônia congelada por uma ordem de castas que divide os habitantes de forma transversal e permanente, com uma rigidez de tipo racial que impede a formação de uma consciência e de uma identidade nacionais, e *a fortiori* a ideia de unidade do gênero humano, o único estímulo à mudança de uma situação intolerável parece surgir do exterior. Se de um lado atropela o princípio do autogoverno e comporta graves custos sociais e humanos, do outro lado o domínio colonial põe objetivamente em discussão a ordem de castas e introduz os primeiros elementos de mobilidade social, levando, então, as fundações a ulteriores e mais radicais transformações. Efetivamente, a legitimação do papel da Inglaterra que está aqui em discussão é parcial e problemática: "O período histórico burguês", ao promover (no plano material e no espiritual) o mercado mundial e "a troca de todos com todos, baseado na mútua dependência dos homens" e "no desenvolvimento das forças produtivas humanas", cria as condições para a "grande revolução social", chamada a criar o "mundo novo"[32]. Se o domínio colonial é a negação da sociedade de castas, essa negação imposta pelo exterior encontra uma justificativa no plano da filosofia da história apenas pelo fato de estimular a negação da negação, portanto, a superação do "período histórico burguês" (e do domínio colonial). Permanece em Marx a preferência por outra solução do conflito entre liberdades: uma revolução proletária na Inglaterra, isto é, o desenvolvimento de um movimento de libertação nacional na Índia[33].

Significativamente, enfoques bastante diferentes aparecem em um artigo dedicado ao outro grande país asiático e publicado no *New York Daily Tribune* de 5 de junho de 1857. Nesse caso, a celebração da "guerra nacional e popular"

---

[30] MEW, v. 9, p. 132; MEGA-2 I/12, p. 172-3.

[31] MEW, v. 9, p. 220; MEGA-2 I/12, p. 248.

[32] MEW, v. 9, p. 226; MEGA-2 I/12, p. 248.

[33] MEW, v. 9, p. 224; MEGA-2 I/12, p. 251.

conduzida pela China contra "a criminosa política do governo de Londres" é explícita e categórica. Com o fim de evitar o "perigo mortal incumbente sobre a velha China", seu povo combate com "fanatismo" e sem respeitar as regras. De modo que, "em vez de alardear as crueldades dos chineses (como costuma fazer a cavalheiresca imprensa britânica), melhor faríamos se reconhecêssemos que se trata de uma guerra *pro aris et focis*, de uma guerra popular pela sobrevivência da nação chinesa"[34]. A tentativa britânica de submeter a China não é de alguma forma legitimada. Ela pode com certeza fugir ao "destino de ser conquistada", o que, ao contrário, segundo a análise desenvolvida quatro anos antes, parecia incumbir inexoravelmente sobre a Índia. Na China não há o peso da ordem de castas, o que possibilita o desenvolvimento de um poderoso movimento de resistência e de libertação nacional.

No entanto, na Índia também eclodiu uma "guerra insurrecional". Evidentemente os Sepoy revoltosos mancharam-se de crimes horríveis, aos quais, porém, a Inglaterra respondeu com crimes ainda piores: "A tortura forma um instituto orgânico da política financeira do governo" britânico; "o estupro, o massacre de crianças ao fio de espada, o incêndio das aldeias são, então, divertimentos gratuitos" dos "oficiais e dos funcionários ingleses", os quais se arrogam e exercem sem poupar "poderes ilimitados de vida e morte"[35].

Marx já amadureceu uma conclusão de caráter geral. Sim, a potência colonial é o país mais avançado; todavia, mesmo continuando a existir, pensado melhor, ou à luz da nova situação, o conflito entre liberdades não joga mais a favor da Inglaterra, que deveria ser "obrigada pela pressão geral do mundo civil a abandonar a cultivação forçada do ópio na Índia e a propaganda armada a favor de seu consumo na China"[36].

Nos anos imediatamente seguintes intervém a crise resultada na Guerra de Secessão. As pesquisas que Marx é estimulado a realizar conduzem a resultados que colocam uma nova luz sobre a história do colonialismo. Na época, na *Nova Gazeta Renana*, dirigida por Marx, apareceu, em 15 de fevereiro de 1849, um artigo de Engels que assim havia lido a guerra desencadeada, algum tempo antes, pelos Estados Unidos contra o México: graças também ao "valor do voluntários americanos", "a esplêndida Califórnia foi arrebatada aos indolentes mexicanos, os quais não sabiam o que fazer dela";

---

[34] MEW, v. 12, p. 213-5.

[35] Ibidem, v. 12, p. 285-6.

[36] Ibidem, v. 12, p. 549.

aproveitando das novas gigantescas conquistas, "os enérgicos Yankees" dão um novo impulso à produção e à circulação da riqueza, ao "comércio mundial", à difusão da "civilização" (*Zivilisation*). As objeções de caráter moral ou jurídico foram caladas pelo autor do artigo de maneira bastante apressada – com certeza, o México foi derrotado por uma agressão que, contudo, constituía um "fato histórico universal" de enorme e positivo legado[37]. Uma leitura grosseiramente binária, pois limitava-se a comparar o diverso grau de desenvolvimento da economia e do regime representativo no México e nos Estados Unidos e concluía celebrando a guerra dos Estados Unidos como sinônimo de exportação da "civilização" e da revolução antifeudal! Ignorava-se a circunstância de que a escravidão tinha sido abolida no país derrotado, mas não no país vencedor. Este último, embriagado também pelo triunfo militar, agitava a bandeira (de clara marca colonialista) do "destino manifesto", da missão providencial, que movia os Estados Unidos a dominar ou controlar o continente americano inteiro. Os estudos de Marx iniciados à véspera e no curso da Guerra de Secessão revelavam ulteriores detalhes: os Estados Unidos tinham reintroduzido a escravidão no Texas, conquistado o México, e os estados do Sul dos Estados Unidos aspiravam a edificar na América Central uma espécie de império colonial e escravista.

Publicado pouco depois do fim da Guerra de Secessão, o primeiro livro de *O capital* desenha um quadro memorável dos horrores da "acumulação originária" e do expansionismo colonial do Ocidente; é um implícito e renovado apelo aos partidos operários para rejeitarem de vez as lisonjas do "socialismo imperial".

4. O INTERNACIONALISMO E SUAS FORMAS

Uma vez superada a leitura binária do conflito, qual seria o destino do internacionalismo? Seu significado resulta imediatamente evidente se iniciarmos pela hipótese de uma "contraorganização internacional do trabalho" que se opõe à "conspiração cosmopolita do capital". O quadro se complica ao considerarmos a multiplicidade das formas da luta de classes e, em particular, da questão nacional. É muito mais difícil promover a solidariedade internacionalista no âmbito de uma frente cujos sujeitos são bastante diferentes um do outro: às vezes uma singular classe social (o proletariado), outras vezes um povo todo que luta contra a "exploração de uma nação sobre outra".

---

[37] Ibidem, v. 6, p. 273-5.

Como deve ser interpretada, então, a palavra de ordem internacionalista ("Proletários de todos os países, uni-vos!"), que encerra o *Manifesto Comunista*? Quer ela evocar um conflito de caráter binário e uma frente de luta que de modo uniforme divide transversalmente todos os países, de sorte que se contraporiam, em todo lugar e de forma mais ou menos exclusiva, as mesmas classes sociais, o proletariado e a burguesia? Essa palavra de ordem encerra também a *Mensagem inaugural* (da Associação Internacional dos Trabalhadores), que de maneira explícita chama os trabalhadores da Inglaterra (e dos países industriais mais avançados) a apoiar a luta de "libertação nacional" da qual são protagonistas nações como a Irlanda e a Polônia. Não só. A *Mensagem inaugural* declara solenemente: "Não foi a sabedoria das classes dominantes, mas sim a resistência heroica que as classes trabalhadoras da Inglaterra impuseram à sua loucura criminosa o que salvou o oeste da Europa de mergulhar numa infame cruzada pela perpetuação e pela propagação da escravatura do outro lado do Atlântico"[38]. O internacionalismo proletário pode manifestar-se apoiando o movimento de libertação nacional, que às vezes (como no caso da Polônia) registra a participação de uma frente de luta tão ampla que pode incluir até a nobreza, e um governo burguês (o de Lincoln) empenhado em reprimir com a força das armas a secessão escravista.

Por outro lado, secando uma fonte essencial da "riqueza material" e da "força moral" das classes dominantes da Inglaterra, a "luta nacional irlandesa" e a "emancipação nacional da Irlanda" constituem uma contribuição internacionalista essencial à "emancipação da classe operária" inglesa[39]. Assim como a luta de classes, o internacionalismo também assume formas diferentes.

Um "internacionalismo" que ignore essa diversidade das formas revelar-se-ia ingênuo e perigoso. À véspera da revolução de 1848, Engels zomba nesses termos de Louis Blanc, que, esquecendo o império napoleônico e suas práticas coloniais e semicoloniais, ama apontar em seu povo a encarnação do cosmopolitismo: "Os democratas das outras nações [...] não se contentam com a garantia de que, na qualidade de franceses, eles já são cosmopolitas; tal garantia leva à exigência de que todos os outros se tornem franceses"[40]. Não casualmente, mais tarde Blanc será etiquetado como "democrata imperial",

---

[38] Ibidem, v. 16, p. 13 [ed. bras.: Karl Marx, "Mensagem inaugural da Associação Internacional dos Trabalhadores", em Marcello Musto (org.), *Trabalhadores, uni-vos! Antologia política da I Internacional*, trad. Rubens Enderle, São Paulo, Boitempo, 2014, p. 99].

[39] Ibidem, v. 32, p. 667-8.

[40] Ibidem, v. 4, p. 428.

que em vão posa de revolucionário[41]. Se elude a questão nacional e a tarefa realmente internacionalista do apoio às nações oprimidas, o pretenso cosmopolitismo ou internacionalismo transforma-se em um chauvinismo acrítico e exaltado.

É também o ponto de vista de Marx que, depois de ridicularizar o "cinismo de cretino" exibido por Proudhon em relação à aspiração da Polônia a se livrar do jugo do Império Russo, liquida como "stirnerismo proudhonizado" a tese de que "toda nacionalidade e as nações enquanto tais" seriam "preconceitos superados" (*préjugés surannés*). Trata-se de uma carta a Engels de 20 de junho de 1866, que assim prossegue:

> Os ingleses riram muito quando iniciei meu discurso observando que o amigo Lafargue etc., que aboliu as nacionalidades, dirigiu-se a nós "em francês", isto é, numa língua que 9/10 do auditório não compreendiam. Ademais, mencionei o fato de que ele, de modo absolutamente incônscio, por negação das nacionalidades, entende sua absorção na nação francesa modelo.[42]

Somos levados a pensar na ironia com que Engels, quase vinte anos antes, encarou as declamações cosmopolitas e internacionalistas de Blanc. Engels faz um ulterior processo de maturação. Em um texto de 1866, ele critica os iluministas franceses por terem se deixado enganar pela política de Catarina II e pelo czarismo em geral. Na Polônia, a Rússia erguia-se como protetora dos ortodoxos. Ortodoxos eram sobretudo os servos da gleba, e eis então que a Rússia, junto com a bandeira da "tolerância religiosa", não hesitava em agitar também a da revolução social; ela intervinha no país objeto de sua cobiça "em nome do direito da revolução, armando os servos da gleba contra seus senhores" – eis um "modelo de guerra de classe", isto é, de "guerra de classe contra classe"[43]. Como se observa, se ignorarmos ou removermos a questão nacional, a palavra de ordem mais revolucionária e mais internacionalista, agitada pelo próprio Marx em *Miséria da filosofia*[44], pode transformar-se num instrumento de legitimação do chauvinismo e do expansionismo. Engels acertou na análise. Podemos acrescentar que Frederico II de Prússia tem uma postura parecida à

---

[41] Ibidem, v. 31, p. 212-3.

[42] Ibidem, v. 31, p. 228-9.

[43] Ibidem, v. 16, p. 161-2.

[44] Ver, neste volume, cap. 4, seção 3

de Catarina II; ele, ao dirigir-se aos *philosophes*, assim justificava sua campanha contra a Polônia: "Os patrões exercem a mais cruel tirania sobre os escravos"[45].

A análise da evolução de Engels revela uma circunstância interessante: aquele que por algum tempo foi o teórico, grosseiro em alguns momentos, da exportação da revolução, torna-se depois seu crítico mais radical. Em 1870, Engels coloca o início da revolução burguesa na Prússia, não já no momento da chegada das tropas napoleônicas, mas no movimento de reformas que se desenvolve na esteira da luta de resistência nacional contra Napoleão[46]! Uma virada de posições aconteceu em relação aos livros *A sagrada família* e *A ideologia alemã*, escritos nos anos da juventude junto com Marx.

Sobre a temática em questão, o último Engels reflete em profundidade. Leiamos a carta a Karl Kautsky de 7 de fevereiro de 1882: "Um movimento internacional do proletariado só é possível entre nações independentes", assim como uma "cooperação internacional só é possível entre iguais"[47]. É uma tese reafirmada com força dez anos depois: "Uma sincera colaboração internacional das nações europeias só é possível quando cada nação singular for completamente autônoma em seu território nacional". Ao encabeçar a luta pela independência nacional, o "proletariado polonês" desenvolve também um papel internacionalista, enquanto põe os fundamentos para uma cooperação que seria impossível de outra maneira[48]. Sim – Engels repete dois anos antes de sua morte –, "sem a devolução da autonomia e da unidade a cada nação europeia" não é possível "a união internacional do proletariado"[49].

O perigo chauvinista não reside nas nações que obstinadamente lutam por libertação.

> Sou da opinião de que na Europa duas nações têm não só o direito, como também o dever de ser nacionais, ainda antes de ser internacionais: são os irlandeses e os poloneses. Eles são internacionais, no melhor sentido do termo, quando são autenticamente nacionais.[50]

---

[45] Em Furio Diaz, *Filosofia e politica nel Settecento francese* (Turim, Einaudi, 1962), p. 493, n. 1.

[46] MEW, v. 7, p. 539.

[47] Ibidem, v. 35, p. 270.

[48] Ibidem, v. 4, p. 588.

[49] Ibidem, v. 4, p. 590.

[50] Ibidem, v. 35, p. 271.

156 A luta de classes

Não, o perigo chauvinista é paradoxalmente representado pelo dito "inter-nacionalismo republicano" que, por exemplo, atribui à França, em virtude de suas glorias revolucionárias, uma "missão de libertação mundial"– a partir de um olhar mais atento, o "internacionalismo republicano" revela-se um exaltado "chauvinismo francês"[51]. É uma regra geral: ao ignorar a questão nacional, o internacionalismo transforma-se em seu oposto; a remoção das particularida-des nacionais em nome de um abstrato "internacionalismo" torna mais fácil para determinada nação apresentar-se como a encarnação do universal, e nisso consiste, justamente, o chauvinismo, aliás, o chauvinismo mais exaltado.

5. Movimento operário e "socialismo imperial"

Chamar atenção para a questão nacional (e colonial) torna-se tanto mais urgente pelo fato de que a ideologia colonialista está fazendo maciça irrupção nos próprios partidos operários, os quais, portanto, revelam-se cada vez mais incapazes de expressar solidariedade e apoio aos povos coloniais empenha-dos na luta de classes contra a "exploração de uma nação sobre outra". Já em 1858, Engels não só constata amargurado que "o proletariado inglês se aburguesa cada vez mais", mas acrescenta: "Afinal, isso é de alguma forma compreensível para uma nação que explora o mundo inteiro"[52]. Cinco anos depois, ele amplifica: "Do proletariado inglês toda energia revolucionária é quase desaparecida e ele declara-se completamente de acordo com o domínio da burguesia"[53].

Citei duas cartas a Marx, que chegam às mesmas conclusões: longe de solidarizar com o trabalhador irlandês – ele observa em 1870 –, "o operário inglês comum [...] percebe a si mesmo como membro da nação dominante [...]. Sua atitude é muito parecida à dos brancos pobres em relação aos negros nos velhos estados escravistas dos Estados Unidos"[54]. Assim, estamos diante de uma evolução ideológica que implica o deslizamento não só no chauvinismo, como também no racismo.

Marx tem razão quando denuncia que a inclinação do operário inglês a perceber o irlandês como uma espécie de "negro sujo", de *nigger*, "é

---

[51] Ibidem, v. 35, p. 270.
[52] Ibidem, v. 29, p. 358.
[53] Ibidem, v. 30, p. 338.
[54] Ibidem, v. 32, p. 668-9.

artificialmente vivificada e alimentada pela imprensa, pelos púlpitos e pelos quadrinhos, em resumo, por todos os instrumentos de que dispõem as classes dominantes"[55]. Permanece o fato de que essa campanha tem sucesso tanto na Inglaterra como nos Estados Unidos, onde, sempre segundo a observação de Marx, os brancos de condições modestas abraçam a causa dos proprietários de escravos e frequentemente constituem a base social de massa para as tentativas de exportação da escravidão na América Central. Em todo caso, não é mais possível cultivar a ilusão originada pela leitura binária do conflito e da crença, conexa, na imediata evidência sensível da exploração, ilusão tão importante em particular para o jovem Engels, segundo a qual o proletariado é estranho aos "preconceitos nacionais" das classes dominantes.

Bastante diferente das esperanças iniciais é o quadro que o próprio Engels delineia em uma carta de 12 de setembro de 1882 a Kautsky. O governo de Londres e as classes dominantes estão orientados a cooptar os colonos brancos de ultramar: "Os territórios ocupados pela população europeia, o Canadá, o Cabo, a Austrália, tornar-se-ão todos independentes"; não da mesma forma, os territórios habitados pelos "indígenas", os quais continuarão a ser oprimidos e explorados. E, infelizmente, essa política encontra o apoio dos "operários" ingleses, os quais "desfrutam também de uma bela fatia do monopólio inglês das colônias e do mercado mundial" e não pretendem pôr em discussão o colonialismo. E, assim, os povos de cor, além da luta, só podem esperar a ajuda de um proletariado que saiba resistir às lisonjas do expansionismo colonial. Qual deve ser concretamente sua atitude?

> Talvez a Índia faça a revolução, aliás, é muito provável, e como o proletariado em luta pela libertação não pode travar guerras coloniais, dever-se-á aceitar esse processo, embora ele não se desenvolva naturalmente sem destruições de todo tipo, o que, ademais, é inseparável de toda revolução. A mesma coisa poderia acontecer em outros lugares, por exemplo na Argélia e no Egito, e isso seria por nós com certeza a melhor coisa.

Sim, em relação ao Ocidente, colônias ou ex-colônias encontram-se em um estado de desenvolvimento mais atrasado, são "semicivilizadas", mas seria insensatez querer exportar ali a civilização ou a revolução.

---

[55] Ibidem, v. 32, p. 669.

O proletariado vitorioso não pode impor nenhuma felicidade a nenhum povo estrangeiro sem minar, com isso, a sua própria vitória; além disso, em tal caso não se devem excluir guerras defensivas de tipo diverso.[56]

É um sinal de alerta que não consegue arrestar a difusão do "socialismo imperial" entre as fileiras da classe operária. Ao desafio constituído por essa grave mutilação da luta de classes propõe-se responder Lenin.

---

[56] Ibidem, v. 35, p. 357-8.

VI
PASSAGEM A SUDESTE. QUESTÃO NACIONAL E LUTA DE CLASSES

1. Lenin crítico das mutilações da luta de classes

Cinco anos após a morte de Engels, ao escrever nos *Sozialistische Monatshefte*, Bernstein observa com satisfação:

> Se hoje nos Estados Unidos, no Canadá, na América do Sul, em certas partes da Austrália etc., diversos milhões de homens conseguem se manter, em vez das centenas de milhares de outros tempos, isso se deve à penetração colonizadora da civilização europeia; e se hoje na Inglaterra e em outros lugares muitos produtos alimentícios e especiarias dos trópicos tornaram-se parte dos gêneros de consumo popular, se as áreas de pastos e os grandes campos americanos e australianos ajudam a baratear carne e pão para milhões de trabalhadores europeus, deve-se agradecer às empresas coloniais [...]. Sem a expansão colonial da nossa economia, a miséria que ainda temos hoje na Europa e que nos esforçamos para extirpar, seria muito mais grave e teríamos muito menos esperanças de eliminá-la. Mesmo contrabalanceando com os crimes do colonialismo, a vantagem conseguida através das colônias tem grande peso no prato da balança.[1]

Concentremo-nos na última afirmação. Ela cai no momento em que se completa a eliminação dos peles-vermelhas nos Estados Unidos e dos aborígenes na Austrália e na Nova Zelândia; são os anos em que, na África do Sul,

---

[1] Eduard Bernstein, "Der Sozialismus und die Kolonialfrage", em *Sozialistische Monatshefte*, 1900, p. 549-62 e 559.

"os bôeres cristãos", como diria Ludwig Gumplowicz[2], teórico e apologista da "luta racial", consideram e tratam "os homens da selva e os hotentotes" não como "homens", mas como meros "seres" (*Geschöpfe*) licitamente extermináveis à guisa de "caçada no bosque".

Para Bernstein, porém, os "crimes" do colonialismo pesam menos do que a "vantagem" que se conseguiu por meio deles. Se Lassalle resolve a luta de classes na realização de um rudimentar Estado social desprovido de democracia política, os laboristas ingleses em primeiro lugar, e depois Bernstein, resolvem-na na realização de uma democracia política que luta para conquistar reformas sociais mais ou menos significativas, mas que legitima a expansão colonial e que, aliás, tira proveito dela. O "socialismo imperial" está claramente avançando também no interior do Partido Socialista, que nesse momento goza de mais prestigioso e autoridade.

Esse é o quadro histórico que devemos ter presente se quisermos compreender *Que fazer?*, texto de Lenin que aparece dois anos depois do citado artigo de Bernstein. Dois anos também transcorreram da expedição internacional promovida pelas grandes potências para derrotar na China a revolta dos Boxer: a violência colonialista – observa Lenin em dezembro de 1900 – abateu-se também "sobre os chineses inermes, os quais foram afogados e massacrados, sem que houvesse algum freio diante do extermínio de mulheres e crianças, para não dizer do saqueio de palácios, casas e lojas". Os soldados russos e os invasores em geral arrebataram-se "como animais ferozes, lançando às chamas aldeias inteiras, afogando no Amur, fuzilando e espetando sob as baionetas os habitantes inermes, suas mulheres e suas crianças". Contudo, essa infâmia foi celebrada como "missão civilizadora" pelas classes dominantes, pelas "gazetas mercenárias" e, em última análise, por uma ampla, talvez amplíssima, opinião pública[3]. É uma empresa que também mira a "corromper a consciência política das massas populares". Para "eliminar o descontentamento do povo", procura-se transferi-lo "do governo a outros". Não se trata de uma operação difícil.

Fomenta-se, por exemplo, a hostilidade contra os judeus: a imprensa sensacionalista arrebata-se contra os judeus, como se o operário judeu não sofresse, em consequência do jugo do capital e do governo policial, da mesma forma que o

---

[2] Ludwig Gumplowicz, *Der Rassenkampf. Soziologische Untersuchungen* (Innsbruck, Wagner'sche Universitätsbuchandlung, 1883), p. 249.

[3] LO, v. 4, p. 407 e 409.

operário russo. Hoje foi desencadeada pela imprensa uma campanha contra os chineses, grita-se da barbárie da raça amarela, acusando-a de ser hostil à civilização, fala-se de missão civilizadora da Rússia, do entusiasmo que acompanha os soldados russos que combatem etc. Rastejando diante do governo e do bolso do capital, os jornalistas se agitam para revigorar no povo o ódio contra a China.[4]

Os resultados dessa campanha descomedida não são poucos: "No meio de todo esse júbilo, só se cala a voz dos trabalhadores conscientes, destes representantes de vanguarda dos muitos milhões de homens que compõem o povo trabalhador"[5]. Mesmo concentrando o olhar no proletariado, só uma minoria resiste ao extravasante contágio chauvinista.

Lenin não compartilhou a ilusão cultivada por Marx e Engels nos anos de sua juventude: para eles, o processo que levava o proletariado a expressar uma consciência revolucionária e a realizar uma revolução destinada a emancipar, além de determinada classe social, a humanidade inteira, era irresistível. A revolução burguesa concluíra-se com a cooptação e com a fusão entre velha e nova classe dominante, de modo que as relações de exploração e de domínio haviam permanecido intactas; para o bloco social no poder na primeira metade do século XIX, ao contrário, não era possível cooptar o proletariado, colocado em uma posição de antítese irredutível em relação à burguesia. A emancipação do proletariado teria constituído então a emancipação da humanidade e o configurar-se do proletariado como subjetividade revolucionária consciente teria sido a virada decisiva (e que já se perfilava no horizonte) na história mundial. Agora a tendencial cooptação de setores consistentes do proletariado inglês ou de outros países na aventura e na exploração colonial está sob os olhos de todos.

Cai, assim, um ulterior pressuposto da plataforma que Marx e Engels haviam elaborado no período juvenil, mas que, contudo, não repudiaram nem explicitamente problematizaram nos anos sucessivos: "A abstração de toda humanidade, até mesmo da *aparência* da humanidade" era tão clara nas condições de vida do proletariado que, graças à "*visão* da posição dessa classe", mesmo indivíduos que lhe são socialmente estranhos podiam participar de sua indignação e de sua luta[6]. O sucesso do "socialismo imperial" por um lado acaba involuntariamente chamando atenção para o sujeito revolucionário

---

[4] Ibidem, v. 4, p. 411.

[5] Ibidem, v. 4, p. 407.

[6] Ver, neste volume, cap. 4, seção 4.

constituído pelos povos coloniais oprimidos e obrigados a pagar o preço da política de cooptação perseguida pela burguesia em relação à classe operária da metrópole capitalista; por outro lado, tal sucesso põe em crise a ingênua epistemologia sensista que atribuía um caráter por si só iluminador à imediata percepção empírica. A nova situação que se criou impõe a passagem a uma análise racional da totalidade das relações políticas e sociais, em âmbito nacional e internacional, como condição para a formação da consciência e da participação, a partir de posições revolucionárias, à luta de classes.

Além da questão colonial, as contradições interimperialistas caminhavam nessa mesma direção. Já Engels, em uma carta a August Bebel datada de 15 de fevereiro de 1886, havia observado que na Inglaterra "a massa dos operários em sentido próprio" tende a colocar-se do lado dos *Kampfzöllern*, isto é, dos que, em nome do "*fair trade*" e da luta contra a concorrência desleal criticada aos outros países [e, em primeiro lugar, à Alemanha], queriam proteger a indústria inglesa com o protecionismo aduaneiro[7]. A concorrência cada vez mais dura entre as grandes potências capitalistas tendia a envolver a própria classe operária. O fenômeno estava destinado a agravar-se nos anos seguintes. Nos apontamentos preparatórios para seu ensaio sobre o imperialismo, Lenin retomava do livro de um historiador alemão uma notícia que o deixara abalado e amargurado: "Em agosto 1893, em Aigues Mortes, operários italianos foram espancados e deixados agonizando por seus concorrentes franceses"[8]. O processo de aquisição da consciência de classe revelava-se cada vez mais repleto de obstáculos. À virada política, que impunha que se prestasse particular atenção aos efeitos devastadores do imperialismo, correspondia uma virada epistemológica, com o abandono da plataforma sensista que, talvez, nos jovens Marx e Engels resultava da influência de Feuerbach. Podemos agora compreender *Que fazer?*.

> A consciência da classe operária não pode ser verdadeira consciência política se os operários não estiverem habituados a reagir contra *todo* abuso, contra *toda* manifestação de arbitrariedade e de opressão, de violência e de ultraje, *quaisquer que sejam as classes* atingidas, e a reagir de um ponto de vista social-democrata, e não de um ponto de vista qualquer. A consciência das massas operárias não pode ser verdadeira consciência de classe se os operários não

---

[7] MEW, v. 36, p. 444-5.

[8] LO, v. 39, p. 652.

aprenderem, com base nos fatos e nos acontecimentos políticos concretos e atuais, a observar *cada uma* das outras classes sociais em *todas* as manifestações da vida intelectual moral e política; se não aprenderem a aplicar na prática a análise e o critério materialista a todas as formas de atividade e de vida de todas as classes, camadas e grupos da população. Quem induz a classe operária a voltar sua atenção, seu espírito de observação e sua consciência exclusiva ou principalmente para si mesma não é um social-democrata, porque, para a classe operária, a consciência de si está indissoluvelmente ligada ao conhecimento exato das relações recíprocas de *todas* as classes da sociedade contemporânea, e conhecimento não apenas teórico, aliás, menos teórico do que adquirido por meio da experiência da vida política [...]. O único terreno do qual é possível atingir essa consciência [política de classe] é o terreno das relações de *todas* as classes e de todas as camadas da população com o Estado e com o governo, é o campo das relações recíprocas de *todas* as classes.[9]

A aquisição da consciência de classe e a participação da luta revolucionária de classe pressupõem a compreensão da *totalidade* social e *todo* seu aspecto (os por mim evidenciados em itálico são os termos-chave). É necessária "uma organização de revolucionários capazes de dirigir *toda* a luta pela emancipação do proletariado"[10]. No que diz respeito à Rússia, o partido revolucionário caracteriza-se pela "denúncia política da autocracia em *todos* os aspectos"[11].

A ordem político-social que deve ser derrubada não se limita apenas à exploração do operário na fábrica. Não se deve perder de vista a opressão das minorias nacionais (e em particular dos judeus, no que diz respeito à Rússia), além de um expansionismo imperialista que sempre mira submeter novos povos. O partido revolucionário deve saber promover uma investigação e uma agitação "sobre a política interna e externa de nosso governo, sobre a evolução econômica da Rússia e da Europa", deve colher todas as ocasiões "para explicar a todos a importância histórica mundial da luta emancipadora do proletariado". Dessa luta emancipadora parte constitutiva e essencial é também a emancipação da mulher, além da emancipação dos escravos das colônias, racializados pela burguesia liberal como bárbaros fora da civilização e, portanto, destinados a sofrer a opressão dos super-homens brancos e ocidentais. Nesse sentido, o

---

[9] Ibidem, v. 5, p. 381 e 389-90.

[10] Ibidem, v. 5, p. 423.

[11] Ibidem, v. 5, p. 370.

revolucionário "tribuno popular" opõe-se ao reformista "secretário de uma *trade-union* qualquer"[12], que muitas vezes – observa depois o ensaio sobre o imperialismo, citando a observação de Engels que já conhecemos – comporta-se como o arrimo de uma classe dominante e o expoente acrítico de "uma nação que explora o mundo inteiro"[13].

2. *Psicologia das multidões* de Le Bon e *Que fazer?* de Lenin

Publicado dois anos depois da intervenção de Bernstein a favor do colonialismo e após o acirrar da "missão civilizadora" na China, *Que fazer?* sai com sete anos de distância da *Psicologia das multidões* de Gustave Le Bon. Não se trata de um detalhe sem importância. O autor francês convocava a burguesia a reorganizar seu aparato de propaganda hegemônico. Era necessário tomar ciência da "força extraordinária da publicidade" e, então, promover uma personalidade ou uma linha política como se fazia com um produto de consumo, com um "chocolate", por exemplo. Isso é universalmente sabido. Menos conhecida é uma ulterior consideração do psicólogo das multidões. Estas eram por definição incapazes de argumentar logicamente, mas tal dado, que aparentemente era uma desvantagem, constituía na realidade o pressuposto da solução do problema: "O tipo de herói tão amado pelas multidões sempre terá a estrutura de um César. Sua pluma seduz. Sua autoridade impõe respeito, e seu sabre suscita medo"[14]. Isto é, as massas se controlam fazendo recurso, no plano da propaganda, às técnicas de sedução próprias da publicidade comercial e, no plano dos conteúdos, entusiasmando-as para empresas militares e bélicas.

A plataforma de Lenin opõe-se à de Le Bon em ambos os planos. Para contrastar e neutralizar a máquina de estultificação de massas teorizada pelo psicólogo das multidões, *Que fazer?* apela à inteligência crítica dos operários de vanguarda, convidados a não se deixar apaziguar pelo "chocolate" oferecido pela classe dominante. E a primeira demonstração de autonomia de juízo está na capacidade de resistir à sedução da "pluma" de um "César". É necessário contrastar as expedições coloniais e os perigos de guerra que ameaçam a metrópole capitalista: "As potências europeias que se lançaram à conquista da China

---

[12] Ibidem, v. 5, p. 390-1.

[13] Ibidem, v. 22, p. 283.

[14] Gustave Le Bon, *Psicologia delle folle* (1895) (2. ed., Milão, Longanesi, 1980), p. 80 e 160.

já começaram a brigar pela partilha da presa, e ninguém pode dizer como essas brigas acabarão"[15].

Parece não fundamentada, então, a crítica comumente dirigida a Lenin de ter militarizado a vida política: o "sabre" do César evocado por Le Bon procura impor "autoridade" e suscitar "medo" também no interior do país; ao rejeitar a visão economicista da luta de classes, *Que fazer?* realça a importância da luta política pela democracia. No teórico da psicologia das multidões se realiza o tema, profundamente enraizado no âmbito da tradição liberal, da "multidão criança", convocada agora a seguir fielmente seu "Cesar" nas aventuras bélicas que se perfilam no horizonte; com o olhar voltado também para as expedições coloniais e os perigos de guerra entre as grandes potências, Lenin acusa os trade-unionistas (para os quais as massas populares podem ter interesse só em relação às reivindicações econômicas) de tratar os operários "como crianças"[16].

Efetivamente, o partido bolchevique consegue conquistar o poder até porque é o único partido socialista à altura do estado de exceção, que, depois de ter sido próprio da Rússia czarista, com a eclosão da Primeira Guerra Mundial, generaliza-se em âmbito europeu e até planetário. Não há dúvidas: estamos diante de um partido organizado de maneira que lhe permite passar, se necessário, da "arma crítica" à "crítica armada", segundo a fórmula do jovem Marx[17]. Entretanto, quem pretende liquidar o partido leninista como máquina exclusivamente empenhada na organização da violência deveria refletir com cuidado sobre o reconhecimento involuntário desse partido junto a um autor não suspeito. Ernst Nolte, o patriarca do revisionismo histórico, assim descreve a forma com que os bolcheviques enfrentam as tropas escolhidas de Lavr G. Kornilov, protagonista em setembro de 1917 de uma tentativa de golpe de Estado filo-czarista (apoiado pelo Ocidente liberal):

> Eles opuseram um exército de agitadores às tropas avançadas do comandante supremo para convencê-las de que, obedecendo a seus oficiais, eles agiriam contra seus mais autênticos interesses, prolongando a guerra, preparando o caminho para a restauração do czarismo. E, assim, na marcha sobre Petrogrado, e antes ainda em diversas localidades do país, as tropas sucumbiram à força de persuasão de argumentos que simplesmente articulavam seus desejos e suas angústias mais

---

[15] LO, v. 4, p. 411.

[16] Ibidem, v. 5, p. 400.

[17] MEW, v. 1, p. 385.

profundas e dos quais elas nem tinham plena consciência. Para nenhum dos oficiais presentes teria sido possível esquecer como os soldados debandavam, não sob o fogo das granadas, mas sob a tempestade das palavras.[18]

Vimos *Que fazer?* opor o dirigente sindical, que não possui uma autêntica consciência de classe, ao "tribuno popular" protagonista da luta de classes revolucionária. Concentrando-se exclusivamente sobre a "concretude" do aumento salarial ou da melhora das condições de trabalho, o primeiro fecha os olhos sobre a opressão contra os povos coloniais, aliás, não poucas vezes, acaba participando da arrogância chauvinista da burguesia da metrópole capitalista; continua dando prova de subalternidade também no curso da luta pela hegemonia entre as grandes potências e na mesma guerra imperialista. A conclamada "concretude" acaba assim revelando um abissal caráter abstrato, que comporta às vezes o sacrifício da vida das massas populares no altar dos interesses e das ambições da classe dominante.

Ao criticar o trade-unionismo, Lenin é repetidamente acusado por seus adversários de afastar-se "da posição classista, encobrindo os antagonismos de classes e colocando em primeiro plano o descontentamento comum contra o governo"[19]; sua insistência sobre as categorias de "nação" e "povo" (ou "população") é rejeitada enquanto estranha ao marxismo e ao "ponto de vista da luta de classes"[20]. Entretanto, para o revolucionário russo, é evidente que não se pode avançar rumo à conquista do "fim das classes" própria do proletariado "sem defender a igualdade das diversas nações"[21]. O que define a consciência de classe revolucionária é justamente a atenção para todas as relações de coerção que constituem o sistema capitalista e imperialista.

3. A "ENORME IMPORTÂNCIA DA QUESTÃO NACIONAL"

A opressão nacional faz parte dessas relações de coerção e, portanto, a luta contra ela é uma forma essencial da luta de classes. Justamente a partir desse pressuposto, Lenin, consegue prever com uma lucidez impressionante as linhas

---

[18] Ernst Nolte, *Der europäischer Bürgerkrieg (1917-1945). Nationalsozialismus und Bolschewismus* (Frankfurt/ Berlim, Ullstein, 1987), p. 55.

[19] LO, v. 5, p. 401.

[20] Ibidem, v. 20, p. 393 e nota.

[21] Ibidem, v. 20, p. 394.

essenciais do século XX. Não só porque percebe que o período de desenvolvimento relativamente pacífico é destinado a terminar. Ele sabe também antecipar os elementos constitutivos da grande crise histórica, da gigantesca tempestade que se adensa. Revelador é um texto de dezembro de 1914. Acirra-se um conflito mundial sem precedentes, e Lenin, ao apelar para a transformação da guerra imperialista em revolução, isto é, em guerra civil revolucionária, expressa todo o seu desdém em relação à retórica patriótica de muitos socialistas que objetivam justificar a carnificina em curso. Mas isso não impede ao grande revolucionário realçar a "enorme importância da questão nacional" no século que dá seus primeiros passos[22]. Ainda antes da eclosão da guerra, e no curso de seu desenvolvimento, Lenin indica com precisão os epicentros do conflito planetário sobre a questão nacional que se perfila no horizonte: "a Europa oriental" e "a Ásia", isto é, "a Europa oriental" de um lado e "as colônias e as semicolônias" do outro[23]. No que diz respeito ao primeiro epicentro, somos levados a pensar na dissolução do Império Czarista, na tentativa hitleriana de edificar ao leste as "Índias alemãs" e, finalmente, no desaparecer da União Soviética. No que diz respeito ao segundo epicentro, vêm à mente os movimentos de libertação nacional na China, na Índia, no Vietná etc.

Obviamente, os dois epicentros não coincidem com a área de crise na sua totalidade. Em outubro de 1916, enquanto o Exército de Guilherme II chega às portas de Paris, Lenin reafirma, por um lado, o caráter imperialista do conflito mundial em curso e, por outro, chama atenção para uma possível virada: se o conflito terminasse "com vitórias de tipo napoleônico e com a submissão de toda uma série de Estados nacionais capazes de vida autônoma [...], seria então possível na Europa uma grande guerra nacional"[24]. É o cenário que se verifica em boa parte do continente europeu entre 1939 e 1945: a vitória de tipo napoleônico conseguida por Hitler provoca uma "grande guerra nacional" na própria França.

Finalmente, Lenin chama atenção para a opressão nacional que, já em tempo de paz, pode acontecer na metrópole capitalista; para demostrar a "enorme importância da questão nacional", ele faz referência também aos "carnífices dos negros" que assolam a democrática república norte-americana[25]. No curso do

---

[22] Ibidem, v. 21, p. 90.
[23] Ibidem, v. 20, p. 414, 23 e 36.
[24] Ibidem, v. 22, p. 308.
[25] Ibidem, v. 21, p. 90.

século XX, em âmbito planetário, em especial nos Estados Unidos, na África do Sul, a *white supremacy* será o alvo de duras lutas.

No conjunto, não é possível pensar numa saída revolucionária da grande crise histórica que se aproxima sem levar em conta a questão nacional. Em julho de 1916, Lenin zomba dos que estão em busca da luta de classes e da revolução em estado puro.

> Pensar que a revolução social é concebível sem as insurreições das pequenas nações nas colônias e na Europa [...] significa negar a revolução social [...]. Quem espera uma revolução social "pura" não a verá jamais. Ele é um revolucionário de palavras que não compreende a verdadeira revolução.[26]

Naturalmente, nem todos os movimentos nacionais desenvolvem um papel progressivo e merecem ser apoiados pelo partido revolucionário e pelo "tribuno popular". Para enfrentar esse problema, Lenin recorre a dois modelos teóricos diferentes. Nos primeiros meses de 1914, ao evidenciar, em polêmica com Rosa Luxemburgo, o papel de primeiro plano da questão nacional, Lenin acrescenta: "É indiscutível para Marx que a questão nacional esteja subordinada à 'questão operária'. Mas sua teoria está tão distante quanto o céu da Terra de ignorar a questão nacional". As "reivindicações nacionais" devem ser cuidadosamente levadas em conta, mas, para o proletariado consciente, elas "estão subordinadas aos interesses da luta de classes"[27]. Essa formulação não é plenamente satisfatória; parece partir do pressuposto de uma clara distinção entre "questão nacional" e "questão operária", entre luta nacional e "luta de classes". Estamos distantes do ponto de vista de Marx de que (em uma colônia como a Irlanda) a "questão social" pode-se apresentar como "questão nacional" e a luta de classes pode-se configurar, pelo menos em uma primeira fase, como luta nacional. Por outro lado, já vimos Marx comparar o papel desenvolvido pelos "croatas" em 1848-1849 com o dos "canalhas" e do lumpemproletariado[28]. Assim como os povos em condição subalterna, as classes subalternas também podem desenvolver um papel reacionário; o problema de distinguir entre movimentos e movimentos tem um caráter geral.

---

[26] Ibidem 22, p. 353.

[27] Ibdem, 20, p. 391 e 416.

[28] Ver, neste volume, cap. 5, seção 1.

Mais madura é a segunda formulação a que Lenin recorre. Após lembrar o apoio de Marx e Engels aos irlandeses e aos poloneses, mas não aos "tchecos" nem aos "eslavos meridionais" (ou aos croatas), naquele momento "postos avançados do czarismo", (julho de 1916) ele prossegue:

> As singulares reivindicações da democracia, inclusive a autodeterminação, não são um absoluto, mas uma partícula do movimento democrático (hoje: do conjunto do movimento socialista mundial). É possível que, em determinados casos, a partícula esteja em contradição com o todo e, então, deve ser rejeitada. É possível que o movimento republicano de um país seja apenas um instrumento das intrigas clericais ou financeiras, monárquicas de outros países; não deveremos, então, apoiar esse determinado movimento concreto, mas seria ridículo apagar por essa razão do programa da social-democracia internacional a palavra de ordem da república.[29]

A contraposição aqui não está entre "questão nacional" e "questão operária", mas entre a "partícula" e o todo. Ao passo que estão submetidas à instrumentalização e ao controle do czarismo, as aspirações nacionais dos tchecos (e dos croatas) não têm legitimidade; já a partir da exclusiva referência à "questão nacional", constituem uma "partícula" que entra em contradição com o conjunto do movimento de emancipação nacional, do qual a Rússia czarista é o principal inimigo. Não importa se o que representa o todo é – para usar a linguagem de Lenin – o "movimento democrático" burguês ou o "movimento socialista mundial", em nenhum caso é possível evitar o problema da subordinação da "partícula" ao todo. E, naturalmente, a solução desse problema não é unívoca e não está isenta de contradições. Isso não vale apenas em relação à onda revolucionária de 1848-1849. Vimos Adam Smith invocar o "governo despótico" contra os proprietários de escravos – os órgãos representativos por eles hegemonizados são uma "partícula" que entra em contradição com o todo; e a mesma consideração vale a propósito do autogoverno dos Estados escravistas eliminado por Lincoln e pelo Exército da União.

Lenin evidencia que "os movimentos das pequenas nacionalidades" podem ser manobrados "à própria vantagem" pelo "czarismo" ou pelo "bonapartismo"[30]. Isto é – podemos acrescentar –, pelo imperialismo. A história do século XX

---

[29] LO, v. 22, p. 339.
[30] Ibidem, v. 22, p. 340 n.

170 A LUTA DE CLASSES

demonstra-o amplamente. A Colômbia hesita, no início do século, em conceder ou ceder aos Estados Unidos a faixa de território necessária para a construção do canal que devia ligar Atlântico e Pacífico e em sancionar a ascensão imperial da república norte-americana? Esta última não se deixa travar pelo direito "formal". Um novo país é criado do nada: conseguida a "independência", Panamá prontamente aprova todos os pedidos de Washington. Em 1960, à independência do Congo segue a tentativa de secessão do Katanga (região rica de minerais), apoiada pela ex-potência colonial (Bélgica) e pelo conjunto do Ocidente. Alguns anos mais tarde, os Estados Unidos, ao mesmo tempo que procedem com os bombardeios terroristas contra o Vietná e o Laos, encorajam e fornecem apoio a este ou àquele movimento separatista, a esta ou àquela "pequena nacionalidade". E poderíamos continuar até nossos dias.

Ao passo que entre 1914 e 1918 faz apelo para a transformação da guerra imperialista em guerra revolucionária, Lenin alerta sobre a possível volta, na própria metrópole capitalista, da guerra nacional, e de uma guerra nacional que pode ter como protagonista a França capitalista e colonialista. Não há dúvidas: demanda-se um esforço terrível, já no plano intelectual, ao "tribuno popular". Em uma intervenção no dia 14 de junho de 1920, Lenin sintetiza assim a atitude que deve nortear o desenvolvimento da luta de classes revolucionária: ela deve ser dirigida pela "análise concreta da situação concreta, que é a própria essência, a alma viva do marxismo"[31]. Não poderia haver ruptura mais clara com a crença na imediata evidência da exploração e da opressão! A tomada de consciência do entrelaçamento (sempre e cada vez diferente) de contradições de lutas de classes no plano nacional e internacional que caracteriza uma situação histórica eliminou todo resíduo de imediatez.

À luz de tudo isso, é pelo menos equivocada a tese de que "o efeito *teórico* duradouro do leninismo foi um apavorante empobrecimento do domínio da diversidade marxista"[32]. A fuga da história grande e terrível do século XX parece aqui buscar um bode expiatório. Pelo menos em relação a Lenin, que tem o grande mérito teórico de ter superado definitivamente a leitura binária da luta de classes e de ter rompido com a epistemologia sensista dos primeiros escritos de Marx e Engels! E exatamente por isso ele consegue antecipar com estupefaciente lucidez os desdobramentos do século XX, um século que não se

---

[31] Ibidem, v. 31, p. 135.

[32] Ernesto Laclau, Chantal Mouffe, *Egemonia e strategia socialista. Verso una politica democratica radicale* (1. ed. 1985, Genova, Il Melangolo, 2011), p. 23.

PASSAGEM A SUDESTE. QUESTÃO NACIONAL E LUTA DE CLASSES

pode compreender sem a lição epistemológica, mais que a política, do grande revolucionário russo. É preciso realçar um ulterior aspecto: a visão *trágica* do processo histórico e da própria luta de classes, latente nos autores do *Manifesto Comunista*, torna-se agora clara. Tem-se tragédia (no sentido filosófico do termo) não quando se enfrentam o direito e a desrazão, mas dois direitos diferentes, ainda que desiguais entre si – às vezes, claramente desiguais. As reivindicações nacionais dos tchecos ou de outras nacionalidades podem perder sua legitimidade, não porque não têm fundamentação, mas porque são absorvidas por uma realidade mais poderosa, que constitui uma ameaça muito mais grave para a liberdade e a emancipação das nações.

Tudo isso deve ser levado em consideração pelo "tribuno popular", que torna-se, assim, o protagonista de uma luta de classes cujas formas são incessantemente mutáveis. A perseguição do universal (a edificação de uma sociedade finalmente livre de toda forma de exploração e domínio) concretiza-se através de um empenho sempre determinado, que tem como alvo e que combate a guerra, o fascismo, o expansionismo colonial e a opressão nacional.

4. A BREVE ESTAÇÃO DA "GUERRA CIVIL INTERNACIONAL"

O batismo de fogo é o gigantesco conflito que eclode em 1914 e é evocado e invocado indiretamente por Le Bon e explícita e declaradamente por Pareto (e pelas classes dominantes da época) como o instrumento capaz de rechaçar por décadas o movimento operário[33]. Embora o furor chauvinista contagie os próprios partidos de orientação socialista, é relativamente simples para Lenin lançar a palavra de ordem da transformação da guerra imperialista (conduzida em nome da "defesa da pátria") em guerra civil revolucionária (chamada em todo país a derrubar a burguesia capitalista responsável ou corresponsável pela horrível carnificina). Entretanto, em um momento em que, no bojo das esperanças suscitadas pelo outubro bolchevique, parece que a revolução deva propagar-se na Europa e no mundo, aquela palavra de ordem tende a perder toda determinação histórica e a ser interpretada como se uma nova era se abrisse, marcada pela essencial irrelevância das fronteiras estatais e nacionais e como se a ideia de nação fosse obsoleta e até mesmo regressiva.

A *Plataforma* inaugurada (em 4 março de 1919) pelo I Congresso da Terceira Internacional (comunista) convida a "subordinar os *chamados* interesses

---

[33] Ver, neste volume, cap. 1, seção 13.

nacionais aos da revolução mundial"[34]. É esclarecedor o termo que evidenciei em itálico: não existem reais interesses nacionais. O *Manifesto da Internacional Comunista aos proletários de todo o mundo* (de 6 de março de 1919), que não casualmente é obra de Trotski[35], delineia um quadro eloquente: a humanidade corre perigo de tornar-se escrava de uma única "camarilha mundial" capaz de controlar o globo terrestre inteiro mediante um "exército 'internacional'" e uma "frota 'internacional'". A tudo isso se opõe uma frente internacional igualmente compacta e, portanto, uma "revolução proletária que libera as forças produtivas de todos os países da garra dos Estados nacionais". Sim, "o Estado nacional" – "após ter dado um poderoso impulso ao desenvolvimento do capitalismo, tornou-se demasiado estreito para a expansão das forças produtivas" – morreu ou está agonizante. Por outro lado, os "pequenos Estados situados no meio das grandes potências da Europa e do mundo" podiam sobreviver só pelo "constante conflito entre os dois campos imperialistas". Com o triunfo da Entente, esse conflito desaparece e o campo imperialista é unificado; em contraposição a este, vai se constituindo o campo proletário[36]. Propõe-se de novo, claramente, a leitura binária que já vimos em algumas páginas de Marx e Engels.

Compreendem-se claramente, então, as propostas que, às vésperas do II Congresso da Internacional Comunista, Tuchačevskij, comandante da Armada Vermelha, formula numa carta a Zinovev: é necessário estarmos preparados "para a próxima guerra civil, para o momento de um ataque mundial por parte de todas as forças armadas do proletariado contra o armado mundo capitalista"; em razão da "inevitabilidade da guerra civil mundial no futuro próximo", é necessário criar um Estado maior geral, com composição e competências que se estendam bem além do quadro nacional russo. E o maximalista italiano Giacinto Menotti Serrati, na esteira dessa proposta, vê aproximar-se o dia em que "a Armada Vermelha proletária não será formada apenas por proletários russos, mas por proletários de todos os países"[37]. O objetivo final que se deve perseguir é a criação da república soviética internacional. Uma das resoluções

---

[34] Aldo Agosti (org.), *La Terza Internazionale. Storia documentaria* (Roma, Editori Riuniti, 1974-1979), v. 1.1, p. 30.

[35] Ibidem, p. 13.

[36] Ibidem, p. 61-3.

[37] Eduard H. Carr, *La rivoluzione bolscevica* (1950) (4. ed., Turim, Einaudi, 1964), p. 995 [ed. port.: *A revolução bolchevique (1917-1923)*, trad. A. Sousa Ribeiro, Porto, Afrontamento, 1977].

aprovadas pelo II Congresso afirma: "A Internacional Comunista proclama a causa da Rússia soviética como sua própria causa. O proletariado internacional não colocará a espada na bainha até que a Rússia soviética se torne um elo em uma federação de repúblicas soviéticas de todo o mundo"[38].

É um momento em que todos os olhares estão voltados para a guerra em curso contra a Polônia: "Na sala do Congresso, estava pendurado um grande mapa geográfico sobre o qual todo dia era marcado o movimento de nossas armadas. E toda manhã os delegados paravam perante esse mapa com um interesse de tirar o fôlego"[39]; exprime-se assim Zinovev, presidente do Congresso. Os delegados tinham a impressão de assistir aos desenvolvimentos, promissores, da guerra civil mundial, de uma prova de força entre classes contrapostas que não conhecia mais fronteiras estatais e nacionais. Mas eles logo percebiam a persistência e a vitalidade dessas fronteiras: a Armada Vermelha estava avançando sobre Varsóvia, no curso de uma guerra que certamente havia sido provocada pelo governo reacionário de Józef Pilsudski, mas que por parte soviética estava se transformando de guerra de defesa nacional a guerra revolucionária pela derrubada do capitalismo também na Polônia; a avançada estava sendo bloqueada, aliás, transformava-se em uma precipitada retirada, graças inclusive à ativa participação na batalha dos operários poloneses, os quais advertiam a forte influência do chamado patriótico.

É verdade, derrotada em Varsóvia, a revolução conseguiu a vitória no ano anterior em Budapeste. Mas é importante observar o que aconteceu na Hungria. Em março de 1919, Béla Kun chega ao poder na onda de um amplo consenso nacional, que abrange também a burguesia e que vê nos comunistas a única força capaz de salvar a integridade territorial do país, ameaçada pelas manobras da Entente, que está empenhada em criar um cordão sanitário em volta da Rússia soviética, mesmo que isso abra caminho às aspirações anexionistas da Tchecoslováquia e da Romênia[40]; foi justamente observado que "essa revolução pacífica foi produto de um orgulho nacional ferido"[41]. Na véspera da chegada ao poder de Béla Kun, Alexander Garbai, um dos líderes

---

[38] Ibidem, p. 975.

[39] Ibidem, p. 973.

[40] Gabriel Kolko, *Century of War Politics, Conflicts, and Society Since 1914* (Nova York, The New Press, 1994), p. 159.

[41] Arno J. Mayer, *Politics and Diplomacy of Peacemaking. Containment and Counterrevolution at Versailles, 1918-1919* (Nova York, Knopf, 1967), p. 554.

do Partido Socialista, declara: "Em Paris estão empenhados numa paz imperialista [...]. Não podemos esperar nada do oeste, a não ser uma paz-diktat [...]. Fomos obrigados pela Entente a seguir um novo curso que, graças ao leste, garantirá aquilo que o oeste nos negou". O próprio Béla Kun percebe uma "fase nacional" da revolução húngara que precede a "revolução social" propriamente dita[42]. Isto é, as derrotas e as vitórias da revolução mundial referidas pela Internacional Comunista não são compreensíveis sem o papel desenvolvido a cada vez pela questão nacional.

Aliás, observando com atenção, a questão nacional sempre fez sentir sua presença na própria Revolução de Outubro, isto é, na revolução que eclodiu no contexto da luta contra o chauvinismo e a retórica patriótica, da transformação da guerra imperialista em guerra civil revolucionária. Entre fevereiro e outubro de 1917, Stalin[43] apresentava a revolução proletária por ele auspiciada como o instrumento necessário não só para edificar uma nova ordem social, como também para reafirmar a independência nacional da Rússia. A Entente tentava obrigá-la por todo meio a continuar na guerra e a derramar sangue e almejava, de alguma forma, transformá-la "numa colônia da Inglaterra, da América e da França"; pior, comportava-se na Rússia como se estivesse "na África central". Os mencheviques que se curvavam aos ditames imperialistas eram orientados à "venda gradual da Rússia aos capitalistas estrangeiros", levavam o país "à ruína" e revelavam-se, portanto, verdadeiros "traidores" da nação. Em contraposição a tudo isso, a revolução proletária a ser realizada não só promovia a emancipação das classes populares, como também abria "caminho para a libertação efetiva da Rússia"[44]. Mais tarde, a contrarrevolução desencadeada pelos brancos, apoiados ou induzidos pela Entente, era derrotada, também pelo chamado dos bolcheviques (distinguia-se nesse sentido Karl B. Radek) ao povo russo a empenhar-se numa "luta de libertação nacional contra a invasão estrangeira" e contra as potências imperialistas decididas a transformar a Rússia numa "colônia" do Ocidente. É com base nisso que Aleksej A. Brusilov dava seu apoio ao novo poder revolucionário. O brilhante general de origem nobre, único ou entre os poucos a distinguir-se no curso da Primeira Guerra Mundial, motivava assim sua

---

[42] Ibidem, p. 551-2 e 540.

[43] Joseph Stalin, *Werke* (Hamburgo, Roter Morgen, 1971-1973), v. 3, p. 127-269 [ed. it.: *Opere complete*, Roma, Rinascita, 1952-1956, v. 3, p. 161 e 324].

[44] Ibidem, v. 3, p. 197 e 175-8 [ed. it.: ibidem, v. 3, p. 243 e 220-2].

escolha: "Meu senso de dever para com a nação muitas vezes obrigou-me a desobedecer minhas inclinações sociais naturais"[45].

Antes realizando e depois defendendo a Revolução de Outubro, os bolcheviques protegem a nação russa da desagregação e da balcanização que se vislumbram em consequência da derrota bélica e do desastre do Antigo Regime. Tudo isso não passa despercebido a Gramsci[46]: em 7 de junho de 1919 ele homenageia Lenin como "o maior estadista da Europa contemporânea" e os bolcheviques como "uma aristocracia de estadistas que nenhuma outra nação possui". Eles tiveram o mérito de pôr fim ao "sombrio abismo de miséria, de barbárie, de anarquia, de dissolução" aberto "por uma guerra longa e desastrosa", salvando a nação, "o imenso povo russo", conseguindo, assim, "soldar a doutrina comunista à consciência coletiva do povo russo". Colocando-se numa relação de descontinuidade, mas também de continuidade com a história da Rússia, os bolcheviques expressam uma "consciência de classe" e, ao mesmo tempo, conseguem "conquistar ao novo Estado a maioria leal do povo russo", conseguem edificar "o Estado de todo o povo russo". Nem por isso o imperialismo se conforma, ele continua sua política de agressão. Entretanto, "o povo russo inteiro se levantou [...]. Armou-se todo pela sua Valmy". O Partido Comunista, inspirado por uma "consciência de classe", foi de fato chamado a dirigir a luta pela independência nacional, imitando assim os jacobinos.

5. "PROLETÁRIOS DE TODOS OS PAÍSES E POVOS OPRIMIDOS DO MUNDO INTEIRO, UNI-VOS!"

É a confirmação de que a luta de classe nunca (ou quase nunca) se apresenta em estado puro. Voltemos por um momento ao século XIX: se na Inglaterra burguesia e aristocracia podem consolidar seu domínio através da submissão colonial da Irlanda (onde, em consequência da sistemática expropriação dos habitantes da ilha, a questão social acaba configurando-se como "questão nacional"), nos Estados Unidos – evidencia em 1850 a *Nova Gazeta Renana* –

---

[45] Orlando Figes, *La tragedia di un popolo. La Rivoluzione Russa (1891-1924)* (1. ed. 1996, Milão, TEA, 2000), p. 840 e 837 [ed. bras.: *A tragédia de um povo. A Revolução Russa (1891-1924)*, trad. Valéria Rodrigues, Rio de Janeiro, Record, 1999].

[46] Antonio Gramsci, *L'Ordine Nuovo: 1919-1920* (orgs. V. Gerratana e A. Santucci, Turim, Einaudi, 1987), p. 56-8 e 60.

"as colisões de classe são toda vez camufladas pela emigração ao oeste da superpopulação proletária"[47], isto é, pela expropriação e pela deportação dos peles-vermelhas. Mais tarde, no curso da Guerra de Secessão, Marx observa:

> Só a conquista, ou a perspectiva de conquista, de novos territórios ou as expedições de piratas [como a que em meados do século XIX vê William Walker conquistar a Nicarágua e reintroduzir a escravidão] permitem afinar os interesses desses "brancos pobres" com os dos escravistas e dar à sua turbulenta necessidade de ação uma direção que não é perigosa, porque faz relampejar diante de seus olhos a esperança de que um dia eles mesmos poderão ser proprietários de escravos.[48]

Nesse segundo caso, mais do que com a expropriação e a deportação dos nativos, a luta de classes no âmbito da comunidade branca é neutralizada pela escravização dos afro-americanos (e de outras populações da América Central consideradas barbáricas).

Trata-se, até esse momento, de processos de alguma forma "espontâneos". Com o acirrar-se do conflito social na Europa, assistimos à emergência de teorias que de forma explícita exigem a anexação de terra nas colônias para que sejam atribuídas aos indigentes da metrópole capitalista. Em 1868, na França, não por acaso o país em que o longo ciclo revolucionário havia desembocado na emergência de um movimento socialista, Ernest Renan acusa a Revolução Francesa de ter bloqueado "o desenvolvimento das colônias [...], obstruindo, assim, a única saída que permite aos Estados modernos escapar dos problemas do socialismo". É uma tese reafirmada três anos depois, nos meses imediatamente sucessivos à Comuna de Paris: "A colonização em larga escala é uma necessidade política de primeira importância. Uma nação que não coloniza está irrevogavelmente condenada ao socialismo, à guerra entre o rico e o pobre". É necessário que os povos de "raça inferior" trabalhem "à vantagem da raça conquistadora". É claro, "uma raça de patrões e de soldados são os europeus. Reduzam essa nobre raça a trabalhar no ergástulo como os negros e os chineses, e ela se revoltará"[49].

Um par de décadas depois, Theodor Herzl recomenda a colonização da Palestina e o sionismo como antídoto ao movimento revolucionário que cresce

---

[47] Ver, neste volume, cap. 1, seção 9.

[48] MEW, v. 15, p. 337.

[49] Ernest Renan, *Oeuvres complètes* (org. H. Pischari, Paris, Calmann-Levy, 1947), v. 1, p. 12 e 390.

na metrópole capitalista: é necessário desviar "um proletário que incute medo" para um território que "exige dos homens que eles o cultivem". Livrando-se do "excedente de proletários e desesperados", a metrópole europeia pode ao mesmo tempo exportar a civilização ao mundo colonial.

> Esse crescimento da civilização e da ordem caminharia junto com o enfraquecimento dos partidos revolucionários. A esse propósito é necessário estar ciente de que em todos os lugares nós estamos numa luta contra os revolucionários e efetivamente desviamos os jovens intelectuais e os operários judeus do socialismo e do niilismo, na medida em que desdobramos um mais puro ideal popular.[50]

Sim, abandonando a precedente militância revolucionária, na Rússia "socialistas e anarquistas convertem-se ao sionismo"; não por acaso, o líder do movimento sionista busca e estabelece contatos com Cecil Rhodes, o campeão do imperialismo inglês[51].

E Rhodes é bastante levado em consideração e amplamente citado por Lenin no ensaio sobre o imperialismo: como "resolver a questão social" e evitar "uma mortífera guerra civil", isto é, a revolução anticapitalista? É necessário "conquistar novas terras"; "se não se quer a guerra civil, é necessário tornar-se imperialistas"[52]. Rhodes chega a essa conclusão depois de visitar East End, o bairro operário que em 1889 Engels havia visto com entusiasmo transformar-se de "passivo pântano da miséria" em posto avançado da luta de classe operária[53]. É justamente isso que angustia o campeão do imperialismo: a retomada do expansionismo colonial é a única resposta válida à exacerbação da questão social e ao crescimento do movimento socialista.

É um programa político que fez escola, indo muito além da Inglaterra. Acabamos de citar Herzl. Na véspera da eclosão do primeiro conflito mundial, o líder nacionalista Enrico Corradini chama os socialistas italianos a apoiar a expansão colonial do país, aprendendo com aquilo que há muito tempo acontece na Inglaterra.

---

[50] Theodor Herzl, "Zionistisches Tagebüch", em A. Bein et al., *Briefe und Tagebücher* (Berlim/Frankfurt/Viena, Propyläen, 1984-1985), v. 2, p. 657 e 713.

[51] Ibidem, v. 2, p. 605 e v. 3, p. 327.

[52] LO, v. 22, p. 257.

[53] Ver, neste volume, cap. 3, seção 7.

O operário inglês sabe que no imenso império inglês dos cinco continentes desenvolve-se cotidianamente uma ação de que ele mesmo é parte e que tem efeitos não negligenciáveis para o seu balanço doméstico: é o imenso comércio estreitamente dependente do imperialismo inglês. O operário de Londres sabe que o Egito e o Cabo e a Índia e o Canadá e a Austrália concorreram e concorrem para elevar seu bem-estar e, sobretudo, para propagá-lo em um número sempre maior de operários ingleses e de cidadãos ingleses.[54]

De "obsceno libelo"[55] fala a tal propósito Lenin, que nos materiais preparatórios de seu ensaio sobre o imperialismo transcreve trechos de um historiador alemão sobre a guerra colonial contra os Herero, aniquilados após terem sido expropriados de sua terra – nela instalam-se soldados conquistadores cada vez mais numerosos que assim se tornam "camponeses e criadores". O revolucionário russo comenta: "Rapinar a terra e tornar-se proprietários!" – eis o modo com que as potências imperialistas propõem-se de resolver a questão social[56].

E, portanto, a burguesia capitalista busca neutralizar o conflito na metrópole mediante a expropriação sistemática dos povos coloniais, de modo que nas colônias, assim como na Irlanda analisada por Marx, a "questão social" coloca-se regularmente como "questão nacional". Ao mesmo tempo, na metrópole capitalista, o "socialismo imperial" difunde-se entre as fileiras do movimento operário. Isto é, se a expansão colonial no Oriente (e mais em geral no sudeste) estimula a revolução, no Ocidente ela reforça, pelo menos no imediato, o poder dominante; e, portanto, segundo a análise de Lenin, que retoma também a lição de Marx e Engels, se no Ocidente trata-se de combater até o fim o "social-imperialismo", no Oriente é necessário apoiar sem hesitação a revolução anticolonial.

No verão de 1920, o Congresso dos povos do Oriente, que ocorre em Baku, logo depois do II Congresso da Internacional Comunista, sente a necessidade de integrar o lema que conclui o *Manifesto Comunista* e a *Mensagem inaugural* da Associação Internacional dos Trabalhadores. O novo lema ecoa: "Proletários de todos os países e povos oprimidos do mundo inteiro, uni-vos!". Agora ao lado dos "proletários", os "povos oprimidos" também emergem plenamente

---

[54] Enrico Corradini, *Scritti e discorsi (1901-1914)* (org. L. Strappini, Turim, Einaudi, 1980), p. 243.

[55] LO, v. 39, p. 724.

[56] Ibidem, v. 39, p. 652.

como sujeitos revolucionários. Essa formulação, que sem dúvida constitui uma novidade em relação a Marx e Engels, não significa o abandono da perspectiva da luta de classes e do internacionalismo, mas o esforço de colher a configuração peculiar e determinada assumida por uma e pelo outro.

6. O ORIENTE E A DUPLA LUTA PELO RECONHECIMENTO

Podemos agora compreender melhor porque, mais do que no Ocidente, a revolução invocada pelo *Manifesto Comunista* teve lugar primeiro na Rússia e depois no mundo colonial. Longamente foram questionadas as razões dessa passagem a sudeste da luta de classes e da revolução. Pensemos em particular na teoria leniniana do elo mais fraco da cadeia: diferentemente do que acontece nos países industrializados avançados, a revolução socialista eclode onde, pelo acumular-se de múltiplas contradições, o sistema capitalista e imperialista revela-se mais frágil. É uma explicação aguda, que rompe com a leitura binária do processo revolucionário. Explorando ulteriormente, podemos identificar um dado ainda mais elementar: é no Oriente que a necessidade e a reivindicação do reconhecimento se fazem sentir com especial força. Assiste-se ao entrelaçamento não só de contradições políticas e sociais, mas também de lutas pelo reconhecimento.

Observemos o que acontece na Rússia já com a revolução de fevereiro, logo depois do desmoronamento do czarismo. A opressão, a exploração e a humilhação de uma massa esmagadora de camponeses pelas mãos de uma restrita elite aristocrática, que se considera estranha em relação a seu próprio povo (degradado a raça diversa e inferior), são o presságio de uma catástrofe de proporções inauditas. Em relação a essa falta de reconhecimento, Dostoiévski[57] nos deixou páginas memoráveis e terríveis. Eis de que maneira, no início do século XIX, "um general de amplas aderências e riquíssimo latifundiário" pune um "garoto da servidão" de oito anos culpado de ter atingido com uma pedra a pata de um cão de caça do senhor: obrigado a desnudar-se e a correr, ele é alcançado e devorado pelos cães de caça lançados à perseguição; "à volta havia sido reunida a servidão, para assistir à lição e, em frente, a todos a mãe do garoto culpado". A evidenciar ulteriormente a ausência de reconhecimento, intervém a Primeira Guerra Mundial, com os oficiais de origem nobre que exercem de

---

[57] Fiódor Dostoiévski, *I fratelli Karamazov* (1879) (Turim, Einaudi, 2005), p. 324-5 [ed. bras.: *Os irmãos Karamazov*, trad. Paulo Bezerra, São Paulo, Editora 34, 2008, 2 v.].

180 A LUTA DE CLASSES

fato um cotidiano poder de vida e morte sobre os servos-soldados. O desmoronamento do Antigo Regime é o momento da agoniada vingança incubada por séculos. Reconhece-o com uma significativa autocrítica o príncipe G. E. L'vov: "a vingança dos servos da gleba" e um acerto de contas com os que por séculos se recusaram a "tratar os camponeses como pessoas, não como cães"[58], ou como mera caça, como na história descrita por Dostoiévski.

Ademais, não se tratava de um problema exclusivo dos campos. Já em 1895, Lenin promovia assim a agitação nas fábricas russas: "É tarefa dos operários demonstrar que eles consideram a si próprios seres humanos tais como os patrões e que não entendem serem tratados como bestas desprovidas de palavra"[59]. Eminentes historiadores dos nossos dias confirmam de fato a exatidão desta colocação:

> [Na Rússia czarista] os empregados pediam ao patrão um tratamento mais respeitoso, insistindo para o uso do "vós" no lugar do "tu", no qual eles percebiam um resíduo do antigo sistema de servidão da gleba. Queriam ser tratados "como cidadãos". E, muitas vezes, era justamente a questão do respeito da dignidade humana, mais do que as reivindicações salariais, a alimentar as agitações e as manifestações operárias.[60]

Essa luta pelo reconhecimento entrelaçava-se com outra. As nações oprimidas tentavam livrar-se do jugo da autocracia e, no caso da Polônia e da Finlândia, constituíam-se em Estados nacionais. Porém, apenas as nações oprimidas movimentavam-se para reivindicar o reconhecimento. Conhecemos já a acusação de Stalin dirigida, entre fevereiro e outubro de 1917, à Entente, querendo obrigar a Rússia a fornecer carne de canhão para os desenhos imperialistas de Londres e Paris e de tratá-la como uma mera colônia da "África central". Se esse modo de argumentar respondia a um hábil cálculo político, ao mesmo tempo colhia um aspecto real do processo histórico em curso: a crise aberta pela catástrofe da Primeira Guerra Mundial e pelo desmoronamento do Antigo Regime colocava em perigo a própria independência do país que, no entanto, era idealmente expulso da área da civilização autêntica. Com isso, agravava-se o problema do reconhecimento. Sem a dupla luta pelo

---

[58] Orlando Figes, *La tragedia di un popolo. La Rivoluzione Russa (1891-1924)*, cit., p. 448.

[59] LO, v. 2, p. 41.

[60] Orlando Figes, *La tragedia di un popolo. La Rivoluzione Russa (1891-1924)*, cit., p. 156.

reconhecimento, não é possível compreender a Revolução de Outubro e as formas que ela assume.

> Este impulso por parte de grandes massas de apropriar-se daquilo de que até então haviam sido privadas – a estima por si próprias, a participação, a cultura – assumiu as mais diversas formas e, mesmo que Lenin quisesse, dificilmente poderia impedir que os operários submetessem a seu controle as fábricas e que cada vez mais se falasse de *socialismo*, que deveria ser realizado através da nacionalização da indústria e que logo em seguida ter-se-ia estendido vitoriosamente a todo o mundo. Difundiu-se rapidamente a representação pela qual com a revolução realizava-se a grande revolta de todos os escravos contra todos os patrões.[61]

Além da Rússia, revoluções de inspiração socialista e marxista ocorreram sobretudo em países em condições coloniais ou semicoloniais, em situações em que as diferenças de classe configuram-se tendencialmente como diferenças de casta, tornando agudo o problema do reconhecimento já no plano interno. Ademais, quando as classes ou as castas superiores compartilham a mesma causa ou se aliam em função subalterna com os patrões coloniais, a dimensão interna entrelaça-se com a dimensão internacional, que se torna todavia a mais relevante.

É a reivindicação do reconhecimento que desenvolve um papel essencial no movimento anticolonialista como um todo. Lenin evidencia-o claramente. Entre as diversas definições de imperialismo que ele fornece, uma das mais significativas é aquela que o caracteriza como a pretensão de "poucas nações eleitas" de fundar o próprio "bem-estar" e a própria supremacia por meio do saqueio e do domínio do restante da humanidade[62]; elas consideram a si próprias como "nações modelo" e atribuem a si próprias "o privilégio exclusivo de formação do Estado"[63]. Infelizmente, "os europeus muitas vezes esquecem que os povos coloniais também são nações"[64].

Esse poderio discriminatório e muitas vezes abertamente racista manifesta-se com particular clareza e virulência em ocasião das guerras coloniais. Trata-se de conflitos durante os quais "perderam a vida centenas de milhares de homens

---

[61] Ernst Nolte, *Der europäischer Bürgerkrieg (1917-1945). Nationalsozialismus und Bolschewismus*, cit., p. 58.

[62] LO, v. 26, p. 403.

[63] Ibidem, v. 20, p. 417.

[64] Ibidem, v. 23, p. 61.

que os europeus sufocam", mas nos quais "poucos europeus morreram". E, então – prossegue pungentemente o grande revolucionário –, "pode-se falar de guerras? Não, com todo rigor, não se pode falar de guerras, e pode-se, portanto, deixar de lado tudo isso". As guerras coloniais não são consideradas guerras por uma razão muito simples: são os bárbaros que as sofrem, eles "nem merecem a designação de povos (talvez fossem povos os asiáticos e os africanos?)", e que, em última análise, são excluídos da própria comunidade humana[65]. Compreende-se, então, o poderoso ímpeto dado pela Revolução de Outubro ao movimento anticolonialista: os habitantes da Ásia e da África, "centenas de milhões de seres *humanos*" rebelando-se contra o jugo imposto pela metrópole capitalista, "lembraram sua vontade de ser *homens*, não escravos"[66].

Estamos lidando com uma revolução que se desdobra em escala planetária e por um longo período de tempo. Pode ser interessante observar a forma com que nas áreas liberadas da China os soldados da Armada Vermelha respondem a Edgar Snow, que lhes pergunta as razões de sua adesão à luta armada promovida pelo Partido Comunista contra os senhores locais, em primeiro lugar, e depois contra os invasores japoneses.

> A Armada Vermelha ensinou-me a ler e a escrever. Na Armada, aprendi a transmitir pelo rádio e a fazer tiro ao alvo com o fuzil. A Armada Vermelha ajuda os pobres [...]. Aqui todos são iguais. Não é como nos distritos brancos, onde os pobres são escravos dos proprietários de terra e do Kuomintang.[67]

Enquanto luta contra os inimigos que obstaculizam ou impedem o reconhecimento, o Partido Comunista estimula a mobilidade social e torna possível a conquista do reconhecimento em seu interior, já no interior do exército que ele dirige.

7. MAO E A "IDENTIDADE ENTRE LUTA NACIONAL E LUTA DE CLASSES"

A dupla luta pelo reconhecimento assume particular relevância em um país de antiquíssima civilização, como a China. Desde as guerras do ópio, essa nação é obrigada a sofrer infâmias e humilhações uma após a outra, tanto que, no final do século XIX, em Xangai, a concessão francesa exibe o cartaz: "Proibida

---

[65] Ibidem, v. 24, p. 417.

[66] Ibidem, v. 33, p. 316 e 318.

[67] Edgar Snow, *Stella rossa sulla Cina* (1938) (3. ed., Turim, Einaudi, 1967), p. 74.

a entrada de cães e chineses". Mas o período mais trágico de opressão nacional chega no século XX, quando se entrelaçam guerra civil e aberta agressão e invasão imperialista.

O ataque de abril de 1927, graças ao qual Chiang Kai-Shek pôde esmagar, em Xangai, a classe operária chinesa e infligir perdas devastadoras ao Partido Comunista, é seguido pela retirada para os campos de Mao Tse-Tung, que se compromete a edificar e a defender um poder "soviético" nas áreas assediadas e incessantemente atacadas pelo Kuomintang. Com a expansão da invasão japonesa, inicia-se uma nova fase. Pressionada pela quinta campanha de "cerco e aniquilamento" desencadeada por Chiang Kai-Shek, em outubro de 1934, a Armada Vermelha inicia a "longa marcha" de milhares de quilômetros para fugir dos perseguidores que querem liquidá-la de vez, mas também para chegar à região do noroeste e de lá promover e organizar a resistência contra a agressão do Império do Sol Nascente.

Trata-se, sem dúvida, de uma empresa épica, mas há um aspecto de sua grandeza que talvez não tenha sido adequadamente realçado. Ao passo que tentam fugir de seus perseguidores, os dirigentes da Armada Vermelha pensam como inseri-los, pelo menos parcialmente, na ampla frente unida que se impõe: é necessário agora enfrentar um novo inimigo que se apresenta inesperadamente e que de forma cada vez mais evidente se configura como o inimigo principal. Sim – em 27 de dezembro de 1935, observa Mao[68] –, "quando a crise da nação chega a um ponto crucial" e ela corre o risco de ser escravizada pelo imperialismo japonês, é necessário mirar em primeiro lugar os invasores e colaboracionistas, operando a passagem da "revolução agrária" à "revolução nacional" e a transformação da "'república dos operários e dos camponeses' em 'república popular'". O governo das áreas controladas pelo Partido Comunista Chinês "não representa somente os operários e os camponeses, mas toda a nação", e o próprio Partido Comunista "expressa os interesses de toda a nação, não somente dos operários e dos camponeses".

É a partir dessa plataforma que o Partido Comunista apoia ou promove o "movimento de 9 de dezembro de 1935", cuja palavra de ordem ecoa: "Chega de guerra civil; unir-se para resistir à agressão estrangeira!". Mas não se abandonaria, assim, a luta de classes e não se voltariam as costas à palavra de ordem ("transformação da guerra imperialista em guerra civil revolucionária")

---

[68] Mao Tse-Tung, *Opere scelte* (Pequim, Edizioni in Lingue Estere, 1969-1975), v. 1, p. 168 e 179.

184 · A LUTA DE CLASSES

que havia presidido a Revolução de Outubro e a fundação da Terceira Internacional? Uma mutação radical interveio, e a luta de classe revolucionária consiste agora na resistência à tentativa do imperialismo japonês de escravizar a nação chinesa. De modo que, de campeões da revolução tal como foram na Rússia do primeiro conflito, os promotores da guerra civil transformam-se, na China já atingida pelo que será em seguida o segundo conflito mundial, em campeões da reação e do imperialismo. E, portanto, "a nossa palavra de ordem é combater em defesa da pátria contra os agressores. Para nós, o derrotismo é um crime"[69].

A plataforma política aqui desenhada é clara. Mas, no plano mais propriamente teórico, não faltam oscilações. No curso de uma mesma intervenção (de 5 de novembro de 1938), por um lado faz-se apelo a "subordinar a luta de classes à atual luta nacional contra o Japão", por outro, afirma-se: "Na luta nacional, a luta de classes assume a forma de luta nacional; e através dessa forma se manifesta a identidade entre as duas lutas"[70]. Essa segunda formulação, que dá título à seção do texto de Mao aqui citado e também a esta seção de meu livro, é mais rigorosa – não significa que "na fase da revolução democrática" e nacional "a luta entre o trabalho e o capital tem limites"[71]. Não, em sua opressão, o imperialismo japonês não conhece distinções de classe nem de sexo; ele pretende submeter a nação chinesa inteira (não só o proletariado) a uma condição de escravidão ou semiescravidão. As mulheres não são poupadas: obrigadas a prostituir-se para os militares japoneses que necessitavam de "conforto", tornam-se *confort women*, submetidas à escravidão sexual. Sendo assim, a luta contra o imperialismo do Sol Nascente é a forma concreta com que, em uma clara e determinada situação, se manifesta e se acende, principalmente, a luta entre trabalho e capital.

Somos reconduzidos à análise desenvolvida por Marx a propósito da Irlanda: a apropriação da terra por parte dos colonos ingleses e a consequente condenação do povo irlandês à deportação e à inanição fazem com que "a questão da terra" (e de sua posse) – portanto, a questão nacional – se configure como "a forma exclusiva da questão social". Naturalmente, assim como a identidade entre "questão social" e "questão nacional", também a "identidade entre a luta nacional e a luta de classes" é parcial, e não só porque é limitada no tempo. É

---

[69] Ibidem, v. 2, p. 204.

[70] Ibidem, v. 2, p. 223.

[71] Ibidem, v. 1, p. 180.

o próprio Mao que chama atenção para as tensões entre as diversas classes e os diversos partidos que constituem a frente unida antijaponesa. Não obstante, na China, após a invasão efetuada em ampla escala pelo Império do Sol Nascente, luta de classes e luta de resistência nacional tendencialmente coincidem.

Concentrar-se nessas tarefas significa dar as costas ao internacionalismo? Muito pelo contrário! Combater e derrotar o imperialismo japonês é a forma concreta com que os revolucionários podem contribuir à causa da revolução e da emancipação no mundo.

> Na guerra de libertação nacional, o patriotismo é, então, uma aplicação do internacionalismo. Todas essas ações patrióticas são justas, não são absolutamente contrárias ao internacionalismo, sendo exatamente sua aplicação na China [...]. Separar o conteúdo do internacionalismo da forma nacional é a práxis dos que nada entendem de internacionalismo.[72]

Somos levados de volta agora à análise desenvolvida em particular por Engels: submetidos daquela forma à opressão nacional, os irlandeses e os poloneses oprimidos tornavam-se de fato "internacionais" só no momento em que eram "autenticamente nacionais".

8. "Luta de raças" e luta de classes em Stalingrado

A questão nacional e colonial acaba irrompendo na própria Europa e, aliás, justamente aqui (na parte centro-oriental do continente), assume sua mais brutal configuração. Conhecemos a tradição de pensamento que já no século XIX identifica no expansionismo colonial a solução para a questão social. Essa tradição é retomada por Hitler, que se propõe a edificar na Europa oriental um império colonial de tipo continental. Em particular nos imensos espaços asiáticos da Rússia, onde, após a revolução bolchevique, por reconhecimento quase unanime das elites ocidentais, voltou e se alastra a barbárie, ali a Alemanha é chamada a trazer de volta a civilização por meio de uma obra de colonização enérgica ou desapiedada.

A continuidade com Rhodes salta aos olhos. Leiamos *Mein Kampf*: a conquista econômica de novos mercados não pode, de forma alguma, substituir a expansão colonial; é só esta última que permite evitar uma "ilimitada e

---

[72] Ibidem, v. 2, p. 205 e 218.

danosa industrialização", com o conseguinte "enfraquecimento das camadas agrícolas", o ampliar-se da "massa do proletariado urbano" e o irromper de uma "laceração política das classes" sociais; sem a "aquisição de nova terra", mesmo o maior "desenvolvimento econômico" possível não alcançaria o objetivo que em primeiro lugar se impõe e que pede a extinção do conflito social e da luta de classes na mãe-pátria e metrópole capitalista. Sim, "no campo [de um tempo passado] não poderia existir uma questão social", já que ainda não ocorrera a "separação entre trabalhadores assalariados e empregador"[73]; e é possível eliminar essa separação só pela expansão colonial e territorial que permite a transformação dos proletários em agricultores e proprietários de terra. Trata-se de escolher entre "política da terra e das colônias e política comercial"; para devolver saúde ao organismo social, é necessário redimensionar o papel da "indústria e do comércio"; tendo presente o modelo norte-americano, é necessário atuar "uma saudável política da terra mediante a aquisição de novos territórios na própria Europa"[74].

Ainda antes de assumirem o poder, os nazistas usam em particular a revista *Volk und Raum* para propagandear a tese de que a expansão da Alemanha ao leste tem também o objetivo de proceder à "desproletarização" (*Entproletarisierung*) do povo alemão[75]. Mais tarde, após o desencadeamento da guerra contra a União Soviética, o Terceiro Reich teoriza, com Heinrich Himmler, o "socialismo de sangue bom", que deveria garantir terra e segurança social aos colonos alemães e arianos, em função da dizimação e da escravização dos "indígenas"[76]. O "imperialismo social", que se mostrou com clareza pela primeira vez com Disraeli e foi sucessivamente expresso com grande eficácia por Rhodes, alcança seu ápice.

Podemos compreender claramente, então, o significado do Terceiro Reich. Em 1935, a Internacional Comunista demonstra já tê-lo compreendido: o fascismo (do Terceiro Reich e do Império do Sol Nascente) tem como objetivo a "escravização dos povos fracos", a "guerra imperialista de pilhagem" contra

---

[73] Adolf Hitler, *Mein Kampf* (1925-1927) (org. M. Domarus, Munique, Suddeutscher, 1939), p. 255 e 348 [ed. bras.: *Minha luta*, trad. Klaus Von Pushen, São Paulo, Centauro, 2001].

[74] Ibidem, p. 151-3.

[75] Klaus Hildebrand, *Vom Reich zum Weltreich. Hitler, NSDAP, und Koloniale Frage (1919-1945)* (Munique, Fink, 1969), p. 164.

[76] Em Götz Aly, *Hitler Volkstaat, Raub, Rassenkrieg und nationaler Sozialismus* (Frankfurt, Fischer, 2005), p. 28-9.

a União Soviética, a "escravização da China"[77]. Observou-se justamente em nossos dias que "a guerra de Hitler para o *Lebensraum* foi a maior guerra colonial da história[78]; é uma guerra cuja finalidade é a redução de povos inteiros a uma massa de escravos ou semiescravos a serviço da presumida raça dos senhores. Em 27 de janeiro de 1932, dirigindo-se aos industriais de Düsseldorf (e da Alemanha) e ganhando definitivamente apoio para a ascensão ao poder, Hitler[79] esclarece sua visão da história e da política. Durante todo o século XIX, "os povos brancos" conquistaram uma posição de incontestado domínio, em conclusão de um processo iniciado com a conquista da América e desenvolvido em nome do "absoluto e inato sentimento senhoril da raça branca". Colocando em discussão o sistema colonial e provocando ou agravando a "confusão do pensamento branco europeu", o bolchevismo põe em risco a civilização. Para enfrentar essa ameaça, é necessário reafirmar a "convicção da superioridade e, portanto, do [superior] direito da raça branca", é necessário defender "a posição de domínio da raça branca em relação ao resto do mundo". É claramente enunciado aqui um programa de contrarrevolução colonialista e escravista. Para reafirmar o domínio planetário da raça branca, é necessário aprender com a lição da história do expansionismo colonial do Ocidente: não se deve hesitar em recorrer à "mais brutal falta de escrúpulos", impõe-se "o exercício de um direito senhoril (*Herrenrecht*) extremamente brutal". O que é este "direito senhoril extremamente brutal", senão uma substancial escravidão? Em julho de 1942, Hitler emana essa diretiva para a colonização da União Soviética e da Europa oriental.

> Os eslavos devem trabalhar para nós. Se não precisarmos mais deles, que morram [...]. A instrução é perigosa. É suficiente que eles saibam contar até cem. Só é permitida a instrução que nos fornece útil mão de obra [...]. Nós somos os donos.[80]

---

[77] Georgi Dimitrov, "Die offensive des Faschismus und die Aufgabe der Kommunistschen Internationale im Kampf für die Einheit der Arbeiterklasse gegen den Faschismus" (Informe ao VII Congresso da Internacional Comunista, 2 de agosto de 1935), em Georgi Dimitrov, *Ausgewälte Schriften* (Colônia, Rote Fahne, 1976), p. 96 e 144.

[78] David Olusoga e Casper W. Erichsen, *The Kaiser's Holocaust. Germany's Forgotten Genocide* (Londres, Faber & Faber, 2001), p. 327.

[79] Adolf Hitler, *Reden und Proklamtionen 1932-1945* (org. M. Domarus, 1. ed. 1962-1963, Munique, Süddeutscher, 1965), p. 75-7.

[80] Ernst Piper, *Alfred Rosenberg Hitlers Chefideologie* (Munique, Blessing, 2005), p. 259.

Em seus discursos reservados e não destinados ao público, Himmler[81] fala explicitamente de escravidão: há absoluta necessidade de "escravos de raça estrangeira" (*fremdvölkische Sklaven*), perante os quais a "raça dos senhores" (*Herrenrasse*) jamais deve perder sua "aura senhoril" (*Herrentum*) e com os quais ela não deve de nenhuma maneira misturar-se ou confundir-se. "Se não preenchermos nossos campos de trabalhos com escravos – neste quarto posso definir as coisas de maneira clara e definida –, com operários escravos para construir nossas cidades, nossas aldeias, nossas fazendas, sem nos preocuparmos com as perdas", o programa de colonização e germanização dos territórios conquistados na Europa oriental não poderá ser realizado. O Terceiro Reich torna-se, assim, o protagonista de um tráfico de escravos atuado em tempos muito mais curtos – e, portanto, com modalidades mais brutais – que o tráfico de escravos propriamente dito[82].

O novo poder soviético é chamado a enfrentar esse projeto, que implica a redução em condições de escravidão ou semiescravidão não só do proletariado, mas de nações inteiras. Perfila-se no horizonte a "grande guerra patriótica" que tem seu momento mais crucial e épico em Stalingrado. A luta de um povo inteiro para fugir do destino de escravização a que tem sido condenado não pode ser definida como luta de classes; mas se trata de uma luta de classes que assume a forma de guerra de resistência nacional e anticolonial.

Isso vale também para um país como a Polônia. Como a União Soviética, nesse caso também o Terceiro Reich propõe-se a liquidar em bloco a intelectualidade, as camadas sociais suscetíveis de organizar a vida social e política, de manter ativa a consciência nacional e a continuidade histórica da nação; de tal maneira os países submetidos, as novas colônias, poderão distribuir força-trabalho servil em grande quantidade, sem que ninguém trave tal processo. Elementos constitutivos da intelectualidade que deve ser aniquilada na União Soviética são os comunistas, ao passo que na Polônia o clero católico desenvolve um importante papel; elemento comum aos dois países, os judeus, aos olhos de Hitler, são inveterados intelectuais subversivos e para eles a única solução pode ser a "final". Essas são as condições para edificar na Europa centro-oriental as Índias alemãs, chamadas a ser um reservatório inesgotável de terra, matérias-

---

[81] Heinrich Himmler, *Geheimreden 1933 bis 1945* (orgs. B. F. Smith e A. F. Peterson, Berlim, Propyläen, 1974), p. 156 e 159.

[82] Mark Mazower, *Hitler-s Empire. How the Nazis Ruled Europe* (Londres, Penguin, 2009), p. 309 e 299.

-primas e escravos a serviço da raça dos senhores: a luta contra esse império, fundado numa divisão internacional do trabalho que prevê o retorno da escravidão de forma mascarada, a luta contra essa contrarrevolução colonialista e escravista, é uma luta de classes por excelência.

De forma bastante diferente argumenta o historiador inglês de que já falamos e que assim confuta Marx: o século XX não foi de forma alguma "o século da luta de classes"; o Terceiro Reich promoveu a guerra ao leste como a "grande guerra racial" (usando a expressão de Hermann Göring) e, portanto, "as divisões étnicas" revelaram-se "mais importantes que as presumidas hostilidades entre proletariado e burguesia"[83]. Não há dúvidas, Himmler[84] descreve e celebra a campanha contra a URSS como "uma primitiva, originária, natural luta de raça". Por sua vez, embora acabe se aliando aos "amarelos" japoneses, Hitler pretende ser o campeão da raça branca. Até o ponto de a Espanha conquistada por Franco representar, a seus olhos, a Espanha finalmente de volta "à mão branca", embora as tropas coloniais marroquinas tenham contribuído significativamente para a vitória[85]. Mas se essa leitura for válida, deveríamos ler todos os conflitos internacionais, desde as guerras coloniais até às guerras mundiais, desde a guerra de independência dos Estados Unidos até às guerras do Risorgimento italiano, como conflitos exclusivamente étnicos ou raciais. Em 1883, publicando *Luta de raças*, Gumplowicz contrapõe-se a Marx e à teoria da luta de classes; de maneira análoga argumenta um dos historiadores mais aclamados do nosso tempo.

9. UMA LUTA DE CLASSES ONIPRESENTE E IMPOSSÍVEL DE ENCONTRAR

É verdade que, enquanto se desenvolvem os acontecimentos dos quais tratamos, mesmo na extrema esquerda não são poucos os que têm dificuldade para lê-los à luz da teoria marxiana da luta de classes. O desaparecer inesperado e inaudito da "guerra civil mundial" não deixa de suscitar desorientação. A política de frente unida, lançada em 1935 pela Internacional Comunista, tenta isolar as potências imperialistas na ofensiva, as quais, chegando tardiamente ao encontro colonial, ambicionam preencher o atraso recorrendo a um suplemento de

---

[83] Niall Ferguson, *The War of the World* (Londres, Penguin, 2006), p. XXXVII e XLII [ed. port.: *A guerra do mundo*, Porto, Civilização Editora, 2006].

[84] Heinrich Himmler, *Geheimreden 1933 bis 1945*, cit., p. 201.

[85] Adolf Hitler, *Reden und Proklamtionen 1932-1945*, cit., p. 753.

brutalidade e submetendo inclusive povos de antiga civilização à submissão e até à escravização. Mas essa política de frente unida que parece não pôr em discussão o capitalismo como tal, nem o imperialismo como tal, aparece aos olhos de Trotski como "o repúdio da luta de classes"[86]. De maneira análoga argumentam seus seguidores na China ao criticar Mao e os comunistas chineses por terem "abandonado suas posições de classe". A denúncia está numa carta enviada ao grande e respeitado escritor Lu Xun[87], que responde com desdém, dizendo que quer continuar ao lado dos que "combatem e derramam seu sangue pela existência dos chineses de hoje". É uma visão que algum tempo depois encontra sua consagração na fórmula de Mao sobre a identidade na China da época de luta nacional e luta de classes.

É um debate que continua até nossos dias. À sua maneira, são esclarecedoras as palavras com as quais o biógrafo de maior autoridade de Trotski descreve e comenta a fundação da Quarta Internacional, que se forma um ano antes da eclosão da Segunda Guerra Mundial.

Em 18 de outubro de 1938, num discurso gravado para os camaradas americanos, [Trotski] afirmava:

> "Permitam-me uma predição! Nos dez anos que virão, o programa da Quarta Internacional tornar-se-á o guia para milhões e milhões de revolucionários, e milhões de revolucionários saberão assaltar o céu e a Terra."
>
> Impossível não admitir que tal previsão fosse cruelmente desmentida e que ele pecava no mínimo de excesso de otimismo.[88]

A previsão de Trotski revelou-se completamente desprovida de fundamentação? Na realidade, a partir de Stalingrado e da derrota sofrida pelo projeto do Terceiro Reich (e pelo projeto cultivado na Ásia pelo Império do Sol Nascente) de retomar, radicalizar e estender a área de aplicação da tradição colonial, uma gigantesca onda de revoluções anticoloniais desenvolveu-se, modificando de modo radical a configuração do planeta. Entretanto, Trotski – observa seu

---

[86] Leon Trotski, *Schriften. Sowjetgesellschaft und stalinistische Diktatur* (orgs. H. Dahmer et al., Hamburgo, Rasch un Röhring, 1988), p. 903 [ed. it.: *La rivoluzione tradita*, Roma, Samonà e Savelli, 1968, p. 185; ed. bras.: *A revolução traída*, trad. Henrique Canary, Paula Maffei e Rodrigo Ricupero, São Paulo, Instituto José Luís e Rosa Sundermann, 2005].

[87] Lu Xun, *Letteratura e sudore. Scritti dal 1925 al 1936* (org. A. Bujatti, Isola del Liri, Pisani, 2007), p. 193 e 196.

[88] Pierre Broué, *La rivoluzione perduta. Vita di Lev Trotsky* (Turim, Boringhieri, 1991), p. 726.

PASSAGEM A SUDESTE. QUESTÃO NACIONAL E LUTA DE CLASSES

biógrafo – pensava a Segunda Guerra Mundial "em analogia com a Primeira", e as grandes transformações que seguiriam à nova conflagração bélica em analogia com outubro de 1917[89]. Eis abordado, ou pelo menos aflorado, o ponto central: as transformações revolucionárias previstas por Trotski realmente ocorreram, mas não segundo as modalidades por ele imaginadas; a luta de classes deflagrou, mas não segundo as formas tomadas nas décadas precedentes.

Assistiu-se, aliás, a uma verdadeira reviravolta. Agitando a palavra de ordem da transformação da guerra imperialista em guerra civil revolucionária, em outubro de 1917 os bolcheviques assumem o poder na Rússia; mas nas décadas seguintes eles conseguem conservá-lo, primeiro promovendo o processo de consolidação industrial e militar do país, depois estimulando e dirigindo a guerra de resistência nacional. Em países como Iugoslávia, Albânia, China (e mais tarde Vietnã, Cuba etc.), os partidos comunistas chegam ao poder encabeçando a luta de resistência e de libertação nacional. A revolução de baixo entrelaça-se com a revolução pelo alto em um país como a Índia, onde é o próprio poder colonial, já bastante enfraquecido por causa da nova constelação internacional, que abdica, com o objetivo também de evitar uma revolução de baixo, muito mais radical. Essas transformações acabam tendo um impacto também nos Estados Unidos: a queda do Antigo Regime fundado sobre a hierarquia racial e a *white supremacy* não pode ser compreendida sem a onda que, atingindo os povos coloniais, envolve os próprios afro-americanos.

Também em alguns países capitalistas mais ou menos desenvolvidos, como a França e a Grécia, a revolução se configura como guerra de libertação nacional com a participação massiva e, no segundo caso, com a direção do Partido Comunista, que parece estar a ponto de conquistar o poder e de dar início às transformações de tipo socialista.

Nos países do Eixo, continua válida a palavra de ordem da transformação da guerra imperialista em guerra civil revolucionária, mas essa transformação tem lugar à medida que os elementos mais avançados, por exemplo, Alemanha e Itália, se colocam ao lado dos movimentos de resistência e de libertação nacional na União Soviética, na Iugoslávia, na Albânia, na Grécia etc. Isto é, marcando uma virada radical em relação ao primeiro conflito mundial, durante o segundo, o engajamento revolucionário e a luta de classes revolucionária implicam, de uma maneira ou de outra, o apoio aos movimentos de resistência e de libertação nacional.

---

[89] Ibidem, p. 727.

Particularmente interessante é o caso da Itália. Após entrar em guerra agitando as palavras de ordem explicitamente imperialistas (a conquista do lugar ao sol, o retorno do império "nas fatais colinas de Roma" etc.), no momento de sua queda, Mussolini deixa o país não só prostrado e derrotado, mas também em grande parte controlado por um exército de ocupação, que tendencialmente trata o ex-aliado como povo colonial. Revelador é o apontamento de Goebbels em seu diário, em 11 de setembro de 1943: "Por causa de sua infidelidade e de sua traição, os italianos perderam qualquer direito a um Estado nacional moderno. Devem ser punidos severissimamente, como impõe a lei da história"[90]. Efetivamente, aos olhos de alguns cabecilhas nazistas, os italianos tornam-se "negroides", com os quais é necessário evitar a contaminação sexual e que, ao fim do conflito, deverão ser usados "como trabalhadores a serviço dos alemães"[91].

Isto é, até o ex-aliado acaba tendo que lutar contra o perigo de submissão colonial por parte do Terceiro Reich; encabeçando a luta de libertação nacional, o Partido Comunista consegue realizar importantes transformações políticas e sociais, difundir-se capilarmente e ganhar consensos tão amplos a ponto de encarnar, por algum tempo, aos olhos de uma ampla opinião pública internacional, a lição gramsciana da luta pela conquista da hegemonia.

Em conclusão, longe de ser desmentida, a previsão formulada por Trotski em 1938 teve a mais clamorosa confirmação histórica: as décadas sucessivas, no que diz respeito às revoluções e às lutas de classes, estão entre as mais ricas da história mundial; mas as formas imprevistas e inéditas que as lutas de classes e as revoluções adquiriram tornaram-nas despercebidas a muitos. Como às vezes acontece, a floresta particularmente densa impediu a visão das árvores longamente buscadas e almejadas.

10. DO PARTIDO BOLCHEVIQUE MUNDIAL À DISSOLUÇÃO DA INTERNACIONAL

Durante o século XX, a tomada de consciência do caráter determinado em sentido sempre nacional do processo revolucionário percorre um caminho árduo e contraditório. Prevalece, após a Revolução de Outubro e a fundação da Terceira Internacional, a leitura binária do conflito em escalda mundial.

---

[90] Josef Goebbels, *Tagebücher* (org. R. G. Reuth, Munique/Zurique, Piper, 1992), p. 1.951-2.

[91] Gerhard Schreiber, *La vendetta tedesca (1943-1945): le rappresaglie naziste in Italia* (1996) (Milão, Mondadori, 2000), p. 22-4.

Significativos a tal propósito são os estatutos aprovados pelo II Congresso, em 4 de agosto de 1920. Partindo do pressuposto de que "a emancipação dos trabalhadores não é um problema local ou nacional, mas internacional", eles realçam o caráter "rigorosamente centralizado" da organização e concluem: "A Internacional Comunista deve realmente representar um Partido Comunista unitário em todo o mundo. Os partidos que operam em cada país são apenas singulares seções dela"[92]. É uma visão que se cumpre quatro anos depois, em ocasião do V Congresso, que convida à criação de um "partido bolchevique mundial, homogêneo e impregnado pelas ideias leninistas". Sucessivamente, o comitê reafirma:

> O partido mundial do leninismo deve fundir-se em um único bloco, não já por disciplina mecânica, mas por unidade de vontade e de ação [...]. Todo partido deve dedicar suas melhores forças à direção internacional. É necessário deixar as mais amplas massas compreenderem que na época atual é possível ganhar as grandes batalhas, econômicas e políticas, da classe operária somente se ela for guiada por um único centro, agente em escala internacional.[93]

Acontece, entretanto, que as exigências concretas da luta política estimulam uma práxis em clara contradição com a teoria. Inicialmente, por certo período, os congressos da Internacional sucedem-se um após outro, em periodicidade quase anual: em 1919 o primeiro, em 1920 o segundo, em 1921 o terceiro, em 1922 o quarto, em 1924 o quinto. Há depois uma diluição: em 1928 o sexto, em 1935 o sétimo e último. E compreende-se claramente porque o VII Congresso é também o último. Ele tem ao centro a questão nacional, como emerge com força pelo informe de Dimitrov[94], que apela para o fim de um internacionalismo que não sabe "aclimatar-se" e pôr "raízes profundas na terra natal", que desemboca até no "niilismo nacional" e que, portanto, se revela completamente incapaz de encabeçar uma luta pela "salvação da nação". Não casualmente o VII Congresso se desenvolve enquanto na China o Partido

---

[92] Aldo Agosti (org.), *La Terza Internazionale. Storia documentaria*, cit., v. 1.1, p. 277-8.

[93] Citado em Jane Degras (org.), *Storia dell'Internazionale comunista attraverso i documenti ufficiali* (Milão, Feltrinelli, 1975), v. 2, p. 175 e 225.

[94] Georgi Dimitrov, "Die offensive des Faschismus und die Aufgabe der Kommunistschen Internationale im Kampf für die Einheit der Arbeiterklasse gegen den Faschismus", cit., p. 153-4.

Comunista apela para a superação da guerra civil e para a unidade nacional e enquanto o surgimento de Hitler deixa prever o agudizar-se da questão nacional também na Europa.

Agora é claro que nas diferentes situações nacionais o conflito social pode assumir as mais diferentes configurações e que toda vez ocorre um entrelaçamento peculiar de múltiplas contradições, as quais envolvem os mais diferentes sujeitos sociais. Revela-se, assim, cada vez mais inadequado o instrumento organizativo tradicional (a Internacional) no qual por longo tempo o movimento operário reconheceu-se. Na fundamentação dessa tradição age em medida mais ou menos forte a visão que já conhecemos: a revolução socialista parece originar-se de uma única contradição, a que contrapõe no plano mundial dois blocos homogêneos, a burguesia e o proletariado; é uma visão que encontra sua mais concentrada expressão na Terceira Internacional, que tende a apresentar-se como um "partido bolchevique mundial", organizado e centralizado de maneira ferrenha além das fronteiras nacionais e estatais. Uma vez superada essa visão, a dissolução da Terceira Internacional é apenas uma consequência inescapável, ela não responde apenas a um cálculo político – que também não deixa de existir (o desejo de consolidar uma coalizão antifascista, agilizando em cada país a formação de frentes populares com a participação dos partidos comunistas, agora mais dificilmente imputáveis de serem simples massa de manobra nas mãos de Moscou). Torna-se mais importante o papel desenvolvido pela tomada de consciência da dialética concreta do processo revolucionário.

É um fato: nenhuma Internacional realizou uma revolução. Isso vale também para a Associação Internacional dos Trabalhadores fundada por Marx em 1864. Seis anos depois, enquanto está em curso a guerra franco-prussiana, ela apela para que os "trabalhadores franceses" não se abandonem às ilusões revolucionárias, levando em conta as reais relações de força e, sobretudo, não se deixando "balançar pelas *souvenirs* [reminiscências] nacionais de 1792"[95]. À luz dos desenvolvimentos sucessivos, o alerta revela-se plausível. Todavia, o movimento que resultou na Comuna de Paris desenvolve-se segundo uma dialética autônoma e a partir do entrelaçamento da contradição burguesia/proletariado com a crise nacional provocada pelo evidenciar-se do projeto expansionista prussiano e pela incapacidade da burguesia francesa de enfrentá-lo.

---

[95] MEW, v. 17, p. 277-8 [ed. bras.: Karl Marx, "(Segunda mensagem do Conselho Geral sobre a Guerra Franco-Prussiana)", em Marcello Musto (org.), *Trabalhadores, uni-vos! Antologia política da I Internacional*, trad. Rubens Enderle, São Paulo, Boitempo, 2014, p. 266].

A Revolução de Outubro eclode na onda da denúncia de "traição" da Segunda Internacional. Três anos depois, Lenin traça um balanço histórico e teórico que põe em evidência um ponto essencial: uma situação revolucionária pressupõe contradições tão multíplices e agudas que provoca "uma crise de toda a nação (isto é, envolve explorados e exploradores)"[96]. Ou seja, em última análise, os bolcheviques ganharam porque se revelaram a única força política capaz de responder ao desastre econômico, político e social provocado pela guerra e pelo colapso do Antigo Regime.

Fundada em 1919 com o objetivo explícito de propagar a Revolução Russa também no Ocidente, a Terceira Internacional em nenhum caso consegue estar à altura de seu programa. Sim, uma gigantesca onda revolucionária se desenvolve a partir da derrota infligida ao projeto revolucionário de edificar as "Índias alemãs" na Europa oriental e eclode em âmbito planetário até a dissolução do sistema colonial; mas essa onda ocorre só depois da dissolução da Internacional, decretada por Stalin em 1943, e é alimentada por revoluções que, contrariamente às expectativas de 1919, registram a fusão indissolúvel de conflito social e conflito nacional.

Finalmente, é o caso de dizer que a Quarta Internacional revela-se a réplica farsesca da tragédia da Terceira.

A esta altura convém refletir sobre uma formulação do Marx mais maduro, para quem da intensificação da contradição entre forças produtivas e relações de produção deriva não uma singular revolução, mas "uma época de revolução social"[97] – no âmbito de tal época desenvolvem-se processos revolucionários diferentes e peculiares, e cada um deles pode ser explicado apenas pela específica constelação nacional e pelo entrelaçamento de contradições cada vez diferentes. Isso vale para a revolução burguesa. Segundo o *Manifesto*, ela eclode quando "o regime feudal de propriedade" entram em contradição com as "forças produtivas já criadas"[98]. Se aplicarmos essa lei histórica a cada país, observamos que em nenhum caso nos depararemos com a revolução burguesa "pura". Na França, onde o capitalismo ainda é pouco desenvolvido e onde, ainda em 1850, por admissão do próprio Marx, domina a agricultura[99], a revolta do Terceiro Estado em 1789 é precedida pela fronda antiabsolutista e filo-feudal dos parlamentos

---

[96] LO, v. 31, p. 74.

[97] MEW, v. 13, p. 9.

[98] Ibidem, v. 4, p. 467 [ed. bras.: Karl Marx e Friedrich Engels, *Manifesto Comunista*, cit., p. 44-5].

[99] Ibidem, v. 7, p. 79.

(instituição típica do Antigo Regime) e é seguida pela intervenção maciça no cenário politico de massas populares que conseguem objetivos bastante avançados (abolição da escravidão negra em São Domingos, introdução da obrigatoriedade escolar na metrópole etc.) num duro enfrentamento com a burguesia. Em diversos países, a derrubada do Antigo Regime passa por uma revolução nacional; pensemos no Risorgimento italiano ou na Alemanha, onde, segundo a análise de Engels que já vimos, a revolução burguesa começa a afirmar-se entre 1808 e 1813, isto é, a partir da luta contra a ocupação napoleônica imposta por um país que tinha atrás dele a Revolução Francesa. Não se revela menos impura a revolução burguesa nos dois países clássicos da tradição liberal. Não se compreende por que a revolução anticapitalista deva se distinguir por uma maior pureza.

Em conclusão, poderíamos dizer que o modelo organizativo da Internacional revelou-se inadequado pelo fato de que fazia amiúde referência a uma luta de classes pura que ocorreu bastante raramente e era alimentada em grande parte pela expectativa de uma revolução socialista pura, que jamais ocorreu e que jamais ocorrerá. Isso não significa que não se adverte a exigência da solidariedade internacionalista por parte dos que, de uma forma ou de outra, sofrem com um sistema fundado na exploração, na opressão, na lei do mais forte; é necessário, porém, investigar as formas que essa solidariedade pode concretamente assumir.

VII
LENIN 1919: "A LUTA DE CLASSES MUDOU SUA FORMA"

1. LENIN, O OPERÁRIO BELGA E O CATÓLICO FRANCÊS

Observamos como no curso do século XX a revolução deslocou-se do oeste ao sudeste. O que acontece nos países que, assumindo o *Manifesto Comunista* e a teoria da luta de classes, se livram do Antigo Regime capitalista ou que estão encaminhados na via capitalista? No início dos anos 1920, ocorre na Rússia soviética um episódio sintomático. A crise continua pesando gravemente, e como enfrentá-la? Entre os simpatizantes da revolução bolchevique encontra--se naquele momento em Moscou uma médica francesa, Madeleine Pelletier, que visita a cidade e fica impressionada com o escasso apego dos operários ao trabalho[1]. É uma impressão confirmada em 1927 pelo testemunho de um eminente filósofo, isto é, Walter Benjamin.

> Nem na capital da Rússia se encontra, não obstante toda a "racionalização", uma sensibilidade ao valor do tempo. O Trud, instituto sindical do trabalho, lançou [...] uma campanha com cartazes apelando à pontualidade [...]. "Tempo é dinheiro"; para dar crédito a uma palavra de ordem tão excêntrica, recorreu--se, nos cartazes, à autoridade de Lenin. De tão estranha que essa mentalidade parece aos russos. Seu espírito jocoso prevalece sobre todas as coisas [...]. Quando se roda na rua uma cena para um filme, esquecem-se das razões por que estão ali e para onde vão, seguem as filmagens durante horas e regressam muito

---

[1] Marcello Flores, *L'immagine dell'URSS. L'Occidente e la Russia di Stalin (1927-1956)* (Milão, Il Saggiatore, 1990), p. 29.

agitados ao serviço. No que se refere ao uso do tempo, o asiático continuará por muito tempo a ser "asiático".[2]

Ou seja, as medidas que nesse meio-tempo eram implementadas pelo poder soviético para melhorar a eficiência no trabalho não produziram grandes resultados. Todavia, desde o início elas são contestadas por um operário belga, ele também simpatizante da revolução, N. Lazarević, que se encontra na capital russa: ele denuncia a intensificação dos ritmos que, a seus olhos, com o mesmo salário, só pode ser sinônimo de exploração; convida, portanto, à luta de classes e à greve, mas acaba sendo expulso do país[3].

Para o operário ocidental que foi para a Rússia soviética com o objetivo de colaborar com a construção da nova sociedade, a chegada ao poder dos bolcheviques (sobre os quais sem dúvida é forte a influência da classe operária) não implica nenhuma mudança na modalidade da luta de classes. De maneira bastante diferente argumenta Lenin, que a partir de outubro de 1919 diversas vezes realça: "A luta de classes continua; apenas mudou sua forma"[4]. É necessário não perder de vista "a diferença essencial entre a luta de classes do proletariado em um Estado" capitalista "e a luta econômica do proletariado em um Estado que não reconhece a propriedade privada sobre a terra e sobre a maioria das grandes empresas, no qual o poder político está nas mãos do proletariado"[5].

Lazarević não está isolado. Ele está ligado, por uma proximidade ideológica e pela amizade, a um fervoroso católico francês, Pierre Pascal, que assim interpreta e saúda a revolução bolchevique da qual foi testemunho:

> Espetáculo único e inebriante: a demolição de uma sociedade. Estão se realizando o quarto salmo das vésperas do domingo e o Magnificat: os poderosos são derrubados do trono, e o pobre, resgatado da miséria [...]. Os ricos não existem mais, só pobres e paupérrimos. O saber não dá privilégio nem respeito. O ex-operário promovido a diretor dá ordem aos engenheiros. Altos e baixos salários se

---

[2] Walter Benjamin, "Mosca" (1927), em *Immagini di città* (Turim, Einaudi, 2007), p. 34-5 [ed. bras.: *Imagens de pensamento. Sobre o haxixe e outras drogas*, trad. João Barrento, Belo Horizonte, Autêntica, 2013].

[3] Marcello Flores, *L'immagine dell'URSS. L'Occidente e la Russia di Stalin (1927-1956)*, cit., p. 42.

[4] LO, v. 30, p. 47 e v. 31, p. 278.

[5] Ibidem, v. 33, p. 167.

aproximam. O direito de propriedade é reduzido aos efeitos pessoais. O juiz não é mais obrigado a aplicar a lei, se seu senso de equidade proletária a contradiz.[6]

Salta aos olhos o fato de que, nesse caso, mais do que como uma emergência dolorosa, a miséria generalizada é vivida como condição de plenitude espiritual. Compreende-se com clareza que Pascal não adverte alguma necessidade de relançar a produção. Aliás, ele olha com suspeição as tentativas de recolocar ordem nas fábricas e condena os que rezam a "admiração dos chefes, a obediência, a disciplina, virtudes já demasiado difundidas no povo e que são os maiores obstáculos para a revolução"[7]. A orientação de Lenin é oposta; em outubro de 1920, ele declara: "Nós queremos transformar a Rússia de país miserável e pobre a país rico"; impõe-se, portanto, "um trabalho organizado", "um trabalho consciente e disciplinado", com o objetivo de assimilar e pôr em prática "as últimas conquistas da técnica"[8]. A luta de classes, nas novas formas que ela assumiu, exige que se acabe com a situação de miséria e devastação para melhorar as condições de vida do povo, consolidar a base social de consenso do poder soviético e não o expor indefeso à pressão econômica e militar do imperialismo.

2. "ASCETISMO UNIVERSAL" E "RUDE IGUALITARISMO"

Como definir o contraste que está emergindo entre as duas visões? A preocupação com a produção e com a riqueza material contrapõe-se à perseguição de valores mais espirituais e de uma comunidade espiritualmente mais rica, dado que mais harmônica e coesa? Na mesma intervenção (de outubro de 1920) em que lança o apelo para transformar a Rússia em um "país rico", Lenin realça a necessidade de acabar com uma sociedade tão obtusamente fechada em seus egoísmos privados que "ninguém prestava atenção se havia idosos e enfermos [reduzidos à fome], se o peso da casa recaía inteiramente sobre a mulher, reduzida por isso a um estado de opressão e sujeição"[9]. A urgência de introduzir relações intersubjetivas espiritualmente mais ricas é percebida com

---

[6] Em François Furet, *Il passato di un'illusione. L'idea comunista nel XX secolo* (Milão, Mondadori, 1995), p. 129 [ed. bras.: *O passado de uma ilusão*, trad. Roberto Leal Ferreira, São Paulo, Siciliano, 1995].

[7] Em Marcello Flores, *L'immagine dell'URSS. L'Occidente e la Russia di Stalin (1927-1956)*, cit., p. 42-3.

[8] LO, v. 31, p. 283-4.

[9] Ibidem 31, p. 283.

força também pelo líder soviético, que, porém, considera que tal problema não pode ser adequadamente resolvido sem o desenvolvimento das forças produtivas. Mais de quinze anos depois, recorrendo também à memória de suas experiências de governo, Trotski[10] escreverá: "A verdadeira emancipação da mulher é impossível no plano da 'miséria socializada'". A luta de classes para reordenar e relançar o aparato produtivo é também uma luta pela emancipação da mulher (e para garantir o direito à vida aos "idosos" e aos "enfermos"). *O capital* diria que o "reino da necessidade" é tanto mais imperioso e constritivo e tanto mais pesa negativamente sobre a vida (mesmo espiritual) dos homens e das mulheres, quanto menos desenvolvidas são as forças produtivas e a riqueza social[11].

Diferente e oposta é a orientação de Pascal, que é fervoroso cristão e aos olhos do qual a luta de classes revolucionária é o resgate dos homens e dos rejeitos. Essa é também a visão do operário belga, Lazarević, e na realidade de não poucos seguidores ou simpatizantes do bolchevismo bastante distantes do cristianismo e que, contudo, têm dificuldades em identificar-se com medidas pelas quais o novo poder busca reorganizar e relançar o aparato industrial. Portanto, assiste--se a um embate não entre devotos e inimigos do fetiche da riqueza, não entre os que são surdos e os que são sensíveis aos valores espirituais e tampouco a um embate entre ateus e cristãos. Não, a contrapor-se, em última análise, estão os marxistas e os populistas, os quais são orientados a condenar a riqueza e o "luxo" como estilo de vida próprio das classes acostumadas à dissipação e à devassidão.

Exatamente por isso, eles concentram-se exclusivamente no problema da distribuição da riqueza, deixando de lado, por completo, o objetivo (essencial para Marx e Engels) do desenvolvimento das forças produtivas: a luta de classes revolucionária significa, nesse caso, a realização da igualdade (para baixo) e a escassa consideração para a busca do bem-estar. Nessa configuração, o populismo pode exercer uma força de atração que se estende muito além dos círculos cristãos. Segundo o *Manifesto Comunista*, "nada é mais fácil que recobrir o ascetismo cristão com um verniz socialista"; não casualmente, as "primeiras revoltas do proletariado" são amiúde caraterizadas por reivindicações em nome de "um ascetismo geral e um grosseiro igualitarismo"[12].

---

[10] Leon Trotski, *Schriften. Sowjetgesellschaft und stalinistische Diktatur*, cit., p. 838 [ed. it.: *La rivoluzione tradita*, cit., p. 134].

[11] MEW, v. 25, p. 828.

[12] Ibidem, v. 4, p. 484 e 489 [ed. bras.: Karl Marx e Friedrich Engels, *Manifesto Comunista*, cit., p. 60 e 66].

Na realidade, o fenômeno de que estamos nos ocupando possui uma extensão espacial e temporal muito superior à sugerida por Marx e Engels. As grandes revoluções populares, os motins de massa das classes subalternas, tendem a estimular um populismo espontâneo e ingênuo, que espera ou celebra a revolta dos que ocupam o último degrau da hierarquia social, a revolta dos pobres e dos "pobres de espírito". Na França de 1789, ainda antes do ataque à Bastilha, já a partir da reunião dos Estados gerais e da agitação do Terceiro Estado, acende-se "na alma popular o antigo milenarismo, a ansiosa expectativa da vingança dos pobres e da felicidade dos humilhados – a mentalidade revolucionária será total e profundamente impregnada disso"[13]. Na Rússia, em fevereiro de 1917, observamos círculos cristãos saudarem a queda do czarismo como a derrota do "mal", do "pecado", que "havia rachado o povo dividindo-o em ricos e pobres"; a nova sociedade "seria reorganizada na base de atitudes mais cristãs". Surgiria "uma nova comunidade espiritual, acima de toda distinção de classe e de partido", uma comunidade que assistiria ao desaparecimento, isto é, à supressão de toda manifestação da precedente opulência viciosa e dissoluta: entre outras coisas, não haveria mais espaço para as bebidas alcoólicas[14]. Eis, então, que o "rude igualitarismo" entrelaça-se com o "ascetismo universal" e coato; mas não muito diferentes são as esperanças que Pascal põe na Revolução de Outubro.

Os bolcheviques não são imunes a essa visão de mundo e a esse estado espiritual. A catástrofe provocada em primeiro lugar pela guerra mundial e depois pela guerra civil implica uma crise de espantosas proporções até no plano financeiro: na prática, a moeda cessa de existir como elemento da economia soviética; habitações, transportes, instrução e refeições nas fábricas são gratuitos, os salários são pagos em espécie, tudo isso naturalmente em um nível muito baixo e, na melhor das hipóteses, de digna miséria. Entretanto, depois de ter sido percebida com desânimo e angústia, tal situação acaba por ser transfigurada: é o almejado desaparecer do dinheiro (símbolo da polarização social e da riqueza dissoluta), é o eclipse da *auri sacra fames*, é o advento do comunismo, ainda que de um "comunismo de guerra", com todos os limites impostos pelas circunstâncias[15].

---

[13] François Furet, Denis Richet, *La Révolution française* (Paris, Marabout Université, 1979) [ed. it.: *La Rivoluzione Francese*, Roma/Bari, Laterza, 1980].

[14] Orlando Figes, *La tragedia di un popolo. La Rivoluzione Russa (1891-1924)* (Milão, TEA, 2000), p. 434.

[15] Eduard H. Carr, *La rivoluzione bolscevica* (1950) (4. ed., Turim, Einaudi, 1964), p. 668-70.

202 A LUTA DE CLASSES

Em 1936-1937, Trotski[16] lembrará criticamente "as tendências ascéticas da época da guerra civil" difusas entre os comunistas. Mas será um militante comum a descrever da maneira mais eficaz, nos anos 1940, o clima espiritual dominante no período imediatamente sucessivo à Revolução de Outubro, o clima que emergiu pelo horror suscitado pela guerra provocada da disputa imperialista pela partilha das colônias, pela conquista dos mercados e das matérias-primas, pela caça capitalista ao lucro e ao superlucro.

> Nós, jovens comunistas, tínhamos crescido na convicção de que o dinheiro teria sido eliminado de vez [...]. Se reaparecesse o dinheiro, não reapareceriam também os ricos? Não estávamos num trilho escorregadio que nos trazia de volta ao capitalismo?[17]

Com esses pressupostos, o escambo representava um progresso, pelo menos no plano espiritual. É um clima que não desaparece imediatamente com o comunismo de guerra. Testemunha-o um texto extraordinário de Lenin de 6-7 de novembro de 1921.

> Quando triunfaremos em escala mundial, usaremos o ouro para construir latrinas públicas nas ruas das maiores cidades do mundo. Esse seria o emprego mais "justo" e evidentemente mais edificante que se poderia fazer com o ouro para as gerações que não esqueceram que, por causa do ouro, 10 milhões de homens foram massacrados e outros 30 milhões foram mutilados na "grande" guerra "libertadora" de 1914-1918 [...]; e que, por causa desse mesmo ouro, prepara-se o massacre de 20 milhões de homens e a mutilação de 60 milhões numa guerra [que se aproxima]. Porém, por mais "justo", por mais útil, por mais humano que seja esse emprego do ouro [...], agora é necessário poupar o ouro na RSFSR [na Rússia soviética], vendê-lo o mais caro possível, servir-se dele para comprar pelo melhor preço possível. Quem vive com os lobos aprende a uivar.[18]

Sim, já se iniciou o caminho para a Nova Política Econômica, a NEP, e contudo a economia mercantil, o ouro e o dinheiro continuam sendo considerados

---

[16] Leon Trotski, *Schriften. Sowjetgesellschaft und stalinistische Diktatur*, cit., p. 854 [ed. it.: *La rivoluzione tradita*, Roma, Samona e Savelli, p. 150].

[17] Orlando Figes, *La tragedia di un popolo. La Rivoluzione Russa (1891-1924)*, cit., p. 926.

[18] LO, v. 33, p. 96.

com desconfiança porque impregnados da lama e do sangue das trincheiras da Primeira Guerra Mundial. Ademais, dá o que pensar a reflexão autocrítica com que, em 17 de outubro de 1921, Lenin motiva a necessidade de deixar para trás o comunismo de guerra.

> Em parte pela influência dos problemas militares que nos atingiram e pela situação aparentemente desesperada em que se encontrava a república, no fim da guerra imperialista, sob a influência dessas e de inúmeras circunstâncias, nós fizemos o erro de querer passar à *produção e à distribuição em bases comunistas*. Resolvemos que os camponeses forneceriam o pão necessário através do sistema de confisco, e nós, por nossa vez, o distribuiríamos aos estabelecimentos e às fábricas, obtendo, assim, *uma produção e uma distribuição de caráter comunista*.[19]

Grifei a afirmação repetida, pois pretendo discuti-la. Em outras ocasiões, Lenin não tem dificuldade em descrever com crueza o real significado da prática dos confiscos ou das requisições forçadas dos "gêneros alimentícios" considerados "excedentes" e, de qualquer forma, "necessários para cobrir os gastos do Exército e para alimentar os operários" e pagos "em carta moeda" de problemático valor[20]. É uma prática que entra em conflito – e não há como não entrar em conflito – com a resistência surda, dura ou violenta dos camponeses. Evidentemente, dada a gravíssima crise das trocas cidade-campo, muito anterior à conquista do poder por parte dos bolcheviques, com a diminuição da produção agrícola e a corrida pelos escassos recursos alimentares disponíveis, a sobrevivência dos habitantes das cidades passa por medidas bastante radicais, amplamente aceitas pelos diferentes partidos em conflito e até mesmo pelos inspirados por uma ideologia liberal[21]. Contudo, o que tem de comunista a miséria generalizada e desesperadora e as requisições efetuadas pressionando direta ou indiretamente com a força das armas? Sim, desapareceram o interesse pessoal e o cálculo mercantil, mas isso é suficiente para definir como comunista uma medida que é claramente ditada pela guerra e a que tendencialmente recorrem também países de orientação ideal e política bem diferente? Ou talvez

---

[19] Ibidem, v. 33, p. 48.

[20] Ibidem, v. 32, p. 322.

[21] Domenico Losurdo, *Stalin. Storia e critica di una leggenda nera* (Roma, Carocci, 2008), p. 98 [ed. bras.: *Stalin. História e crítica de uma lenda negra*, trad. Jaime A. Clasen, Rio de Janeiro, Revan, 2010].

204 A LUTA DE CLASSES

a transfiguração populista do "ascetismo universal" e do "rude igualitarismo" surja aqui no discurso do próprio Lenin?

3. "COLETIVISMO DA MISÉRIA, DO SOFRIMENTO"

Estamos diante de um debate que se desenvolve no plano internacional e do qual participa também Gramsci. Sua intervenção aparece no artigo que saúda o outubro bolchevique recém-ocorrido como "a revolução contra *O capital*", contra a obra de Marx lida pelos reformistas em chave positivista e determinista e, portanto, utilizada para deslegitimar toda mudança socialista num país não incluído entre os capitalistas mais avançados. O artigo tornou-se famoso por essa atitude antidogmática, mas mereceria sê-lo também em relação ao problema que estamos discutindo neste momento. Eis de que maneira, em dezembro de 1917, Gramsci lê a virada representada pela vitória dos bolcheviques em um país relativamente atrasado e, além do mais, estremecido pela guerra:

> Será em princípio o coletivismo da miséria, do sofrimento. Mas as mesmas condições de miséria e de sofrimento seriam herdadas por um regime burguês. O capitalismo não poderia fazer de imediato na Rússia mais do que pode fazer o coletivismo. Faria muito menos hoje porque teria contra, de imediato, um proletariado descontente, frenético, incapaz de aguentar por outros as dores e as amarguras que o mal-estar econômico traria [...]. O sofrimento que virá depois da paz só poderá ser aguentado conforme os proletários sentirem que reside em sua vontade, em sua tenacidade de trabalho a possibilidade de suprimi-lo no menor tempo possível.[22]

Nesse texto, o comunismo de guerra que está se impondo na Rússia é legitimado no plano tático e, ao mesmo tempo, deslegitimado no plano estratégico, legitimado no imediato e deslegitimado pelo olhar voltado para o futuro. O "coletivismo da miséria, do sofrimento" é justificado pelas condições concretas nas quais versa a Rússia da época: o capitalismo não conseguiria fazer nada de melhor. Mas, longe de ser sinônimo de plenitude espiritual e de rigor moral, o "coletivismo da miséria, do sofrimento", deve ser superado "no menor tempo possível". Não surpreende, então, que, como veremos, Gramsci esteja empenhado em justificar no plano político e teórico a passagem à NEP.

---

[22] Antonio Gramsci, *La città futura: 1917-1918* (Turim, Einaudi, 1982), p. 517.

Entretanto, amplos setores do movimento comunista, tanto na Rússia como no Ocidente, vivem o "comunismo de guerra" – isto é, o "coletivismo da miséria e do sofrimento" e a "miséria socializada" dos quais falam respetivamente Gramsci e Trotski – exatamente como sinônimo de plenitude espiritual e de rigor moral. O resultado é que a conquista e a defesa do "rude igualitarismo" e do "ascetismo universal" contra os quais alerta o *Manifesto* se transfiguram na expressão da proletária luta de classes. Não se deve pensar que o clima de que estamos falando fique confinado à Rússia soviética. Pelo contrário, entre os intelectuais e os militantes ocidentais ele parece encontrar uma expressão ainda mais enfática. Em 1921, decepcionado com a introdução da NEP, Pascal não renova sua filiação ao Partido Comunista, mesmo continuando a residir em Moscou e a trabalhar no Instituto Marx-Engels. Por sua vez, um dirigente comunista francês por um lado se conforma com a virada e, ao mesmo tempo, acrescenta, escrevendo na *Humanité*: "A NEP traz consigo um pouco da podridão capitalista que havia desaparecido completamente na época do comunismo de guerra".

Até personalidades distantes do movimento comunista temem que o país nascido da Revolução de Outubro esteja perdendo sua força ideal. Assim escreve o grande escritor austríaco Joseph Roth, que visita o país dos sovietes entre setembro de 1926 e janeiro de 1927 e que denuncia a "americanização" em curso: "Despreza-se a América, isto é, o grande capitalismo sem alma, o país em que o ouro é Deus. Mas admira-se a América, isto é, o progresso, o ferro de passar roupa elétrico, a higiene, os aquedutos". Em conclusão, "essa é uma Rússia moderna, progredida tecnicamente, com ambições americanas. Essa não é mais a Rússia". Entra aqui o "vazio espiritual"[23].

Superadas as primeiras incertezas e oscilações, Lenin começa a criticar duramente a transfiguração do "coletivismo da miséria, do sofrimento". A economia fundada no escambo, que caracterizava o chamado comunismo de guerra, é agora sinônimo de atraso não só no plano econômico, mas também no espiritual – manter em pé "a falta de *trocas* entre a agricultura e a indústria, a falta de conexão e ligação entre elas", significa também privar o enorme campo russo do "vínculo material com a civilização, com o capitalismo, com a grande indústria, com a grande cidade", significa eternizar nesses territórios "o patriarcalismo, a semibarbárie e a barbárie em sentido próprio". É verdade, "o capitalismo é um mal em relação ao socialismo"; por outro lado, "o capitalismo é um bem em

---

[23] Marcello Flores, *L'immagine dell'URSS. L'Occidente e la Russia di Stalin (1927-1956)*, cit., p. 28-9 e 53.

relação ao período medieval, em relação à pequena produção, em relação ao burocratismo que é ligado à dispersão dos pequenos produtores"[24]. Em relação a uma sociedade pré-moderna e semifeudal, o capitalismo é um progresso também no plano espiritual. Embora não seja afirmado explicitamente, agora o "comunismo de guerra", em vez de ser lido e criticado como uma tentativa, ainda que precipitada, de construção de uma sociedade pós-capitalista, aparece como uma objetiva recaída em um Estado social pré-capitalista. Com certeza a recaída havia sido determinada em primeiro lugar pela guerra mundial e pela guerra civil, como Lenin repetidamente se preocupava em especificar; todavia, essa recaída conheceu uma transfiguração, e não somente por parte dos que haviam saudado a Revolução de Outubro em nome do pauperismo cristão.

Tratava-se de um processo e de uma ilusão ótica não muito diferentes daqueles que ocorreram no Ocidente: aqui a mobilização total da população e dos recursos econômicos para uma condução centralizada da guerra levou eminentes intelectuais a celebrar o advento salvífico do "socialismo de guerra" (isto é, do "socialismo de Estado e de nação", segundo a definição de Croce), que resolveria de vez a questão social, e a resolveria de modo ordenado e orgânico[25]. Observando com atenção, porém, esse presumido novo regime social nada mais era do que o velho capitalismo, a que se acrescentaram a arregimentação e a terrorista disciplina de guerra. A ilusão ótica do "comunismo de guerra na Rússia" corresponde à ilusão ótica (e à manipulação ideológica) no Ocidente do "socialismo de guerra", isto é, de "Estado e de nação".

Uma vez tomada a via da NEP, Lenin procede a um acerto de contas com o populismo: "De todas as maneiras e a qualquer custa preciso desenvolver a troca sem ter medo do capitalismo [...]. Tudo deve ser empregado para estimular a qualquer custa a troca entre a indústria e a agricultura"[26]. Assim como o "comunismo de guerra" tem muito pouco a ver com a construção de uma sociedade pós-capitalista, da mesma forma o desdém em relação à economia mercantil remete, mais do que ao socialismo e ao marxismo, à "alma patriarcal, velha russa, semiaristocrata, semicamponês, na qual é inato um desdém instintivo, inconsciente, em relação ao comércio"[27].

---

[24] LO, v. 32, p. 329-31.

[25] Domenico Losurdo, *La comunità, la morte, l'Occidente. Heidegger e l'"ideologia della guerra"* (Turim, Bollati Boringhieri, 1991), cap. 1, seção 1.

[26] LO, v. 32, p. 332-3.

[27] Ibidem, v. 33, p. 97.

Contudo, embora assuma configurações cada vez diferentes, é difícil eliminar o populismo na Rússia soviética. Em 1925, Bukharin critica a estranha concepção da luta de classes que leva a desestimular o desenvolvimento das forças produtivas e a olhar com desconfiança a riqueza, aliás, a prosperidade enquanto tal.

Hoje as camadas abastadas dos camponeses, e mesmo as camadas médias que tendem a se tornar abastadas, têm medo de acumular. Existe uma situação pela qual o camponês tem medo de construir para si próprio um telhado de metal porque teme ser declarado kulak; se comprar uma máquina, tenta fazê-lo às escondidas dos comunistas. A técnica avançada tornou-se clandestina.[28]

É necessário acabar de vez com essa política.

A todos os camponeses, a todas as camadas de camponeses, é preciso dizer: enriqueçam, acumulem, desenvolvam suas agriculturas. Somente os idiotas podem dizer que sempre deve haver pobreza entre nós; hoje devemos efetuar uma política para que a pobreza desapareça.[29]

Como se observa, o apelo ao enriquecimento era dirigido a "*todos* os camponeses", embora fosse bastante improvável que *todos* pudessem alcançar a prosperidade com o mesmo ritmo. Observando as desigualdades e as contradições que, pelo menos por algum tempo, inevitavelmente se originariam desse processo, os "idiotas", isto é, os populistas, aos quais o dirigente soviético se refere, tinham uma ulterior razão para reafirmar a superioridade moral de uma condição social caraterizada pela distribuição ordenada e igualitária da miséria.

Alguns anos depois, eles continuam fazendo ouvir sua voz: "Se todos se tornarem prósperos e se os pobres deixarem de existir, sobre quem nos apoiaremos, nós, bolcheviques, em nosso trabalho?". Estamos em 1930, e assim, segundo Stalin[30], argumentam e angustiam-se os "desarranjados de 'esquerda', que

---

[28] Nikolai I. Bukharin, "La nuova politica economica e i nostri compiti" (30 de abril e 1º de junho de 1925), em Nikolai Bukharin e Evgenij A. Preobrazenskij, *L'accumulazione socialista* (org. L. Foa, Roma, Editori Riuniti, 1969), p. 167.

[29] Ibidem, p. 168.

[30] Joseph Stalin, *Werke* (Hamburgo, Roter Morgen, 1971-1973), v. 13, p. 317-9 [ed. it.: *Opere complete*, Roma, Rinascita, 1952, p. 575-7].

idealizam os camponeses pobres como eterna sustentação do bolchevismo". E de novo adverte-se o fardo de uma tradição, em última análise, religiosa. Somos levados a pensar nas observações críticas desenvolvidas por Hegel em relação ao mandamento evangélico que impõe a ajuda aos pobres: perdendo de vista o fato de que se trata de "um preceito condicionado" e absolutizando-o, os cristãos acabam absolutizando também a pobreza, que, única, pode dar sentido à norma que exige o socorro aos pobres. A permanência da miséria é a condição para os cristãos, ou para alguns deles, desfrutarem do senso de nobreza moral experimentado pelo socorro oferecido aos pobres. E, ao contrário, a seriedade da ajuda aos pobres mede-se pela contribuição dada à superação da pobreza como tal[31].

Mesmo os comunistas podem perder a consciência do caráter "condicionado" do preceito revolucionário que os convoca a dar voz aos explorados e aos pobres; mesmo os comunistas podem mostrar inclinação a idealizar a miséria ou, pelo menos, a escassez como pressuposto necessário para manifestar seu rigor revolucionário. E Stalin sente-se obrigado a realçar um ponto central: "Seria estúpido pensar que o socialismo pode ser edificado através da miséria e das privações, através da redução das necessidades pessoais e pela diminuição do padrão de vida dos homens ao nível dos pobres"; ao contrário, "o socialismo só pode ser edificado através de um impetuoso desenvolvimento das forças produtivas da sociedade" e "através de uma vida próspera para os trabalhadores", aliás, "uma vida próspera para todos os membros da sociedade"[32]. Pelo menos nesse aspecto há plena consonância com Trotski[33], que, fazendo referência a Marx, insiste de maneira ainda mais enfática sobre a centralidade da tarefa do desenvolvimento da riqueza material: "No terreno da 'miséria socializada', a luta pelo necessário ameaça ressuscitar 'todos os antigos detridos' e os ressuscita parcialmente a cada passo".

A emergência do populismo em formas sempre diferentes não é um fenômeno limitado à Rússia soviética. Observemos a China: o Grande Salto para Frente de 1958-1959 e a Revolução Cultural lançada em 1966 propõem-se, por meio de uma mobilização de massas sem precedentes, imprimir uma aceleração prodigiosa ao desenvolvimento da economia, de modo a permitir à

---

[31] Domenico Losurdo, *Hegel e la libertà dei moderni* (Roma, Editori Riuniti, 1997), cap. 10, seção 2.

[32] Joseph Stalin, *Werke,* cit., v. 13, p. 319 e 317 [ed. it.: *Opere complete,* cit., p. 577 e 575].

[33] Leon Trotski, *Schriften. Sowjetgesellschaft und stalinistische Diktatur,* cit., p. 817 [ed. it.: *La rivoluzione tradita,* cit., p. 111].

China queimar as etapas e alcançar em tempo recorde os países industrialmente mais avançados. É verdade, é uma perspectiva nos antípodas do populismo, mas ele acaba aparecendo de forma subordinada. Sobretudo em ocasião do Grande Salto para Frente, a transfiguração em chave moral da pobreza digna e generalizada almeja favorecer a mobilização de tipo militar e "igualitária" da população, aliás, do exército do trabalho, chamado a realizar o milagre. Em segundo lugar, o fracasso da tentativa extremamente ambiciosa (na realidade, mirabolante) de preencher o atraso em relação ao Ocidente em tempo recorde é enfrentado mediante a propaganda (populista) de um socialismo compreendido como "coletivismo da miséria, do sofrimento" e, portanto, mediante a remoção do grande tema marxiano de que as relações capitalistas de produção já estão condenadas pela história, porque se transformaram em um obstáculo ao ulterior desenvolvimento das forças produtivas.

O populismo apresenta-se de forma mais clara e definida no curso da polêmica internacional que o Partido Comunista Chinês desenvolve, em particular, contra o líder soviético Kruschev, culpado de perseguir e propor um "comunismo do gulasch" em nome do bem-estar material e do "modo de viver burguês" e tendo esquecido as tarefas e os ideais de transformação revolucionária do mundo[34].

4. Uma inédita luta de classes do alto

Se, contrariamente ao que os populistas parecem julgar, na Rússia e na China recém-surgidas da derrubada do Antigo Regime a luta de classes revolucionária não tem como objetivo a realização do "coletivismo da miséria, do sofrimento", qual é, então, seu objetivo? O problema já tinha sido enfrentado pelo *Manifesto*, para o qual "o proletariado utilizará sua supremacia política" não só para iniciar a transformação da sociedade em sentido socialista, mas também " para aumentar o mais rapidamente possível o total das forças produtivas"[35].

Observemos agora em que termos o debate se desenvolve na Rússia soviética. Lenin convida a acabar de vez com o conjunto das intoleráveis relações sociais, começando pela escravidão doméstica das mulheres, a qual três anos depois da revolução continua existindo na nova sociedade. Já nesse nível pode-se notar

---

[34] PCC (Partido Comunista Chinês), *Die Polemik über die Generallinie der internationalen kommunistischen Bewegung* (Berlim, Oberbaum, 1970), p. 517-8.

[35] MEW, v. 4, p. 481 [ed. bras.: Karl Marx e Friedrich Engels, *Manifesto Comunista*, cit., p. 58].

uma novidade fundamental: a ação de baixo, que também se impõe, conta com o apoio do novo poder político, e nesse sentido a luta de classes de baixo entrelaça-se com a pelo alto. Falta responder, todavia, a uma pergunta crucial: de que forma se manifesta a luta de classes nas fábricas e nos locais de trabalho e de produção da cidade, onde já ocorreu a transformação em sentido socialista das relações de propriedade?

No momento em que se alastram guerra civil e intervenção contrarrevolucionária, há um amplo consenso sobre o fato de que a participação à luta de classes revolucionária consiste, por um lado, na defesa armada da Rússia soviética e, por outro, no empenho produtivo em apoio à defesa armada. Como diria Lenin, os comunistas encabeçam a luta de classes revolucionária dando prova de "heroísmo" e "abnegação" "não somente na linha da frente, mas também nas retaguardas"[36].

Com a derrota dos exércitos contrarrevolucionários apoiados pela Entente, deve-se dar prova de dedicação no curso de um trabalho de edificação econômica que requer muito folego e não é imediatamente estimulado pelas exigências da guerra e da salvação militar da revolução. Agora, o que ameaça a capacidade de resistir e a própria existência da Rússia soviética não são mais os exércitos contrarrevolucionários, mas as dificuldades de providenciar às necessidades elementares e cotidianas de uma população estremecida; aos olhos do líder soviético, deveria estar claro que o empenho para a satisfação dessas necessidades, de modo a garantir também uma ampla base social de consenso ao novo regime, é sinônimo de participação concreta na luta revolucionária. Na realidade, a passagem da poesia à prosa, do desafio à morte no campo de batalha (e da solidariedade ativa aos heróis da frente) ao desafio à fadiga e à monotonia cotidiana dos locais de produção e de trabalho, revela-se tudo menos fácil, provocando mal-estar e desencantamento.

Lenin deve empenhar-se numa batalha que é ao mesmo tempo política e pedagógica com o objetivo de convencer seus colaboradores e seus camaradas de partido, em particular os jovens, da necessidade de virar as costas para o romanticismo revolucionário e de abraçar uma visão menos exaltante, mas mais concreta da luta de classes. Outubro de 1920: "O povo tem fome, nas fábricas, nos estabelecimentos, há fome"; é preciso remediar esta situação[37]. Oito de março de 1921: é necessário concentrar-se no problema "da deterioração

---

[36] LO, v. 30, p. 177.

[37] Ibidem, v. 31, p. 282.

dos meios de produção, da diminuída produtividade, da falta de mão de obra etc."[38]. Fim de outubro de 1921: "o despertar da vida econômica", "o aumento da produtividade" – eis o que "é absolutamente necessário"[39].

Para conseguir tais objetivos, não se deve hesitar em aprender com a lição dos países mais avançados do Ocidente capitalista, de modo a captar, junto com a ciência e a técnica, também aquilo que hoje chamaríamos de *management*; sim, é necessário assimilar criticamente até o taylorismo. É verdade, ele tinha sido rotulado, nos anos que precedem a eclosão da Primeira Guerra Mundial, como um "sistema 'científico' para espremer o suor" do "escravo assalariado"[40]. Contudo, mesmo nessa fase, Lenin preocupava-se em fazer as oportunas distinções: por ser fundado sobre a "concorrência", o capitalismo é impulsionado a "inventar sempre novos meios para reduzir os custos da produção"; infelizmente, "o domínio do capital transforma todos esses meios em instrumentos para oprimir mais ainda o operário"[41]. Mas é nos anos sucessivos, a partir das exigências de construção da nova sociedade, que a distinção entre ciência e seu uso capitalista se torna mais clara e mais definida também em relação ao taylorismo.

> Em comparação com os trabalhadores das nações mais progredidas, o russo é um mau trabalhador [...]. Aprender a trabalhar: eis a tarefa que o poder dos sovietes deve colocar ao povo em toda a sua amplitude. A última palavra do capitalismo a este propósito, o sistema Taylor – como todos os progressos do capitalismo –, une em si a crueldade refinada da exploração burguesa e uma série de riquíssimas conquistas científicas no que diz respeito à análise dos movimentos mecânicos durante o trabalho, à eliminação dos movimentos supérfluos e inaptos, à elaboração dos métodos de trabalho mais racionais, à introdução dos melhores sistemas de inventário e de controle etc. A república soviética deve a qualquer custo assimilar tudo que há de precioso nas conquistas da ciência e da técnica nesse campo. A possiblidade de realizar o socialismo será determinada justamente pelos sucessos que conseguiremos ao combinar o poder soviético com a organização administrativa soviética com os mais recentes progressos do capitalismo.[42]

---

[38] Ibidem, v. 32, p. 160.

[39] Ibidem, v. 33, p. 78.

[40] Ibidem, v. 18, p. 573.

[41] Ibidem, v. 20, p. 141.

[42] Ibidem, v. 27, p. 231.

Obviamente, entre os bolcheviques não faltam os que se escandalizam pelo fato de que, dessa maneira, reproduzir-se-ia a "submissão da classe operária" e voltar-se-ia ao capitalismo; mas igualmente dura é a réplica de Lenin, que vê nessa atitude algo de "inaudito e reacionário", uma "ameaça para a revolução"[43]. Na realidade, "só são dignos de ser chamados de comunistas os que compreendem que *não se pode* criar nem instaurar o socialismo *sem aprender com* organizadores dos trusts", já que o socialismo pressupõe "a assimilação por parte da vanguarda proletária que conquistou o poder, a assimilação daquilo que foi criado pelos trusts"[44].

Com a introdução da NEP, o mal-estar e o desencantamento agudizam-se. O líder soviético dobra os esforços para esclarecer que a luta de classes, em sua nova configuração, adquiriu uma dimensão ulterior: trata-se não só de acrescer a produtividade em geral, mas de demostrar concretamente a superioridade do setor público da economia em comparação com o privado. Em 27 de março de 1922, assim ele escreve a seus seguidores:

> Devem demonstrar praticamente que não trabalham pior que os capitalistas [...]. Olhem para as coisas com mais bom senso, livrem-se de todo ouropel, deponham as solenes pompas de comunista, estudem de forma simples essa simples arte, e então derrotaremos o capitalista.[45]

É um tema sistematizado e radicalizado por Bukharin em 1925[46] – uma vez conquistado o poder, o proletariado tem interesse na "consolidação da unidade social", na "paz civil", mas "isso não significa de alguma maneira que a luta de classes deixa de existir", apenas que, ao contrário, assume "outra forma".

> Como eliminar os opositores diretos, os capitalistas privados? Através da concorrência, da luta econômica; se eles venderem por um preço menor, devemos fazer com que nós consigamos vender por um preço menor ainda. Nisso consiste, entre outras coisas, a *luta de classes* na situação atual.[47]

---

[43] Ibidem, v. 27, p. 268.

[44] Ibidem, v. 27, p. 318.

[45] Ibidem, v. 33, p. 259.

[46] Nikolai Bukharin, "Critica della piattaforma economica dell'opposizione" (15 jan. 1925), em Nikolai Bukharin e Eugenij A. Preobrazenskij, *L'accumulazione socialista* (org. L. Foa, Roma, Editori Riuniti, 1969), p. 113-4.

[47] Idem, "La nuova politica economica e i nostri compiti" (30 de abril e 1º de junho de 1925), cit., p. 160.

Só é possível conseguir esses dois objetivos da nova luta de classes (desenvolver a produtividade em geral, demonstrar a superioridade econômica estatal e pública) a uma condição. Dirigindo-se à "nova geração", Lenin lança um apelo: "Ergue-se diante de vocês a tarefa da edificação, e só poderão realizá-la apropriando-vos de todo o saber moderno"[48].

Com a habitual lucidez e penetração, em 1927, Benjamin observa: "Agora se esclarece a todo comunista que o trabalho revolucionário neste momento não significa luta e guerra civil, mas construções de canais, de fábricas e eletrificação. É cada vez mais evidenciado o caráter revolucionário da técnica autêntica"[49].

Quatro anos depois – no entanto a NEP foi repudiada pela avançada da coletivização da agricultura e de uma industrialização em etapas forçadas –, Stalin reafirma: "No período de reconstrução, a técnica decide tudo". É necessário, então, "estudar a técnica" e tornar-se "dominadores da ciência". Tudo isso pode parecer prosaico e banal. Na realidade, essa nova tarefa não é menos árdua que a conquista do Palácio de Inverno: "Os bolcheviques devem conquistar a técnica" e tornarem-se eles próprios "especialistas"; com certeza é um objetivo nada fácil de conseguir, mas "não existem fortalezas que os bolcheviques não possam expugnar"[50]. Mesmo a luta de classes para o desenvolvimento das forças produtivas pode ser uma tarefa exaltante e memorável; ela também pode ou deveria acender o entusiasmo revolucionário.

Da França, no entanto, Simone Weil argumenta de modo muito diferente. Em 1932, ela chega à seguinte conclusão: a Rússia tem já a América como modelo, a eficiência, o produtivismo, o taylorismo, a submissão do operário à produção. A luta de classes está esquecida.

O fato de que Stalin, em relação a essa questão que está no centro do conflito entre capital e trabalho, tenha abandonado o ponto de vista de Marx deixando-se seduzir pelo sistema capitalista em sua forma mais perfeita, demonstra que a URSS está ainda longe de possuir uma cultura operária.[51]

---

[48] LO, v. 31, p. 275-6.

[49] Walter Benjamin, "Mosca" (1927), cit., p. 59.

[50] Joseph Stalin, *Werke*, cit., v. 13, p. 38 [ed. it.:*Opere complete*, cit., p. 414].

[51] Simone Weil, *Oeuvres complètes*, tomo II. *Écrits historiques et politiques* (orgs. A. A. Devaux e F. de Lussy, Paris, Gallimard, 1989-1991), v. 1, p. 106-7. Usei as traduções italianas contidas em: *Riflessioni sulle cause della libertà e dell'oppressione sociale* (Milão, Adelphi, 1983 e Milão, Corriere della Sera, 2011); *Incontri libertari* (org. M. Zani, Milão, Eleuthera, 2001); *Sul colonialismo* (org. D. Canciani, Milão, Medusa, 2003).

O problema que observamos a propósito da Rússia soviética manifesta-se também em outras revoluções. No verão de 1933, Mao Tse-Tung convoca para o compromisso por um "ininterrupto desenvolvimento" da economia das áreas governadas pelos comunistas: "Esta é uma grande tarefa, uma grande luta de classes"[52].

No fim de 1964, fazendo referência tanto à Argélia como a Cuba, Ernesto Che Guevara dirige-se aos jovens argelinos:

> É o momento de construir, muito mais difícil, e aparentemente menos heroico, mas que exige a concentração de todas as forças da nação [...]. É necessário trabalhar, porque em momentos como este é a melhor forma de lutar [...]. Pátria ou morte. [53]

Sim, depois da vitória militar de uma revolução, "o trabalho de combatentes da produção" torna-se questão central. Trata-se de empenhar-se profundamente para dar eficiência ao "grande mecanismo da produção". Na ordem do dia está a solução do problema "de criar mais riqueza, de criar mais bens, porque o nosso povo dispunha de uma quantidade cada vez maior de coisas, para podermos nos definir como um país socialista"[54].

5. A LUTA DE CLASSES E AS DUAS DESIGUALDADES

Mas qual é o objetivo do desenvolvimento da produção e da produtividade? Uma vez frustrada a esperança da extensão da revolução anticapitalista no Ocidente, os bolcheviques no poder logo percebem que tanto na base de seu programa ideal e político como da situação internacional eles devem enfrentar não uma, mas duas desigualdades diferentes. Não existe só a desigualdade que dilacera transversalmente um determinado país. Por ter conseguido a vitória às margens ou fora do mundo mais desenvolvido, a Revolução de Outubro e as outras revoluções de inspiração marxista e comunista tiveram de enfrentar o problema da "desigualdade global" em âmbito internacional[55]. Todas,

---

[52] Mao Tse-Tung, *Opere scelte* (Pequim, Edizione in Lingue Estere, 1969-1975), v. 1, p. 140.

[53] Ernesto Guevara, *Scritti, discorsi e diari di guerriglia. 1959-1967* (org. L. Gonsalez, Turim, Einaudi, 1969), p. 1.418-9.

[54] Ibidem, p. 1.345, 1.375 e 1.373.

[55] Giovanni Arrighi, *Adam Smith a Pechino. Genealogie del XXI secolo* (Milão, Feltrinelli, 2008), p. 11 [ed. bras.: *Adam Smith em Pequim. Origens e fundamentos do século XXI*, trad. Beatriz Medina, São Paulo, Boitempo, 2008].

quando conquistaram o poder, tiveram de confrontar-se com o processo que, ao concluir-se, havia tornado "as desigualdades entre as nações" pelo menos tão profundas "como as desigualdades entre as classes", de modo que a humanidade resultou "cindida de forma irreversível"[56]; tiveram de confrontar-se com a "grande divergência" por excelência, que não só escavou um abismo entre as nações, como também varreu "um mundo policêntrico sem um centro dominante" para dar lugar a "um sistema mundial centrado sobre a Europa"[57].

Por comodidade expositiva, falo a esse propósito do primeiro tipo de desigualdade. Na Rússia soviética ele de certo não é percebido menos dolorosamente que o segundo. Diria Lenin (janeiro de 1920):

> Os trabalhadores não devem esquecer que o capitalismo dividiu as nações em um pequeno número de nações opressoras, grandes potências (imperialistas) que têm todos os direitos e são privilegiadas, e uma imensa maioria de nações oprimidas, dependentes ou semidependentes, privadas de direitos.[58]

Entre esse segundo grupo de nações coloca-se, ou corre o risco de ser empurrada, a Rússia soviética, que, depois de sofrer drásticas amputações territoriais impostas pela Alemanha de Guilherme II, é obrigada a enfrentar a intervenção da Entente. Se os bolcheviques conseguem consolidar o poder e estabilizar a situação no interior do país, o quadro internacional continua sendo tudo, menos tranquilizador. O Tratado de Versalhes põe fim à Primeira Guerra Mundial, mas não cala as vozes que provêm dos mais diversos ambientes, as quais evocam o perigo de uma nova conflagração não menos desastrosa que a primeira. O alerta contra esse perigo é o próprio Lenin que faz, repetidamente. É mais uma razão para dar impulso à luta contra o primeiro tipo de desigualdade, que vê a Rússia em claro atraso no plano econômico e tecnológico em relação aos países mais avançados. Infelizmente, nesses países a revolução não venceu.

> Devemos lembrar que agora toda sua técnica progrediu, toda sua indústria desenvolvida pertence aos capitalistas, os quais lutam contra nós.

---

[56] Mike Davis, *Olocausti tardovittoriani* (Milão, Feltrinelli, 2001), p. 26.

[57] Kenneth Pomeranz, *La grande divergenza. La Cina, l'Europa e la nascita dell'economia mondiale moderna* (Bolonha, Il Mulino, 2004), p. 19.

[58] LO, v. 30, p. 260-1.

Devemos lembrar que, se não formos capazes de dirigir ao máximo todas as nossas forças ao trabalho cotidiano, nos esperará inevitavelmente a ruína.

Todo o mundo, nesta circunstância, desenvolve-se mais rapidamente que nós. O mundo capitalista, desenvolvendo-se, dirige todas as forças contra nós. Eis os termos do problema. Eis por que devemos dedicar uma particular atenção a esta luta.[59]

Portanto, o primeiro tipo de desigualdade está se agravando, e isso poderia ter consequências catastróficas para a Rússia soviética, acabando por tornar impossível qualquer projeto sério de luta também contra o segundo tipo de desigualdade. A partir disso, Lenin não deixa de insistir sobre a necessidade do desenvolvimento científico e tecnológico, assimilando os resultados do Ocidente. Uma preocupação análoga exprime em 1925 Bukharin[60], que, sempre olhando para os países capitalistas mais avançados, observa: "Nós andamos em frente, e eles vão em frente". A distância e os riscos que disso descendem ficam inalterados. Nessas condições, "o problema do ritmo de desenvolvimento, isto é, o problema da velocidade de nosso desenvolvimento assume uma importância excepcional"; "nosso desenvolvimento econômico deve ser mais rápido". É a razão que mais tarde constituirá o fio condutor do discurso de Stalin.

Entre as tarefas mais urgentes, cabe a eletrificação do grande país euroasiático. Arendt[61] pode facilmente ironizar sobre a "fórmula esquisita" ("eletrificação mais soviete") que Lenin usa para sintetizar "a essência e os escopos da Revolução de Outubro": tratar-se-ia de uma palavra de ordem que, silenciando a questão da "edificação do socialismo", exprimiria "uma separação, completamente não marxista, entre economia e política". Mas nenhum estadista responsável poderia levar a sério essa lição de escolástica doutrinária. Não certamente Lenin e os bolcheviques: eles tinham de enfrentar a invasão das potências contrarrevolucionárias e, mesmo depois de tê-las derrotado, sabiam perfeitamente que o perigo não tinha sido evitado de vez. Portanto, a eletrificação era uma questão de vida ou morte.

Por outro lado, estamos diante de um problema que, com modalidades diferentes, insurge regularmente nos países que estão empenhados em um

---

[59] Ibidem, v. 33, p. 58.

[60] Nikolai I. Bukharin, "La nuova politica economica e i nostri compiti" (30 de abril e 1º de junho de 1925), cit., p. 155.

[61] Hannah Arendt, *Sulla rivoluzione* (Milão, Comunità, 1983), p. 67.

processo revolucionário e que são colocados fora ou às margens do Ocidente mais avançado. Nos anos 1960, em Cuba, Che Guevara observa:

> Desde que os capitais monopolistas se apossaram do mundo, mantiveram na pobreza a maioria da humanidade, dividindo os lucros entre o grupo dos países mais fortes. O nível de vida desses países está baseado na miséria dos nossos.[62]

E, portanto, "é necessário fazer o grande salto técnico para atenuar a diferença hoje existente entre os nossos países e os mais desenvolvidos" para adquirir "a tecnologia dos países avançados". Sim, é necessário "dar início a uma nova fase de autêntica divisão internacional do trabalho, baseada não sobre a história daquilo que se fez até agora, mas sobre a história futura daquilo que deve ser feito"[63]; impõe-se uma nova ordem internacional que permita o desenvolvimento do conjunto da humanidade, evitando a submissão de colônias e semicolônias.

As duas lutas de classes contra os dois diferentes tipos de desigualdade por um lado resultam entrelaçadas entre si: a eletrificação invocada na Rússia soviética permite superar ou atenuar o isolamento do campo que em relação à cidade não é eletrificado e de reduzir a distância entre mundo urbano e mundo rural[64]. Ao mesmo tempo, a eletrificação e o desenvolvimento técnico e científico reduzem a desproporção nas relações de forças militares em âmbito internacional, tornando problemática ou impossível a submissão colonialista e a escravização mais tarde perseguida pelo Terceiro Reich; isto é, tornam a exacerbação extrema da desigualdade no âmbito da divisão internacional do trabalho problemática ou impossível. Como se percebe, sem perturbar o sono de Arendt, a unidade de economia e política é clara em ambas as frentes.

Até aqui, as duas lutas contra as desigualdades procedem de maneira conjunta. Por outro lado, intervêm inevitavelmente uma defasagem e uma contradição: a limitação de uma desigualdade pode implicar o temporâneo recrudescimento da outra. Se, como escreve Lenin entre agosto e setembro de 1922, a tarefa prioritária da Rússia soviética é assimilar "tudo o que há de real-mente precioso na ciência europeia e americana"[65], é evidente que essa operação resulta relativamente mais fácil a partir dos pontos altos do desenvolvimento

---

[62] Ernesto Guevara, *Scritti, discorsi e diari di guerriglia*, cit., p. 1.420.

[63] Ibidem, p. 1.429, 1.425, 1.424.

[64] LO, v. 31, p. 275.

[65] Ibidem, v. 33, p. 335.

A LUTA DE CLASSES

econômico, intelectual e tecnológico do país; isto é, trata-se de uma operação que, ao passo que permite às regiões mais avançadas da Rússia preencher ou reduzir a distância em relação ao Ocidente, acentua sua vantagem em relação às regiões mais atrasadas do país euroasiático.

E isso não é tudo. Em outubro de 1921, Lenin observava que o poder soviético era obrigado a conceder aos "especialistas" uma retribuição "excepcionalmente elevada, 'de burguês'"[66]. Era o preço a pagar por valer-se da obra de técnicos qualificados chamados a imprimir uma aceleração ao desenvolvimento da Rússia e, assim, reduzir a desigualdade em relação aos países mais avançados. A outra face dessa política tendencialmente igualitária no plano internacional era o acirramento das desigualdades de retribuição no interior do país. Poder-se-ia evidenciar a luta contra estas últimas, abrindo mão da contribuição tão dispendiosa dos "especialistas", com o resultado, porém, de tornar mais grave o atraso econômico e tecnológico e a desigualdade em relação aos países tecnicamente mais desenvolvidos (e potencialmente hostis). Sempre com o objetivo de reduzir esse primeiro tipo de desigualdade, era necessário empenhar-se para atrair capitais estrangeiros para a Rússia e introduzir, assim, "instalações equipadas segundo a última palavra da técnica", aproximar-se progressivamente "dos trusts modernos mais desenvolvidos dos outros países" e, cedo ou tarde, alcançá-los. Entretanto, os capitais estrangeiros que se tentava atrair, garantindo a "concessão" deste ou daquele recurso natural, pretendiam ou perseguiam "lucros ilimitados"[67]. Embora inelutável, a aquisição da tecnologia mais avançada implicava consideráveis custos políticos e sociais (além de econômicos).

Nos nossos dias, longe de desaparecer, o problema de que tratamos aqui se tornou gigantesco. Um importante jornal estadunidense, do programa colocado em prática por Washington a partir de 2006, relata: no âmbito da política de estrangulamento de Cuba, ele tem como objetivo provocar a "defecção" dos médicos da ilha rebelde que se distinguem muito positivamente pela obra que prestam no Haiti e em outras partes do mundo, mas que podem ser atraídos pelas retribuições mais elevadas que teriam nos Estados Unidos[68]. Ou ainda pensemos na China. A partir de 1978 e da política de reforma e abertura introduzida por Deng Xiaoping, cerca de 2 milhões de estudantes

---

[66] Ibidem, v. 33, p. 72.

[67] Ibidem, v. 32, p. 106.

[68] R. C. Archibold, "Cuba's Imprint on Haiti", em *International Herald Tribune*, 9 nov. 2011, p. 2.

ou recém-formados prosseguiram suas pesquisas no exterior; só um terço voltou à pátria. Nos últimos anos, a porcentagem aumentou sensivelmente e está em ulterior crescimento em razão da política de fortíssimos incentivos materiais atuados no país asiático pelas autoridades de governo. Com certeza estimula o retorno ao país de origem também a chamada patriótica, mas ela ressoa tanto mais profundamente quanto mais concreta for a possibilidade de participar da edificação de um país e de um povo que, com passos de gigante, preenchem a distância em relação aos pontos mais altos do desenvolvimento industrial e tecnológico e que, também por isso, reconquistam a estima de si próprios. E mais uma vez emerge o caráter inelutável da luta contra as relações de desigualdade vigorantes em âmbito internacional.

Compreende-se, então, claramente a razão pela qual esse problema se afirmou com particular força na China, país de antiquíssima civilização que, por não ter tido a seu tempo o encontro com a revolução industrial, sofreu a opressão semicolonial imposta pelo Ocidente. Em uma conversa de 10 de outubro de 1978, Deng Xiaoping[69] chama atenção sobre o fato de que está se ampliando o *gap* tecnológico em relação aos países mais avançados; estes se desenvolvem "com uma velocidade tremenda", enquanto a China não consegue de nenhuma maneira manter o passo. E, dez anos depois, "a alta tecnologia está avançando a um ritmo tremendo"; existe o risco de que "aumente ulteriormente o *gap* da China em relação outros países"[70].

Se tivesse faltado ao encontro com a nova revolução tecnológica, o grande país asiático teria sido condenado a um permanente atraso e teria acabado em uma situação de fraqueza e desigualdade semelhante àquela que o entregou inerme às guerras do ópio e ao poder esmagador do capitalismo e do colonialismo ocidentais.

Mas não acabaria a política de rápido desenvolvimento econômico e tecnológico e a corrida para alcançar o Ocidente desfavorecendo as regiões (costeiras) que desfrutavam de uma melhor colocação geográfica e que dispunham pelo menos das modestas infraestruturas herdadas, bem ou mal, do domínio colonial ou semicolonial? A distribuição mais ou menos igualitária da miséria daria lugar a um processo de desenvolvimento cujos ritmos seriam inevitavelmente desiguais. Reapresentava-se o problema que já vimos emergir imediatamente após a Revolução de Outubro: a luta de classes revolucionária tinha como objetivo

---

[69] Deng Xiaoping, *Selected Works* (Pequim, Foreign Languages Press, 1992-1995), v. 2, p. 143.
[70] Ibidem, v. 3, p. 273.

A LUTA DE CLASSES

a realização de uma sociedade em que, uma vez desaparecidos os "ricos", só haveria lugar para "os pobres e os paupérrimos", ou ao contrário, tinha de promover um desenvolvimento das forças produtivas e da riqueza social, voltado a debelar de vez a miséria e a penúria e a elevar drasticamente o padrão de vida das massas populares? Por outro lado, até que ponto uma sociedade em que só há espaço para "pobres e paupérrimos" pode ser considerada igualitária?

6. Desigualdade quantitativa e qualitativa

Dois capítulos de história da República Popular Chinesa responderam com trágica eloquência a essa última pergunta. O Grande Salto para Frente, que teve Mao Tse-Tung como protagonista no final da década de 1950, foi a tentativa de levar adiante contemporaneamente as duas lutas contra as duas desigualdades. Por um lado, a mobilização em massa de homens e mulheres no trabalho e na edificação econômica impunha o recurso às práticas coletivistas na produção e no fornecimento de serviços (lavandarias, refeitórios etc.), e isso dava a impressão ou a ilusão de um poderoso avanço da causa da igualdade no interior do país. Por outro lado, essa mobilização de extraordinária amplidão e de intensa motivação política tinha o propósito de queimar as etapas do desenvolvimento econômico da China e de infligir, dessa forma, golpes decisivos à desigualdade vigente nas relações internacionais. Considerações análogas valem para a Revolução Cultural: denunciando a "burguesia" ou as "camadas privilegiadas" infiltradas no próprio Partido Comunista, ela relançava o igualitarismo no plano interno; criticando "a teoria dos passos de caracol" atribuída ao deposto presidente da República Liu Shaochi, ela propunha-se imprimir uma aceleração sem precedentes ao desenvolvimento das forças produtivas, levando, assim, o país, em tempos rapidíssimos, ao nível dos países capitalistas mais avançados e, portanto, apagando ou afetando radicalmente também o primeiro tipo de desigualdade.

Tudo se baseava na ilusão de que a acelerada edificação econômica poderia ser promovida segundo as mesmas modalidades com as quais foram conduzidas as batalhas políticas e militares da Revolução Chinesa, isto é, na base da mobilização e do entusiasmo de massas e, além disso, na ilusão de que o entusiasmo de massas poderia manifestar-se por um tempo prolongado e indefinido. O Grande Salto para Frente e a Revolução Cultural não levavam em consideração o processo de secularização: não se pode chamar permanente e eternamente à mobilização, à abnegação, ao espírito de renúncia e de sacrifício, ao heroísmo das massas. Por causa também do contexto internacional desfavorável e hostil (acrescentava-se, além do embargo desde o início impiedosamente praticado pelos Estados Unidos e pelo Ocidente, a ruptura com a URSS e com os outros países socialistas), o resultado do Grande Salto para Frente e da Revolução Cultural foi um fracasso, foi trágico. A consequência foi uma desaceleração mais ou menos drástica do desenvolvimento econômico, que acabava exacerbando as duas desigualdades. Sim, não só se acentuava o atraso da China em relação aos países mais avançados, como também, no contexto interno, o igualitarismo, ainda que sinceramente proclamado e apaixonadamente perseguido, transformava-se em seu oposto. Quando a miséria chega a certo nível, ela pode implicar o perigo de morte por inanição. Nesse caso, o pedaço de pão que garante a sobrevivência dos mais afortunados, por mais modesto e reduzido que seja, sempre sanciona uma desigualdade absoluta, a desigualdade absoluta que existe entre a vida e a morte. Ao passo que para todos impõe-se um doloroso ascetismo, a sociedade sonhada pelo populismo (não só cristão), na qual "os ricos não existem mais, só pobres e paupérrimos", está longe de manter a promessa da igualdade, já que a reduzida desigualdade quantitativa acaba configurando-se e manifestando-se como absoluta desigualdade qualitativa.

Mao Tse-Tung era obrigado a levar em consideração essa situação; em uma conversa em maio de 1974 com o ex primeiro-ministro inglês Edward Heath, ele traçou um amargo balanço, rico de ênfase autocrítica. Ele assim respondia à observação de seu interlocutor de que cometer erros é destino de todos os grandes estadistas: "Meus erros são mais sérios. Oitocentos milhões de pessoas têm necessidade de comer e, além do mais, a indústria chinesa é subdesenvolvida. Não posso orgulhar-me muito da China. O seu país é desenvolvido, o nosso é subdesenvolvido"[71]. A desigualdade no plano internacional não foi de forma alguma abalada; e, como revelava a referência ao problema da alimentação, a desigualdade no plano interno não tinha encontrado solução, aliás, tinha se tornado até mais grave, já que, apesar da equidade na distribuição, a inanição e a morte por inanição introduziam um elemento de absoluta desigualdade.

Pode-se compreender, então, a virada de Deng Xiaoping[72]: os marxistas deviam finalmente perceber "que a pobreza não é socialismo e que o socialismo

---

[71] Mao Tse-Tung, *On Diplomacy* (Pequim, Foreign Languages Press, 1998), p. 457.

[72] Deng Xiaoping, *Selected Works*, cit., v. 3, p. 122.

222   A LUTA DE CLASSES

significa erradicação da miséria; não se pode dizer que se está edificando o socialismo se não houver desenvolvimento das forças produtivas e crescimento do padrão de vida do povo". Portanto, "ser rico é glorioso!", assim proclamava Deng Xiaoping, que retomava, provavelmente sem saber, a palavra de ordem que mais de meio século antes Bukharin havia usado para tentar superar o atraso da agricultura soviética, estimulando o esforço dos camponeses.

O novo líder chinês deparava-se, cerca de sessenta anos depois, com um problema análogo, mas em escala mais ampla. Em 1986, ele esclarecia o significado de seu lema em uma entrevista a um jornalista televisivo estadunidense. Tratava-se de acabar com a visão – com que repreendeu a derrotada "gangue dos quatro" – de que "o comunismo pobre era preferível ao capitalismo rico". Na realidade, segundo a definição de Marx (*Crítica do programa de Gotha*), comunista é a sociedade regulada pelo princípio "de cada um segundo as suas capacidades, a cada um segundo as suas necessidades". E, portanto, ela pressupõe um enorme desenvolvimento das forças produtivas e da riqueza social; torna-se, então, uma contradição em termos falar de "comunismo pobre" ou de "socialismo pobre" (sendo o socialismo a fase preparatória do comunismo). A esse ponto, porém, como seguidor dos "princípios do marxismo" e do "comunismo", Deng Xiaoping[73] não deixava de distinguir o significado que o lema que lhe era tão caro assumia no âmbito de ordens sociais diferentes. Diferentemente do capitalismo, no socialismo "a riqueza pertence ao povo", e a "prosperidade" é "para todo o povo". "Permitimos que algumas pessoas e algumas regiões se tornem prósperas antes que outras para conseguir mais rapidamente o objetivo da *prosperidade comum*. É por isso que a nossa política não levará à polarização, à situação em que os ricos se tornam mais ricos ao passo que os pobres se tornam mais pobres." Tratava-se de uma perspectiva reafirmada com força em diversas ocasiões: era necessário empenhar-se para garantir "o *bem-estar e a felicidade do povo*", para permitir ao "nosso povo levar uma vida discretamente confortável", para "elevar o padrão de vida do povo" e "a renda do povo", para conseguir a "*prosperidade comum*". Seguramente, sobretudo em um país-continente como a China, não era possível todos chegarem ao mesmo tempo à "prosperidade comum" – as regiões costeiras seriam as primeiras a conseguir o objetivo e, em seguida, teriam a condição e o dever de "dar uma ajuda maior" às regiões do interior[74].

---

[73] Ibidem, v. 3, p. 174-5.

[74] Ibidem, v. 3, p. 33, 115, 122, 145 e 271-2.

Do ponto de vista de Deng Xiaoping[75], a virada que ele imprimiu à China era a "segunda revolução", isto é, um novo estado da revolução; para seus adversários em pátria, e para boa parte dos marxistas ocidentais, tratava-se na realidade de uma contrarrevolução burguesa e capitalista.

Como explicar essas duas leituras conflitantes?

---

[75] Ibidem, v. 3, p. 119 e 175.

VIII
DEPOIS DA REVOLUÇÃO. AS AMBIGUIDADES DA LUTA DE CLASSES

1. O ESPECTRO DA NOVA CLASSE

Ainda antes de os bolcheviques poderem realmente começar a trabalhar para a realização de seu programa, no Ocidente levantam-se vozes eminentes que apontam para o fracasso do programa socialista. Poucas semanas após o outubro de 1917, sem perder mais tempo, Kautsky proclama: "Na Rússia está se realizando a última das revoluções burguesas, não a primeira das socialistas"[1]. Para o dirigente socialista alemão, não há dúvidas: não se trata apenas do fato de que, a seus olhos, o país semiasiático é demasiado atrasado para que se possa edificar uma sociedade que ultrapasse o capitalismo. Ao configurar o socialismo como o fim de todas as contradições e conflitos, e de qualquer maneira ao configurá-lo como totalmente outro, em todos os aspectos, em relação à ordem existente, aliás, em relação a toda ordem historicamente existida, a afirmação do caráter não socialista da revolução na Rússia, ou em qualquer outro país, é uma proposição de alguma forma tautológica. Ao definir o socialismo de modo que isso implique a negação de qualquer contaminação ou compromisso com o mundo circunstante, no plano interno ou internacional, não é difícil agitar polemicamente a tautologia da não acontecida superação da sociedade burguesa.

A "demonstração" de Kautsky avança rapidamente: Brest-Litowsk, o tratado de paz com a Alemanha, implica por definição "compromissos perante o capital" (alemão) e, portanto, é verdade que a "ditadura do proletariado" tem "aniquilado o capital russo", mas só para "dar lugar" aos capitais de outros países. Nos

---

[1] Karl Kautsky, *La dittatura del proletariato* (1918) (trad. L. Pellicani, 2. ed., Milão, Sugarco, 1977), p. 100.

campos, mesmo que os pequenos camponeses tenham substituído a grande propriedade feudal, no conjunto a presumida revolução socialista "consolidou a propriedade privada dos meios de produção e a produção de mercadorias". Provavelmente os pequenos camponeses tomarão a via da cooperação, mas não se deve esquecer que a propriedade cooperativa é apenas "uma nova forma de capitalismo". Sim, o novo poder soviético poderia caminhar em direção à nacionalização de toda a economia e, todavia, é preciso considerar que a mesma "economia estatal ainda não é o socialismo": continuariam existindo o mercado e a produção mercantil e, mesmo se um e outra desaparecessem, precisaria ver se a "fundação de uma produção socialista" autêntica seria realizada. Portanto, a liquidação de determinada forma de capitalismo não significa por si só a liquidação do capitalismo como tal: o novo poder "pode abolir diversas formas de propriedade capitalista", sem por isso deixar realmente para trás o velho sistema. Como se percebe, o obstáculo que o novo regime deve superar para ser definido como socialista é colocado sempre mais para cima, de modo que esse regime, qualquer que sejam seus esforços e os resultados conseguidos, permanece, por definição, não socialista.

O socialismo de que se fala aqui é como a kantiana coisa em si. Esta, oposta ao mundo fenomênico (o mundo que só é acessível ao conhecimento humano), é definida de tal forma (segundo a análise de Hegel) que resulta de qualquer modo inatingível e incognoscível; analogamente, o socialismo de Kautsky (e de diversos outros autores que argumentam da mesma forma), já pela configuração etérea e rarefata, é de qualquer modo inalcançável e irrealizável. As inúmeras proposições que com eloquência demonstram o caráter incognoscível da coisa em si, isto é, a não acontecida edificação do socialismo, revelam-se, através de uma análise mais cuidadosa, tautologias vazias.

Embora exiba uma atitude de campeão da ortodoxia, Kautsky não põe em discussão o "ascetismo universal" e o "rude igualitarismo" duramente criticados pelo *Manifesto Comunista* e que caracterizam a Rússia soviética da época. Ele, sim, denuncia a emergência e o impor-se de uma nova classe exploradora no país governado pelos bolcheviques: "No lugar dos que foram até agora capitalistas, e que agora são proletários, entram intelectuais ou proletários que se tornaram capitalistas"[2]. A Revolução de Outubro acabou de ocorrer: o espectro da chegada ao poder de uma nova classe exploradora acompanha a Rússia soviética desde o nascimento.

---

[2]   Ibidem, p. 113 e 119-22.

A tomadas de posições como as que acabamos de ver responde Lenin. Em um artigo publicado na *Pravda* de 7 de novembro de 1919, ele realça: a transição do capitalismo ao comunismo "não pode deixar de conter em si os traços e as particularidades dessas duas formas de economia social" e abrange "uma inteira época histórica"[3]. Para Kautsky, ao contrário, a persistência de relações sociais burguesas é a demonstração ou a confirmação de que sempre tem uma classe, isto é, uma classe exploradora, que detém o poder na Rússia. De forma oposta argumenta o líder soviético: escandalizar-se por causa da contemporânea presença de relações sociais heterogêneas no curso da transição, é escandalizar-se pelo fato de que a conquista do poder não significa cessação da luta de classe. É, claro, "o traço próprio dos democratas pequeno-burgueses é a repugnância pela luta de classes, o sonho de livrar-se dela, a aspiração de abrir o caminho e de conciliar, de limar as arestas. Por isso, esses democratas não querem absolutamente reconhecer a necessidade de um período histórico inteiro de transição do capitalismo ao comunismo"[4].

Como se manifestava a luta de classes naquela determinada situação? Já em 1920, em face das tentativas dos dirigentes soviéticos de recolocar ordem e revitalizar o aparato produtivo reintroduzindo nas fábricas, o princípio da competência e os ambientes relutantes em relação à virada respondiam denunciando a chegada ao poder dos "especialistas burgueses", isto é, de uma "nova burguesia"[5]. Aos olhos de Lenin, as medidas para relançar o aparato produtivo e consolidar a base social de apoio do poder revolucionário, recorrendo também aos "especialistas burgueses" e à NEP e ao "capitalismo de Estado", eram a forma concreta com a qual o proletariado conduzia, na nova situação, a luta de classes. Para os opositores no interior do próprio partido bolchevique, o retorno ao capitalismo, embora em forma reduzida, era a demonstração de que o proletariado havia perdido ou estava perdendo a luta de classes e de que a burguesia, velha e nova, havia reconquistado ou estava reconquistando o poder. Notava-o com desânimo Lenin: "Pensa-se que [com a NEP] se passa do comunismo em geral ao sistema burguês em geral"[6]. Os bolcheviques desiludidos reforçavam ainda mais sua amarga convicção, ao

---

[3] LO, v. 30, p. 88

[4] Ibidem, v. 30, p. 89.

[5] Orlando Figes, *La tragedia di un popolo. La Rivoluzione Russa (1891-1924)* (Milão, TEA, 2000), p. 878-80.

[6] Ibidem, v. 32, p. 322.

passo que do lado oposto levantavam-se gritos de triunfo. Para os mencheviques – observava indignado Lenin –, a NEP é a admissão do "fracasso do comunismo". Sim, "o *Leitmotiv* dos mencheviques e dos simpatizantes é: 'os bolcheviques voltaram atrás, ao capitalismo; esse será seu túmulo. Apesar de tudo, a revolução, inclusive a Revolução de Outubro, resultou numa revolução burguesa!'"[7]. Uma ampla frente argumentava assim. Não faltavam reações profundamente surpreendentes. Lenin relatava, dessa vez achando graça, que alguns dos "cadetes" (os liberais) russos derrotados e exilados pediam que se apoiasse a Rússia soviética, já a caminho para "o poder burguês comum"[8].

Réplicas do debate que acabamos de ver desenvolvem-se também na onda de outras revoluções dirigidas por partidos comunistas. Ao responder aos gritos de alarme ou de triunfo pela "restauração burguesa", os líderes desses partidos são obrigados a repensar a teoria marxiana da luta de classes e do domínio de classes. Originam-se reflexões, às vezes de grande interesse, que não só ajudam a compreender um capítulo de extraordinária importância da história contemporânea, mas que podem colocar um novo enfoque sobre os textos de Marx e Engels.

2. CLASSES SOCIAIS E ESTRATOS POLÍTICOS

Os bolcheviques conquistam o poder e proclamam a "ditadura do proletariado" exatamente no momento em que essa classe social, em consequência da catástrofe da guerra, da guerra civil e da crise econômica, mostra, na Rússia, sinais de declínio. Em janeiro de 1919, um dirigente sindical lança o alarme:

> Em diversos centros industriais, por efeito da contração da produção nas fábricas, os operários são absorvidos pela massa camponesa; assim, em vez de uma população de operários, está se formando uma população semicamponesa e às vezes inteiramente camponesa.[9]

Estamos diante de um fenômeno para o qual Lenin é o primeiro a chamar atenção, como emerge em particular de uma intervenção de outubro de 1921: o "proletariado industrial" na Rússia "saiu de seu álveo de classe e, como proletariado,

---

[7] Ibidem, v. 33, p. 12 e 9.

[8] Ibidem, v. 33, p. 260.

[9] Em Eduard H. Carr, *La rivoluzione bolscevica* (1950) (4. ed., Turin, Einaudi, 1964), p. 603.

cessou de existir". Sim, "como a grande indústria capitalista foi destruída, como pararam os estabelecimentos e as fábricas, o proletariado desapareceu"[10].

À medida que – num país como a Rússia soviética – o enfoque se desloca da revolução de baixo à revolução pelo alto, mais difícil e complexa, para o hodierno estudioso de orientação marxista, a leitura dos acontecimentos históricos iniciados pela Revolução de Outubro se torna: qual classe exerce o poder nos países que apelaram ou que ainda apelam ao socialismo? Para responder a essa pergunta, é necessário preliminarmente livrar-se da interpretação mecanicista da teoria marxiana da relação entre economia e política, entre classes sociais e aparato de governo e de Estado.

Ao configurar o governo atuando em uma sociedade capitalista mais ou menos democrática como comitê executivo da burguesia, mais do que descrever uma realidade empírica, Marx desenha um tipo ideal. As duas coisas tendem essencialmente a coincidir até quando as classes subalternas não conseguem afirmar sua presença e sua pressão. No início do século XIX, naquela espécie de manifesto do liberalismo que é o *Discurso sobre a liberdade dos antigos comparada à dos modernos*, Benjamin Constant observa: "Os pobres fazem eles mesmos seus negócios; os homens ricos contratam administradores". E este é o governo: "Mas, salvo se forem insensatos, os homens ricos que tem administradores examinam, com atenção e severidade, se esses administradores cumprem seu dever". Constant declara explicitamente que a riqueza é e deve ser o árbitro do poder político e que nessa dependência indiscutida e indiscutível do governo dos proprietários reside a essência mesma da liberdade moderna: "O crédito não tinha a mesma influência entre os antigos; seus governos eram mais fortes que os particulares; em nossos dias, esses são mais fortes que os poderes políticos; a riqueza é uma força mais disponível em todos os momentos, mais aplicável a todos os interesses e, em consequência, muito mais real e mais bem obedecida"[11]. Entretanto, a partir do *Manifesto Comunista* e das primeiras tentativas do proletariado de organizar-se em classe, o quadro muda. Em 1864, é a própria Associação Internacional dos Trabalhadores que atribui à classe operária inglesa o mérito de ter impedido a realização do projeto,

---

[10] LO, v. 33, p. 51.

[11] Benjamin Constant, "De la liberté des anciens comparée à celle des modernes" (1819), em *De la liberté chez les modernes. Ecrits politiques* (org. M. Gauchet, Paris, Hachett, 1980), p. 511-2 [ed. it.: *Principi di politica*, org. Umberto Cerroni, 2. ed., Roma, Editori Riuniti, 1970, p. 235-6].

acariciado pelo bloco social dominante na Inglaterra, de intervir ao lado do Sul secessionista e escravista. Não existe identificação mais imediata entre classe social dominante e linha política do governo.

A tendência que emerge em certas situações históricas a uma autonomização do estrato político e governativo confuta definitivamente a visão mecanicista da relação entre economia e política. Qual classe social exerce o poder no período da monarquia absoluta? Não é a aristocracia feudal, que, por sua vez, observa com mal-estar e crescente angústia a emergência e o desenvolvimento da burguesia; mas quem exerce o poder político tampouco é esta última, que a certo estado de desenvolvimento adverte uma impaciência sempre maior para os grilhões que o absolutismo monárquico lhe impõe e que finalmente se empenha a derrubar. Desde seus primeiros escritos, Marx insiste na ambiguidade social da monarquia absoluta: ela caracteriza uma situação de equilíbrio instável entre aristocracia feudal (em declínio) e burguesia (em ascensão)[12]. Mais tarde, Engels definirá "a monarquia absoluta como o compromisso espontâneo entre nobreza e burguesia"[13]. Para vigiar o equilíbrio instável e consagrar o lábil compromisso, é chamado um poder que, por uma época histórica inteira, não se identifica com nenhuma das duas classes concorrentes e depois antagonistas.

Um fenômeno semelhante ocorre em ocasião de crises históricas mais ou menos agudas. Qual classe social exerce o poder na França no período de mais aguda radicalização da revolução? *A ideologia alemã* observa que, só através de um processo complexo e contraditório, a burguesia acaba absorvendo "os ramos de trabalho que pertencem diretamente ao Estado e, depois, todos os estamentos ± ideológicos"[14]. Observando com atenção, nos anos de Robespierre e do Terror jacobino, quem exerce o poder político não é propriamente uma classe, mas um estrato ideológico e político que, por causa de uma série de circunstâncias (de um lado a agitação generalizada suscitada pelo colapso do Antigo Regime, de outro o estado de exceção provocado pela invasão das potências contrarrevolucionárias e pela guerra civil), adquiriu em alguma medida uma configuração autônoma. Compreende-se, então, a irritação com que, algumas décadas depois, Engels expressa-se em relação a um ensaio de Kautsky sobre a Revoluçao Francesa. Ao criticar "as misteriosas referências aos novos modos de produção", ele dirige

---

[12] MEW, v. 4, p. 346.

[13] Ibidem, v. 37, p. 154.

[14] Ibidem, v. 3, p. 53 [ed. bras.: Karl Marx e Friedrich Engels, *A ideologia alemã*, cit., p. 63, nota d].

ao autor esta significativa sugestão: "Eu falaria muito menos do novo modo de produção, que é, toda vez, separado por uma distância abismal dos *fatos* dos quais você fala e, depóis, privado como é de mediações, em vez de tornar a coisa mais clara, deixa-a sempre mais obscura". O discurso da passagem do Antigo Regime à sociedade burguesa assume um tom "absoluto, ali onde se impõe a mais alta relatividade". Longe de ser expressão orgânica da burguesia e do modo burguês de produção, o Terror jacobino, por um lado, constitui "uma medida de guerra" e, por outro, é afetado pelo impulso que nasce de baixo para curvar em sentido plebeu "a igualdade e a fraternidade" proclamadas em 1789. Em conclusão, o domínio e "a orgia burguesa" só se iniciam depois do Termidor, que se tornou possível pela vitória do Exército francês e pelo desaparecer no plano internacional da necessidade do Terror[15].

Através da análise do jacobinismo, *A ideologia alemã* acredita que se pode chegar a conclusões de caráter geral: existe uma divisão do trabalho no interior da burguesia entre setores diretamente empenhados na atividade econômica e estratos ideológicos e políticos, e essa divisão pode transformar-se em "cisão", e uma cisão que em determinadas circunstâncias "pode evoluir para uma certa oposição e hostilidade entre as duas partes"[16].

O fenômeno aqui analisado não se esgota com a queda do jacobinismo. Ao Termidor segue, cinco anos depois, o 18 de Brumário. Pois bem, qual classe social expressa Napoleão I? Leiamos a resposta de *A sagrada família*:

> Satisfez até a saciedade o egoísmo do nacionalismo francês, mas reclamou também o sacrifício dos negócios, o desfrute, a riqueza etc. da burguesia, sempre que assim o exigisse a finalidade política da conquista. E, se reprimiu despoticamente o liberalismo da sociedade burguesa [...], não poupou também seus interesses materiais essenciais, o comércio e a indústria, quando estes se chocavam com seus interesses políticos. Seu desprezo pelos *hommes d'affaires* industriais era o complemento de seu desprezo pelos ideólogos. Também em direção ao interior combatia o inimigo do Estado na sociedade burguesa, Estado que ele considerava como um fim em si absoluto.

Em conclusão, com sua política interna e internacional, Napoleão imprime um forte desenvolvimento à burguesia francesa, mas, ao mesmo tempo, em

---

[15] Ibidem, v. 37, p. 155-6.
[16] Ibidem, v. 3, p. 46-7 [ed. bras.: ibidem, p. 48].

uma situação caraterizada pelo arrastar-se da crise revolucionária e pela guerra permanente, exerce a ditadura sobre a mesma classe por ele poderosamente beneficiada. Trata-se de um conflito real, que, em determinado ponto, vê "os agiotas de Paris" e "os comerciantes franceses" criarem artificialmente uma carestia, sabotando, assim, as operações militares de Napoleão e contribuindo à sua queda[17].

Na França o processo de autonomização dos estratos ideológicos, políticos (e militares) manifesta-se de novo, em ocasião da crise revolucionária que originou a ditadura de Napoleão III. Segundo a análise de Marx, o aparelho militar desenvolvido pela burguesia em função antioperária acaba engolindo a sociedade como um todo e a própria classe dominante: com a repressão da revolta operária de junho, o general Jean-Baptiste Cavaignac (tão caro à burguesia liberal) exerce "a ditadura da burguesia mediante a espada", que acaba transformando-se na "ditadura da espada sobre a sociedade civil" e até sobre a mesma burguesia[18].

Tocqueville pode ser considerado a figura emblemática da passagem aqui descrita. Enquanto as nuvens se adensam anunciando a tempestade de junho de 1848, ele expressa a opinião de que "a Guarda nacional e o Exército não terão piedade". Após a eclosão da revolta operária, o liberal francês não só é favorável à atribuição dos poderes de estado de sítio a Cavaignac, mas recomenda de fuzilar no local qualquer membro do povo surpreendido "em atitude de defesa". A repressão sangrenta não basta para apaziguar a angústia; eis a invocação de uma "reação enérgica e definitiva em favor da ordem", chamada a acabar com o caos revolucionário e anarquista; não é possível se contentar com "paliativos", é necessário varrer não só a montanha, mas todas "as colinas circunstantes" sem hesitar nem perante "um remédio [...] heroico". A tomada de posição a favor da "ditadura da burguesia mediante a espada" é clara e apaixonada, mas é o próprio Tocqueville que acrescenta: "A França pertence a quem reestabelecer a ordem" e terminar com as "loucuras de 1848". Sem saber, ele evoca a figura de Napoleão III, que transforma a "ditadura da burguesia mediante a espada" em "ditadura da espada sobre a sociedade civil", condenando o próprio Tocqueville e a burguesia liberal à impotência e ao exílio interno[19].

---

[17] Ibidem, v. 2, p. 130-1 [ed. bras.: Karl Marx e Friedrich Engels, *A sagrada família*, cit., p. 142-3].

[18] Ibidem, v. 7, p. 40.

[19] Domenico Losurdo, *Controstoria del liberalismo* (Roma/Bari, Laterza, 2005), cap. 10, seção 1.

A mesma dialética parece repetir-se em seguida à feroz repressão que se abateu em 1871 sobre a Comuna de Paris. Marx escreve:

Após a Pentecoste de 1871 já não pode haver paz nem trégua entre os trabalhadores franceses e os apropriadores de sua produção. O punho de ferro da soldadesca mercenária poderá manter atadas, sob uma opressão comum, essas duas classes, mas a batalha ainda deve eclodir muitas e muitas vezes, em proporções sempre crescentes.[20]

Nesse caso, por uma série de razões (a distensão internacional e o forte desenvolvimento econômico), não se verifica o advento de uma nova "ditadura da espada" ou seu prolongamento; permanece a realidade do fenômeno de Marx brilhantemente analisado. No conjunto, a longa duração da crise histórica e do ciclo revolucionário na França explica o recorrente processo de autonomização ou a recorrente tendência à autonomização dos estratos ideológicos, políticos e militares.

Obviamente, a autonomização de que se fala nesse contexto pode ser mais ou menos desenvolvida, mas de qualquer forma está bem longe de ser total. Tomando o exemplo de Napoleão III, o poder político-militar por ele exercido e ciosamente guardado promove e desenvolve o poder social da burguesia, que, portanto, resulta ligada por multíplices fios ao detentor do poder político-militar.

Em uma situação caraterizada por um estado de exceção permanente e pela escassa clareza de ideias sobre a concreta configuração da nova ordem política e social que se deve realizar, no que diz respeito ao proletariado e às massas populares os comunistas no poder e seus líderes acabam estabelecendo uma relação que faz pensar à instituída por Luís Bonaparte em relação à burguesia. Isto é, parafraseando Marx, "a ditadura do proletariado mediante a espada" transforma-se em "ditadura da espada sobre a sociedade civil" e sobre o mesmo proletariado. Todavia, ainda que sutil e tortuoso, um fio continua a ligar Luís Bonaparte à burguesia que inspirou a contrarrevolução, assim como um fio continua ligando os líderes comunistas no poder ao proletariado e às massas populares protagonistas da revolução. O bonapartismo, ou cesarismo, é uma das formas com que ocorre o processo de autonomização dos estratos ideológicos, políticos (e militares). Permanece a distinção entre cesarismo regressivo

---

[20] MEW, v. 17, p. 361 [ed. bras.: *A guerra civil na França*, cit., p. 78].

234 A LUTA DE CLASSES

e cesarismo progressivo que Gramsci havia colocado, assim como permanece o fato de que nas diversas situações históricas o caráter progressivo ou regressivo resulta mais ou menos acentuado.

3. CLASSE DOMINANTE E CLASSE DELEGADA

O processo de autonomização dos estratos ideológicos, políticos (e militares) pode conhecer uma significativa variante. Eis em que termos, em uma carta enviada a Marx, desde Manchester, em 13 de abril de 1866, Engels descreve o advento na Alemanha do "bonapartismo" bismarckiano:

> Ao que parece, o burguês alemão depois de alguma resistência curvará a cabeça, porque o bonapartismo é efetivamente a verdadeira religião da burguesia moderna. Cada vez mais fica claro para mim que a burguesia é incapaz de comandar diretamente e que por isso, onde não existe uma oligarquia que em troca de uma boa remuneração, como aqui na Inglaterra, se pode encarregar de dirigir o Estado e a sociedade no interesse da burguesia, a forma normal é uma semiditadura bonapartista; ela defende os interesses materiais essenciais da burguesia até contra a burguesia, mas ao mesmo tempo não lhe concede acesso ao poder. Por outro lado, essa mesma ditadura, por sua vez, se vê obrigada, contra sua vontade, a fazer seus os interesses materiais da burguesia. Assim vemos agora o senhor Bismarck adotar o programa da União nacional [a organização por excelência da burguesia liberal].[21]

São comparadas aqui Alemanha e Inglaterra. Em relação ao primeiro país, observamos que se reproduz o fenômeno já analisado em relação à França: atua uma ditadura, ou semiditadura, que promove "os interesses materiais da burguesia até contra a burguesia" que é, de qualquer forma, excluída da gestão do poder político. Diferente é o cenário da Inglaterra: em última análise, é a aristocracia que mantém "a direção do Estado e da sociedade", mas agora "no interesse da burguesia"; no âmbito de uma sociedade já plenamente capitalista, mesmo sendo a classe dominante em sentido estrito, a burguesia delegou para a aristocracia as funções de governo. No caso da Inglaterra, podemos falar de variante do processo de autonomização dos estratos ideológicos, políticos (e

---

[21] Ibidem, v. 31, p. 208.

militares), no sentido de que eles, mesmo remetendo à aristocracia, tornam-se autônomos em relação a sua classe de origem para constituir o estrato governativo de um Estado burguês.

Poucos anos depois, a mesma burguesia alemã recorre a essa prática. Com a fundação do Segundo Reich e o poderoso desenvolvimento industrial que isso origina, realiza-se uma divisão do trabalho assim sintetizada por Gramsci[22]: "A burguesia obtém o governo econômico-industrial, mas as velhas classes feudais permanecem como estrato governativo do Estado político com amplos privilégios corporativos no Exército, na administração e sobre a terra"; de algum modo, elas "se tornam os 'intelectuais' da burguesia, com um temperamento dado pela origem de casta e pela tradição". A esse propósito, um ilustre historiador contemporâneo falou de "persistência do Antigo Regime" na Inglaterra, na Alemanha e na Europa em geral até a Primeira Guerra Mundial[23]. Parece-me mais exata e persuasiva a explicação de Engels e de Gramsci: o Antigo Regime já é tramontado, mas a burguesia continua conferindo a estratos que provêm de seu seio funções importantes e, por vezes, com um significado novo em relação ao passado. É assim que, em um país altamente desenvolvido como a Inglaterra, podemos explicar a presença ainda hoje de instituições como a Câmara dos Lordes e a Coroa.

O recurso, por parte de uma classe social, a estratos ideológicos de alguma maneira estranhos a ela pode acontecer também em chave progressiva. É significativa a análise de Marx em relação ao período que precede na Prússia (e precisamente nas províncias renanas) a eclosão da revolução de 1848.

> A burguesia, ainda muito fraca para empreender medidas concretas, viu-se obrigada a arrastar atrás de si o exército teórico guiado pelos discípulos de Hegel contra a religião, as ideias e a política do velho mundo. Em nenhum período precedente a crítica filosófica foi tão audaciosa, tão poderosa e tão popular como nos primeiros oito anos do domínio de Frederico Guilherme IV [...]. A filosofia devia o seu poder, durante esse período, exclusivamente à fraqueza prática da burguesia; como os *bourgeois* não tinham como atacar na realidade instituições

---

[22] Antonio Gramsci, *Quaderni del carcere* (ed. crítica de V. Gerratana, Turim, Einaudi, 1975), p. 2.032.

[23] Arno J. Mayer, *Il potere dell'Ancien Régime fino alla Prima Guerra Mondiale* (Roma/Bari, Laterza, 1982) [ed. bras.: *A força da tradição: a persistência do Antigo Regime*, trad. Denise Bottmann, São Paulo, Companhia das Letras, 1990].

envelhecidas, tiveram de deixar a direção (*Vorrang*) aos audaciosos idealistas que as atacavam no terreno do pensamento.[24]

Como diria Engels, a burguesia, "faltando de homens aptos para representá-la na imprensa, chegou a aliar-se com o partido filosófico extremo"[25]. Ao "exército teorético", isto é, ao "partido filosófico extremo" do qual se fala, pertence o próprio Marx. Ele já está projetado para além da burguesia e, todavia, ela chama-o a dirigir por algum tempo seu órgão de imprensa, a *Gazeta Renana*, da qual, contudo, continua detendo a propriedade e o controle, o que lhe permite, no devido momento, livrar-se do perigoso "extremista" para perseguir uma política mais conciliadora em relação à aristocracia.

A distinção entre classe dominante e classe delegada ao desenvolvimento, em posição subalterna, de determinadas funções pode ocorrer também no âmbito de uma sociedade que pretende edificar o socialismo? É a tese formulada por Lenin. Ele confere-lhe legitimidade remetendo a um trecho que podemos ler no último Engels (1894) a respeito da atitude que se deve tomar, após a revolução anticapitalista, em relação aos grandes proprietários fundiários e industriais: "Nós não consideramos a indenização inadmissível em absoluto, em qualquer circunstância. Marx expressou – e quantas vezes! – a opinião de que, se pudéssemos comprar (*auskaufen*) toda essa gangue, sairia barato"[26]. É assim evocado um cenário no qual, em uma sociedade de orientação socialista, continuam existindo ricos burgueses, indivíduos proprietários de grandes recursos financeiros, aos quais talvez pudessem ser confiadas funções "delegadas".

Na verdade, é um cenário que emerge indiretamente em um texto anterior. Se de um lado convida a "concentrar todos os instrumentos de produção nas mãos do Estado, isto é, do proletariado organizado como classe dominante", do outro, o *Manifesto Comunista* sugere uma linha mais cauta: é apropriado promover o "aumento do número das fábricas nacionalizadas e dos instrumentos de produção [nacionalizados]". Pareceria que a nacionalização invocada não seria integral, tanto mais que nos deparamos com uma especificação: pelo menos "em um primeiro momento", as medidas inauguradas pelo poder revolucionário "parecem de escasso alcance e de grande precariedade em

---

[24] MEW, v. 12, p. 684.

[25] Ibidem, v. 8, p. 19.

[26] Ibidem, v. 22, p. 504.

termos econômicos". Salta aos olhos também uma palavra de ordem não menos significativa: "Confisco da propriedade de todos os emigrados e rebeldes"[27]. Mais que uma medida generalizada de caráter econômico, a expropriação da burguesia parece uma medida parcial e, pelo menos em parte, ditada pela contingência política. Deparamo-nos com um cenário que, mesmo depois da revolução anticapitalista, prevê a parcial permanência da grande riqueza burguesa ou de origem burguesa.

É provável, entretanto, que, ao lembrar o trecho precedentemente citado por Engels, Lenin force seu significado. Vejamos antes de tudo qual é a evolução que conduz à tomada de posição do líder soviético.

4. "Estado", "administração" e "resgate" em Lenin

Depois de outubro de 1917, logo emergem as primeiras dúvidas sobre a viabilidade e a sensatez do originário programa de rápida e total expropriação das classes proprietárias. Dois anos depois da revolução, durante uma intervenção em 7 de novembro de 1919, falando sobre os "exploradores", Lenin observa: "Em parte, eles ficaram com alguns meios de produção; ficaram com quantias de dinheiro [...]. A 'arte' que eles possuem, da administração estatal, militar e econômica, confere-lhes uma grandíssima superioridade"[28].

O programa de expropriação parece destinado a ser travado até o fim, mas emerge uma dúvida: é possível abrir mão da "arte" da qual as classes que devem ser expropriadas desfrutam essencialmente do monopólio? Poucos meses depois, em 29 de março de 1920, Lenin dirige-se assim aos delegados no IX Congresso do Partido Bolchevique:

Pois bem, pensam talvez que a burguesia, tomando o lugar do feudalismo, confundisse o Estado e a administração? Não, os burgueses não eram tão toscos assim, eles disseram que para administrar era preciso de homens capazes de fazê-lo: tomemos então os senhores feudais e reeduquemo-los. E assim fizeram. Foi esse talvez um erro? Não, camaradas; a arte de administrar não cai do céu e não é um dom do Espírito Santo, e uma classe não se torna imediatamente capaz de administrar pelo simples fato de ser uma classe avançada. Um exemplo mostra isso: até que a burguesia foi vitoriosa, recrutou para a

---

[27] Ibidem, v. 4, p. 481 [ed. bras.: Karl Marx e Friedrich Engels, *Manifesto Comunista*, cit., p. 58].
[28] LO, v. 30, p. 96.

administração elementos de outra classe, a classe feudal. Por outro lado, não poderia tomá-los em outro lugar.[29]

De forma análoga deve prosseguir o proletariado vitorioso se não quiser cair "na pura utopia e nas frases vazias". Permanece firme a necessidade do controle do poder político e do aparato estatal,

> mas para administrar, organizar o Estado, devemos ter homens que possuam a técnica da administração, uma experiência da gestão da economia e do Estado, e esses homens podemos tomá-los unicamente na classe que nos precedeu.[30]

O uso das competências da burguesia deve limitar-se a isso ou poder ir além? Em maio de 1921, Lenin vai decididamente além. Depois de afirmar que "a questão do poder é a questão fundamental de toda revolução", ele convida o Partido Bolchevique a tomar ciência da "desproporção entre as nossas 'forças' econômicas e aquelas políticas". E então? Ao edificar o sistema socialista, é necessário saber utilizar também membros da burguesia capitalista. Eles não aceitarão colaborar movidos pelo impulso altruísta. Impõe-se, portanto, "a necessidade de um tipo particular de 'resgate', que os operários devem propor aos capitalistas mais cultos, mais talentosos, mais capazes do ponto de vista organizativo, que estejam prontos a colocar-se a serviço do poder soviético e a ajudar honestamente na organização da grande e grandíssima produção 'do Estado'". Sim, é preciso colocar em ação "métodos de compromisso ou de resgate dos capitalistas desenvolvidos que são favoráveis ao 'capitalismo de Estado'" e que podem ser "úteis ao proletariado como inteligentes e experientes organizadores das maiores empresas, capazes de fornecer os produtos a dezenas de milhões de pessoas"[31]. É para confirmar esse raciocínio que Lenin remete a Marx e, mais exatamente, ao trecho de Engels que já vimos.

Fomos bem além da distinção entre "Estado", isto é, poder político, de um lado e "administração" do outro. Não se trata, porém, de empregar, retribuindo-os adequadamente, especialistas burgueses aos quais confiar tarefas administrativas e burocráticas mais ou menos relevantes; trata-se, ao contrário, de passar a um compromisso com capitalistas que continuam sendo tais, isto é, não abrem

---

[29] Ibidem, v. 30, p. 414.

[30] Ibidem, v. 30, p. 415.

[31] Ibidem, v. 32, p. 318-9.

mão de sua propriedade. "É possível a combinação, a união, a coexistência do Estado soviético, da ditadura do proletariado, com o capitalismo de Estado? Naturalmente é possível"[32]. Deve-se considerar que por "capitalismo de Estado" não se entende, nesse caso, meios de produção nacionalizados e colocados sob o controle estatal. Não, "capitalismo de Estado" é sinônimo de "capitalismo controlado e regulamentado pelo Estado proletário"[33]. Isto é, estamos diante da usual propriedade capitalista privada, que refloresce com a NEP, ainda que em medida limitada; é necessário, todavia, considerar que "capitalismo de Estado em uma sociedade cujo poder pertence ao capital e capitalismo de Estado em um Estado proletário são dois conceitos diferentes"[34]. E, desde que se mantenha essa distinção, é necessário "atrair o capital estrangeiro" além do nacional, obviamente "sem lhe dar o poder"[35]. Se essa linha de desistência da nacionalização e da estatização integrais dos meios de produção tem validez para a indústria, pode e deve ainda mais aplicar-se à agricultura. Em outubro de 1921, assim Lenin sintetiza o percurso:

> Pensávamos [...] que organizaríamos a produção e a distribuição de Estado arrancando-a do sistema adversário. Digamos que agora nossa tarefa é, mais que a expropriação dos expropriadores, o inventário, o controle, o aumento da produtividade do trabalho, o fortalecimento da disciplina.[36]

Claramente, a expropriação política das classes dominantes corresponde só parcialmente à expropriação econômica, e é necessário e justo que, por um determinado período de tempo, lhe corresponda precisamente só de forma parcial.

Quatro anos depois, em 1925, em um ensaio intitulado "A nova política e as nossas tarefas", Bukharin[37] chega às mesmas conclusões: o recurso exclusivo à "repressão" impõe-se em relação às "forças rebeldes e a seus resíduos" e só em relação a eles.

---

[32] Ibidem, v. 32, p. 324.

[33] Ibidem, v. 32, p. 433.

[34] Ibidem, v. 32, p. 466.

[35] Ibidem, v. 32, p. 65.

[36] Ibidem, v. 33, p. 72.

[37] Nikolai Bukharin, "Critica della piattaforma economica dell'opposizione" (15 de janeiro 1925), em Nikolai Bukharin e Evgenij A. Preobrazenskij, *L'accumulazione socialista* (org. L. Foa, Roma, Editori Riuniti, 1969), p. 114.

240 A LUTA DE CLASSES

É diferente a atitude do proletariado e de seu poder estatal em relação à nova burguesia, que em determinada relação de forças sociais representa uma camada socialmente necessária que desenvolve – em *certa* medida, dentro de *certos* limites e durante *certo* período de tempo – uma função socialmente útil.

Se na Inglaterra e na Alemanha a burguesia no poder vale-se da colaboração da aristocracia expropriada do poder político propriamente dito, de forma análoga, na Rússia soviética, o proletariado no poder, isto é, o novo poder político vale-se da burguesia em medida até mais ampla, já que a classe derrubada é usada não só na "administração" estatal, como também na organização da vida econômica e na promoção do desenvolvimento das forças produtivas.

5. "Expropriação política" e "expropriação econômica" em Mao

A experiência da NEP dura poucos anos apenas. Apesar do papel desenvolvido pelas permanentes ressalvas ideológicas sobre essa experiência e sobre essa linha política, aquilo que determina sua dissipação é, em primeiro lugar, a deterioração da situação internacional e o perfilar-se de sérios perigos de guerra[38]. Permanece o fato de que a Rússia soviética da NEP é o ponto de partida da República Popular Chinesa, pelo menos em ampla parte de sua história.

Na véspera da conquista do poder, Mao Tse-Tung[39] esclarece seu programa de governo: "Nossa política atual é pôr limites ao capitalismo, não de destruí-lo". Para promover a superação do atraso, é necessário "usar todos os fatores do capitalismo urbano e rural que sejam proveitosos para a economia nacional e para a vida do povo". Nesse âmbito pode desenvolver um papel importante a "burguesia nacional", que porém "não pode ter uma função predominante no poder estatal": ela é, ao contrário, chamada a reconhecer "a direção da classe operária (pelo Partido Comunista)". Por sua vez, os comunistas devem reconhecer um ponto essencial. Assumindo o poder, eles abandonarão a luta armada para empenhar-se na "difícil tarefa da edificação econômica". E, portanto, "logo deveremos deixar de lado muitas coisas que conhecemos bem e estaremos obrigados a ocupar-nos de coisas que não conhecemos bem [...]. No setor econômico, devemos aprender a trabalhar com todos os que entendem disso (não importa quem for). Devemos

---

[38] Domenico Losurdo, *Stalin. Storia e critica di una leggenda nera* (Roma, Carocci, 2008), p. 129-31.

[39] Mao Tse-Tung, *Opere scelte* (Pequim, Edizioni in Lingue Estere, 1969-1975), v. 4, p. 434-45.

considerá-los nossos mestres e aprender com eles, conscienciosa e modestamente". A distinção, brotada em Marx e Engels e mais tarde no curso da NEP soviética, entre expropriação política e expropriação econômica da burguesia começa a ganhar feições mais nítidas. Ao passo que exercerem o poder político, os comunistas devem saber aprender, no plano econômico, com a classe que eles derrubaram. Mao esclarece ulteriormente sua visão em um discurso de 18 de janeiro de 1957:

> Em relação à nossa política na cidade, a primeira vista dá um pouco a impressão de ser de direita: efetivamente conservamos os capitalistas e lhe concedemos também um interesse fixo por sete anos. E passados os sete anos, como procederemos? Quando o momento chegar, veremos o que fazer. A melhor coisa é deixar em aberto o discurso e dar-lhe ainda um pouco de interesse. Desembolsando um pouco de dinheiro, compramos essa classe [...]. Comprando essa classe, a privamos de seu capital político de modo que ela não tem nada a dizer [...]. Esse capital político devemos expropriar até o fim e deveremos continuar a fazê-lo até que sobre uma só migalha. Eis por que não se pode nem dizer que nossa política na cidade é de direita.[40]

Nesse texto, é tematizada, de forma particularmente clara, a distinção entre expropriação econômica e expropriação política da burguesia. Só esta última deve ser levada a cabo, enquanto a primeira, se não for colocada dentro de limites bem definidos, corre o risco de comprometer o desenvolvimento econômico do país e a estabilidade do novo poder político. No verão de 1958, Mao reafirma seu ponto de vista perante o embaixador, bastante desconfiado, da União Soviética: "Na China há também capitalistas, mas o Estado está sob a direção do Partido Comunista"[41].

Alcançada a direção da China após muitas vicissitudes, Deng Xiaoping liga-se a essa tradição política, a qual ele retoma e radicaliza. Mas essa radicalização não quer ser um ato de ruptura. Devemos ter em mente o fato de que, ainda antes de conquistar o poder em escala nacional, a partir de 1928, o Partido Comunista Chinês governou áreas mais ou menos extensas do imenso país, e nessas áreas, além da propriedade cooperativa, "capitalismo privado, capitalismo de Estado e socialismo primitivo" coexistiam[42]. No longo tempo

---

[40] Mao Tse-Tung, *Rivoluzione e costruzione. Scritti e discorsi (1949-1957)* (org. M. A. Regis e F. Coccia, Turim, Einaudi, 1979), p. 475-6.

[41] Mao Tse-Tung, *On Diplomacy* (Pequim, Foreign Languages Press, 1998), p. 251.

[42] Edgar Snow, *Stella rossa sulla Cina* (1938) (3. ed., Turim, Einaudi, 1964), p. 284.

242 A LUTA DE CLASSES

que intercorreu desde 1928, as tentativas de total nacionalização da economia abrangem um período bastante limitado.

Sabemos que a NEP também foi lida, na época, sobretudo no Ocidente, como uma volta camuflada do capitalismo. De forma diferente, porém, argumentam três testemunhos especiais. O primeiro é Gramsci, que se encontra em Moscou de maio de 1922 até dezembro de 1923 e que alguns anos depois traça este balanço: a realidade da URSS coloca-nos face a um fenômeno "nunca visto na história"; uma classe politicamente "dominante" encontra-se "no seu conjunto", "em condições de vida inferiores a determinados elementos e camadas da classe dominada e submetida". As massas populares que continuam sofrendo com uma vida penosa ficam desorientadas pelo espetáculo do "*nepman* que usa casaco de pele e que tem à disposição todos os bens da terra"; todavia, isso não deve constituir razão de escândalo ou de repulsa, porque o proletariado, se não pode conquistar o poder, tampouco pode mantê-lo se não for capaz de sacrificar interesses particulares e imediatos aos "interesses gerais e permanentes da classe"[43].

Os outros dois testemunhos especiais têm menos simpatia em relação ao país que visitam; entretanto, concordam na questão central com o dirigente comunista italiano. Refiro-me ao escritor austríaco Joseph Roth, que visita Moscou entre setembro de 1926 e janeiro de 1927 e que, em uma correspondência do *Frankfurt Zeitung*, escreve: "Se for verdade que o proletariado é a classe dominante, com certeza a nova burguesia é a classe do bem-estar". O proletariado possui todas as instituições do Estado. A burguesia possui todas as instituições da vida confortável"[44]. Finalmente, Benjamin[45] em 1927 assim sintetiza suas impressões:

> Na sociedade capitalista, poder e dinheiro tornaram-se magnitudes incomensuráveis. Toda quantia determinada de dinheiro convertível em uma porção bem determinada de poder, e o valor de troca de todo poder é uma entidade calculável [...]. O Estado soviético interrompeu essa osmose de dinheiro e poder. O Partido reserva para si o poder, o dinheiro entrega-o, porém, ao homem da NEP.

---

[43] Antonio Gramsci, "Lettera dell'Ufficio politico del PCI al Comitato centrale del Partito comunista sovietico" (1926), em *La costruzione del Partito Comunista* (Turim, Einaudi, 1971), p. 129-30.

[44] Marcello Flores, *L'immagine dell'URSS. L'Occidente e la Russia di Stalin (1927-1956)* (Milão, Il Saggiatore, 1990), p. 52.

[45] Walter Benjamin, *Immagini di città* (Turim, Einaudi, 2007), p. 40-1.

Este último, porém, está exposto a um "terrível isolamento social". Riqueza econômica e poder político não coincidem de maneira nenhuma.

Portanto, nos anos 1920, pelo menos três grandíssimos intelectuais recusaram a leitura da NEP como expressão de restauração burguesa. A República Popular Chinesa não teve a mesma sorte: a partir da virada de Deng Xiaoping, além da chamativa exceção representada por um eminente historiador[46], é quase incontestado o juízo que a define, de facto, como país capitalista.

6. A CONSCIÊNCIA DE CLASSE COMO "ESPÍRITO DE CISÃO" E COMO "CATARSE"

Em relação aos regimes políticos surgidos das revoluções dirigidas por partidos comunistas, falei repetidamente de autonomização do estrato político e governativo, que – claramente – não é a superação da luta de classes, mas se origina de sua agudeza e tenta mantê-la sob controle. Pelo menos como primeira impressão, a categoria que uso me faz pensar na categoria de "burocracia", tão cara a Trotski. Na realidade, esta última, mais que nascer da análise política e social, quer, em primeiro lugar, formular um juízo de valor negativo e parte do pressuposto de que a consciência revolucionária, em sua pureza, é expressa pela classe operária diretamente empenhada nos locais de produção. Perdem-se assim de vista as ambiguidades que caracterizam a luta de classe sobretudo na fase que segue à conquista do poder por obra de um partido de inspiração comunista. Imediatamente após a Revolução de Outubro, quem representa a causa da emancipação proletária? Lenin (o "burocrata"), que se propõe a recolocar ordem e relançar o aparato produtivo pondo fim ao absenteísmo e à anarquia nos locais de trabalho, ou o operário belga, Lazarević, decidido a contrastar com a greve a intensificação dos ritmos (e a conexa "exploração")? É o líder soviético que recorre aos "especialistas burgueses" (garantindo-lhes retribuições bastante elevadas) e aos capitalistas dispostos a colaborar com o poder soviético no desenvolvimento das forças produtivas e na superação do primeiro tipo de desigualdade, ou, ao contrário, são os operários indignados pela permanência do segundo tipo de desigualdade e pela "restauração do capitalismo"? Mesmo querendo fazer uma comparação que se limite só aos operários: quem promove a causa da emancipação? Os que, estimulados inclusive pelos incentivos materiais e morais, se empenham no movimento

---

[46] Giovanni Arrighi, *Adam Smith a Pechino. Genealogie del XXI secolo* (Milão, Feltrinelli, 2009).

stakhanovista para o desenvolvimento da produção (e da riqueza social) ou os que se opõem a tudo isso?

Quando ainda não havia desaparecido o comunismo de guerra – estamos entre março e abril de 1920 –, Lenin chama atenção para o paradoxo que se criou na Rússia soviética: "A classe operária tornou-se detentora do poder estatal e é obrigada a aguentar grandes sacrifícios, a morrer e a passar fome". Ela vive em condições econômicas piores que as dos camponeses, os quais tiraram grande proveito da nova situação: "Pela primeira vez, eles se alimentaram melhor do que ocorreu durante centenas de anos na Rússia czarista"[47]. O paradoxo exacerba-se e torna-se até injurioso com a introdução da NEP: agora quem vive em condições econômicas decididamente melhores às da classe politicamente dominante é uma classe, ou setores de uma classe, que foi derrubada porque exploradora.

A tolerância concedida aos novos ricos, apesar da persistente miséria proletária, provoca na Rússia soviética a sensação de um difuso e intenso sentimento de "traição": "Em 1921-1922, dezenas de milhares de operários bolcheviques literalmente rasgaram a carteirinha com repulsa em relação à NEP; haviam-na rebatizada de Nova Extorsão ao Proletariado"[48]. A "oposição operária" também abandona o partido. Não se trata apenas de uma crise política, é uma crise existencial devastadora. Em 1927, Benjamin[49] observa: "O 'basta' com que, em determinado momento, o partido se opôs, através da NEP, ao comunismo de guerra provocou um efeito de ricochete que deixou abatidos muitos combatentes do movimento".

É uma atitude que, longe de estar limitada à Rússia soviética, talvez encontre seus seguidores mais apaixonados, ou mais patéticos, entre os militantes e até entre os dirigentes comunistas do Ocidente, e em relação a eles, Lenin se expressa com sarcasmo:

> Ao ver que retirávamo-nos, alguns deles, pueril e vergonhosamente, até derramaram lágrimas, como aconteceu na última sessão ampliada do Comitê Executivo da Internacional Comunista. Movidos pelos melhores sentimentos comunistas e pelas mais fervorosas aspirações comunistas, alguns camaradas começaram a chorar.[50]

---

[47] LO, v. 30, p. 417.

[48] Orlando Figes, *La tragedia di un popolo. La Rivoluzione Russa (1891-1924)*, cit., p. 926.

[49] Walter Benjamin, *Immagini di città*, cit., p. 59.

[50] LO, v. 33, p. 254-5.

Concentremos nossa atenção na Rússia soviética. Os que assim argumentam e sentem e sofrem estão convencidos de expressar a consciência da classe operária. De que forma Lenin reage? Ele condena a "oposição operária" como expressão de um "desvio abertamente sindicalista"[51]. A categoria aqui utilizada é por si só eloquente, remetendo claramente ao *Que fazer?*: a consciência "trade-unionista", isto é, o desvio "sindicalista" manifesta-se pela incapacidade de subordinar as reivindicações econômicas à luta pela conquista e pela manutenção do poder político. O fato é que – observa o líder soviético em 5 de julho de 1921 durante o III Congresso da Internacional Comunista – "a classe operária teve grande sofrimentos, exatamente porque é a classe que atua sua própria ditadura"; é um paradoxo, mas sua verdade fundamental deveria de qualquer maneira ser compreendida pelos "elementos politicamente mais evoluídos" da própria classe operária[52].

Para Lenin os termos da situação econômica são claros. Em primeiro lugar, é necessário considerar a lição de Marx: "O interesse principal e fundamental do proletariado após a conquista do poder estatal consiste em aumentar a quantidade de produtos, em aumentar em grandiosas proporções as forças produtivas da sociedade"[53]. Em segundo lugar, é evidente que o poder soviético não pode aguentar sem resolver o problema da miséria desesperadora e da fome que atinge o povo russo. Para relançar a produção agrícola, é necessário fazer concessões generosas aos camponeses, e escandalizar-se por isso "significa antepor os interesses *corporativos* dos operários aos interesses de classe; significa sacrificar os interesses de toda a classe operária aos interesses do proveito imediato, temporário, parcial dos operários, sacrificar sua ditadura"[54]. Para relançar a produção industrial, impõem-se concessões ainda mais generosas aos especialistas burgueses e ao capital russo e internacional, disponível a colaborar com a NEP. O que suscita desorientação são, sobretudo, as aberturas ao capital estrangeiro, tendo absoluta necessidade de sua tecnologia avançada e ao qual se garantem lucros excepcionais; mas não é o protesto contra essa política, é essa política a constituir "um aspecto da luta, a continuação da luta de classes em outra forma"[55].

---

[51] Ibidem, v. 32, p. 160-1
[52] Ibidem, v. 32, p. 464-5.
[53] Ibidem, v. 33, p. 169.
[54] Ibidem, v. 32, p. 321.
[55] Ibidem, v. 32, p. 326.

246   A LUTA DE CLASSES

Vejamos agora a situação nas fábricas. Na segunda metade dos anos 1920, Pierre Pascal, que já conhecemos, lamenta o fato de que "de um ponto de vista material está se marchando rumo à americanização" (entendida como culto idolátrico do desenvolvimento econômico e tecnológico) – é verdade, foram conseguidos alguns progressos econômicos, mas "a preço de uma formidável exploração da classe operária"[56]. Entre 1920 e 1921, Lenin argumenta de forma oposta. Ele convida os sindicatos a se libertarem "sempre mais da pequenez corporativa"; eles devem desenvolver uma "obra de mediação" e "contribuir à conciliação mais rápida e menos penosa possível" dos conflitos que inevitavelmente insurgem[57], sem nunca perder de vista o objetivo do desenvolvimento das forças produtivas que, único, pode garantir uma sensível melhora das condições de vida das massas populares e reforçar ao mesmo tempo o poder soviético.

> A situação exige antes de tudo um aumento do rendimento do trabalho, um aumento da disciplina do trabalho. Em tempos como estes, o objetivo mais importante que a revolução deve perseguir é uma melhora no interior do país, *melhora que não chama atenção, que não salta aos olhos, que não se percebe à primeira vista*, uma melhora do trabalho, de sua organização e de seus resultados.[58]

Grifei uma afirmação que radicaliza mais ainda a ruptura com a epistemologia sensista presente nos escritos juvenis de Marx e Engels. A formação da consciência revolucionária sempre diz menos respeito à "visão" das condições de vida do proletariado. Se *Que fazer?* insistia na necessidade de analisar a tonalidade das relações políticas e sociais em âmbito nacional e internacional, chega-se agora ao mesmo resultado a partir da afirmação da necessidade de superar o nível da percepção empírica: iniciando pela constatação das retribuições elevadas e dos privilégios desfrutados pelos especialistas burgueses e pelos *nepmen*, pode-se chegar à conclusão apressada de que a luta de classes proletária coincide com a luta contra essas retribuições e esses privilégios, mas isso significaria perder de vista o mais amplo contexto nacional e internacional e ignorar a complexidade da luta de classes contra as duas desigualdades.

---

[56]   Marcello Flores, *L'immagine dell'URSS. L'Occidente e la Russia di Stalin (1927-1956)*, cit., p. 53.

[57]   Ibidem, v. 32, p. 226 e v. 33, p. 168.

[58]   Ibidem, v. 33, p. 27.

No conjunto, o quadro que a Rússia soviética apresenta pode ser sintetizado assim: "O proletariado, a vanguarda revolucionária, tem suficiente poder político", mas consente "ao mesmo tempo o capitalismo de Estado", isto é, à persistência de algumas áreas de capitalismo, mesmo que controladas pelo Estado. Essa política cria uma situação que "não tem precedentes na história", e isso "desorienta muitos, muitíssimos", mas só quem compreende e apoia essa política, absolutamente necessária para a manutenção do poder soviético, demostra uma amadurecida consciência de classe[59].

Uma situação que "não tem precedentes na história". É exatamente nesses termos que, como vimos, se expressou Gramsci, que tira pleno proveito de sua estadia na Rússia soviética. Em sua análise do paradoxo da NEP e da Rússia soviética da época, ele não vai além do quadro traçado por Lenin. Ao contrário, vão decididamente além os *Cadernos do cárcere*, que identificam no "momento 'catártico' [...] o ponto de partida para toda a filosofia da práxis" e da teoria revolucionária[60]. Como interpretar essa sibilina e surpreendente declaração? Na cultura europeia, por longo tempo a revolução e os movimentos revolucionários foram lidos e desacreditados como expressão de inveja, rancor, ressentimento – pensemos em autores como Constant, Taine e, sobretudo, Nietzsche. A reflexão que acabamos de ver confuta este lugar-comum: na Rússia da NEP, o proletário que não consegue superar a inveja do "*nepman* vestindo casaco de pele e que dispõe de todos os bens da terra" não contribui à edificação da nova sociedade que ele mesmo almeja. A tese de Gramsci, de caráter geral, não casualmente chega à maturação enquanto na Alemanha o nazismo incita o ressentimento e a inveja das camadas populares mais atrasadas em relação aos intelectuais, sobretudo revolucionários, e canaliza contra os judeus a frustração das massas empobrecidas pela guerra e pela crise econômica. Contrariamente ao afirmado por Constant, Taine e Nietzsche, o movimento revolucionário só se desenvolve e amadurece se consegue exprimir um "momento 'catártico'".

É interessante notar que, a milhares de quilômetros de distância da Europa, outro grande líder comunista anda tateando em direção à mesma aquisição teórica. Em 1929, Mao Tse-Tung[61] empenha-se numa luta contra o "igualitarismo absoluto": em sua mesquinhez e em sua carga de inveja e,

---

[59] Ibidem, v. 33, p. 252-3.

[60] Antonio Gramsci, *Quaderni del carcere*, cit., p. 1.244.

[61] Mao Tse-Tung, *Opere scelte*, cit., v. 1, p. 115.

poderíamos dizer, até de *ressentiment* (quando a Armada Vermelha acampa, "pretende-se que a cada um seja atribuído o mesmo espaço; se o comando dispuser de um local um pouco maior, chovem insultos"), ele é a expressão de relações sociais estreitas, o "produto da economia artesã e da pequena economia camponesa" e de qualquer forma obstaculiza ou impede a formação do bloco social chamado a derrubar o Antigo Regime. O sucesso de uma revolução implica necessariamente a consolidação da unidade entre os que constituem as vítimas mais diretas da exploração e da opressão e, além disso, uma política de alianças que permita isolar o poder a ser derrubado. Tudo isso é possível desde que sejam banidas ou contidas as pequenas mesquinharias individuais, assim como a inveja, o rancor, o ressentimento em relação às camadas sociais contíguas ou imediatamente superiores, que igualmente constituem o alvo natural desses humores.

Efetivamente, o "momento 'catártico'" desenvolve uma função essencial no processo de formação da consciência de classe. No mesmo ano em que desenvolve a reflexão sobre a NEP, a qual já vimos, também em 1926, Gramsci[62] escreve:

> O metalúrgico, o marceneiro, o pedreiro etc. devem não só pensar como proletários e não mais como metalúrgicos, marceneiros, pedreiros etc., mas devem dar um passo à frente; devem pensar como operários membros de uma classe que tende a dirigir os camponeses e os intelectuais, de uma classe que só pode vencer e só pode construir o socialismo se for ajudada e seguida pela grande maioria dessas camadas sociais. Se não conseguir isso, o proletariado não se torna classe dirigente.

É descrito aqui um processo que se compõe de duas fases. No curso da primeira, o pertencer a determinado ofício é transcendido no pertencer ao proletariado como tal (e até esse momento não estamos além da visão própria de Marx e Engels). A segunda fase apresenta novidades relevantes: o proletário mostra uma consciência de classe madura só quando se elevar a uma visão da classe a que pertence como núcleo dirigente de um mais amplo bloco social chamado a levar a revolução à vitória. E a catarse revela-se ainda mais necessária quando se trata de conservar e consolidar o poder, como demonstram as lutas, assim como as desilusões e até mesmo os dramas pessoais dos anos da NEP.

---

[62] Antonio Gramsci, "Lettera dell'Ufficio politico del PCI al Comitato centrale del Partito comunista soviético" (1926), em *La costruzione del Partito Comunista*, cit., p. 145.

A ideia da catarse já ronda a tese de Engels de que a consciência comunista pressupõe uma transcendência do imediato e restrito interesse de classe proletário[63] e age na polêmica de Lenin contra o trade-unionismo, mas é só agora que encontra uma formulação orgânica e coerente.

No conjunto, a aquisição da consciência revolucionária implica uma batalha em duas frentes: é necessário por um lado rejeitar a cooptação no bloco dominante; por outro lado, deve-se evitar o entrincheiramento corporativo. Se na primeira frente trata-se de agudizar o antagonismo de classe do proletariado, na segunda frente trata-se de aumentar sua capacidade de mediação em relação às classes ou às camadas sociais que vivem em condições materiais melhores que as suas. Ou, usando a linguagem de Gramsci[64], poderíamos dizer que agora a consciência de classe se expressa de um lado como "espírito de cisão", que consente a uma classe subalterna conseguir sua "autonomia integral" e do outro como "catarse", através da qual uma classe já subalterna pode operar "a passagem do momento econômico (ou egoístico-passional) ao momento ético-político" e tornar-se, assim, uma classe dirigente.

7. Entre Rússia e China: a burguesia como classe em si e classe para si

A "catarse" consente a conciliação com a complexidade da luta de classe na sociedade originada do outubro bolchevique. Nela, sobretudo após a introdução da NEP, continuam a existir ricos burgueses, os quais, porém, não só não constituem a classe politicamente dominante, como também não são nem uma classe para si.

A ideologia alemã realça: "Os indivíduos singulares formam uma classe somente na medida em que têm de promover uma luta contra uma outra classe; de resto, eles mesmos se posicionam uns contra os outros, como inimigos, na concorrência"[65]. É um discurso que não faz referência a uma classe determinada, mas se propõe a explicar o processo de formação do proletariado e da burguesia e da consciência de classe de um e da outra. Leiamos *Miséria da filosofia*: em virtude da "situação comum" e dos "interesses comuns" criados pelas objetivas "condições econômicas", o proletariado "já é uma classe em face do capital,

---

[63] Ver, neste volume, cap. 2, seção 4.

[64] Antonio Gramsci, *Quaderni del carcere*, cit., p. 2.288 e 1.244.

[65] MEW, v. 3, p. 54 [ed. bras.: Karl Marx e Friedrich Engels, *A ideologia alemã*, cit., p. 63].

250   A LUTA DE CLASSES

mas ainda não o é para si mesma": é na luta que a massa de proletários "se une, forma uma classe para si; os interesses que ela defende tornam-se interesses de classe" e a luta de classes se torna "uma luta política". No que diz respeito à burguesia, "temos duas fases a distinguir: aquela durante a qual ela se constitui em classe sob o regime feudal e a monarquia absoluta e aquela em que, já constituída como classe, derrubou o feudalismo e a monarquia para fazer da sociedade uma sociedade burguesa. A primeira dessas fases foi a mais longa e aquela que necessitou de maiores esforços"[66]. Portanto, a burguesia foi por longo tempo apenas uma classe em si antes de transformar-se em classe para si, isto é, antes de adquirir uma consciência de classe desenvolvida e capaz de definir e promover na prática seus interesses de classe.

No proletariado, o processo de formação da consciência de classe é obstaculizado e pode ser interrompido ou rechaçado tanto pela concorrência, que objetivamente existe entre os operários singulares, como em consequência da iniciativa política e ideológica da classe dominante. Algo análogo vale para a burguesia, em seguida a uma revolução que liquidou de forma mais ou menos radical seu poder político e a descreditou no plano ideológico.

Observemos o que acontece na República Popular Chinesa. Como se deduz da observação de Mao que já destacamos, de que convém não levar a cabo a expropriação econômica da burguesia, esta classe não desaparece com a chegada do Partido Comunista ao poder. Em outubro de 1978, ao iniciar a política de reforma e de abertura, Deng Xiaoping alerta: "Não devemos consentir que se forme uma nova burguesia". Esse objetivo não está em contradição com a tolerância concedida aos capitalistas singulares. Poucos meses depois, o novo líder chinês esclarece: "A luta contra esses indivíduos é diferente da luta que ocorreu no passado, de uma classe contra outra (esses indivíduos não podem formar uma classe coesa e aberta)". Naturalmente, não faltam os resíduos da velha luta de classes, mas no conjunto, com a consolidação da revolução e do poder do Partido Comunista, criou-se uma nova situação"[67]. "Existe a possibilidade de uma nova burguesia? É possível que se forme um punhado de elementos burgueses, mas eles não constituem uma classe", ainda mais que há um "aparato estatal" que é "poderoso" e capaz de controlá-los. É significativo o precedente histórico ao qual o líder chinês remete em agosto

---

[66] Ibidem, v. 4, p. 180-1.

[67] Deng Xiaoping, *Selected Works* (Pequim, Foreign Languages Press, 1992-1995), v. 2, p. 144 e 178.

de 1985. "Talvez Lenin tivesse uma ideia feliz quando adotou a Nova Política Econômica"[68]. Isto é, estamos numa situação em que a burguesia, ou os singulares elementos burgueses, continuam desenvolvendo ou, mais exatamente, voltam a desenvolver (após a fase representada pelo "comunismo de guerra") uma função econômica mais ou menos relevante, mesmo tendo sido privados da possibilidade de desenvolver um papel político.

Não é somente o poder político que luta contra a passagem da burguesia de classe em si a classe para si. Vimos Marx celebrar a nobreza de espírito dos nobres poloneses, os quais, mais do que pelos interesses de classe, se deixam guiar pelo interesse nacional. Sobretudo nos momentos de crise histórica mais ou menos aguda, emerge com clareza que um indivíduo encontra-se colocado no interior não de uma, mas de multíplices contradições. Dá o que pensar o ato de acusação de Marx contra a burguesia francesa que, em 1871, em vez de ter como alvo o invasor prussiano, visa à Comuna de Paris: "Neste conflito entre dever nacional e interesse de classe, o Governo da Defesa nacional não hesitou nem por um momento em transformar-se em um Governo de Defecção Nacional"[69]. Como evidencia a indignação exalada pelo trecho citado, não se trata de uma escolha óbvia. O nobre polonês com certeza também está preocupado com a agitação dos camponeses, que expõe ao risco de pôr em discussão sua colocação e seus privilégios sociais, mas não pode ignorar o fato de que o desmembramento e a submissão de seu país privam-no de sua identidade nacional e, de qualquer forma, condenam-no à subalternidade política, cultural e, em certos aspectos, até social, em face da potência dominante. Poderíamos sintetizar dizendo que, naquela determinada situação, o nobre polonês é obrigado a escolher entre identidade social e identidade nacional. Durante a Revolução Russa, o general de origem nobre (Brusilov) encontra-se, como sabemos, diante de uma escolha parecida; ele apoia o novo poder soviético pelo "senso de dever perante a nação", que os bolcheviques estão salvando da balcanização e da submissão.

Processos desse tipo ocorreram em escala bem mais ampla no curso da Revolução Chinesa, dirigida por um partido comunista que encabeça a guerra de resistência contra o imperialismo japonês, que encabeça uma luta empenhada em salvar a nação chinesa (incluindo as classes dominantes e exploradoras) da escravização a que o Império do Sol Nascente a havia destinado. É presumível que a lealdade patriótica continue desenvolvendo um papel entre os antigos e

---

[68] Ibidem, v. 3, p. 142-3.

[69] MEW, v. 17, p. 319 [ed. bras.: Karl Marx, *A guerra civil na França*, cit., p. 35].

os novos capitalistas, os quais não têm dificuldade em perceber o apoio dado por Washington aos mais diversos movimentos separatistas que se podem manifestar ou que podem ser alimentados e encorajados no país-continente, desde sempre multiétnico e multicultural, que é a China.

Finalmente, é necessário não perder de vista o processo lucidamente descrito pelo *Manifesto Comunista*. Releiamos um trecho celebérrimo: no momento em que se alastra a crise e a ordem existente está a ponto de colapsar (ou parece estar a ponto de colapsar), "uma pequena fração da classe dominante se desliga desta, ligando-se à classe revolucionária, à classe que traz nas mãos o futuro". Estamos aqui diante de uma mudança de campo que não é sequer motivada por uma preocupação nacional, mas que se explica principalmente pela adesão intelectual e emotiva ao partido ou ao movimento em que se encarna ou em que parece encarnar-se o futuro iminente e inelutável. Marx e Engels consideram protagonistas dessa mudança de campo os estratos intelectuais, os ideólogos "que chegaram a compreender teoricamente o movimento histórico como um todo"[70], mas ela pode interessar, e historicamente interessou, a camadas sociais bastante diferentes e também expoentes e setores da burguesia capitalista. Nos anos imediatamente sucessivos à Segunda Guerra Mundial, a partir do reconhecimento e da admiração para o papel desenvolvido pela URSS e pelos partidos comunistas na resistência e na luta contra a barbárie nazifascista, marxismo e comunismo desdobraram uma capacidade de atração que ia além das classes populares. O processo inverso ocorreu na virada de 1989, quando se torna difusa e irritante a aspiração a virar as costas àquela que os Estados Unidos e o Ocidente não deixam de etiquetar como *wrong side of history*, corrente política destinada a eclipsar ou acabar no lixo da história. Este último processo ainda está em curso, mas revela escassa força em um país que, em 1949, saiu do século da humilhação colonialista e imperialista e que hoje, após décadas de impetuoso desenvolvimento econômico, parece destinado a desenvolver um papel crescente no cenário internacional. São circunstâncias que fortalecem a lealdade patriótica dos singulares burgueses e capitalistas, os quais, de qualquer forma, já por razões objetivas, encontram dificuldades bastante grandes para constituir-se em classe para si.

É simplista fazer corresponder mecanicamente à situação social objetiva a consciência de classe. Possui um valor emblemático a polêmica que, nos anos da dura contraposição entre União Soviética e China, ocorreu entre Kruschev e

---

[70] Ibidem, v. 4, p. 471-2 [ed. bras.: Karl Marx e Friedrich Engels, *Manifesto Comunista*, cit., p. 49].

Chu Enlai. O primeiro exibiu orgulhosamente suas origens humildes, culpando o segundo por sua extração aristocrática. O segundo replicou: "Ambos traímos nossa classe de origem". Efetivamente há "traição", a mudança de campo, que deve ser levada em consideração; e, em ocasião de uma crise histórica tão grave que põe em risco de morte uma nação, essa "traição", ou mudança de campo, tende a ser um fenômeno mais ou menos amplo e mais ou menos duradouro.

Obviamente, uma crise nacional influencia também o processo de formação da consciência de classe do proletariado. Ele pode ser arrastado para posições chauvinistas e de apoio à guerra colonialista e imperialista; nesse caso, deixa de ser uma classe para si e se torna simples apêndice da burguesia: é aquilo que, na fase mais madura de sua evolução, Marx e Engels são obrigados dolorosamente a constatar em relação à Inglaterra. Mas, também no caso de uma guerra de resistência e de libertação nacional, se de um lado o proletariado é chamado a participar ativamente, assumindo quando possível um papel de direção, do outro ele deve evitar perder sua autonomia, fundindo-se com a burguesia. Em novembro de 1938, depois de ter proclamado a "identidade entre a luta nacional e a luta de classes", Mao Tse-Tung[71] prossegue criticando a palavra de ordem "tudo através da frente unida". Ao travar uma "luta de classes" que é ao mesmo tempo "luta nacional", o proletariado organizado no Partido Comunista deve saber resguardar, junto com a consciência e a identidade nacional, a consciência e a identidade de classe, mas só pode realmente resguardar a consciência e a identidade de classe liquidando de vez toda forma de niilismo nacional.

Em conclusão, se nos anos que precedem o outubro bolchevique Lenin adverte a necessidade de realçar a inanidade de ir à busca da luta de classes e da revolução no estado puro, depois da vitória das revoluções de inspiração marxista o movimento comunista deve esclarecer a si próprio que ir à busca de um poder proletário (ou popular) ao estado puro é igualmente inane. Disso originam-se importantes aquisições teóricas: Lenin distingue entre Estado e administração, entre classe dominante e classe delegada; Gramsci desenvolve mais tarde a reflexão sobre o fenômeno historicamente inédito no qual uma classe politicamente dominante pode não ser a classe economicamente privile-giada, analisa o cesarismo e o processo de autonomização do estrato político e ideológico em uma sociedade pós-capitalista e evidencia o papel da "catarse" em uma madura consciência revolucionária de classe; Mao invoca a não confundir expropriação política e expropriação econômica das classes exploradoras; Deng

---

[71] Mao Tse-Tung, *Opere scelte*, cit., v. 2, p. 223-4.

Xiaoping faz valer a distinção entre classe em si e classe para si também para a burguesia expropriada do poder político.

Em teoria, tais distinções e reflexões deveriam ensinar a prudência quando se avalia a sociedade pós-revolucionária. Mas o que acontece na realidade? Se tomarmos os primeiros quinze anos que seguem à Revolução de Outubro, podemos ver o subseguir-se de três modelos sociais entre si sensivelmente diferentes: o "coletivismo da miséria, do sofrimento" (Gramsci) ou a "miséria socializada" (Trotski), próprios do chamado "comunismo de guerra"; a NEP e o recurso a uma área de capitalismo restrita e controlada pelo alto com o fim de reconstruir e relançar o sistema produtivo; e o auxílio de uma agricultura coletivizada ao lado de uma indústria ainda mais nacionalizada. Nenhum desses três modelos silencia realmente a tese do advento de uma nova classe exploradora. Como explicar o recorrer constante e difuso à categoria de traição? Ou, reformulando a pergunta, como explicar a dificultosa tentativa de busca de uma sociedade livre de qualquer contaminação burguesa?

IX
DEPOIS DA REVOLUÇÃO. À DESCOBERTA DOS LIMITES DA LUTA DE CLASSES

1. Esperanças revolucionárias e idealismo da práxis

Pode-se perceber uma oscilação em Marx. Ele critica a mitologia racial e as ideologias naturalistas que queriam colocar o selo da eternidade sobre as relações historicamente determinadas; a atenção deve, ao contrário, concentrar-se sobre a história e sobre os homens que fazem a história. Entretanto, a ação do homem e as novidades que intervêm no curso da história nada têm que ver com a criação *ex nihilo*. E, assim, já desde o início de sua carreira filosófica, na célebre e longa carta a Pawel W. Annenkov de dezembro de 1846, Marx realça os limites da ação do homem e da luta de classes.

> São os homens livres para escolher esta ou aquela sociedade? De modo nenhum. Consideremos um estado determinado de desenvolvimento das forças produtivas do homem e teremos uma forma particular de comércio e de consumo. Consideremos um estado determinado de desenvolvimento da produção do comércio e do consumo e teremos uma organização correspondente da família, das ordens ou das classes, em uma palavra, uma sociedade civil correspondente [...]. É desnecessário acrescentar que os homens não são todos livres para escolher suas forças produtivas – que constituem a base de toda a sua história –, porque toda força produtiva é uma força adquirida, o produto da atividade anterior.[1]

Em oposição às ideologias naturalistas, é necessário remeter à história e à atividade do homem, mas à história como um todo, a toda a atividade, incluindo

---

[1] MEW, v. 27, p. 452.

a "atividade anterior" desdobrada pelos homens no plano econômico, social, político, ideológico. Como diria *O 18 de brumário de Luís Bonaparte*: "Os homens fazem sua própria história; contudo, não a fazem de livre e espontânea vontade, pois não são eles quem escolhem as circunstâncias sob as quais ela é feita"[2].

Por outro lado, é necessário considerar que, ao insistir na práxis e na transformação do mundo, o pensamento revolucionário é exposto ao que poderíamos definir como idealismo da práxis. Pensemos em Fichte, que institui um paralelismo entre sua *Doutrina da ciência* e a enérgica ação da França revolucionária: "Assim como aquela nação libertou o homem dos grilhões exteriores, meu sistema libertou-o dos grilhões das coisas em si, das influências exteriores"[3]. É sabido o *pathos* com que Fichte fala do agir do homem: diante dele parece abrir-se um território ilimitado. É um ponto de vista criticado por Hegel[4] – na sua descrição da Revolução Francesa como uma "aurora esplêndida", a partir da qual, com uma novidade sem precedentes na história, "o homem baseia-se em sua cabeça, isto é, no pensamento, e constrói a realidade conforme o pensamento", é verdade que há um altíssimo reconhecimento, mas há também um distanciamento; no entanto, tornou-se evidente a resistência encontrada pelos projetos de refazer *ex novo* a realidade social e de produzir, assim, pela primeira e única vez "a verdadeira conciliação do divino com o mundo".

Poder-se-ia dizer que a presença de Fichte e de Hegel coexistem, em um entrelaçamento às vezes contraditório, em Marx e Engels (e na teoria da luta de classes por eles formulada). Os dois filósofos e militantes revolucionários formam-se nos anos em que, por um lado, ainda são fortes os ecos da Revolução Francesa e, por outro, já se vislumbram os sinais premonitórios da revolução que em 1848 atingiria a Europa continental e que, nas esperanças dos dois jovens revolucionários, além das velhas relações feudais, acabariam pondo em discussão também a ordem burguesa. Colocados entre esses dois gigantescos abalos históricos que parecem transformar o mundo desde seus fundamentos e abrir um espaço ilimitado à transformação promovida pela luta de classes, compreendemos claramente o fato de que mesmo os dois filósofos e militantes

---

[2] Ibidem, v. 8, p. 115 [ed. bras.: Karl Marx, *O 18 de brumário de Luís Bonaparte*, cit., p. 25].

[3] Domenico Losurdo, *Hegel e la Germania. Filosofia e questione nazionale tra rivoluzione e reazione* (Milão, Istituto Italiano per gli Studi Filosofici, 1997), cap. 4, seção 1.

[4] G. W. F. Hegel, *Vorlesungen über die Philosophie der Weltgeschichte* (org. G. Lasson, Leipzig, Meiner, 1919-1920), p. 926 [ed. it.: *Lezioni sulla filosofia della storia*, Florença, La Nuova Italia, 1963, v. 4, p. 205.

revolucionários tenham a tendência a deslizar no idealismo da práxis. No futuro comunista evocado por Marx e Engels, junto com o antagonismo das classes, parece desaparecer o mercado, a nação, a religião, o Estado e talvez até a norma jurídica como tal, que se tornou ainda mais desnecessária em função de um desenvolvimento tão prodigioso das forças produtivas que permitiu a livre satisfação de toda necessidade, com a superação, portanto, da difícil tarefa da distribuição dos recursos. Em outras palavras, é como se desaparecessem os "grilhões das coisas em si". Não casualmente, o tema da extinção do Estado já emerge em Fichte[5].

Ao passo que assimila a lição de Hegel sobre os limites da práxis revolucionária, Marx passa a uma configuração menos enfática do futuro comunista, de modo que às vezes ele fala de "extinção do Estado" como tal e outras vezes de "extinção do Estado no atual sentido político". Até o ideal do internacionalismo assume uma configuração mais equilibrada, o que pode, então, significar não o desaparecer das nações, mas uma relação de tipo novo entre si, na base da igualdade e do respeito recíproco[6]. Trata-se, todavia, de especificações episódicas, que não põem realmente em discussão o idealismo da práxis.

É significativo que, ao esboçar um balanço teórico do movimento comunista, um dos maiores filósofos que tal movimento expressou sinta a necessidade de construir uma ontologia do ser social. Ele alerta justamente contra um duplo perigo de idealismo histórico: "Ou o ser social não se distingue do ser em geral, ou se trata de algo radicalmente diverso, algo que não tem mais o caráter de ser"[7]. O primeiro tipo de idealismo aqui considerado é o naturalismo, e em polêmica com ele é elaborada a teoria da luta de classes. O pensamento revolucionário é exposto no segundo tipo de idealismo histórico, o idealismo da práxis: o mercado, a nação, a religião, o Estado tendem a perder "caráter do ser"; eles resultam ser simples e ilimitadamente plasmáveis pela ação política e pela luta de classes.

---

[5] Domenico Losurdo, *Hegel e la Germania. Filosofia e questione nazionale tra rivoluzione e reazione*, cit., cap. 3, seção 2.

[6] Idem, *Dal liberalismo al "comunismo critico"* (Roma, Gamberetti, 1997), cap. 5, seção 2 e 7 [ed. bras.: *Do liberalismo ao comunismo crítico*, trad. Teresa Ottoni, 2. ed., Rio de Janeiro, Revan, 2011].

[7] György Lukács, *Ontologia dell'essere sociale* (trad. Alberto Scarponi, Roma, Editori Riuniti, 1976-1981), p. 3 [ed. bras.: *Para uma ontologia do ser social*, trad. Carlos Nelson Coutinho et al., São Paulo, Boitempo, 2012, v. 1, p. 25].

2. Guerra e retomada do idealismo da práxis

O que tornou ainda mais difícil a construção de uma ontologia do ser social foi um acontecimento que teve papel decisivo na história da fortuna de Marx e Engels. No curso da Primeira Guerra Mundial, os diversos Estados em luta, mesmo aqueles de mais consolidada tradição liberal, apresentaram-se como *Moloch* sangrentos, decididos a sacrificar milhões de homens no altar da defesa da pátria e na realidade da competição imperialista pela hegemonia mundial. Tamanho horror não poderia deixar de levantar e radicalizar ulteriormente a tese, aliás, a espera mais ou menos messiânica, da extinção do Estado; parecia completamente insatisfatório qualquer programa político que se detivesse aquém da reivindicação de uma ordem social desprovida de aparato estatal e militar.

É um clima espiritual que, junto com os grandes intelectuais, atinge por algum tempo também personalidades políticas de primeiro plano. Ao publicar *Estado e revolução* enquanto se alastra a carnificina bélica e na véspera da revolução chamada a pôr fim à mesma, Lenin formula a tese de que o proletariado vitorioso "precisa unicamente de um Estado em via de extinção"[8]. Três anos depois, em um momento em que é forte a esperança de um alastrar-se da revolução no Ocidente, o líder revolucionário, que habitualmente se distingue por um realismo e uma lucidez fora do comum, abandona-se a uma previsão bastante próxima da ficção política: "A geração, cujos representantes têm hoje cerca de cinquenta anos, não pode pensar em ver a sociedade comunista. Até lá, terá desaparecido. Mas a geração que hoje tem quinze anos verá a sociedade comunista e construirá ela mesma essa sociedade"[9]. Do futuro comunista, que aqui parece de fácil alcance, faz parte também a extinção do Estado como tal.

A retórica patriótica e os ódios nacionais, em parte "espontâneos", em parte sabiamente atiçados, desbocaram em um horror sem precedentes. Era imperiosa a exigência de acabar com tudo isso; eis, então, a emergência em certos setores do movimento comunista a um internacionalismo irrealista orientado a liquidar as diversas identidades nacionais como simples preconceitos.

O que provocou a catástrofe foram a competição pela conquista das colônias, dos mercados e das matérias-primas, a busca ao lucro e, em última análise a

---

[8] LO, v. 25, p. 380.

[9] Ibidem, v. 21, p. 284.

auri sacra fames. Em 1918, o jovem Bloch[10] assim sintetizava as expectativas messiânicas do tempo: os sovietes realizariam a "transformação do poder em amor" e edificariam um mundo liberado de vez de "toda economia privada", de toda "economia do dinheiro" e, com ela, da "moral mercantil que consagra tudo que de mais malvado há no homem". Em pouco tempo, a trágica experiência do primeiro conflito mundial reforçava ulteriormente e de forma bastante definida a tendência ao idealismo da práxis; agora era a mesma consciência moral que impunha a negação do caráter de ser social ao Estado, à nação, ao mercado, às estruturas e às relações consideradas responsáveis pela infâmia que se consumou entre 1914 e 1918 e que ameaçava repetir-se (e que de fato se repetiu) em breve.

À luz de tudo isso, a advertência já observada no último Lukács de não perder de vista a objetividade do ser social contém um tom autocrítico. Nos anos da juventude, em 1922, ele mesmo não o havia levado em conta, quando escreveu: "O núcleo do ser é visto como devir social, o ser pode aparecer como produto da atividade humana, até agora com certeza inconsciente, e esta última pode por sua vez aparecer como o elemento determinante da transformação do ser"[11]. Nesse caso também transparece o idealismo da práxis, embora a luta de classes do proletariado tenha tomado o lugar do empenho a liquidar os "vínculos das coisas em si".

O idealismo da práxis é pertinaz. Ainda em 1936-1937, Trotski retoma e reafirma a previsão de ficção política que já observamos em Lenin: "A geração que conquistou o poder, a velha guarda, inicia a liquidação do Estado; a geração seguinte completará essa tarefa". No horizonte da Rússia soviética, porém, não se vislumbra nada que torne crível essa perspectiva. Mesmo em relação ao dinheiro, não há traço de sua "progressiva deterioração"; ao contrário, ele não perdeu de forma alguma "sua potência mágica"; nem a "constrição estatal" e tampouco a "constrição monetária" apresentam rachaduras. Permanecem, portanto, firmemente de pé as características centrais de uma "sociedade dividida em classes, que não pode determinar as relações entre os homens, a não ser pela ajuda de fetiches religiosos ou laicos, pondo-os sob a proteção do mais temível, o Estado, com um grande punhal entre os dentes"[12]. Os "grilhões das

---

[10] Ernst Bloch, *Geist der Utopie* (1918) (Frankfurt, Suhrkamp, 1971), p. 298.

[11] György Lukács, *Storia e coscienza di classe* (1922) (7. ed. Milão, Sugarco, 1988), p. 26.

[12] Leon Trotski, *Schriften. Sowjetgesellschaft und stalinistische Diktatur* (orgs. H. Dahmer et al., Hamburgo, Rasch und Röhring, 1988), p. 853 e 757-8 [ed. it.: *La rivoluzione tradita*, Roma, Samonà e Savelli, 1968, p. 148 e 61].

A LUTA DE CLASSES

coisas em si" de Fichte permanecem consistentes e resistentes. Só resta visar, através da luta de classe, à "burocracia" que está no poder e que obstaculiza a realização do programa originário.

3. A DIFÍCIL PASSAGEM DA PRÁXIS À TEORIA

Sim, o idealismo da práxis é pertinaz; todavia, ele é pontualmente desmentido pela prática de governos, pela práxis em andamento. O novo poder soviético agita a bandeira da extinção do Estado. Entretanto, em junho de 1919, Gramsci atribui àquela "aristocracia de estadistas" representada pelos bolcheviques o mérito de ter salvado o Estado russo da dissolução à qual parecia condenado pela catástrofe da guerra mundial, da guerra civil e das ambições e das manobras do imperialismo[13]. O Estado russo salvo pelos defensores da extinção do Estado! A reação de um leitor anarquista de *L'Ordine Nuovo* é de escândalo, ele observa que é a própria Constituição soviética que empenha-se para a instauração de uma ordem em cujo âmbito "não haverá mais divisões de classe *nem poder do Estado*"[14]. Efetivamente, é clara aos bolcheviques a divergência da práxis em relação à teoria, mas é a práxis que demonstra maior lucidez. A práxis, a luta de classes revolucionária, impede um país já prostrado de se precipitar em uma guerra de todos contra todos, em um ciclo interminável de balcanização e fragmentação anárquica, de violências e vinganças privadas; por consequência, impede a permanência de um poder mais ou menos feudal nesta ou naquela área de um país de dimensões continentais e o impasse ou o fracasso da edificação da nova ordem.

Em uma importante intervenção ("melhor menos, mas melhor"), que confirma sua grandeza como homem de Estado, publicada na *Pravda* de 4 de março de 1923, Lenin lança palavras de ordem bastante significativas: "melhorar nosso aparato estatal", empenhar-se na "edificação do Estado", "construir um aparato [estatal] realmente novo, que realmente mereça o nome de socialista, de soviético" (enfrentando uma tarefa desafiadora que requer "*muitos, muitíssimos anos*"), aperfeiçoar o "trabalho administrativo", fazendo tudo isso sem deixar de aprender com "os melhores modelos da Europa ocidental"[15]. De novo, a práxis invocada e parcialmente atuada está mais do que nunca em contradição com a

---

[13] Ver, neste volume, cap. 7, seção 4.

[14] Antonio Gramsci, *L'Ordine Nuovo: 1919-1920* (orgs. V. Gerratana e A. Santucci, Turim, Einaudi, 1987), p. 56-7. A carta do anarquista pode ser lida no n. 8 de *L'Ordine Nuovo*.

[15] LO, v. 33, p. 445-50.

teoria, sendo muito mais madura que ela. Talvez emergissem os primeiros, vagos elementos de reconsideração mesmo na teoria: não só é silenciado ou projetado em um futuro remoto o fim da extinção do Estado, como também emerge a consciência de que negligenciar a tarefa da edificação de um Estado novo significa, em última análise, prolongar a sobrevivência do velho aparato estatal czarista: "Devemos apagar qualquer indício daquilo que a Rússia czarista e seu aparato burocrático e capitalista deixaram em tão ampla medida como herança para nosso aparato"[16]. Todavia, a teoria da extinção do Estado como objetivo remoto da luta de classes revolucionária não é posta em discussão.

Contudo, em *A ideologia alemã* (e em outros textos de Marx e Engels) podemos ler que o Estado é também a "forma de organização" com que os indivíduos da classe dominante garantem a si próprios[17]. E não se compreende por que essa função deveria se tornar desnecessária no âmbito de uma "classe dominante" diferente, ou de uma sociedade diferente, que afinal de contas é sempre constituída por indivíduos entre os quais continuam obviamente a existir a possibilidade e a realidade de desacordos, tensões e conflitos. As primeiras dúvidas sobre a extinção do Estado são formuladas enquanto a guerra civil entre os bolcheviques (em parte latente, em parte manifesta) e o grande terror fazem sentir tragicamente a ausência de uma "forma de organização", através da qual os membros do partido e da sociedade podem garantir a si próprios. Expressando-se com prudência e com a consciência de andar num campo minado, ao enumerar as funções do Estado socialista, além das tradicionais de defesa do inimigo de classe no plano interno e internacional, em 1938, Stalin teoriza uma "terceira função, isto é, o trabalho de organização econômica e o trabalho cultural e educativo dos órgãos de nosso Estado", um trabalho finalizado com o "objetivo de desenvolver os embriões da economia nova, socialista, e de reeducar os homens no espírito do socialismo". Tem razão o grande jurista Hans Kelsen quando realça imediatamente a "mudança radical da doutrina desenvolvida por Marx e Engels"[18]. Trata-se, todavia, de uma mudança que de alguma forma esconde a si mesma e que, portanto, não produz uma virada real. Não sendo a tese da extinção do Estado explicitamente posta em discussão, continua eludida a questão relativa aos mecanismos jurídicos e

---

[16] Ibidem, v. 33, p. 458.

[17] MEW, v. 3, p. 62 [ed. bras.: Karl Marx e Friedrich Engels, *A ideologia alemã*, cit., p. 75].

[18] Domenico Losurdo, *Stalin. Storia e critica di una leggenda nera* (Roma, Carocci, 2008), p. 68 e 122.

262 A LUTA DE CLASSES

institucionais capazes de dar certeza da garantia recíproca entre os indivíduos. Na história do "socialismo real", o problema do governo da lei, da *rule of law*, emerge muito mais tarde, com Deng Xiaoping[19] na direção da China, depois de uma Revolução Cultural, também animada pela convicção do caráter "formal" e escassamente significativo de uma norma jurídica destinada, de qualquer forma, a desaparecer junto com o Estado.

Em segundo lugar, a Revolução de Outubro e a luta de classes do proletariado russo e mundial deveriam pôr em movimento um processo que terminaria não dando espaço às identidades e às fronteiras nacionais. Sobre esse ponto, a contradição entre teoria e práxis é anterior à conquista do poder por parte dos bolcheviques. "Os operários não têm pátria", proclama o *Manifesto Comunista*[20]; mas depois os próprios autores identificam-se com as lutas nacionais dos povos oprimidos, pondo-as no centro da agitação da Associação Internacional dos Trabalhadores. No plano mais propriamente teórico, é Marx quem realça o fato de que em um país como a Irlanda, a "questão social" se configura como "questão nacional". Depois de outubro de 1917, em um momento em que a onda revolucionária parece a ponto de espalhar-se na Europa (e no mundo inteiro), ao assumir o cargo de comissário do povo para os Negócios Estrangeiros, Trotski resume com precisão a perspectiva que parece vislumbrar-se no horizonte: "Emitirei alguns decretos revolucionários aos povos do mundo e depois fecharei as portas"[21]. Com uma humanidade unificada em âmbito planetário, o primeiro ministério que resultaria desnecessário seria aquele que normalmente preside às relações entre os diversos Estados. Não é diversa a atitude de Lenin, que, concluindo o I Congresso da Internacional Comunista, declara: "A vitória da revolução proletária em todo o mundo é garantida. Está próxima a hora da fundação da república mundial dos sovietes"[22]. Alguns meses depois, em 4 de janeiro de 1920, o líder soviético realça que o problema de "estabelecer a fronteira entre os Estados hoje" deve com certeza ser enfrentado, mas "provisoriamente – já que nós almejamos sua abolição completa"; travada até o fim, a luta de classes revolucionária resultaria na fundação da "República federativa soviética mundial"[23].

---

[19] Deng Xiaoping, *Selected Works* (Pequim, Foreign Language Press, 1992-1995), v. 3, p. 166-7.

[20] MEW, v. 4, p. 479 [ed. bras.: Karl Marx e Friedrich Engels, *Manifesto Comunista*, cit., p. 56].

[21] Eduard H. Carr, *La rivoluzione bolscevica* (1950) (4. ed., Turim, Einaudi, 1964), p. 814.

[22] LO, v. 28, p. 479.

[23] Ibidem, v. 30, p. 261 e 265.

Entretanto, Lenin é impelido pelas necessidades concretas da luta de classes, pela defesa da Rússia soviética e pela edificação da nova sociedade a usar o tom patriótico. Rejeitando indiretamente as acusações de traição nacional dirigidas aos bolcheviques pelos defensores da continuação a qualquer preço da guerra, em outubro de 1921 ele observa que com Brest-Litowsk "a Rússia, embora mutilada, pôde sair da guerra imperialista e saiu menos mutilada do que sairia se tivesse continuado"[24]. Alguns meses depois (março de 1922), o líder soviético convida nestes termos seus colaboradores e seus seguidores a demonstrar concretude: "O camponês dirá: 'Sois bravíssima gente, têm defendido a nossa pátria, por isso obedecemos; mas, se não sabem administrar, vão embora'"[25]. No que diz respeito a Stalin, ele já trava sua luta pela paz imediata e pela revolução bolchevique agitando palavras de ordem nacional, isto é, denunciando como expressão de arrogância imperial e neocolonial a pretensão da Entente de obrigar a Rússia a continuar a guerra. Contudo, é com certa surpresa que em 1929 Stalin[26] aponta um fenômeno em grande parte inesperado pelos protagonistas da Revolução de Outubro: "A estabilidade das nações é de tamanho colossal!".

Mais importante ainda do que esses indiretos reconhecimentos teóricos à ideia de nação e de pátria são os resultados efetivamente originados pela ação de governo. Em 1927, Benjamin[27] põe em evidência "o forte senso nacional que o bolchevismo desenvolveu em todos os russos, sem distinção". A conclusão a que chega Trotski, dez anos depois, é ainda mais eloquente[28]: na URSS difunde-se um "novo patriotismo soviético", um sentimento "certamente muito profundo, sincero e dinâmico" pelo fato de que ele não implica a opressão das "nacionalidades atrasadas" não russas, mas seu respeito e sua participação nos "benefícios" do total desenvolvimento econômico e cultural.

O "patriotismo soviético" (e, na realidade, sobretudo russo) desenvolve, além do mais, um papel decisivo na derrota infligida pela URSS ao projeto hitleriano de colonizar e escravizar os povos da Europa oriental. Em síntese, a luta de classes revolucionária que, a partir da conquista do poder, deveria inaugurar um processo destinado a resultar no desaparecimento do Estado e

---

[24] Ibidem, v. 33, p. 47.

[25] Ibidem, v. 33, p. 264.

[26] Joseph Stalin, *Werke* (Hamburgo, Roter Morgen, 1971-1973), v. 11, p. 38.

[27] Walter Benjamin, *Immagini di città* (Turim, Einaudi, 2007), p. 44.

[28] Leon Trotski, *Schriften. Sowjetgesellschaft und stalinistische Diktatur*, cit., p. 856 e 862-3 [ed. it.: *La rivoluzione tradita*, cit., p. 151 e 156].

da nação marca, na realidade, a emergência de uma "aristocracia de estadistas" e de um patriotismo que salvam o Estado e a nação de uma catástrofe de dimensões monstruosas.

Isso não é tudo. Junto com as identidades nacionais, as identidades linguísticas também estavam destinadas a desaparecer na onda da formação de uma comunidade mundial unificada até mesmo no plano linguístico, em seguida à superação das velhas culturas e das velhas línguas, que tinham imprimido sobre si o estigma de uma sociedade dividida em classes e que, portanto, não poderiam sobreviver por muito tempo ao colapso do capitalismo – não eram poucos aqueles que assim argumentavam na Rússia soviética. Nesse caso, a contraposição entre teoria e práxis era particularmente clamorosa. Assim que conquistaram o poder, os bolcheviques empenhavam-se em um programa de alfabetização maciça que implicava a difusão do russo entre amplas massas até então incapazes de ler e escrever. Aquilo que acontecia em relação às minorias nacionais era de particular importância. Em 1936-1937, Trotski traçava um balanço eloquente.

> A instrução é dada atualmente na URSS em pelo menos oitenta línguas. Para a maioria desses idiomas, foi necessário criar o alfabeto ou substituir alfabetos asiáticos demasiado aristocráticos por alfabetos latinizados, mais acessíveis para as massas. Aparecem jornais em igual número, permitindo aos pastores nômades e aos cultivadores primitivos conhecer os elementos da cultura.[29]

Contudo, é tão tenaz a visão de tipo milagroso de uma luta de classes capaz de gerar um mundo totalmente novo que, um ano antes de sua morte, em 1952, Stalin ainda se sente obrigado a intervir polemicamente. Não, é necessário reconhecer os limites da luta de classes. A língua "não é criada por uma classe qualquer, mas por toda a sociedade, por todas as classes da sociedade, através dos esforços de centenas de gerações. É criada para satisfazer as necessidades não de uma classe qualquer, mas de toda a sociedade, de todas as classes da sociedade". Afirmar que a língua não está acima do conflito social pode parecer mais "classista" e mais revolucionário. Na realidade, é veleidade perder de vista o fato de que a língua "constitui o produto de uma série inteira de épocas" e que a pretensão de inventar uma língua proletária *ex novo*, esquecendo mais uma vez a marxiana "atividade anterior" da língua, perde de vista o fato de

---

[29] Ibidem, p. 863 [ed. it.: ibidem, p. 157].

que ela é "meio de comunicação entre os homens"[30]. A indevida dilatação do âmbito da luta de classe compromete a comunicação intersubjetiva e liquida a dimensão da universalidade, que é constitutiva da marxiana luta de classes como luta pelo reconhecimento.

Sim, em tempos bastante rápidos, a práxis consegue lucidez, mas a necessária operação de adaptar a teoria à práxis revela-se de extrema dificuldade e carregada de contradições e lacerações muitas vezes trágicas.

4. A DURA DESCOBERTA DO MERCADO

Mesmo em relação ao mercado, podemos notar a habitual discrepância entre teoria e práxis. Mas neste último caso o quadro é mais complexo. Por um lado, reapresenta-se a dialética já analisada. Relançando o aparato econômico e produtivo de um país em colapso e onde às vezes a única forma de troca é constituída pelo escambo, de fato o poder soviético amplia o mercado – e amplia-o ulteriormente quando promove uma campanha em vasta escala para a industrialização e a urbanização. Pode-se fazer uma consideração de caráter geral: nas sociedades prevalentemente atrasadas e semifeudais em que os partidos comunistas chegaram ao poder, o desenvolvimento da economia e das forças produtivas implicou também a extensão das relações mercantilistas, e, de qualquer forma, o advento de um autêntico mercado nacional. Mas tudo isso no plano teórico correspondeu à demonização do mercado, particularmente viva nos países entre os quais continua a advertir-se o choque da Primeira Guerra Mundial. Ainda na véspera de sua morte, Stalin[31] é obrigado a empenhar-se em uma difícil batalha ideológica: "Não se pode identificar a produção mercantil com a produção capitalista. São duas coisas diferentes". Mais de trinta anos depois, Deng Xiaoping[32] realça: "Não existe uma fundamental contradição entre socialismo e economia de mercado. O problema é como desenvolver da forma mais eficaz as forças produtivas". Aquilo que diferencia o socialismo não é a planificação como tal, que é um instrumento usado às vezes pelos mesmos países capitalistas; o mercado também é um instrumento a que um país de orientação socialista pode recorrer.

---

[30] Joseph Stalin, *Il marxismo e la linguistica* (1950) (Milão, Feltrinelli, 1968), p. 21 e 23.

[31] Idem, *Problemi economici del socialismo nell'URSS* (1952) (Milão, Cooperativa Editrice Distributrice Proletaria, 1973), p. 23.

[32] Deng Xiaoping, *Selected Works*, cit., v. 3, p. 151 e 203.

Até aqui estamos tratando do já conhecido problema da adaptação da teoria à prática. Mas agora se apresenta também o problema inverso, Marx conhece muito profundamente o mundo da economia para ignorar o fato de que sem competição não é possível promover o desenvolvimento das forças produtivas. A *Crítica do Programa de Gotha* esclarece que o socialismo é fundado na retribuição em base ao trabalho fornecido, que, porém, é por definição "desigual"[33]. Mas na Rússia soviética a práxis não consegue conformar-se à teoria – o horror da Primeira Guerra Mundial e o colapso da economia ulteriormente acentuado pela guerra civil criaram um terreno favorável para a difusão de uma visão populista do socialismo (criticada pelo *Manifesto Comunista*) em nome de um "rude igualitarismo" fundado no "ascetismo universal" e coato.

Lenin logo percebe a necessidade de uma virada, mas não chega a um acerto de contas no plano teórico. Com certeza, a reflexão autocrítica contida em uma intervenção, *Para o quarto aniversário da revolução*, é significativa.

> Transportados pelo entusiasmo e tendo despertado o entusiasmo popular – antes genericamente político e depois militar –, nós esperávamos, diretamente na base desse entusiasmo, executar também as tarefas econômicas não menos importantes do que as políticas e militares [...]. Não diretamente através do entusiasmo, mas com a ajuda do entusiasmo nascido da grande revolução, baseando nisso o estímulo pessoal, o interesse pessoal, o cálculo econômico, construam primeiro uma sólida ponte que, em um país de pequenos camponeses, através do capitalismo de Estado, leve ao socialismo.[34]

Em todo caso, no campo econômico, não há como confiar por um longo período no entusiasmo de massas organizadas militarmente, é necessário, mais cedo ou mais tarde, tocar no "interesse pessoal". Infelizmente, essa importante aquisição teórica é neutralizada pelo persistente uso da linguagem militar: é necessário abrir mão do "sistema do ataque", da "ofensiva", para "retirar-se", e, no conjunto, parece como se essa retirada fosse um remédio tático de breve duração[35]. Por muito – talvez demasiado – tempo, os países de orientação socialista continuaram confiando seu desenvolvimento econômico no entusiasmo revolucionário e no ardor patriótico. Mas se trata de disposições de espírito que

---

[33] MEW, v. 19, p. 20-1 [ed. bras.: Karl Marx, *Crítica do Programa de Gotha*, cit., p. 30-1].

[34] LO, v. 33, p. 43-4.

[35] Ibidem, v. 33, p. 76 e 254-5.

implicam uma particular intensidade emotiva e que, portanto, por definição, não podem ser permanentes. O apelo ao espírito de sacrifício e até mesmo ao heroísmo pode constituir a exceção, certamente não a regra. Poder-se-ia dizer, citando Bertolt Brecht: "Triste de um povo que ainda precisa de heróis". Os heróis são necessários para a passagem do estado de exceção à normalidade e são heróis só na medida em que conseguem garantir a passagem à normalidade; isto é, os heróis são tais à medida que conseguem se tornar desnecessários a si próprios. É um "comunismo" bastante estranho aquele que pressupõe uma continuidade ao infinito, ou quase, do espírito de sacrifício e de renúncia.

Historicamente aconteceu que, com o embaçamento no passar do tempo do entusiasmo revolucionário e do ardor patriótico, volvem, em formas cada vez mais graves, os problemas que emergiram nos dias seguintes à Revolução de Outubro. Perdura também a anarquia nos locais de trabalho, tranquilamente desertados por seus dependentes, os quais, mesmo quando estão fisicamente presentes, parecem todavia empenhados em uma espécie de greve branca, que, aliás, é tolerada; essa é a impressão, entre desorientação e admiração, das delegações operárias e sindicais em visita à URSS dos últimos anos.

É um problema que atinge a história do "campo socialista" como um todo. Ainda na China, que começa a deixar para trás o maoísmo, no setor público continuam vigorando hábitos que assim foram relatados por um jornalista ocidental: "Até o último auxiliar [...], se quiser, pode decidir não fazer absolutamente nada, ficar em casa por um, dois anos e continuar recebendo o salário no fim do mês"[36]. Vamos, então, a Cuba. Em outubro de 1964, Che Guevara[37] é obrigado a constatar: "Vejamos ainda o problema do absenteísmo". Essa formulação é errônea ou ilusória, faz pensar que o problema está a ponto de ser solucionado. Na realidade, com o passar dos anos, o apelo à consciência revolucionária encontra um eco cada vez mais flébil. Cuba procurou com tenacidade evitar o recurso ao mercado e aos incentivos materiais por causa dos elementos de desigualdade que isso implica na retribuição do trabalho, mas no final teve de aceitar a realidade. Raul Castro, então, dirige a seus compatriotas o apelo a "eliminar para sempre a noção de que Cuba é o único país no mundo onde se pode viver sem trabalhar"[38].

---

[36] Em Francesco Sisci, *La differenza tra la Cina e il mondo. La rivoluzione degli anni Ottanta* (Milão, Feltrinelli, 1994), p. 102.

[37] Ernesto Guevara, *Scritti, discorsi e diari di guerriglia. 1959-1967* (org. L. Gonsalez, Turim, Einaudi, 1969), p. 1.364.

[38] Roberto Livi, "La riforma di Raul", *Il Manifesto*, 3 ago. 2010, p. 8.

A verdadeira virada acontece com a chegada de Deng Xiaoping à direção da China; ele traça um balanço ponderado: "A iniciativa não pode ser estimulada sem instrumentos econômicos. Um pequeno número de pessoas avançadas pode responder à chamada moral, mas uma abordagem desse tipo só pode ser utilizada por breve tempo"[39]. Na história do socialismo, é a partir desse momento que se toma consciência da apreciação pela *Ideologia alemã* do mercado (e da competição) como motor do desenvolvimento das forças produtivas – "por meio da concorrência universal" e do mercado, a grande indústria "obrigou todo indivíduo à mais extrema aplicação de suas energias"[40].

Em termos filosóficos, a descoberta da objetividade do ser social resultou particularmente árdua no campo econômico. Por demasiado tempo, trincheirando-se atrás de uma atitude idealista, o movimento comunista resistiu antes de render-se à evidência de que, por mais vitoriosa que seja a luta revolucionária, ele nada tem a ver com a criação *ex nihilo* do "homem novo", movido apenas por nobres ideais, completamente indiferente ao interesse material.

5. "CAMPO SOCIALISTA" E "LUTA DE CLASSES"

A dilatação da esfera da luta de classes teve um papel particularmente funesto na regulamentação ou na não ocorrida regulamentação das relações entre países socialistas ou de inspiração socialista. Em 1916, depois de chamar atenção para o alerta de Engels em relação à tendência que pode surgir no "proletariado vitorioso" de impor a "felicidade" a outros povos, Lenin comenta: "O simples fato de ter realizado a revolução social não tornará o proletariado infalível e imune a erros e debilidades. Mas os possíveis erros (e os ávidos interesses, a tentativa de sentar-se na cabeça dos outros) inevitavelmente o levarão a ter consciência dessa verdade". Contudo, enquanto essa lição não estiver plenamente assimilada, enquanto o proletariado vitorioso continuar a expressar tendências chauvinistas ou hegemônicas, "são possíveis tanto as revoluções – contra o Estado socialista – como as guerras"[41]. Isto é, mesmo que vitoriosa, a luta de classes do proletariado não implica o desaparecimento imediato das rivalidades, das tensões, dos conflitos entre as nações.

---

[39] Em Ezra F. Vogel, *Deng Xiaoping and the transformation of China* (Cambridge-MA/Londres, Harvard University Press, 2011), p. 243.

[40] MEW, v. 3, p. 60 [ed. bras.: Karl Marx e Friedrich Engels, *A ideologia alemã*, cit., p. 60].

[41] LO, v. 22, p. 350.

O movimento comunista só soube levar em conta essa lição nos momentos mais altos de sua história. Particularmente significativa é a postura assumida em 1956 pelo Partido Comunista Chinês (e por Mao Tse-Tung), com o olhar voltado em especial para a ruptura que ocorreu oito anos antes entre União Soviética e Iugoslávia. O documento realça o fato de que, no interior do campo socialista, "são necessários esforços constantes para superar a tendência ao chauvinismo da grande nação", tendência que, longe de desaparecer imediatamente junto com o regime burguês ou semifeudal derrotado, pode até mesmo encontrar força no "sentimento de superioridade" suscitado pela vitória da revolução. Surge, então, um "fenômeno que não é peculiar deste ou daquele país. Por exemplo, o país B pode ser pequeno e atrasado em relação ao país A, mas grande e progredido em relação ao país C. Pode, então, acontecer que o país B, ao lamentar o chauvinismo da grande nação do país A, assuma muitas vezes a atitude de grande nação em relação ao país C"[42]. O discurso nesse caso se mantém em termos gerais, mas não é difícil compreender que B representa a Iugoslávia, que, se de um lado lamentava justamente o chauvinismo e a prepotência da União Soviética (A), do outro revelava ambições hegemônicas em relação à Albânia (C). Essa análise revela a presença de conflitos duros e que, todavia, não se originam de uma luta entre classes contrapostas no poder em diversos países.

Assistimos a uma radical mudança de perspectiva nos anos sucessivos, uma vez que ocorreu a ruptura, inclusive organizativa, do movimento comunista internacional. Vejamos de que forma, em 1963, o Partido Comunista Chinês se expressa em relação à Iugoslávia: nesse país operam "um feroz sistema de exploração" e a "ditadura da burguesia burocrática e compradora". No ano seguinte, a polêmica atinge diretamente a União Soviética – aqui assola "uma nova burguesia", depois que Kruschev "restaurou e desenvolveu o sistema de exploração"[43].

O aspecto essencial dessas atitudes não está na exacerbação extrema da polêmica, mas na nova abordagem filosófica: os persistentes conflitos entre países que se inspiram no socialismo agora se explicam pelo fato de que alguns

---

[42] *Renmin Ribao* [Diário do Povo], "Ancora a proposito dell'esperienza storica della dittatura del proletariato" (1956). O artigo, não assinado, pode ser lido em *Sulla questione di Stalin* (3. ed., Milão, Oriente, 1971), p. 37.

[43] PCC (Partido Comunista Chinês), *Die Polemik über die Generallinie der internationalen kommunistischen Bewegung* (Berlim, Oberbaum, 1970), p. 174 e 512.

deles já sofreram na realidade uma restauração capitalista; o conflito entre URSS e China configura-se como uma luta de classes no plano internacional, que opõe um país dominado pela burguesia a outro dirigido pelo proletariado. Essa abordagem parece mais compatível com o materialismo histórico, pois coloca as classes sociais na análise da situação internacional; na realidade, representa um deslizamento no idealismo da práxis, na visão de que, em consequência da luta de classes revolucionária, desapareceria a objetividade material dos diferentes interesses nacionais. É uma visão que erra ao remover de novo as contradições nacionais, recaindo, portanto, em uma visão utópica e idealista do socialismo.

6. CONTRADIÇÕES DE CLASSE E "NÃO DE CLASSE"

Observando com atenção, a reflexão em campo marxista foi episódica e fortuita exatamente em relação ao problema geral da persistência das contradições em uma sociedade pós-capitalista, e à medida que tal reflexão ocorre, refere-se muito mais ao Oriente do que ao Ocidente.

Alguns anos depois da Revolução de Outubro, Lenin considera plenamente legítimas as greves organizadas "contra as deformações burocráticas do aparato soviético para salvaguardar os interesses materiais e espirituais das massas trabalhadoras" – esses são expressão de uma "'luta econômica' *não* de classe". A esse propósito os sindicatos são chamados a desenvolver uma "obra de mediação" e a "contribuir com a conciliação mais rápida e menos penosa possível" dos conflitos que inevitavelmente surgem mesmo em uma sociedade empenhada a edificar o socialismo[44]. Em contraposição, uma agitação e uma mobilização que ponham em discussão as conquistas da revolução devem ser consideradas como luta de classes (contrarrevolucionária).

Entretanto, em relação a esses problemas, a primeira tomada de posição teórica articulada surge, não casualmente, na China, onde a Primeira Guerra Mundial não teve o impacto traumático que se verificou na Europa e não estimulou expectativas messiânicas; além disso, por ser destinada a pôr fim às "humilhações" iniciadas com a guerra do ópio, desde o início a Revolução Chinesa não só possui uma explícita dimensão nacional, mas é colocada em uma longa perspectiva temporal, que registra o desdobrar-se, através de fases subsequentes, do processo de transformação política e social. Finalmente, não

---

[44] LO, v. 33, p. 168 e v. 32, p. 87.

se deve esquecer o fato de que na China os comunistas conquistam o poder em escala nacional, tendo nas costas duas décadas de prática de governo nas áreas que eram, aos poucos, "liberadas", áreas assediadas não só no plano militar, mas também no econômico, e que, portanto, era necessário defender mesmo com o desenvolvimento da produção e do comércio. No conjunto, faltam as condições que, na Europa, impelem a rotular Estado, nação e mercado como expressão de domínio e exploração de classe.

Ora, publicando em 1937 *Sobre a prática*, Mao[45] percebe a verdade surgir "no curso do processo da prática social (no processo da produção material, da luta de classes e da experimentação científica)". Claramente, o âmbito da luta de classes não é ilimitado. Flui a ciência, em relação à qual ressoa um *pathos* que faz lembrar aquilo que vimos em Marx: "O saber é ciência, e esta não admite a menor falta de honestidade ou presunção; exige exatamente o contrário, honestidade e modéstia"[46]. A mesma produção material não se resolve na luta de classes. Produção material e "experimentação científica" são duas formas de prática social ao lado da luta de classes, embora esta última influa poderosamente sobre as outras duas.

Para Mao, essa é a ocasião para delimitar o âmbito da luta de classes: "O desenvolvimento do movimento do conhecimento humano é pleno de contradições e de lutas". Essas contradições e lutas influem obviamente sobre a luta de classes e podem ser por ela influenciadas, mas não existe nenhuma identidade. Assim como os socialistas de inspiração marxistas, os seguidores do ludismo também eram expressão do proletariado, mas, procedendo à "destruição das máquinas", eles revelavam ter parado ao estado da percepção, não foram mais longe no processo de conhecimento do sistema social que provocava seus sofrimentos; diversamente dos marxistas, não compreenderam a diferença entre máquina e uso capitalista da máquina. Parados à percepção, estavam também os movimentos nacionais que na China, mais do que contra o imperialismo, lutavam contra a invasão, desencadeando "lutas indiscriminadas contra os estrangeiros"[47].

As contradições ínsitas no processo cognoscitivo por si só não são de classe, e de fato elas – se observarmos o célebre ensaio de 1956 *Sobre a justa solução das contradições no seio do povo* – continuarão existindo no comunismo, mesmo depois do desaparecimento das classes e das lutas de classes. "Jamais terá fim"

---

[45] Mao Tse-Tung, *Opere scelte* (Pequim, Edizioni in Lingue Estere, 1969-1975), v. 1, p. 315.

[46] Ibidem, v. 1, p. 318.

[47] Ibidem, v. 1, p.326 e 319.

272 A LUTA DE CLASSES

a luta entre verdadeiro e falso, tampouco a luta entre velho e novo, sendo que este último pode ser obstaculizado até por simples "falta de discernimento"[48].

Mesmo o conhecimento da nova situação internacional que se originou da vitória de revoluções anticapitalistas e anti-imperialistas em diversos países é um processo rico de contradições que, porém, não são de classe, pelo menos a julgar por um texto de 1956.

> A solidariedade internacional dos partidos comunistas é uma relação de tipo completamente novo na história da humanidade. É natural que seu desenvolvimento não deixe de ser isento de dificuldade [...]. Quando os partidos comunistas têm entre si relações fundadas na igualdade dos direitos e realizam a unidade teórica e prática através de consultas verdadeiras e não formais, sua solidariedade aumenta. Diferentemente, se nessas relações um partido impõe sua opinião aos outros, ou se os partidos em vez de adotarem o método das sugestões e das críticas fraternas seguem o método da ingerência nos assuntos internos de um e de outro, sua solidariedade está comprometida. Como os partidos comunistas dos países socialistas já têm a responsabilidade de dirigir os negócios de Estado, e as relações entre partidos se estendem muitas vezes diretamente às relações entre país e país, e entre povo e povo, a boa regulamentação dessas relações tornou-se um problema que exige a máxima circunspecção.[49]

Nos anos seguintes, essa abordagem foi desastrosamente abandonada, e a ênfase e a absolutização da "luta de classes" prevaleceram; análogas ênfase e absolutização da luta de classes ocorreram no plano interno com a eclosão da Revolução Cultural.

7. UM INACABADO PROCESSO DE APRENDIZAGEM

A passagem do remendo à reelaboração teórica começa a perfilar-se só no período do colapso do socialismo na Europa oriental. Rompendo com a Revolução Cultural (saudada às vezes pela extrema esquerda ocidental como o início ou o possível início da extinção do Estado), a partir do fim dos anos

---

[48] Idem, *Rivoluzione e costruzione. Scritti e discorsi (1949-1957)* (org. M. A. Regis e F. Coccia, Turim, Einaudi, 1979), p. 568 e 567.

[49] *Renmin Ribao*, "Ancora a proposito dell'esperienza storica della dittatura del proletariato", cit., p. 36-7.

1970, Deng Xiaoping[50] fazia um apelo ao empenho na extensão e na melhora do "sistema legal" e na introdução do "governo da lei" no partido e "na sociedade em seu conjunto", precondições para um real desenvolvimento da "democracia". Assim como não significava a extinção do Estado, o socialismo não implicava o desaparecimento do mercado, tampouco o fundir-se dos países empenhados na construção da nova ordem social em uma comunidade sem tensões nem conflitos.

Nas entrevistas concedidas pouco antes de morrer, em 1980, Tito reconhecia que aquilo que determinou a ruptura com a URSS de Stalin em 1948 foi a questão nacional, ao passo que a contraposição da autogestão socialista iugoslava à planificação estatal soviética só servira para legitimar e enobrecer a atitude de desafio assumido por Belgrado[51]. Mais tarde, ao encontrar Gorbachev, em 16 de maio de 1989 em Pequim, Deng questionava-se sobre as razões da ruptura ocorrida anteriormente entre os dois países e os dois partidos. Já tinham levantado como suspeita a atitude da URSS em Yalta junto às outras grandes potências e os "acordos secretos de divisão, entre eles, de esferas de influência, com grande prejuízo para a China". No conjunto, a importância da questão nacional foi decisiva.

> Não penso que isso aconteceu por causa de disputas ideológicas; não pensamos mais que tudo o que então foi dito fosse justo. O problema principal era que os chineses não haviam sido tratados como iguais e sentiam-se humilhados. Todavia, nunca esquecemos que, no período de nosso primeiro plano quinquenal, a União Soviética nos ajudou a lançar as bases da indústria.

Através da nova consciência duramente adquirida, era possível virar a página[52]. Mas agora, pelo menos no que diz respeito à URSS, era demasiado tarde, e para a China também a situação não era isenta de perigos, como demonstrava o "acidente" de praça Tiananmen.

Pulemos mais três anos. Ao traçar um balanço crítico e autocrítico, Fidel Castro chegava à conclusão: "Nós socialistas cometemos um erro ao subestimar

---

[50] Deng Xiaoping, *Selected Works*, cit., v. 2, p. 196, e v. 3, p. 166-7.

[51] Slavoj Žižek, "Mao Tse-Tung, the Marxist Lord of Misrule", introdução a Mao Tse-Tung, *On Practice and Contradiction* (Londres, Verso, 2007), p. 95 [ed. bras.: "Senhor do desgoverno marxista", em Mao Tse-Tung, *Sobre a prática e a contradição*, trad. José Maurício Gradel, Coleção Revoluções, Rio de Janeiro, Zahar, 2008].

[52] Deng Xiaoping, *Selected Works*, cit., v. 3, p. 286-7.

a força do nacionalismo e da religião"[53]. Deve-se considerar que a própria religião pode constituir um momento essencial da construção da identidade nacional – era uma ulterior razão para duvidar da tese do inevitável desaparecimento da religião após a vitória da luta da classe proletária.

Fiz referência a sugestões de um pensamento teórico tardio e inacabado. O idealismo da práxis e a atribuição à luta de classes de um poder soberano de remoldar (e até mesmo de eliminar) o ser social do Estado, da nação, da religião e do mercado, entre outros, contribuiu de forma essencial à derrota sofrida pelo projeto socialista entre 1989 e 1991. Essa visão agiu, em situações difíceis ou trágicas, como uma espécie de droga, estimulando com expectativas enfáticas a luta pela transformação social. Mas a exaltação depois dá lugar à exaustão. E a condição do socialismo real na Europa oriental na véspera de seu colapso era de exaustão.

---

[53] Arthur Schlesinger Jr., "Four Days with Fidel: a Havana Diary", *The New York Review of Books*, 26 mar. 1992, p. 25.

X
A LUTA DE CLASSES NO "FIM DA HISTÓRIA"

1. "Até que enfim o colonialismo voltou, estava na hora!"

O colapso do "campo socialista" e do "socialismo real" constituía o momento mais baixo na história da fortuna de Marx. Naqueles anos, circulava uma charge na qual se via o militante e filósofo revolucionário exclamar: "Proletários de todos os países, perdoem-me!"; o apelo à luta de classe proletária que encerrava o *Manifesto Comunista* no plano teórico não tinha conseguido explicar nada e no plano prático havia provocado só catástrofes. Era o período em que o desaparecimento na Europa oriental dos regimes que se inspiraram no pensamento de Marx era lido pelos expoentes mais assanhados da ideologia dominante do tempo como o definitivo "triunfo do Ocidente, da ideia ocidental" e até mesmo como o "fim da história". Assim argumentava Francis Fukuyama[1], filósofo e funcionário do Departamento de Estado americano para quem o Ocidente havia conseguido o estado final do processo histórico, representado pela sociedade capitalista e liberal. Tratava-se apenas de acrescentar uma espécie de apêndice a um livro fundamentalmente já acabado, elevando também o restante do mundo ao patamar dos países mais avançados; se era insignificante no plano mais propriamente ideal, tal apêndice podia, todavia, implicar a necessidade de duras lições a ser dadas aos que ainda opunham resistência, que não se curvavam perante o "triunfo do Ocidente, da ideia ocidental" e o "fim da história".

Três anos depois, em relação às colônias, o filósofo mais ou menos oficial da "sociedade aberta" e do Ocidente proclamava: "Libertamos estes Estados de forma demasiado apressada e simplista"; é como "abandonar uma creche à própria sorte". Era necessário remediar esse descuido: "Não devemos temer conduzir guerras

---

[1] Francis Fukuyama, "The End of History?", *The National Interest*, verão 1980, p. 3-18.

pela paz. Nas atuais circunstâncias, é inevitável. É triste, mas devemos fazê-lo se quisermos salvar o mundo". Mas quem é o "nós" a que se referia Popper? A cruzada tinha de ser anunciada em nome dos "Estados civilizados", isto é, os "Estados do mundo civilizado". E quem eram estes últimos? É claro, tratava-se do "Ocidente", cujas fronteiras geográficas e políticas jamais são definidas, mas que, de qualquer forma, decidia de forma soberana quem era "civilizado" e quem não era. Através de uma série de guerras, o Ocidente capitalista e liberal era chamado a realizar a "*pax civilitatis*"[2]. Era explícita a reabilitação do colonialismo e das guerras coloniais, das quais, aliás, reivindicava-se a atualidade.

Foi o caderno de domingo do jornal *The New York Times* de 18 de abril de 1993 que dissipou qualquer eventual dúvida. "Finalmente retorna o colonialismo, estava na hora!" Era a síntese do pensamento de um historiador inglês de grande sucesso midiático e expoente aclamado da ideologia dominante, Paul Johnson. Ele saudava o "revival altruísta do colonialismo", que não tinha alternativas em "muitíssimos países do terceiro mundo": "É uma questão moral; o mundo civilizado tem a missão de governar nesses lugares desolados". Na verdade, não se tratava apenas de intervir em países que Washington considerava incapazes de governarem a si mesmos, mas também naqueles em que, ao se governarem, revelavam uma tendência "extremista" – por exemplo, agiu de forma correta Reagan quando invadiu Panamá em 1983, a pequena e inerme ilha caribenha de Grenada, e derrubou seu governo[3].

Aquilo que mais chama atenção em tais discursos é a reabilitação de categorias que, depois da trágica experiência do nazismo e do fascismo, pareciam enterradas sob o descrédito geral. Tinha razão outro ilustre historiador inglês, apaixonado cantor do Império Britânico e do estadunidense, quando observava, alguns anos depois, que o "verdadeiro momento de virada histórica" não é representado pelo atentado terrorista de 11 de setembro de 2001, mas pela "queda do Muro de Berlim" em 1989, que criou as condições para o relançamento dos projetos coloniais e imperiais[4].

---

[2]   Karl Popper, "Kriege führen für den Frieden", entrevista a Olaf Ihlau, *Der Spiegel*, 23 mar. 1992, p. 202-11; "Io, il papa e Gorbachev", entrevista a Barbara Spinelli, *La Stampa*, 9 abr. 1992, p. 17.

[3]   Paul Johnson, "Colonialism's Back – And not a Moment too Soon", *New York Times Magazine*, 18 abr. 1993, p. 22 e 43-4.

[4]   Niall Ferguson, *Colossus. The Rise and Fall of the American Empire* (Londres, Penguin, 2005), p. 27.

O início do colapso do "campo socialista" na Europa oriental coincidia com um acontecimento amplamente removido pela cultura dominante. No fim de 1989, ocorreu a invasão do Panamá, precedida por intensos bombardeios, desencadeados sem declaração de guerra, sem comunicação, sem autorização do Conselho de Segurança da ONU; bairros densamente populosos foram surpreendidos à noite por bombas e chamas. Centenas, mais provavelmente, milhares morreram, em grandíssima parte "civis pobres e de pele escura"; pelo menos 15 mil eram sem-teto. Como observava um estudioso estadunidense, tratava-se do "episódio mais sangrento" na história do pequeno país[5]. Com isso, de qualquer forma, os Estados Unidos se livraram do ditador e do narco-traficante que eles mesmos haviam entronizado, mas que, no entanto, tinha se tornado indisciplinado.

Três anos depois, alastrava-se a primeira Guerra do Golfo. Na Itália, o diretor de um jornal considerado de "centro-esquerda" explicava as razões: quem decidiu "punir severamente Saddam Hussein" foram "todas as potências industriais" firmemente intencionadas a manter baixo o preço do petróleo, "reprimindo a hipótese de outra crise petrolífera que teria freado o ímpeto expansivo do capitalismo ocidental"[6]. E – esclarecia criticamente outro jornalista no mesmo órgão de imprensa – a punição havia sido infligida com pouco escrúpulo, já que os Estados Unidos não hesitaram em "exterminar os iraquianos já fugitivos e desarmados"[7].

Posta em crise, na época, pela revolução cubana, voltava a seu auge uma doutrina clássica da época do colonialismo e do imperialismo, a doutrina Monroe. "Em Moscou, pedirei a cabeça de Castro", essa era a manchete que um jornal italiano estampava, no verão de 1991, ao anunciar o encontro entre um triunfante Bush pai e um Gorbachev politicamente agonizante. O artigo esclarecia: "Sobre Castro, o presidente foi muito explícito. [...] 'Sua presença a oitenta milhas de nossas costas é intolerável'."[8].

Nesse clima político e ideológico, até a categoria de imperialismo conhecia uma nova e fascinante fase de juventude: "Só o imperialismo ocidental – embora

---

[5] Kevin Buckley, *Panama, The Whole History* (Nova York, Simon & Schuster, 1991), p. 240 e 264.

[6] Eugenio Scalfari, "Al pettine i nodi di Reagan e Thatcher", *La Repubblica*, 26-27 jan. 1992.

[7] Giorgio Bocca, "Dimenticare Hilter...", *La Repubblica*, 6 fev. 1992.

[8] Ennio Caretto, "'A Mosca chiederò la testa di Castro'. Bush annuncia le sue richieste per aiutare le riforme in URSS", *La Repubblica*, 19 jul. 1991.

poucos gostem de chamá-lo pelo próprio nome – pode unir o continente europeu e salvar os Bálcãs do caos"[9]. Cerca de dois anos depois, o discurso tornava-se mais definido; o imperialismo transformava-se de "ocidental" a univocamente estadunidense; eis, então, que a *Foreign Affairs*, revista próxima ao Departamento de Estado, proclama, já no título da página que introduzia a edição e, depois, no artigo de abertura, que "a lógica do *imperialismo*", isto é, do "*neoimperialismo*, é demasiado persuasiva para que Bush [Jr.] possa resistir--lhe"[10]. Não se tratava absolutamente de vozes isoladas, mas de um coro que comparava com admiração o império estadunidense ao romano, que invocava até mesmo a instituição de um "Colonial Office" no modelo instaurado pelo Império Britânico e que, olhando para Washington, celebrava o "mais magnânimo poder imperial existido"[11].

Era o poder chamado a impor o respeito dos direitos humanos em cada canto do mundo. O século XX concluía-se da mesma forma como havia iniciado. Depois de conquistar a independência em relação à Espanha, Cuba foi obrigada por Washington a inserir em sua Constituição a chamada emenda Platt, que reconhecia aos Estados Unidos o direito de intervir militarmente na ilha toda vez que julgassem em perigo o tranquilo desfrute da propriedade, da liberdade e, em última análise, dos direitos humanos. Pois bem, era como se, no ápice do "momento unipolar", a suposta "nação eleita" por Deus, com a tarefa de dirigir o mundo, pretendesse impor a emenda Platt em nível planetário!

Estava excluída a Organização das Nações unidas que se formara e progressivamente se ampliara enquanto ocorria uma revolução anticolonial de dimensões planetárias e que, portanto, apesar de todos os limites, em seu Estatuto homenageia o princípio de igualdade entre nações. E a ONU foi excluída não só porque os Estados Unidos arrogavam-se o direito soberano de desencadear expedições punitivas mesmo sem a autorização do Conselho de Segurança (como aconteceu em 1999 contra a Iugoslávia e em 2003 contra o Iraque). Era mais importante o fato de que esse suposto direito soberano poderia ser atuado, e da maneira mais devastadora, mesmo sem recorrer à guerra propriamente dita.

---

[9] R. D. Kaplan, "A NATO's Victory Can Bridge Europe's Growing Divide", *The International Herald Tribune*, 8 abr. 1999, p. 10.

[10] Sebastian Mallaby, "The Reluctant Imperialism", *Foreign Affairs*, mar.-abr. 2002, p. 2-7.

[11] Niall Ferguson, *Colossus. The Rise and Fall of the American Empire*, cit., p. 4-6.

Em junho de 1996, o diretor do Center for Economic and Social Rights evidenciava aquilo que havia implicado, para o povo iraquiano, a "punição coletiva" infligida através do embargo: "Mais de 500 mil crianças iraquianas" já haviam "morrido por fome e doenças"; muitas outras estavam para sofrer o mesmo destino – ao todo, foram atingidos "os direitos humanos de 21 milhões de iraquianos" de maneira devastadora. Três anos depois, um artigo na *Foreign Affairs* traçava um balanço desconcertante: após o colapso do "socialismo real", em um mundo unificado sob a hegemonia dos Estados Unidos, o embargo constituía a arma de destruição em massa por excelência; oficialmente imposto para prevenir o acesso de Saddam a quiméricas armas de destruição em massa, o embargo no Iraque, *"nos anos sucessivos à guerra fria, provocou mais mortos do que todas as armas de destruição em massa no curso da história"*. Assim, é como se o país árabe, criminalizado na base de uma acusação que se revelou depois completamente privada de fundamentos, tivesse sofrido contemporaneamente o bombardeio atômico de Hiroshima e Nagasaki, os ataques com gás mostarda do Exército de Guilherme II e Benito Mussolini, e outro ainda[12]. A ameaça da arma econômica de destruição em massa não amedrontava apenas os pequenos países. Nos primeiros anos da década de 1990, um jornal italiano, a propósito de um debate desenvolvido no Conselho de Segurança da ONU, relatava: "A China opôs-se às sanções contra a Líbia, e as três potências ocidentais ameaçaram represálias comerciais"[13]. E tais represálias poderiam ser tão devastadoras – evidenciava ainda no fim daquela década um ilustre cientista político estadunidense – a ponto de constituir o equivalente comercial do recurso à "arma nuclear"[14].

O historiador de maior sucesso e quase oficial do Ocidente não se deixava impressionar por esses detalhes. Depois de elogiar o império "liberal" e o imperialismo "liberal", convidava os dirigentes de Washington a percorrer sem inibições e de maneira mais veloz o percurso imperial sobre o qual os Estados Unidos já caminhavam no momento de sua fundação: "Não existem imperialistas mais confiantes do que os Pais Fundadores" dos Estados

---

[12] Domenico Losurdo, *Il linguaggio dell'Impero. Lessico dell'ideologia americana* (Roma/Bari, Laterza, 2007), cap. 1, seção 5 [ed. bras.: *A linguagem do Império: léxico da ideologia estadunidense*, trad. Jaime A. Clasen, São Paulo, Boitempo, 2010].

[13] Ennio Caretto, "L'ONU vuol punire la Libia", *La Repubblica*, 29-30 mar. 1992.

[14] Ver, neste volume, cap. XI, seção 6.

Unidos[15]. E, de novo, a celebração do colonialismo e do imperialismo ressoava explícita e descarada, como se o "imperialismo" dos Pais Fundadores, sua atitude em relação aos povos coloniais, não significasse a expropriação, a deportação e a aniquilação dos peles-vermelhas, além da persistente escravização dos negros.

No plano das relações internacionais, não há dúvidas sobre o significado reacionário da virada que ocorreu entre 1989 e 1991. E, exatamente em 1991, ano do colapso da URSS e da primeira Guerra do Golfo, uma prestigiosa revista inglesa (*International Affairs*) publicava no número de julho um artigo de Barry G. Buzan[16] que se concluía anunciando com entusiasmo a boa nova: "O Ocidente triunfou tanto no comunismo como no terceiro-mundismo". A segunda vitória não era menos importante que a primeira: "Hoje o centro tem uma posição mais dominante e a periferia uma posição mais subordinada desde o início da descolonização"; podia-se considerar felizmente arquivado o capítulo de história das revoluções anticoloniais. Alguns anos depois, a partir de posições contrapostas, um eminente historiador observava preocupado o fato de que o colapso do colonialismo clássico acompanhava-se da "constituição do aparato de força ocidental mais amplo e potencialmente mais destrutivo que o mundo já conheceu"[17].

Nenhum país, por maior que fosse, estava protegido desse inaudito "aparato de força". Recentemente, um estudioso que foi conselheiro do vice-presidente Dick Cheney revelou que, nos primeiros anos da década de 1990, as forças navais e aéreas estadunidenses, tão "invulneráveis" como eram, violavam "com impunidade" e sem escrúpulos "o espaço aéreo e as águas territoriais da China"[18]. Estava claramente em vigência a lei do mais forte; mais isto era (e é) transfigurado pela ideologia dominante como um evento de salvação: havia decaído por fim o princípio, estreito e provinciano, da inviolabilidade da soberania estatal (e do igual direito dos países, grandes ou pequenos, de ter reconhecida essa inviolabilidade). Examinados, porém,

---

[15] Niall Ferguson, *Colossus. The Rise and Fall of the American Empire*, cit., p. 33.

[16] Barry G. Buzan, "New Pattern of Global Security in the Twenty-First Century", *International Affairs*, n. 6, jul. 1991, p. 451.

[17] Giovanni Arrighi, *Il lungo XX secolo. Denaro, potere e le origini del nostro tempo* (Milão, Il Saggiatore, 1996), p. 41 [ed. bras.: *O longo século XX: dinheiro, poder e as origens do nosso tempo*, trad. Vera Ribeiro, Rio de Janeiro/São Paulo, Contraponto/Editora da Unesp, 2000].

[18] A. L. Friedberg, "Menace: Here Be Dragons: Is China a Military Threat?", *The National Interest*, set.-out. 2009, p. 20-1.

com um olhar mais cuidadoso, os argumentos com os quais é celebrado o presumido evento de salvação acabam fazendo emergir os lugares-comuns de uma infausta tradição.

A universalidade dos direitos do homem excluiria do jogo os confins nacionais e tornaria obsoleto o princípio do respeito à soberania estatal? Na *Foreign Affairs*, podemos ler: "É uma visão em cujo âmbito a soberania se torna mais absoluta para a América, embora se torne mais condicionada para os países que desafiam os padrões de comportamento de Washington, no plano interno e internacional"[19]. É evidente o fato de que, arrogando-se o direito de declarar superada a soberania de outros Estados, as grandes potências ocidentais atribuem a si próprias uma soberania dilatada, a ser exercida muito além do próprio território nacional. Reproduz-se de forma pouco modificada a dicotomia que caracterizou a expansão colonial e imperial, durante a qual seus protagonistas recusaram-se constantemente a reconhecer como Estados soberanos os países submetidos ou transformados em protetorado.

Temos garantia de que o hodierno *revival* do colonialismo é "altruísta" e de marca humanitária? Essa garantia não é nova – é suficiente pensar no tema tão caro a Kipling do "fardo do homem branco"; pode-se carregar voluntariamente um "fardo" pesado e gravoso só se formos animados por um espírito altruísta e humanitário. O universalismo imperial da "civilização" que deve ser expandida em todo o mundo assumiu hoje a feição de universalismo imperial dos direitos humanos, os quais devem ser respeitados em todo canto do planeta; arrogar-se o direito de definir o confim entre civilização e barbárie, isto é, entre respeito e violação de normas universais significa atribuir-se de fato uma soberania universal.

De qualquer modo, no mesmo ano em que o caderno do jornal *The New York Times* celebrava o caráter "altruísta" do auspiciado *revival* colonialista, mais rudemente se expressava, com soldadesca franqueza, um general italiano dos alpinos (e ao mesmo tempo docente e estudioso de geopolítica). Depois de evidenciar que a tendência, em curso, à "recolonização" era um elemento constitutivo da "nova ordem internacional", ele acrescentava: "Efetivamente, essa tendência só encontra limites no prejuízo do Ocidente em deixar-se envolver em crises cuja gestão seria demasiado cara, sem tirar nenhum proveito"[20].

---

[19] G. J. Ikenberry, "America's Imperial Ambition", *Foreign Affairs*, set.-out. 2002, p. 44-60.

[20] Carlo Jean, "'Guerre giuste' e 'guerre ingiuste', ovvero, i rischi del moralismo", *Limes. Rivista italiana di geopolitica*, n. 3, jun.-ago. 1993, p. 257-71 e 264.

282 A LUTA DE CLASSES

O "concreto benefício" é imediatamente evidente. Não é necessário traçar uma correspondência biunívoca entre cada operação bélica singular e o lucro que cada vez se consegue. Trata-se, sim, de considerar o quadro total: arrogar-se o direito de intervenção militar em certos países, em prevalência não carentes de recursos energéticos e muitas vezes colocados em áreas bastante relevantes no plano geopolítico, significa condicionar suas relações internacionais a favor das grandes potências que de fato exercem a soberania.

Se a reação que seguiu a 1989 não conseguiu todos os objetivos prefixados, isso aconteceu por causa de processos econômicos e políticos subtraídos ao controle do Ocidente. Pensemos em primeiro lugar no extraordinário desenvolvimento econômico e tecnológico da China. Ou no caso da Rússia. Em 1994, um prestigioso intelectual, desde a virada de 1989 destemido dissidente do regime comunista, constatava que seu país sofria de fato uma "democracia colonial"[21]. Só mais tarde, a Rússia conseguia reestabelecer o controle sobre seu imenso patrimônio energético, e isso ocorreu em seguida o surgimento de forças e personalidades políticas odiadas por Washington e Bruxelas. Merece grande atenção também o fracasso da tentativa de submeter Cuba à obediência e à doutrina Monroe, uma doutrina contestada por um número crescente de Estados latino-americanos. Tampouco devemos perder de vista a resistência contra a ocupação militar no Iraque e no Afeganistão. Todos esses processos e movimentos inesperados pela burguesia triunfante dos anos da virada remetem de forma direta ou indireta ao permanente impulso anticolonialista e anti--imperialista originado da Revolução de Outubro. Está, assim, diminuindo o poder de chantagem dos Estados Unidos e do Ocidente, ainda mais agora que eles foram atingidos por uma gravíssima crise econômica. Todavia, não desapareceram as ambições neocoloniais. E, contra elas, assim como contra o colonialismo clássico, desenvolve-se uma luta nacional que é ao mesmo tempo uma luta de classes, sobre cujas modalidades tratarei no capítulo sucessivo.

2. O RETORNO DA "ACUMULAÇÃO ORIGINÁRIA"

Voltemos à virada. A partir de 1989, a Rússia viveu uma onda de privatizações que permitia a um punhado de privilegiados roubar o patrimônio estatal e que assim era sintetizada pelo *Financial Times*: "À maioria do público foi dada

---

[21] Aleksandr Zinovev, *La caduta dell'impero del male'. Saggio sulla tragedia della Russia* (Turim, Bollati Boringhieri, 1994), p. 11.

uma eficaz ilustração da máxima de Proudhon, de que 'a propriedade é um roubo'"[22]. Ao passo que se formava essa rica burguesia, também consumava-se uma imane tragédia. Um ilustre cientista político francês falava em "colapso da duração média de vida" e até em "um verdadeiro genocídio dos idosos", pelos quais eram responsáveis os poucos privilegiados que conseguiram "acumular enormes riquezas" de origem especulativa e parasitária, quando não abertamente ilegal[23].

Para completar o quadro, depoimentos se tornavam ainda mais impressionantes pelo fato de serem publicados nos jornais empenhados, naquele momento, a celebrar a virada. Nas semanas imediatamente precedentes à dissolução oficial da União Soviética, enquanto já se alastravam as reformas liberais propostas ou impostas pelo Ocidente, a Cruz Vermelha Internacional informava que a sobrevivência de 1,5 milhão de pessoas estava em jogo pela "falta de alimentos e medicamentos"[24]. Nos meses seguintes, a situação piorava: "Mais da metade da população [está agora] abaixo da linha de pobreza"[25]; "nos primeiros seis meses de 1993, o produto interno bruto é 14% inferior ao dos primeiros meses de 1992"[26]. Em alguns aspectos, a memória voltava para os anos trágicos da invasão hitleriana: "Em 1992, pela primeira vez no pós-guerra, os nascidos na Rússia foram menos que os mortos"[27]; interveio uma clara diminuição (seis anos para os homens) da duração média da vida[28].

Os mais atingidos eram os grupos mais débeis, como demonstra um dramático depoimento, que dessa vez não faz referência aos idosos, mas aos *besprizòrniki*, as crianças abandonadas. Elas são

---

[22] Giuseppe Boffa, *L'ultima illusione. L'Occidente e la vittoria sul comunismo* (Roma/Bari, Laterza, 1997), p. 71.

[23] Maurice Duverger, "Mafia e inflazione uccidono la Russia", *Corriere della Sera*, 18 out. 1993.

[24] Enrico Franceschini, "Emergenza in Russia. Un milione alla fame, Eltsin corre ai ripari", *La Repubblica*, 17 out. 1991, p. 14.

[25] Andrea Bonanni, "Si apre la sfida al Congresso. Eltsin è pronto a ricorrere alle urne per contrastare l'opposizione", *Corriere della Sera*, 1º dez. 1992.

[26] Cesare Martinetti, "Il parlamento riabilita il vecchio rublo", *La Stampa*, 29 jul. 1993, p. 13.

[27] Fiammetta Cucurnia, "Mosca, tra furti e racket dilaga la baby-delinquenza", *La Repubblica*, 5 maio 1993.

[28] Andrea Goldstein, *BRIC. Brasile, Russia, India e Cina ala guida dell'economia globale* (Bolonha, Il Mulino, 2011), p. 25.

284   A LUTA DE CLASSES

pelo menos 200 mil em todo o país, segundo os especialistas. Tantas como as que existiam na Rússia em 1925, depois da guerra civil [...]. São as primeiras vítimas de um país que está imolando tudo ao deus dinheiro, que tem abandonado a antiga escala de valores sem a substituir, que já pôs em movimento um processo de degradação talvez irrefreável. Há dez anos, na URSS totalitária e brezneviana, os *besprizòrniki* praticamente não existiam. Os orfanatos eram lugares terríveis, muitas vezes indecentes do ponto de vista logístico e muitas vezes, ainda, privados de calor humano. Mas garantiam um teto, um refeitório, uma escola e mais tarde um emprego. Em dez anos, tudo mudou. O dinheiro para a manutenção de internatos e prisões para menores é cada vez menor, e esses institutos que viviam essencialmente à custa do orçamento estatal fecham agora, um após o outro.

Se os rapazes abandonados dedicavam-se à delinquência, "para as moças, a profissão é uma só: a prostituição"[29].

Tratava-se de relações sociais que havia muito tempo pareciam desaparecidas na Europa. E, em 1992, um autor estadunidense, que na dedicatória de seu livro celebrava os artífices ocidentais da "economia mais produtiva que o mundo já viu", não tinha dificuldade de prever que uma parte dos países ex-socialistas acabaria engrossando as fileiras do terceiro mundo[30]. Na realidade, aconteceu algo pior: na *Foreign Affairs* podemos ler que um país como a Bulgária deve ser considerado um "Estado-máfia"[31].

Não há dúvidas, a virada de 1989 varria da Europa oriental os direitos econômicos e sociais até então desfrutados pela população. Aliás, eles eram, na realidade, objeto de irrisão. Pensemos, para dar um exemplo, no "direito ao descanso e ao lazer" de que fala, no artigo 24, a *Declaração universal dos direitos do homem*, promulgada pela ONU em 1948: na Rússia, os "novos ricos" que emergiram com a "privatização" ostentavam "uma riqueza agressiva" nas localidades turísticas das quais passaram a ser banidos os trabalhadores que precedentemente tinham direito a uma folga gratuita ou semigratuita[32].

---

[29]   Fiammetta Cucurnia, "Mosca, tra furti e racket dilaga la baby-delinquenza", cit.

[30]   Lester Thurow, *Head to Head. The Coming Economic Battle Among Japan, Europe and America* (Nova York, Morrow, 1992), p. 14-5.

[31]   M. Naím, "Mafia States. Organized Crime Takes Offices", *Foreign Affairs*, maio-jun. 2012, p. 14.

[32]   Enrico Franceschini, "Mafia e donne in topless sulle rive del Mar Nero", *La Repubblica*, 18--19 ago. 1991.

Essa extrema polarização social era resultado de uma luta de classes tão agressiva e sem escrúpulos por parte dos novos privilegiados que somos levados a pensar na "acumulação originária" de que fala *O capital* a propósito da Inglaterra originada da *Glorious Revolution*: "[As terras [do Estado] foram presenteadas, vendidas a preços irrisórios ou, por meio de usurpação direta, anexadas a domínios privados. Tudo isso ocorreu sem a mínima observância da etiqueta legal". De tal maneira originavam os "hodiernos domínios principescos da oligarquia inglesa"[33]... isto é, russa. Com sua teoria da luta de classes, Marx revelava sua pungente atualidade, exatamente enquanto era liquidado como um cão morto.

3. Emancipação e "desemancipação"

Obviamente, é necessário não perder de vista o quadro global. Apesar das grandes conquistas sociais, o que pesava negativamente sobre a Europa oriental nos anos que precedem 1989 era um problema de democracia, macroscópico e presente em um duplo nível. A URSS saiu vitoriosa, mas terrivelmente devastada da luta contra a agressão hitleriana, e procurou fortalecer sua segurança intercalando uma espécie de doutrina Monroe soviética entre si e seus potenciais inimigos, mas isso não deixava de provocar ressentimentos por parte dos países que viam diminuir sua soberania e violar a democracia nas relações internacionais. A virada era inelutável, o significado, porém, era esclarecido assim pelo embaixador da Letônia em Oslo, em uma carta à *International Herald Tribune*: o país estava decidido a aderir à Otan e à União Europeia para reafirmar "nossas raízes europeias e nossos vínculos culturais nórdicos"[34]; era necessário cortar finalmente os contatos com a Ásia e com a barbárie. Isto é, a democracia nas relações internacionais tinha sucesso na Europa oriental, mas no âmbito de uma mudança do quadro mundial de significado oposto: o Ocidente proclamava sua supremacia, recolocava em discussão os resultados das revoluções anticoloniais e exercia seu direito soberano de intervenção militar em cada canto do planeta, com guerras que registravam a participação dos países que, se por um lado se libertavam da Monroe imposta pela URSS na Europa oriental, por outro, estavam decididos a contribuir à imposição da Monroe estadunidense e ocidental em escala planetária.

---

[33] MEW, v. 23, p. 751-2 [ed. bras.: Karl Marx, *O capital*, Livro I, trad. Rubens Enderle, São Paulo, Boitempo, 2013, p. 795].

[34] V. Krastins, "Latvia's Past and Present", *International Herald Tribune*, 7 abr. 2000, p. 7.

Mais complexo é o quadro dos direitos políticos e civis. É necessária uma premissa: na URSS e na Europa oriental, a melhora da situação relativa a esses direitos se iniciou muito antes de 1989 e até mesmo antes de Gorbachev estar no poder. Foi um processo que emergiu com o ocaso da fase mais aguda da Guerra Fria, daquela fase que havia implicado o uso de duras medidas repressivas atuadas também no Ocidente (é suficiente pensar no macarthismo nos Estados Unidos, na proibição do Partido Comunista na Alemanha ocidental etc., para não falar da imposição, muitas vezes promovida e abençoada por Washington, de ferozes ditaduras militares no terceiro mundo). O desaparecimento da Guerra Fria criava uma situação nova e mais favorável; mas seria absurdo atribuir o mérito exclusivo a quem, sendo pelo menos corresponsável do desencadeamento da Guerra Fria, contribuiu (diretamente na área controlada e indiretamente na área inimiga) à drástica limitação ou à eliminação dos direitos políticos e civis. Feita essa premissa, não há dúvidas sobre o fato de que na Europa oriental a virada de 1989-1991 significou o acesso para milhões de pessoas a essenciais direitos políticos precedentemente negados. Esse acesso acontecia, todavia, em um momento em que o peso da riqueza nas competições eleitorais tornava-se tão forte que nos Estados Unidos acabava por "limitar o acesso à política aos candidatos que têm fortunas pessoais ou que recebem dinheiro dos comitês de ação política", em última análise das *lobbies*[35]. Isto é, no que diz respeito aos direitos políticos, o processo de emancipação da Europa oriental inseria-se em um processo global de orientação oposta em base a qual, em consequência também do triunfo conseguido pela burguesia em âmbito internacional, a tradicional discriminação censitária, expulsa pela porta, de qualquer maneira, voltava pela janela.

Mesmo no que diz respeito aos direitos civis, sempre considerando a premissa de caráter geral, é positivo o balanço da virada. Entretanto, é preciso acrescentar que, no bojo dos eventos ocorridos na Europa oriental, no Ocidente o movimento sindical enfraquecia, e na fábrica fortalecia-se claramente o poder da burguesia. E não se pode avaliar adequadamente a situação dos direitos civis limitando a própria atenção à esfera da circulação e negligenciando a da produção. Sobre essa questão, Marx chamou atenção em um célebre trecho de *Miséria da filosofia*:

---

[35] Arthur Schlesinger Jr., *I cicli della storia americana* (Pordenone, Edizioni Studio, 1991), p. 377 [ed. bras.: *Os ciclos da história americana*, trad. Raul de Sá Barbosa e Múcio Bezerra, Rio de Janeiro, Civilização Brasileira, 1992].

Enquanto no interior da fábrica moderna a divisão do trabalho é minuciosamente regulada pela autoridade do empresário, a sociedade moderna não tem outra regra, outra autoridade, para distribuir o trabalho, senão a livre concorrência [...]. Pode-se também estabelecer, como princípio geral, que, quanto menos a autoridade preside a divisão do trabalho, no interior da sociedade, tanto mais a divisão do trabalho se desenvolve no interior da fábrica, sendo submetida à autoridade de uma única pessoa. Assim, a autoridade na fábrica e aquela na sociedade, em relação à divisão do trabalho, estão na razão inversa uma da outra.[36]

Poder-se-ia dizer que no "socialismo real", em alguns momentos, se produziu uma virada da dialética da sociedade capitalista descrita por Marx: à substancial anarquia em curso na fábrica e no local de trabalho (com a eliminação do tradicional despotismo patronal mais ou menos acentuado) correspondeu o terror exercido pelo Estado sobre a sociedade civil. Tudo isso termina com a virada de 1989-1991.

A China, ao contrário, tentava pôr fim à anarquia da fábrica por meio do "socialismo de mercado" e com as reformas introduzidas a partir de 1980. Mas não era uma operação simples. Ainda em 1994, o jornalista e estudioso já citado referia da dificuldade de livrar-se da herança da época maoísta, pela qual um trabalhador dependente podia "decidir não fazer absolutamente nada", mesmo continuando "a receber o salário no fim do mês". Bem, naquele mesmo ano, eis a forma com que um respeitado jornal italiano descrevia a situação que se criou na indústria de automóveis de Turim:

O empregado aproxima-se com atitude circunspeta, tomando cuidado para não chamar atenção. Hesita, depois se vira de repente e diz tudo de uma vez [...]. Depois foge e se mistura aos quadros e aos empregados Fiat que, saindo de Corso Marconi, marcham junto com ele [...]. Estão apavorados em relação ao futuro: "Como farei sem um emprego?". [...] Mas estão apavorados também em relação à Fiat: imploro com todo meu coração, não coloque meu nome. Os dois colegas cujos nomes foram publicados foram destruídos pela empresa. Não vieram mais às reuniões. E olhe ali. Aquele senhor à paisana é o guarda que fica na porta da Mirafiori.[37]

---

[36] MEW, v. 4, p. 151.

[37] Riccardo De Gennaro, "Paura a Torino. E gli impiegati vanno in corteo", *La Repubblica*, 16 jan. 1994, p. 5.

À confortável anarquia no local de trabalho na China maoísta, correspondia no Ocidente uma ditadura que se exercia na fábrica, mas que se projetava também fora dela.

No momento da virada, o campo onde a "desemancipação" resultava mais definida era o Estado social. Seu desmantelamento no Oriente tinha consequências também no Ocidente e era sancionado inclusive no plano teórico. Aqui, já há algumas décadas, Friedrich August von Hayek[38] conduzia sua campanha voltada a demonstrar que a "liberdade da necessidade" teorizada por Franklin Delano Roosevelt e os "direitos sociais e econômicos" sancionados pela ONU eram o resultado da influência, por ele considerada desastrosa, da "revolução marxista russa". Na verdade, para o patriarca do neoliberalismo, tratava-se de liquidar não só a herança de outubro de 1917, mas também a de junho de 1848; era necessário varrer de vez, e em cada canto do mundo, a "democracia social ou 'totalitária'"[39]. Entretanto, esse programa foi definitivamente consagrado no triênio 1989-1991. Nesses anos, o neoliberalismo chegava triunfalmente a Moscou em sua versão mais radical. Na véspera do colapso da URSS, O. Bogomolov, conhecido líder dos economistas "reformadores" russos, fazia referência ao Ocidente capitalista, por ele tomado como modelo de sociedade e, aliás, identificado com a "sociedade *normal*" , para expressar seu desprezo para com os que ainda se obstinavam a falar, por exemplo, de direito à saúde ou à educação: "Em uma sociedade normal, essa esfera [do mercado] inclui tudo [...]. Entre nós, ao contrário, os serviços de saúde e da educação não são categorias de mercado". E, complementando, outro expoente do novo curso: "Precisamos de um remédio *normal*, baseado no seguro [individual]. Um remédio gratuito é um engano"[40]. Para sair da barbárie e serem admitidos na lista dos países autenticamente civilizados, era necessário aderir, no plano internacional, à Otan e participar de suas guerras neocoloniais; no plano interno, era necessário passar à liquidação do Estado social.

---

[38] Friedrich A. von Hayek, *Legge, legislazione e libertà* (1982; as três partes constitutivas do volume são, respetivamente, de 1973, 1976 e 1979) (trad. A. Petroni, S. Monti Bragadin, Milão, Il Saggiatore, 1986), p. 310 [ed. bras.: *Direito, legislação, liberdade*, trad. Anna Maria Capovilla et al., São Paulo, Visão, 1985].

[39] Idem, *La società libera* (Florença, Vallecchia, 1969), p. 76.

[40] Alexis Berelovitch, "L'Occidente o l'utopia di un mondo normale", *Europa/Europe*, n. 1, 1993, p. 37.

4. Antiga e nova ordem

O ano da virada na Europa oriental coincidia com o bicentenário da Revolução Francesa: a partir dessa coincidência temporal, o jogo das analogias era fácil, de modo que a ordem derrubada na Europa oriental era identificada com o "Antigo Regime"[41], isto é, a "velha ordem"[42]. Tem alguma fundamentação esse discurso?

Como se sabe, na Rússia o Antigo Regime (aristocrático e czarista) é derrubado em fevereiro de 1917. Enquanto liberais e mencheviques ainda estão no poder, abre-se um período muito violento e caótico, que conhece uma precária e parcial estabilização só com a consolidação do poder bolchevique. Obviamente, pode-se exprimir horror por esse ciclo histórico e político. Entretanto, independentemente do juízo de valor, a verdade é que o Antigo Regime (no sentido estrito do termo) é derrubado pela revolução de 1917. Essa revolução contribuiu também para liquidar os resquícios do Antigo Regime que sobreviviam no Ocidente, onde ainda não haviam desaparecido a discriminação censitária (na mesma Inglaterra a câmara alta é apanágio da aristocracia e da grande burguesia) nem a discriminação contra as mulheres (excluídas dos direitos políticos).

O novo que se origina da Revolução de Outubro torna-se ainda mais evidente se colocarmos no quadro os povos coloniais e de origem colonial. Confiando na reconstrução de um eminente historiador, observemos como George V, depois de ser coroado rei em Londres, em 1910, participa na Índia, no ano seguinte, da cerimônia que o eleva à dignidade de imperador.

> Paramentados com as vestes da coroação, os longos mantos sustentados por pagens ricamente vestidos que eram vários príncipes indianos, as Suas Majestades Imperiais subiram os degraus do palco que se elevava altíssimo e isolado no centro do anfiteatro. Recostados sobre os dois tronos resplandecentes circundados de objetos cerimoniais e emblemas, aceitaram as homenagens dos servidores e dos súditos. Lorde Hardinge, o governador-geral, em sua veste política e com as flutuantes insígnias da Ordem da Estrela da Índia, subiu no palco mantendo uma

---

[41] Ralf Dahrendorf, *Riflessioni sulle rivoluzioni in Europa* (Roma/Bari, Laterza, 1990), p. 9 [ed. bras.: *Reflexões sobre a revolução na Europa*, trad. Ruy Jungmann, Rio de Janeiro, Zahar, 1991].

[42] Tony Judt, *Dopoguerra. Com'è cambiata l'Europa dal 1945 ad oggi* (Milão, Mondadori, 2007), p. 723 e ss. [ed. bras.: *Pós-guerra. Uma história da Europa desde 1945*, trad. José Roberto O'Shea, Rio de Janeiro, Objetiva, 2007].

290 A LUTA DE CLASSES

posição inclinada e, por fim, se ajoelhou e beijou a mão do rei imperador. Depois que os membros do conselho do vice-rei cumpriram sua reverência aos pés do palco, foi a vez dos altivos e imponentes – mas submissos – marajás da Índia e dos chefes tribais das zonas de fronteira renderem homenagem ao senhor.[43]

O Antigo Regime residual da Inglaterra entrelaça-se estreitamente com o Antigo Regime que o governo de Londres mantém e alimenta nas colônias.

Se esse era o quadro do país na liderança (em declínio), vejamos agora o quadro do país na liderança (em ascensão) do mundo capitalista. Nesse mesmo período, no Sul dos Estados Unidos, desapareceu o instituto da escravidão, mas os "velhos senhores dos Sul", os "senhores barões" dos quais falava Marx[44], continuavam exercendo um poder absoluto sobre os negros. Estes últimos não só resultam privados dos direitos políticos, como também dos direitos civis: estão expostos a um regime de terrorista *white supremacy* que às vezes os condena ao linchamento, a uma lenta e interminável tortura e agonia, que constitui, ao mesmo tempo, um espetáculo para uma multidão (de homens, mulheres, crianças da comunidade branca) em festa e exultante.

Esse é o mundo posto em discussão pela Revolução de Outubro. O que colapsa entre 1989 e 1991 não é, então, o "Antigo Regime" ou a "antiga ordem"; os derrubados são os herdeiros ou os epígonos do novo regime, isto é, da nova ordem revolucionária que, entretanto, nunca superou o estado de precariedade. Pode-se considerar estavelmente vitoriosa uma revolução só quando a classe protagonista, depois de atravessar um período mais ou menos longo de conflitos e contradições, de tentativas e erros, consegue expressar a forma política duradoura de seu domínio. É um processo de aprendizagem que para a burguesia francesa vai de 1789 até 1871; somente depois dessa data – realça Gramsci –, ao realizar a república parlamentar baseada no sufrágio universal (masculino), ela encontra a forma política de seu domínio. Em uma sociedade moderna, o domínio se revela duradouro desde que se saiba combinar hegemonia e coerção, que se saiba trazer claramente à tona o momento da coerção e da ditadura só em situações de crise aguda.

Por circunstâncias objetivas e responsabilidades subjetivas, a revolução iniciada em 1917 não foi capaz de produzir esse resultado. Em um país como a Rússia, ao quebrar os grilhões do Antigo Regime, a nova ordem realizou uma

---

[43] Arno J. Mayer, *Il potere dell'Ancien Régime fino alla Prima Guerra Mondiale* (Roma/Bari, Laterza, 1982), p. 128-9.

[44] MEW, v. 31, p. 128.

gigantesca difusão da instrução e da cultura e uma extraordinária mobilidade social, pondo as bases para uma sociedade civil que se tornou cada vez mais exigente até que não pôde mais se reconhecer em uma ordem fossilizada. Nesse sentido, aquilo que ocorreu entre 1989 e 1991 é resultado do sucesso e, ao mesmo tempo, da derrota do projeto comunista.

Para compreender essa dialética complexa e paradoxal, convém ter presente uma célebre página escrita por Hegel em Jena, nos primeiros anos do século XIX, enquanto, de um lado, ainda é recente e viva a lembrança do Termidor e, do outro, se tornam cada vez mais claras suas implicações políticas e históricas. Já cônsul vitalício, Napoleão está para se tornar, em 1804, imperador dos franceses, com uma ampla homologação da França aos países adversários ou inimigos do Antigo Regime. Pois bem, qual atitude tomar diante dessa virada? Ela pode ser condenada como "traição" dos ideais revolucionários ou ser celebrada como libertação do Terror jacobino e, a partir de tal celebração, pode-se etiquetar o período iniciado em 1789 (com o assalto à Bastilha) ou em 1792 (com o poder dos jacobinos) como expressão de loucura sanguinária. Hegel empreende um percurso diferente. Por um lado, considera legítimo e necessário o Terror jacobino: "Na Revolução Francesa, um poder terrível conservou o Estado todo. Esse poder não é despotismo, mas *tirania*, puro e implacável domínio, ainda que *necessário* e *justo*, porque constitui e conserva o Estado comum, esse indivíduo real". Por outro lado, o filósofo reconhece também a legitimidade e a necessidade do Termidor: com a superação do estado de exceção, a "tirania" se torna "desnecessária" e é instada a dar lugar ao "domínio da lei". Robespierre não percebe isso e é derrubado: "Sua força abandonou-o porque o [havia] *abandonado a necessidade*, e assim ele foi derrubado com violência". Os antagonistas dessa luta tornam-se a encarnação de dois momentos diferentes "da necessidade"[45].

Contando com esse grande precedente histórico, a burguesia do Ocidente (e da Europa oriental) poderia celebrar 1989 sem demonizar a revolução bolchevique e, portanto, sem transfigurar o mundo que ela pôs em discussão. Mas trata-se de uma operação demasiado sofisticada para a habitual lógica binária que, no entanto, continua a ser preciosa, aliás, indispensável, na obra de deslegitimação da Revolução Chinesa e das revoluções anticoloniais. E, portanto, a partir da configuração de 1989 como *annus mirabilis* (Dahrendorf) ou, em

---

[45] G. W. F. Hegel, *Jenaer Realphilosophie* (org. J. Hoffmeister, Hamburgo, Meiner, 1969), p. 246-8 [ed. it.: *Filosofia dello Spirito jenese*, org. G. Cantillo, Bari, Laterza, 1971, p. 185-7].

292 A LUTA DE CLASSES

última análise, como *plenitude temporum* (Fukuyama), a ideologia dominante procede liquidando não só 1917, mas um ciclo histórico bem mais longo. Segundo Dahrendorf[46], é necessário acabar não só com Marx, cuja lição "foi para o inferno em 1989, senão muito antes", mas também com Hegel e Rousseau; é necessário chegar e inspirar-se em Burke, teórico da "sociedade aberta" e inflexível inimigo da Revolução Francesa. E, assim, depois de caracterizar o mundo colapsado da Europa oriental a partir de 1989 como "velho regime", Dahrendorf acaba apresentando-se como seguidor, justamente, do campeão do *Ancien Régime*.

5. IMPASSE DA NOVA ORDEM E RESTAURAÇÃO: 1660, 1814, 1989-1991

Pelo quadro global que até aqui tracei, resulta que, mesmo em presença de tendências contraditórias, o aspecto principal da mudança política que ocorreu na Europa oriental e no mundo é constituído pela restauração. Entretanto, recorrer a essa categoria não significaria legitimar regimes descreditados, cujo colapso foi saudado de forma quase unânime pela opinião pública mundial? Uma espécie de chantagem política tem paralisado boa parte dos que, mesmo não se identificando com a ordem existente, recusam, todavia, e justamente, serem etiquetados como nostálgicos de Breznev e do gulag. O processo histórico, entretanto, é mais complexo do que emerge da rude alternativa implícita na pergunta e na objeção que acabamos de ver. Pensemos nos eventos iniciados com a Revolução Francesa. No momento em que ocorre aquilo que todo manual de história define como Restauração, parece difícil contestar o fracasso do projeto ou das esperanças de 1789, continuado com o Terror, a corrupção desenfreada dos anos sucessivos ao Termidor, com a ditadura militar e finalmente com o império, com um imperador-condottiere que conquista imensos territórios, distribuindo-os entre parentes e amigos, segundo uma concepção patrimonial do Estado que não só esmaga qualquer princípio de democracia, mas parece reproduzir o Antigo Regime em seus piores traços. E há mais do que isso. Ao derrubar o absolutismo monárquico e o feudalismo, os revolucionários franceses tinham dado garantia de que extirpariam as próprias raízes da guerra de modo a restaurar a paz perpétua; mas, como diria Engels, com o "despotismo napoleônico", "a paz perpétua que foi prometida

---

[46] Ralf Dahrendorf, *Riflessioni sulle rivoluzioni in Europa*, cit., p. 7, 25, 62 e 26.

transformou-se em uma guerra de conquistas sem fim"[47]. Portanto, em 1814, os projetos e as esperanças que alimentaram 1789 tornaram-se completamente irreconhecíveis; a concluir a primeira fase de uma grande crise histórica, o retorno dos Bourbon realiza um regime sem dúvida mais liberal do que o Terror, a ditadura militar e o império guerreiro e expansionista que seguiram aos entusiasmos revolucionários. Poder-se-iam fazer considerações análogas, por exemplo, em relação à primeira revolução inglesa que originou a ditadura militar de Cromwell, ligada à excepcional personalidade de seu fundador e incapaz de sobreviver à morte dele.

Apesar de tudo isso, é correto aplicar a categoria de restauração no caso da volta dos Bourbon ou dos Stuart, os quais tentaram sufocar o novo que com dificuldade ia emergindo entre tentativas, erros, impasses, contradições, regressões e deformações de todo tipo. Não há razão para uma abordagem diferente em relação às mudanças ocorridas no Leste Europeu, não obstante a leitura impiedosa que podemos e devemos fazer da história dos regimes derrubados entre 1989 e 1991. Tanto mais convencedor resulta o recurso à categoria de restauração, se considerarmos o fato de que, no próprio Ocidente capitalista, primeiro a crise e depois o colapso do "socialismo real" abriram o caminho à eliminação dos direitos econômicos e sociais do catálogo dos direitos.

Chegamos às mesmas conclusões se concentrarmos no quadro internacional. O planeta é uma espécie de propriedade privada nas mãos de um punhado de grandes potências capitalistas à véspera da Revolução de Outubro, que suscita uma gigantesca onda de revoluções anticoloniais. Entretanto, mesmo nesse nível, ao eclipsar do Antigo Regime acaba surgindo uma situação de impasse. Efetivamente, a questão nacional desenvolveu um trabalho decisivo para a dissolução do "campo socialista" e do próprio país originado da Revolução de Outubro. Seus protagonistas estavam convencidos de que, junto com o capitalismo, desapareceriam os conflitos, as tensões e até mesmo as identidades nacionais. Observemos os momentos mais graves de crise e de descrédito do "campo socialista". Em 1948, ruptura entre URSS e Iugoslávia. Em 1956, invasão da Hungria. Em 1968, invasão da Tchecoslováquia. Em 1969, sangrentos acidentes na fronteira entre URSS e China; evitada com dificuldade nesse momento, a guerra entre países que se inspiram no socialismo torna-se uma trágica realidade cerca de dez anos depois de um primeiro confronto entre

---

[47] MEW, v. 20, p. 239 [ed. bras.: Friedrich Engels, *A revolução da ciência segundo o senhor Eugen Dühring*, cit.]

Vietnã e Camboja e depois entre China e Vietnã. Em 1981, lei marcial na Polônia para prevenir uma possível intervenção "fraterna" da URSS e segurar um movimento de oposição que encontra ampla aprovação, apelando também à identidade nacional inculcada pelo Grande Irmão. Embora tão diferentes entre si, essas crises têm em comum a centralidade da questão nacional. A dissolução do campo socialista não se iniciou casualmente na periferia do "império", nos países havia muito tempo insofridos com a soberania limitada que lhes era imposta; mesmo no interior da URSS, antes ainda do obscuro "golpe" de agosto de 1991, o impulso decisivo ao colapso final chegou com a agitação dos países bálticos, nos quais o socialismo tinha sido "exportado" em 1939-1940. Em certo sentido, a questão nacional, que poderosamente favoreceu a vitória da Revolução de Outubro, marcou também a conclusão do ciclo histórico que se abriu com ela. E, também nesse caso, o elemento da restauração é evidente, como confirmado pela reabilitação, em alguns momentos explícita, do colonialismo (e até mesmo do imperialismo).

É possível desenvolver uma comparação com as outras grandes revoluções que marcaram a história moderna e contemporânea. Na Inglaterra, depois da morte de Cromwell e da efêmera sucessão de seu filho Ricardo no cargo de Lorde Protetor da República, o comandante do Exército escocês Georg Monk marcha sobre Londres e convoca uma nova câmara, que sanciona o retorno dos Stuart. Em 1814, Napoleão, de volta da desastrosa aventura na Rússia e da derrota de Leipzig, diante da avançada de uma formidável coalizão inimiga e da crescente desafeição do povo francês, é obrigado a abdicar e a ver a volta dos Bourbon. Entre 1989 e 1991, consuma-se a dissolução da URSS e do poder e da ordem originados da Revolução de Outubro. Não obstante as radicais diferenças entre as três revoluções aqui comparadas, as crises a que elas chegam apresentam alguns pontos em comum importantes: a) esgotada sua fase hegemônica, todas devem enfrentar graves problemas de política internacional (respetivamente: a insurreição irlandesa e escocesa, a revolta das nações que põe em crise em um primeiro momento a *grande nation* e depois a doutrina e/ou a prática da soberania limitada); b) no plano interno trata-se de enfrentar, por um lado, o número crescente dos desiludidos e dos decepcionados do novo regime, que se afastam com repugnância do engajamento e da vida política ou que, pior, denunciam o abandono e a traição dos projetos e dos ideais originários. Deriva disso a impossibilidade de uma estabilização da nova ordem, que a esse ponto é privada de um princípio de legitimação e fica como que suspensa no vazio; c) o impasse na busca de estabilização e de um princípio de legitimação que pode fundá-la leva ao retorno (ainda que parcial) ao Antigo Regime. Esse retorno, em certo momento, é promovido ou acaba de qualquer modo por ser aceito por uma fração mais ou menos ampla do grupo dirigente originado da revolução. Pensemos, por exemplo, no papel desenvolvido pela câmara convocada pelo general Monk na Inglaterra de 1660, pelo senado conservador, pelo ministro Talleyrand e pelo marechal Marmont na França de 1814 e por Gorbachev e Eltsin na União Soviética de 1989-1991.

Nos três casos, o impasse da nova ordem torna possível a volta das velhas classes dominantes ao poder.

XI
ENTRE EXORCIZAÇÃO E FRAGMENTAÇÃO DAS LUTAS DE CLASSES

1. ARENDT E O "PESADELO" DA LUTA DE CLASSES

Se o "fim da história" já não tinha nenhuma credibilidade e talvez nenhum sentido desde o momento de sua proclamação, em nossos dias estão em crise também as tentativas filosoficamente mais ambiciosas de exorcizar a luta de classes. É justo iniciar com uma pensadora cuja coragem intelectual não pode ser negada. Estamos nos anos 1960 e 1970. A agitação que se espalha entre os trabalhadores da metrópole capitalista entrelaça-se com a revolução dos povos coloniais, uns e outros decididos a lutar contra a "exploração" e a travar a "luta de classes", que segundo Marx se desenvolve, e é justo que se desenvolva, contra a "exploração". Nessa situação, que põe em discussão a ordem social e política vigente em nível mundial, Hannah Arendt não hesita em deslegitimar de forma radical as duas categorias e os movimentos que nelas se inspiram. "Exploração"? "O valor dessa hipótese é na realidade bastante modesto"; se essa categoria "pôde sobreviver a mais de um século de pesquisa histórica", isso não ocorreu "por seu conteúdo científico". Luta de classes? O grave erro de Marx está justamente em ter convencido as massas de que "a própria pobreza é um fenômeno não natural, mas político", de ter apontado nos presumidos explorados os protagonistas de um grande processo de emancipação, enquanto deveria ser claro a todos que "a condição de miséria [...] por definição jamais pode produzir 'espíritos livres', porque significa ser escravos da necessidade"[1]. "A emancipação da classe operária deve ser obra da mesma classe operária", que justamente se baseia na luta de classes, assim pensam Marx e a Associação Internacional dos Trabalhadores.

---

[1]   Hannah Arendt, *Sulla rivoluzione* (Milão, Comunita, 1983), p. 63-4.

298 A LUTA DE CLASSES

Nesse caso, também a resposta de Arendt é clara: "Jamais foram os oprimidos e os excluídos a abrir pessoalmente o caminho, mas aqueles que não eram oprimidos, que não eram privados da dignidade, os quais, porém, não conseguiam aguentar que outros o fossem"[2]. Emancipando a si próprios pela luta de classes, os explorados conseguem um resultado positivo para a sociedade em geral. E de novo Arendt parece claramente contrapor-se a Marx[3]: "A raridade das revoltas dos escravos e das insurreições entre deserdados e oprimidos é bem conhecida; nas poucas vezes que ocorreram", foi "um pesadelo para todos". Ignora-se a grande revolução dos escravos negros liderada por Toussaint Louverture, que põe em movimento um processo de reação em cadeia de abolição da escravidão.

Não deixa espaço a dúvidas o radicalismo de Arendt, que, na tentativa de deslegitimar a categoria de "exploração", entra em contradição, sem saber, com uma longa tradição de pensamento. Em Marx, "exploração" é sinônimo de apropriação de "mais-trabalho" por obra da classe que detém a propriedade dos meios de produção. Pois bem, no *Espírito das leis* (livro VII, 1), Montesquieu identifica no "trabalho dos outros" ("*travail d'autrui*") a fonte do luxo das classes superiores. Não se trata absolutamente de um caso isolado. No grande crítico da Revolução Francesa, Taine[4], podemos ler essa surpreendente síntese do Antigo Regime: quem trabalha é uma "classe que, colada à gleba, sofre de fome há sessenta gerações para alimentar as outras classes", as superiores. Mas, como sabemos, a categoria de "mais-trabalho" está presente também em autores como Calhoun e Nietzsche, este último sem dificuldades em reconhecer a realidade, e a seus olhos a necessidade, da "exploração"[5].

Tomada pela preocupação de afastar a sombra da suspeita da "exploração" de um sistema político-social que nesse momento parece encontrar dificuldade no próprio continente americano, Arendt nem se confronta realmente com Marx. Ele cita a corveia para demostrar o fato de que o "mais-trabalho" e a "exploração" podem até assumir uma imediata evidência sensível: depois de trabalhar em seu próprio campo, o camponês é obrigado a fornecer trabalho no campo do senhor feudal; nesse caso já a distância espacial entre lotes de terra esclarece

---

[2] Idem, *Crises of the Republic* (San Diego/Nova York/Londres/Harcourt, Brace Jovanovich, 1972), p. 204 [ed. it.: *Politica e menzogna*, Milão, Sugarco, 1985, p. 258].

[3] Ibidem, p. 123 [ed. it.: ibidem, p. 182].

[4] Hippolyte Taine, *Le origini della Francia contemporanea. L'Antico Regime* (1876) (Milão, Adelphi, 1986), p. 436.

[5] Ver, neste volume, cap. 2, seção 3.

a diferença entre "trabalho necessário" e "mais-trabalho"[6]. O trabalho coato nas colônias poderia fornecer outro exemplo de imediata evidência sensível da realidade do mais-trabalho (fornecido pelos indígenas ao serviço dos senhores coloniais, não mais daqueles feudais). Ademais, deveria fazer refletir o fato de que, na Inglaterra, um Estado, mesmo "dominado pelo capitalista e pelo *landlord*", sinta a necessidade de impor por lei a limitação da jornada de trabalho, a fim de salvar "a força vital da nação" (claramente ameaçada pela caça desmedida ao mais-trabalho e ao mais-valor e, portanto, por uma exploração sem limites)[7].

Arendt argumenta de forma muito diferente[8]: a interpretação das "necessidades urgentes da pobreza de massas em termos políticos" e "a transformação da questão social em força política", operadas por Marx mediante a teoria da exploração e da luta de classes, foram algo funesto. Na realidade, "só a chegada da tecnologia, não as ideias políticas modernas como tais, liquidou a antiga e terrível verdade de que só a violência e o domínio sobre os outros podem dar a liberdade a alguns homens".

Pelo menos até o "advento da tecnologia", a miséria das massas deveria ficar por conta da natureza madrasta. Entretanto, essa tese ignora que nas recorrentes crises de superprodução, que caracterizam e investem o capitalismo, é regularmente destruída "não só uma grande massa de produtos fabricados, mas também uma grande parte das próprias forças produtivas já criadas"[9]. É uma tese mais do que nunca atual à luz da crise eclodida em 2008, mas que já está presente num texto (o *Manifesto Comunista*) publicado 160 anos antes dessa data. Isto é, trata-se de um sistema social que implica não só injustas relações de distribuição, mas também recorrente destruição de riqueza social. E nada pode, contra essa destruição, o desenvolvimento da tecnologia.

Em todo caso, se a tecnologia é a solução da questão social, como explicar que nos anos em que Arendt formula sua tese, segundo a denúncia de uma revista não suspeita, em Washington (no país tecnologicamente mais avançado do mundo) "70% dos internados do hospital pediátrico sofrem de desnutrição"[10]?

---

[6] MEW, v. 23, p. 251 [ed. bras.: Karl Marx, *O capital*, Livro I, trad. Rubens Enderle, São Paulo, Boitempo, 2013, p. 293].

[7] Ibidem, v. 23, p. 253 [ed. bras.: ibidem, p. 313].

[8] Hannah Arendt, *Sulla rivoluzione*, cit., p. 63 e 122-3.

[9] MEW, v. 4, p. 468 [ed. bras.: Karl Marx e Friedrich Engels, *Manifesto Comunista*, 2. ed. rev., org. Osvaldo Coggiola, trad. Álvaro Pina e Ivana Jinkings, São Paulo, Boitempo, 2010, p. 45].

[10] Ver, neste volume, Introdução.

A LUTA DE CLASSES

Pelo menos nesse caso seria necessário reconhecer a realidade da "exploração" e o caráter necessário e benéfico da luta de classes. Não é assim que argumenta Arendt, que em nenhum momento se livra do "pesadelo" da luta de classes e que atribui à tecnologia um valor benéfico e resolutório independentemente da política e da ação política. Sobre esse ponto, a contraposição com Marx é mais marcada que nunca.

Ele insiste com ainda mais vigor sobre o efeito prodigioso de emancipação que os progressos da tecnologia – esta humana "capacidade científica objetivada" – podem produzir. Mas esse resultado não é tão óbvio assim. Enquanto "a ciência" continuar a ser obrigada "a servir ao capital"[11], o desenvolvimento tecnológico não será de modo nenhum sinônimo de riqueza social. *O capital*, essa "crítica da economia política", como ressoa seu subtítulo, é também a crítica da unilateral visão milagrosa do desenvolvimento tecnológico tão cara aos economistas políticos burgueses (e acolhida e radicalizada por Arendt). A história real demonstra que tal desenvolvimento tecnológico, no âmbito da sociedade capitalista, pode ter consequências catastróficas para as classes subalternas: "o florescimento da fábrica mecanizada de lã, com a transformação progressiva das terras antes cultivadas em pastagens para ovelhas, provocou a expulsão em massa dos trabalhadores agrícolas e sua 'transformação em supranumerários' [*Überzähligmachung*]"[12]. É o momento trágico em que, usando a expressão de Thomas More retomada por Marx, no processamento mecânico da lã "as ovelhas devoram os homens"[13]. Mais de dois séculos depois, no curso da revolução industrial, as máquinas permitem prescindir da força muscular, e eis, então, que "o trabalho feminino e infantil" torna-se "a primeira palavra de ordem da aplicação capitalista da maquinaria"[14]!

Dois exemplos citados em *O capital*, sobretudo, são clamorosos. Vejamos o que acontece nos Estados Unidos, no fim do século XVIII, em seguida à introdução da máquina para o descaroçamento do algodão: "Antes dessa invenção, em um dia de trabalho indefesso, um negro mal conseguia separar uma libra de fibra da semente de algodão. Depois da invenção da *cotton gin*,

---

[11] Karl Marx, *Grundrisse der Kritik der politischen Ökonomie* (Berlim, Dietz, 1953), p. 594; MEW, v. 23, p. 382 [ed. bras.: *Grundrisse. Manuscritos econômicos de 1857-1858*. Esboços da crítica da economia política, trad. Mario Duayer, São Paulo, Boitempo, 2011, p. 587-8; *O capital*, Livro I, cit., p. 435].

[12] MEW, v. 23, p. 467 [ed. bras.: Karl Marx, *O capital*, Livro I, cit., p. 516].

[13] Ver, neste volume, cap. 3, seção 3.

[14] MEW, v. 23, p. 416 [ed. bras.: Karl Marx, *O capital*, Livro I, cit., p. 468].

ENTRE EXORCIZAÇÃO E FRAGMENTAÇÃO DAS LUTAS DE CLASSES   301

uma negra podia tranquilamente produzir cinquenta libras de algodão por dia, e ulteriores aperfeiçoamentos permitiram dobrar o rendimento da máquina"[15]. As potencialidades emancipadoras desse desenvolvimento tecnológico são evidentes. Mas o que acontece na realidade?

> A marcha acelerada da fiação de algodão alavancou artificialmente a cultura de algodão nos Estados Unidos e, com ela, não só incentivou o tráfico de escravos africanos como, ao mesmo tempo, fez da criação de negros o principal negócio dos assim chamados estados escravagistas fronteiriços*. Quando, em 1790, realizou-se nos Estados Unidos o primeiro censo de escravos, o número deles era de 697 mil; em 1861, eles chegavam a 4 milhões.[16]

A tecnologia que torna extremamente mais fácil o descaroçamento do algodão, bem longe de eliminar ou reduzir o trabalho dos escravos, expande-o de forma impressionante. O que põe em discussão essa situação são a luta de classes e a revolução abolicionista, nas peculiares formas que elas assumem no curso da Guerra de Secessão.

Consideradas as relações de exploração vigentes no plano interno e internacional, os progressos da técnica podem constituir uma catástrofe não só para a classe operária de um país, mas também para povos inteiros.

> A história mundial não oferece nenhum espetáculo mais aterrador do que a paulatina extinção dos tecelões manuais de algodão ingleses, processo que se arrastou por décadas [...]. Igualmente, agudos foram os efeitos da maquinaria algodoeira inglesa sobre as Índias Orientais, cujo governador-geral constatava, em 1834-1835: "Dificilmente uma tal miséria encontra paralelo na história do comércio. As ossadas dos tecelões de algodão alvejam as planícies da Índia".[17]

A luta de classes é chamada, mais uma vez, a contrastar esses processos.

À luta de classes e a seus desastrosos resultados, Arendt contrapõe a concretude do progresso tecnológico. Entretanto – realça *Miséria da filosofia* –, o mesmo desenvolvimento tecnológico é fortemente influenciado pela luta de classes: "Na Inglaterra, as greves regularmente deram lugar à invenção e

---

[15] Ibidem, v. 15, p. 349.

[16] Ibidem, v. 23, p. 467 [ed. bras.: Karl Marx, *O capital*, Livro I, cit., p. 515-6].

[17] Ibidem, v. 23, p. 454-5 [ed. bras.: ibidem, p. 503-4].

à aplicação de novas máquinas [...]. Mesmo que as coalizões e as greves não tivessem outro efeito senão o de fazer reagir contra elas as consequências do gênio mecânico, elas exercitariam sempre uma influência imensa sobre o desenvolvimento da indústria"; sim, "depois de cada nova greve, mesmo que pouco significativa, surgiu uma nova máquina"[18]. *O capital* esclarece ulteriormente essa dialética de greves operárias e resposta patronal: na Inglaterra, a luta de classes nas fábricas impõe a limitação legal da jornada de trabalho com a consequente redução do mais-valor absoluto, que depende da duração da jornada de trabalho; "o capital lançou-se com todo seu poder e plena consciência à produção de mais-valor relativo por meio do desenvolvimento acelerado do sistema da maquinaria" e a intensificação dos ritmos de trabalho[19].

A abordagem recomendada por Arendt corre o risco de ser devastadora no plano intelectual e moral: torna-se impossível reconhecer as razões das vítimas do progresso tecnológico (e, na realidade, do sistema capitalista). Os operários seguidores do ludismo parecem simplesmente loucos e até criminosos que incendeiam as fábricas modernas e destroem maquinarias cuja introdução provoca desemprego e miséria. Eles protestam também por outra razão, posta em evidência já pelo socialismo "utópico". Eis como se expressa Robert Owen, citado por Marx: "Desde a introdução generalizada do mecanismo inanimado nas manufaturas britânicas, as pessoas foram tratadas, com poucas exceções, como uma máquina secundária e subordinada, e de longe se deu mais atenção ao aperfeiçoamento da matéria-prima de madeira e metais do que ao de corpo e espírito"[20]. *Miséria da filosofia* descreve de forma plástica as consequências da "introdução das máquinas" e das conexas simplificação e parcelarização do trabalho: "O capital foi reunido, o homem foi dividido"[21]. O *Manifesto Comunista* busca compreender as razões do ludismo e canalizar a cólera de seus seguidores para o real alvo ("as relações burguesas de produção"), mais do que para as máquinas como tais, conferindo, assim, maturidade a uma luta de classes que, em sua espontaneidade, corre o risco de ficar sem perspectivas[22].

Se por um lado é necessário rejeitar o ludismo, por outro – observa *O capital* – é necessário criticar o "otimismo econômico", tão caro à economia política

---

[18] Ibidem, v. 4, p. 176 e 155.

[19] Ibidem, v. 23, p. 432 [ed. bras.: Karl Marx, *O capital*, Livro I, cit., p. 482].

[20] Karl Marx, *Grundrisse*, cit., p. 599 [ed. bras.: *Grundrisse*, cit., p. 593].

[21] Ibidem, v. 4, p. 155.

[22] Ibidem, v. 4, p. 470 [ed. bras.: Karl Marx e Friedrich Engels, *Manifesto Comunista*, cit., p. 47].

ENTRE EXORCIZAÇÃO E FRAGMENTAÇÃO DAS LUTAS DE CLASSES   303

burguesa (e a Arendt): é necessário distinguir entre máquinas, potencialmente capazes de reduzir a dureza do trabalho, e "uso capitalista das máquinas", que pode atingir "o operário como o mais terrível dos suplícios", aumentando "os sofrimentos dos trabalhadores deslocados pela maquinaria" ou, quando não demitidos, ulteriormente "mutilados pela divisão do trabalho"[23].

Convém, sobretudo, refletir sobre um aspecto da análise de Marx. Como é particularmente evidente em ocasião das recorrentes "crises comerciais", o "aperfeiçoamento constante e cada vez mais rápido das máquinas" implica aumento do trabalho exigido em certa unidade de tempo e tornam "os salários [...] cada vez mais instáveis" e "a condição de vida do operário cada vez mais precária"[24]. Somos imediatamente transportados para o presente: o prodigioso desenvolvimento tecnológico está bem longe de produzir os milagres que lhe são atribuídos; ao contrário, ele pode andar de mãos dadas com as crescentes insegurança e precariedade do emprego, com o rebaixamento do padrão de vida e com a emergência da figura do *working poor*, com o intensificar-se da polarização de riqueza e pobreza, com a progressiva concentração do poder econômico e político nas mãos de uma oligarquia sem o menor despudor. Ao passo que não permite homenagear as vítimas do passado, a recomendação da tecnologia como exclusiva solução da questão social soa como um menosprezo para as vítimas do presente.

Há ainda duas considerações. Tenhamos em mente a data do texto em que Arendt contrapõe positivamente a tecnologia à luta política e social, à luta de classes. Estamos em 1963. Cerca de vinte anos depois, na noite entre 2 e 3 de dezembro de 1984, ocorre talvez a mais impressionante catástrofe ecológica da história humana (com a morte de milhares e milhares de pessoas). A protagonista é a Union Carbide, multinacional de fertilizantes e inseticidas agrícolas, tecnologicamente muito avançada, com sede nos Estados Unidos. A tragédia acontece em Bhopal, na Índia. Também à luz da questão ecológica (que se entrelaça com a questão social existente em nível nacional e internacional), a distinção entre máquinas e "uso capitalista das máquinas" é mais necessária do que nunca.

Para concluir, no plano internacional, o desenvolvimento tecnológico e o interligado *Revolution in Military Affairs* (RMA) reforçam a tentação dos Estados

---

[23] Ibidem, v. 23, p. 464-5 [ed. bras.: Karl Marx, *O capital*, Livro I, cit., p. 512-3].

[24] Ibidem, v. 4, p. 468 e 470 [ed. bras.: Karl Marx e Friedrich Engels, *Manifesto Comunista*, cit., p. 47-8].

304   A LUTA DE CLASSES

Unidos e do Ocidente de impor a lei do mais forte contra os países incapazes de opor uma real resistência ao enorme poder militar. Só a luta política e a luta de classes podem combater tudo isso. É singular observar Arendt – a teórica apaixonada de práxis aristotélica e de ação intersubjetiva – invocar o afastamento da práxis e da ação nos momentos cruciais, de modo que a tecnologia possa tranquilamente desdobrar seus efeitos benéficos!

2. A REMOÇÃO DO CONFLITO EM HABERMAS

Diversamente de Arendt, pelo menos até meados da década de 1970, Habermas[25] continua reivindicando os conceitos de "exploração", de "sociedade de classes" e de "luta" de classes, embora realce a necessidade de distinções "entre condições evolutivamente diferentes". Cerca de uma década depois, ele expressa a convicção de que, logo após o advento do Estado social e da "pacificação" que sobreveio no Ocidente, tudo mudou em relação à época de Marx. A luta de classes não aparece mais desastrosa, como em Arendt: tornou-se simplesmente obsoleta e desnecessária; se Arendt é turbada pelo "pesadelo" da luta de classes, para Habermas pode-se dormir descansado (pelo menos no que diz respeito ao Ocidente).

Poder-se-ia dizer que o filósofo alemão não teve boa sorte. Ele formulava sua tranquilizadora tese nos anos em que Dahrendorf chamava atenção para a figura do *working poor*, que reaparecia infaustamente mesmo nos países capitalistas mais desenvolvidos, exatamente no momento em que a aristocracia financeira se enriquecia ainda mais. Nos Estados Unidos, pobres, velhos e novos, enchiam cada vez mais os cárceres, também por causa de uma legislação cada vez mais inflexível (em relação a reatos menores perpetrados por membros das classes subalternas). De modo que em 1991, na França, um observador pungente comparava a república norte-americana e a república sul-africana, ainda segregacionista e dominada pela minoria branca naquele momento.

> Em dez anos, a população carcerária americana mais que dobrou, superando agora em 30% a taxa recorde da África do Sul (4,26% *versus* 3,33%). Que palavra deve ser inventada para designar esse "gulag"? O que acontece, então, na América?[26]

---

[25]   Jurgen Habermas, *Per la ricostruzione del materialismo storico* (1976) (Milão, Etas, 1979), p. 137 [ed. bras: *Para a reconstrução do materialismo histórico*, trad. Carlos Nelson Coutinho, São Paulo, Brasiliense, 1983].

[26]   Michel Albert, *Capitalisme contre capitalisme* (Paris, Seuil, 1991), p. 30 e 49.

Porém, sobretudo os sucessivos desenvolvimentos históricos e políticos foram cruéis com a tese de Habermas. Ele demonstrava a ocorrência da "pacificação" remetendo ao Estado social, cuja edificação (na Europa) avançava, em todo caso, "sob governos social-democratas ou conservadores"; mas hoje é evidente o fato de que ele é desmantelado, "sob governos conservadores ou social-democratas"! Isso não é tudo. Exatamente no prestigioso semanal (*Die Zeit*) ao qual o filósofo alemão muitas vezes confiou suas reflexões, pode-se ler esta explicação da chegada (ou do retorno) de um "darwinismo" social de cunho liberal:

> Com um olhar retrospectivo, poder-se-ia dizer talvez que foi o declínio do socialismo a desinibir o capitalismo e a levar seus ideólogos dos belos discursos à retórica da dureza. A concorrência dos sistemas esvaneceu, e o capitalismo pensou que não devia mais se preocupar com sua acolhida.[27]

Podemos ignorar a homenagem indiretamente prestada ao defunto socialismo da Europa oriental. Concentremo-nos no aspecto teórico: o *welfare*, resultado da luta de classes (encabeçada por massas populares acaloradas com o desafio representado pelo socialismo), provocou uma nova e diferente luta de classes que, pelas condições que se configuraram depois de 1989 e em escala mundial, foi nitidamente favorável à grande burguesia capitalista e financeira e que de fato está atingindo mortalmente o *welfare*. Aquilo que aos olhos de Habermas é um fato elementar que confuta a teoria da luta de classes revela-se como resultado instável de um processo que marca a montante e a jusante das ásperas lutas de classes, erroneamente ignoradas ou removidas.

Podemos citar outros exemplos dessa singular abordagem. Em um ensaio da década de 1970, Habermas[28] evidencia que no mundo "só dezessete Estados têm um balanço superior ao anual da General Motors". É um dado suscetível a muitas considerações: como explicar a enorme disparidade entre os países capitalistas desenvolvidos do Ocidente (os que, em primeiro lugar, remetem às grandes multinacionais) e os países do terceiro mundo (com um passado colonial)? A disparidade sobre a qual discutimos – aquela que foi chamada de "grande divergência" – é um dado natural e eterno ou é resultado de processos históricos e conflitos que devem ser investigados e esclarecidos? E quais novos conflitos provoca essa "grande divergência" no momento em que

---

[27] J. Jessen, "Unterwegszur plutokratie", *Die Zeit*, 1º set. 2011.

[28] Jurgen Habermas, *Per la ricostruzione del materialismo storico*, cit., p. 89.

fornece às multinacionais mais opulentas e aos países mais ricos e poderosos a possibilidade de limitar e até mesmo neutralizar (com as pressões econômicas ou diretamente com a força militar) a independência dos países mais atrasados e mais fracos? Não aparece nenhum sinal disso em Habermas, que, a partir do dado que ele cita, chega a uma única e unívoca conclusão, aquela da progressiva erosão da soberania estatal, do perfilar-se da constelação pós-nacional. E, então, mais uma vez desvanecem os conflitos a montante e a jusante de determinada situação político-social. A proclamação do advento da constelação pós-nacional revela-se, assim, como a outra face (a internacional) da presumida "pacificação".

Chamando atenção para a realizada "pacificação" na Europa ocidental, em meados da década de 1980, Habermas acredita poder confutar a teoria marxiana da luta de classes. Mas vejamos qual é o clima que reina no momento da fundação, em 1864, da Associação Internacional dos Trabalhadores. Na *Mensagem inaugural*, Marx desenha um quadro desanimador:

> As descobertas de novas terras dotadas de reservas de ouro levaram a um êxodo imenso, deixando um vazio irreparável nas fileiras do proletariado britânico. Outros de seus membros, anteriormente ativos, foram fisgados pelo suborno temporário de trabalho e salário melhores, convertendo-se em "fura-greves políticos" [*political blacks*]. Todos os esforços feitos para conservar ou remodelar o movimento cartista fracassaram fragorosamente; os órgãos de imprensa das classes trabalhadoras morreram um após o outro em decorrência da apatia das massas, e, de fato, nunca antes a classe trabalhadora inglesa pareceu tão absolutamente reduzida a um estado de nulidade política.[29]

Exprime-se, em termos análogos, Engels numa carta enviada um ano antes a Marx e que denuncia o desaparecer de "toda energia revolucionária" de um proletariado que seguiu a "burguesia"[30]. Aquilo que os dois filósofos revolucionários denunciam como "nulidade política" da classe operária e como capitulação em relação às classes dominantes é celebrado por Habermas como "pacificação" – é óbvia a inversão do juízo de valor, mas a diferença mais

---

[29] MEW, v. 16, p. 10 [ed. bras.: Karl Marx, "Mensagem inaugural da Associação Internacional dos Trabalhadores", em Marcello Musto (org.), *Trabalhadores, uni-vos! Antologia política da Primeira Internacional*, trad. Rubens Enderle, São Paulo, Boitempo, 2014, p. 96].

[30] Ver, neste volume, cap. 5, seção 5.

Entre exorcização e fragmentação das lutas de classes   307

importante é outra. Marx e Engels não removem os conflitos que precedem e seguem a chamada "pacificação". O que a explica e o que explica o desânimo do proletariado inglês, que acaba aceitando sua "nulidade política", é a "derrota das classes trabalhadoras do continente", a "força bruta" que se abateu sobre elas em consequência do fracasso da revolução de 1848 e que obriga os elementos de vanguarda, os "filhos mais avançados do trabalho", a procurar abrigo do outro lado do Atlântico[31]. Naturalmente, é necessário levar em consideração o expansionismo colonial que amortece o conflito social na metrópole, agudizando, entretanto, o conflito nacional (e social) nas colônias, como demonstra a revolta dos Sepoy que eclodiu na Índia alguns anos antes da fundação da Internacional operária.

De forma muito diferente argumenta Habermas. Ele coloca o início da "pacificação" a partir "de 1945". Uma das maiores lutas de classes da história universal tinha acabado havia pouco tempo. A tentativa do Terceiro Reich de retomar a tradição colonial e de radicalizá-la até impor uma nova forma de escravidão na Europa oriental contra os eslavos sofreu uma clamorosa derrota. Do lado oposto, o prestígio e a influência da URSS e do movimento comunista internacional chegam ao ápice. Nessas condições, se ao leste e ao sul do planeta eclode a revolução anticolonialista, na Europa ocidental (mas não nos Estados Unidos, onde o movimento operário sempre desenvolveu um papel reduzido) a luta pela edificação do Estado social consegue importantes sucessos. Esses processos estão ligados entre si, como é confirmado pelo apoio que os movimentos empenhados na conquista do Estado social na Europa ocidental oferecem aos movimentos de libertação nacional. É bastante problemático descrever tudo isso como o início do desaparecimento da luta de classes!

Embora privados de um real Estado social, e apesar da eclosão da crise econômica, os Estados Unidos hoje conhecem igualmente o fenômeno da "pacificação". Mais do que a classe dominante, são os operários que sofrem com o desemprego ou com a precariedade, que colocam no banco dos réus a concorrência desleal pela qual a China e outros países emergentes ou do terceiro mundo seriam responsáveis. A "pacificação" é assim garantida, mas mesmo nesse caso não se trata absolutamente de um fenômeno novo! Vimos Engels observar que na Inglaterra "a massa dos verdadeiros operários" tendia a atacar, mais que a burguesia de seu próprio país, os concorrentes no mercado

---

[31] MEW, v. 16, p. 10 [ed. bras.: Karl Marx, "Mensagem inaugural da Associação Internacional dos Trabalhadores", cit., p. 96].

internacional, que ele acusava de concorrência desleal e violação do *fair trade* e contra os quais invocava o protecionismo aduaneiro[32]. Algumas décadas depois, Oswald Spengler[33] convidava os operários alemães e ocidentais a considerar concluída a "luta de classes", por causa do sobrevir da "luta de raça": segundo o teórico alemão angustiado pelo "declínio do Ocidente", ao impor salários de fome a seus operários e ao manter artificialmente baixo o preço de suas mercadorias, a União Soviética punha em perigo "a existência da classe operária branca". Nesse caso, também a "pacificação" no âmbito do Ocidente e da raça branca agia em função de uma implacável "luta de raça", cujo objetivo era manter uma divisão internacional do trabalho favorável às potências coloniais e imperiais e que, portanto, constituía na realidade uma luta de classes de cunho conservador ou reacionário. Nos dias atuais, *fair trade* é a expressão de ordem lançada por Washington e muitas vezes repercutida entre os operários estadunidenses, perfeitamente "pacificados" no interior dos Estados Unidos, mas particularmente pugnazes em relação, em primeiro lugar, à China, contra a qual invocam a guerra comercial. Contudo, é lícito separar a "pacificação" do conflito ou uma e outro são duas faces da mesma moeda? O *Manifesto Comunista* realça o fato de que a aquisição da consciência de classe por parte do proletariado é obstaculizada pela "concorrência" que existe em seu interior e que a burguesia tem interesse em exacerbar.

3. Mudança de paradigma?

Hoje, apesar do alerta de Arendt e das aquietações de Habermas, a teoria da luta de classes colhe de novo ampla e, às vezes, empática atenção. Mas quais são seus objetivos e o que pensar da tese de Fraser segundo a qual, em todo caso, a partir da "morte do comunismo", os movimentos de emancipação não teriam mais como objetivo a redistribuição dos recursos, mas o reconhecimento[34]? Na realidade, vimos que em relação às três frentes (emancipação da classe operária, das nações oprimidas, das mulheres) a luta de classes marxiana rejeitou essa distinção.

O momento da luta pelo reconhecimento jamais é ausente. Isso vale até em relação à denúncia da política de guerra pelo movimento socialista, que repreende o sistema capitalista (e imperialista). É significativa a forma de argumentar de

---

[32] Ver, neste volume, cap. 6, seção 1.

[33] Oswald Spengler, *Jahre der Entscheidung* (Munique, Beck, 1933), p. 120-1.

[34] Ver, neste volume, cap. 3, seção 1.

ENTRE EXORCIZAÇÃO E FRAGMENTAÇÃO DAS LUTAS DE CLASSES   309

Gramsci. Estamos na Itália, num país arrastado por seus dirigentes no primeiro conflito mundial, apesar da oposição de amplas massas de orientação católica ou socialista, e que é arrastado no momento em que fica evidente o preço enorme de vidas humanas que se deve pagar. Compreende-se, então, a conclusão de Gramsci[35]: tratadas desde sempre como mera multidão criança e, portanto, consideradas incapazes de discernimento no plano político, as massas populares são tranquilamente sacrificadas pela classe dominante no altar de seus projetos imperiais. Assim, a luta pelo reconhecimento está mais do que nunca em pauta – é necessário que "o povo trabalhador" não se transforme em "presa boa para todos", que não seja simples "material humano" à disposição das elites, "matéria crua para a história das classes privilegiadas". O empenho comunista deve evitar que se repita a imane tragédia que se consumou entre 1914 e 1918.

Sob a influência da Revolução de Outubro, desenvolve-se aquela onda planetária de luta pelo reconhecimento constituída pela revolução anticolonial. Por que não concentrar nossa atenção nos trintas anos que vão do fim da Segunda Guerra Mundial até meados dos anos 1970, isto é, nos trinta anos que marcam a expansão do Estado social e que foram lidos como a época da luta pela redistribuição por excelência? Assim que olharmos além do Ocidente, observaremos que se trata do período em que aconteceram algumas das mais memoráveis lutas pelo reconhecimento da história mundial.

Em 1949, Mao Tse-Tung[36] solenizava a conquista do poder proclamando: "A nossa não será mais uma nação sujeita ao insulto e à humilhação. Já nos levantamos [...]. A época em que o povo chinês era considerado selvagem acabou". A Revolução Chinesa cumpria-se ao passo que a revolução argelina ganhava força. A esse propósito, Fanon observava: "O colonizado [...] pegou em armas não somente porque morria de fome e via a desagregação de sua sociedade, como porque era considerado e tratado pelo colono como um animal"; para livrar-se de "seu complexo de inferioridade"[37], o colonizado trava uma luta "que o reabilita a seus próprios olhos". Estamos em 1961. A

---

[35]   Antonio Gramsci, *Cronache torinesi: 1913-1917* (org. S. Caprioglio, Turim, Einaudi, 1980), p. 175; *L'Ordine Nuovo: 1919-1920* (orgs. V. Gerratana e A. Santucci, Turim, Einaudi, 1987), p. 520.

[36]   Mao Tse-Tung, *On Diplomacy* (Pequim, Foreign Languages Press, 1998), p. 87-8.

[37]   Frantz Fanon, *I dannati della terra* (1961) (prefácio de Jean-Paul Sartre, 2. ed., Turim, Einaudi, 1967), p. 91 e 53 [ed. bras.: *Os condenados da terra*, trad. J. L. de Melo, 2. ed., Rio de Janeiro, Civilização Brasileira, 1979, p. 114 e 74].

310 A LUTA DE CLASSES

revolução vietnamita entra em sua fase mais dura: depois de derrotar a França, ela se confronta com a maior potência mundial. O líder e mestre dessa luta de libertação ainda era Ho Chi Minh, que, em 1960, em ocasião de seu septuagésimo aniversário, evocava assim seu percurso intelectual e político: "Em princípio, foi o patriotismo, e não o comunismo, que me fez acreditar em Lenin e na Terceira Internacional". O que chamou atenção foram em primeiro lugar os apelos e os documentos que apoiavam e promoviam a luta de libertação dos povos coloniais, evidenciando seu direito a constituir-se em Estados nacionais independentes: "As teses de Lenin [sobre a questão nacional e colonial] suscitavam em mim grande comoção, um grande entusiasmo, uma grande fé, e ajudavam-me a enxergar claramente os problemas. Tão grande foi minha felicidade que chorei"[38].

Não há dúvidas: estamos diante de três épicas lutas de libertação nacional, que ao mesmo tempo têm consciência de serem três épicas lutas pelo reconhecimento. Certamente, tudo isso acontece fora do Ocidente, mas não deixa de ter relações com ele. A revolução anticolonial exerce toda a sua influência no interior dos Estados Unidos, impulsionando os afro-americanos à luta contra a segregação, a discriminação e a persistência do regime de *white supremacy*. Em segundo lugar, em um país como a França, os povos coloniais oprimidos e em revolta fizeram sentir sua presença no território da potência colonial que os oprime e os humilha no mesmo território metropolitano. Por outro lado, na república norte-americana – observa em 1948 Palmiro Togliatti[39] – além dos negros, a discriminação racial atinge "outros povos, entre os quais os italianos, considerados espécie inferior". Em todo caso, depois de agitar por décadas a bandeira da luta pelo reconhecimento a fim de promover sua emancipação, as classes subalternas da metrópole capitalista dificilmente podem ficar surdas à reivindicação do reconhecimento avançada pelos povos em condições coloniais ou de origem colonial. Em 1954, polemizando com Norberto Bobbio, Togliatti[40] contrapõe o vigor universalista do movimento comunista às persistentes cláusulas de exclusão, próprias do mundo burguês: "Quando e em que medida se aplicaram aos povos coloniais os princípios liberais sobre os quais se

---

[38] Jean Lacouture, *Ho Chi Minh* (1967) (Milão, Il Saggiatore, 1967), p. 39-40. [ed. bras.: *Ho Chi Minh. Sua vida, sua revolução*, trad. Roberto Paulino, Rio de Janeiro, Nova Fronteira, 1979].

[39] Palmiro Togliatti, *Opere* (org. Luciano Gruppi, Roma, Editori Riuniti, 1974-1984), v. 5, p. 382.

[40] Ibidem, p. 866.

ENTRE EXORCIZAÇÃO E FRAGMENTAÇÃO DAS LUTAS DE CLASSES 311

disse fundado o Estado inglês do século XIX, modelo, credo de regime liberal perfeito para os que raciocinam como Bobbio?". A verdade é que a "doutrina liberal [...] é fundada sobre a bárbara discriminação entre seres humanos".

Mas o paradigma da luta pelo reconhecimento não age só quando se trata de exprimir solidariedade aos povos coloniais ou de origem colonial. É interessante observar a forma com que, em 1940, o ministro do trabalho, Ernest Bevin, líder labourista com longa experiência de sindicalista, motiva a necessidade de construção do Estado social na Grã-Bretanha: "Impõe-se agora um grande remodelamento dos valores; é necessário acabar com a concepção de que quem produz ou transforma é inferior e deve aceitar um status inferior àquele desfrutado pelo especulador"[41]. O Estado social não é reivindicado exclusivamente em nome da redistribuição!

A persistente adesão (direta ou indireta) ao paradigma da luta pelo reconhecimento promove o apoio ao movimento de emancipação da mulher e permite lê-lo justamente como luta pelo reconhecimento. Remonta exatamente à abertura dos trinta anos 1945-1975 a significativa declaração de um dirigente comunista de grande prestígio a nível internacional: "A emancipação da mulher deve ser um dos problemas centrais da renovação do Estado italiano e da sociedade italiana". Os "direitos do homem" não são suficientes; é necessário ir além e ter "a capacidade e a coragem de chegar à proclamação dos direitos da mulher". Não se trata de melhorar suas condições materiais de vida, é necessário respeitar sua "dignidade"[42]. Estamos em 1945. Nos anos seguintes, o movimento feminista viverá importantes desenvolvimentos e aprofundamentos; permanece o caráter equivocado da contraposição entre paradigma do reconhecimento e paradigma da redistribuição.

Se a dimensão da luta pelo reconhecimento não desapareceu de modo nenhum, nem nos trinta anos em que no Ocidente está em pauta a construção do Estado social, a luta pela redistribuição torna-se mais atual do que nunca com o eclodir da crise econômica de 2008. O desempregado e o *working poor* protestam ou mostram ressentimento não só por causa dos duros sacrifícios que devem enfrentar, mas também porque as penosas condições de vida que lhe são impostas são percebidas como um insulto e uma humilhação em uma sociedade que em outros aspectos é tão rica e opulenta. O peso crescente da riqueza na escolha dos que são chamados a ocupar os mais importantes cargos

---

[41] Em Peter Hennessy, *Never Again. Britain, 1945-1951* (Nova York, Pantheon, 1993), p. 69.
[42] Palmiro Togliatti, *Opere*, cit., p. 146 e 151.

políticos contribui para reforçar a sensação de desconhecimento. Os dois paradigmas estão também presentes na luta pela emancipação da mulher: é uma luta que, se no Ocidente conseguiu importantes resultados (por outro lado, postos em discussão pela crise que atinge em primeiro lugar a ocupação feminina), em outras culturas alcançou um estado menos avançado ou encontra-se apenas na fase inicial.

Para concluir, claramente presente também na luta contra o neocolonialismo praticado pelas supostas "nações eleitas" que controlam os centros de poder econômico internacional pretendendo ser as únicas a exercer uma real soberania, o entrelaçamento entre luta pela distribuição dos recursos e luta pelo reconhecimento adquire uma imediata evidência em uma realidade como a palestina. Os "indígenas" são expropriados de suas terras e condenados à miséria e à marginalização. Eles sofrem, ao mesmo tempo, com um duplo desconhecimento: não são considerados dignos de constituir-se como Estado nacional independente nem de se tornar cidadãos do Estado que, ao anexar seu território, impede que eles se constituam como Estado nacional independente.

4. A fragmentação das "lutas de classes"

Não é a presumida mudança de paradigma que caracteriza a situação que se configurou a partir da crise e do colapso do "campo socialista". Aliás, a contraposição entre paradigma da redistribuição (cujo intérprete seria o movimento operário) e paradigma do reconhecimento (que encontraria sua encarnação em primeiro lugar no movimento feminista) é, ao contrário, o sintoma da real mudança ocorrida. Para compreender essa transformação é necessário não perder de vista uma questão sobre a qual chamei atenção diversas vezes. Vários são os sujeitos da luta de classes e multíplices são as lutas pelo reconhecimento e pela emancipação. Não existe uma preestabelecida harmonia entre eles: por razões objetivas e subjetivas, podem intervir incompreensões e lacerações. Os momentos mais altos da história que se originou a partir do *Manifesto Comunista* foram aqueles nos quais se fugiu da fragmentação, de modo que as diversas lutas confluíram em uma única poderosa onda emancipadora.

Entretanto, mais do que a regra, isso representa a exceção. Não existe luta de classes, por mais progressiva que seja, que não possa ser instrumentalizada pelo poder dominante e que, portanto, não possa ser inserida no âmbito de um projeto global de cunho conservador ou reacionário. Não se trata de um fenômeno novo, mas ele ganhou ênfase e adquiriu um novo valor qualitativo com o desencantamento dos êxitos das revoluções do século XX e com a desorientação teórica que isso originou.

Disraeli estende o sufrágio às classes populares, garantindo-lhe, assim, a emancipação política; em troca, consegue o apoio delas à política de expansão colonial da Inglaterra. É uma política exitosa: Marx e Engels são obrigados a constatar que até a classe revolucionária por excelência, o proletariado, pode sucumbir à sedução da sereia colonialista. É um fenômeno decididamente mais evidente hoje aquele em que, com a imposição do neocolonialismo e daquilo que, entre outros, um cientista político estadunidense particularmente cuidadoso com as razões da geopolítica definiu como "imperialismo dos direitos humanos"[43], o país opressor e agressor pode facilmente envolver numa neblina mistificadora a violência exercida sobre o país oprimido e agredido.

O elemento que acabamos de analisar não é o único a fragmentar a luta de classes. Observemos a terceira frente da luta de classes, isto é, o movimento de emancipação feminina. A extensão dos direitos políticos às mulheres foi longamente reivindicada pelo movimento operário como parte integrante do projeto de derrubada ou de superação do Antigo Regime capitalista. Em 1887, Eleanor Marx, ao enfrentar, junto com o marido, Edward Aveling, a "questão feminina" e ao reivindicar os direitos políticos para as mulheres, não só compara a "opressão" e a "humilhação" infligidas às mulheres com as sofridas pelos operários, como acrescenta que "as relações entre homens e mulheres" constituem a expressão mais clara e mais repugnante da "cruel bancarrota moral" da sociedade capitalista como tal[44]. Entretanto, no mesmo período, expoentes ou ideólogos das classes dominantes olham para o sufrágio feminino a partir de uma perspectiva política e social completamente diferente, e até oposta: ele – sugere um autor francês – poderia constituir "o maior reservatório conservador". Sim, na Europa (como nos Estados Unidos), o voto às mulheres é muitas vezes invocado como contrapeso à ameaçadora crescente influência política das massas populares em consequência da diminuição da discriminação censitária[45]. Em

---

[43] Samuel P. Huntington, *Lo scontro delle civiltà e il nuovo ordine mondiale* (Milão, Garzanti, 1997), p. 284 [ed. bras.: *O choque das civilizações e a recomposição da ordem mundial*, trad. de M. H. C. Côrtes, Rio de Janeiro, Objetiva, 1997].

[44] Eleanor Marx-Aveling e Edward Aveling, *Die Frauenfrage* (1887) (org. I. Nodinger, Frankfurt, Marxistische Blatter, 1983), p. 16 e 13.

[45] Domenico Losurdo, *Democrazia o bonapartismo, Trionfo e decadenza del suffragio universale* (Turim, Bollati Boringhieri, 1993), cap. 6, seção 3 [ed. bras.: *Democracia ou bonapartismo*.

314   A LUTA DE CLASSES

outras palavras, observamos que o poder dominante usa a luta de classes e a luta pelo reconhecimento protagonizadas pelas mulheres para neutralizar ou combater a luta de classes e a luta pelo reconhecimento promovidas pelas classes populares. Pode configurar-se um cenário diferente: no início do século XX, em um país como a Grã-Bretanha não faltaram mulheres que se distinguiram por celebrar o expansionismo colonial e por se destacar no papel de "cruzadistas do Império", assim como não faltaram feministas que reivindicaram a emancipação das mulheres em nome do papel desenvolvido exatamente na construção do Império[46]. Nesse caso, o movimento de emancipação das mulheres entra em contradição com o movimento de emancipação dos povos coloniais.

Essas múltiplas contradições, que refletem uma complexa situação objetiva, ainda antes de ser o resultado das manobras do poder dominante, se recompõem e são levadas à unidade só em ocasiões privilegiadas, em presença de válidas sínteses teóricas ou pela influência de grandes revoluções ou de maduros projetos revolucionários e, mesmo nesse caso, não deixam de sofrer oscilações e dificuldades de diferente natureza. Enquanto se alastra o primeiro conflito mundial, se por um lado Lenin chama o proletariado do Ocidente a insurgir contra a burguesia e a transformar a guerra imperialista em guerra civil revolucionária, por outro lado ele saúda as lutas e as guerras de libertação nacional travadas pelos "povos coloniais" e pelos "países oprimidos" em geral e chama atenção para a permanente condição de "escrava doméstica" a que é submetida a mulher[47], não por acaso excluída dos direitos políticos junto com os "pobres" e com o *"estrato inferior propriamente proletário"*[48]. As três frentes da luta de classes nesse caso convergem.

Em um intervalo de aproximadamente uma década, a partir das áreas rurais Mao[49] promove uma revolução que, no âmbito da radical renovação nacional e

---

    Triunfo e decadência do sufrágio universal, trad. Luiz Sérgio Henriques, Rio de Janeiro/São Paulo, Editora da UFRJ/Editora da Unesp, 2004].

[46] Helen Callaway e Dorothy O. Helly, "Crusader for Empire. Flora Shaw/Lady Lugard", em N. Chaudhuri e M. Strobel, *Western Women and Imperialism. Complicity and Resistance* (Bloomington/Indianápolis, Indiana University Press, 1992), p. 79-97; Antoinette M. Burton, "The white woman's burden. British feminists and 'The Indian woman'", 1865-1915, em N. Chaudhuri e M. Strobel, *Western Women and Imperialism. Complicity and Resistance*, cit., p. 137-57.

[47] LO, v. 23, p. 31 e 70.

[48] Ibidem, v. 25, p. 433 e v. 22, p. 282.

[49] Mao Tse-Tung, *Opere scelte*, cit., v. 1, p. 41-3.

social da China, entende pôr em discussão também o "poder marital", o ulterior "pesado grilhão" que prende as mulheres junto com os outros que estrangulam o conjunto do povo chinês.

Outras vezes, a unificação das diversas frentes de luta de classes é mais difícil. Com certeza, mesmo por Frantz Fanon, "a liberdade do povo argelino se identifica [...] com a libertação da mulher, com seu ingresso na história". Não se trata só de uma declaração de princípio. Já a participação ativa na guerra *partisan* faz com que a mulher não seja mais uma "menor", ainda mais que tal participação põe em discussão a segregação sexual e a "virgindade-tabu"; em todo caso, "o velho medo da desonra se torna completamente absurdo em face da tragédia vivida pelo povo"[50]. É necessário, todavia, não perder de vista outro aspecto da questão:

> Os responsáveis pela administração francesa na Argélia, prepostos a destruir a originalidade do povo e encarregados pelas autoridades de desagregar a qualquer custa as formas de existência que podem evocar qualquer realidade nacional, concentram seu maior esforço sobre o uso do véu, concebido nesse caso como símbolo da mulher argelina [...]. A agressividade do ocupante, e, portanto, suas esperanças, decuplicam-se a cada rosto descoberto [...]. A sociedade argelina, a cada véu tirado, parece aceitar a submissão à escola do patrão e decidir de mudar seus hábitos, sob a direção e a proteção do ocupante.[51]

Nesse objetivo e determinado contexto, pelo menos no imediato, a luta de libertação pode entrar em conflito com a emancipação da mulher. E esse risco se tornou claramente mais saliente hoje, quando, no Oriente Médio, após a crise do comunismo e do marxismo, os partidos de orientação religiosa exercem a direção dos movimentos de libertação e de resistência nacional. No passado, as potências coloniais (e a própria Itália de Mussolini) promoveram sua expansão em nome da emancipação da escravidão ainda vigente na África, salvo impor depois o trabalho coato em formas ainda mais odiosas, e não mais contra uma determinada classe, mas contra a população indígena como um todo. Nos nossos dias, o projeto colonialista agita às vezes, sem sucesso, a bandeira da emancipação da mulher, mas tendo como alvo não países como a Arábia

---

[50] Frantz Fanon, *Scritti politici. L'anno V della rivoluzione algerina* (2001) (Roma, DeriveApprodi, 2007), v. 2, p. 94-6.

[51] Ibidem, p. 40 e 44-5.

316   A LUTA DE CLASSES

Saudita – onde a segregação e a escravidão doméstica da mulher persistem em
sua forma mais rígida e mais obtusa –, mas países que se rebelam em relação ao
Ocidente, como o Irã, onde a discriminação contra as mulheres ainda é dura e
odiosa, mas onde, de qualquer forma, foi corroída em medida considerável (as
moças constituem a maioria da população universitária e desfrutam de uma
acentuada mobilidade social).

5. ENTRE TRADE-UNIONISMO E POPULISMO

O que torna mais grave a fragmentação das lutas de classes é a laceração que
ocorreu entre luta anticapitalista na metrópole, nos países industrialmente mais
desenvolvidos, e lutas que as ex-colônias são obrigadas a travar contra o neocolonialismo e a política das canhoneiras ou de aberta agressão atuada pelas grandes
potências, hostis à ideia de abrir mão do domínio ou da hegemonia. É uma
laceração explicitamente teorizada por um ilustre filósofo, que não poupa ironia
em relação a uma tendência por ele considerada completamente equivocada: a
luta de classes não teria mais como protagonistas "os capitalistas e o proletariado
de todos os países", mas se desenvolveria em um quadro internacional, contra-
pondo os Estados mais do que as classes sociais; dessa forma, a marxiana "crítica
do capitalismo como tal" se reduz e se deforma em "crítica do imperialismo",
que perde de vista o essencial, isto é, as relações capitalistas de produção[52]. Essa
ironia e essa polêmica são realmente justificadas? Elas deveriam ter como alvo,
em primeiro lugar, Marx: a atenção por ele dada à questão nacional é constante
e, sobretudo, dá o que pensar a análise segundo a qual, em um país como a
Irlanda, a "questão social" se apresenta como "questão nacional".

Aos olhos de Žižek, no século XX o rebelde por excelência é Mao, que,
porém, como vimos, mais clara e definidamente do que qualquer outro, afirma
"a identidade entra a luta nacional e a luta de classes". Com certeza é o momento em que a China é obrigada a enfrentar a tentativa de escravização levada
adiante pelo imperialismo japonês (e, na Europa, pelo imperialismo alemão
contra os eslavos e em particular contra a União Soviética). Mas a afirmação
que acabamos de ver não é absolutamente uma astúcia tática, sugerida pelo
fervor patriótico. Em 1963, em relação à luta dos afro-americanos pelos direitos
civis e políticos, o líder chinês realça: "Em última análise, a luta nacional é uma

---

[52] Slavoj Žižek, "Mao Tse-Tung, the Marxist Lord of Misrule", introdução a Mao Tse-Tung,
On Practice and Contradiction (Londres, Verso, 2007), p. 2 e 5.

questão de luta de classes". É um ponto de vista reafirmado cinco anos depois: "A discriminação racial nos Estados Unidos é produto do sistema colonialista-imperialista. A contradição entre amplas massas do povo negro e a camarilha dirigente dos Estados Unidos é uma contradição de classe"[53]. Com certeza, ao falar de afro-americanos ficamos no interior de um único país, mas a conclusão seria diferente se analisássemos a opressão sofrida não por um povo de origem colonial, mas por um povo colonial em sentido estreito?

Para esclarecer o problema em questão, é útil refletir sobre um capítulo de história que também suscita o apaixonado interesse do filósofo que citei. Refiro-me à grande revolução (e à grande luta de classes) dos escravos negros de São Domingos-Haiti. Aos olhos de Žižek[54], ela retrocede "a uma nova forma de domínio hierárquico" só depois da morte de Jean-Jacques Dessalines, em 1806. Pois bem, concentremo-nos no período precedente: os escravos negros de São Domingos insurgem não contra o capitalismo como tal, mas contra o sistema escravista, que a metrópole capitalista destina aos povos coloniais. Isto é, desde o início, a revolução negra apresenta um componente de libertação nacional: a insurreição liderada por Toussaint Louverture liberta dos grilhões da escravidão não uma classe subalterna, mas o povo negro como um todo.

O componente de libertação nacional torna-se ainda mais explícito na segunda etapa da revolução. O poderoso Exército enviado por Napoleão sob o comando de Charles Leclerc (seu cunhado) propõe-se restabelecer ao mesmo tempo o domínio colonial da França e a escravidão negra, mas ele é derrotado pelos revolucionários que se apresentam como "Exército dos incas", ou o "Exército indígena", e gritam: "Maldito seja o nome da França! Ódio eterno à França!"[55]. A independência *de facto* reivindica agora também o reconhecimento *de iure*, e São Domingos é rebatizada de Haiti, com o significativo recurso a um nome que remete à época pré-colombiana. Em outras palavras, os revolucionários negros identificam-se com as primeiras vítimas do expansionismo colonial do Ocidente, propõem "ligar sua luta pela liberdade da escravidão com as primeiras batalhas dos povos indígenas contra os invasores espanhóis"[56].

---

[53] Mao Tse-Tung, *On Diplomacy*, cit., p. 379 e 439.

[54] Slavoj Žižek, *Dalla tragedia alla farsa* (2009) (Florença, Ponte alle Grazie, 2010), p. 159.

[55] Laurent Dubois, *Avengers of the New World* (Cambridge/Londres, The Belknap Press of Harvard University Press, 2004), p. 299.

[56] Ibidem, p. 292; idem, *Haiti. The Aftershock of History* (Nova York, Metropolitan, 2012), p. 18.

318 A LUTA DE CLASSES

Em conclusão, a revolução antiescravista é ao mesmo tempo uma revolução anticolonialista e acaba configurando-se como uma guerra de resistência e de libertação nacional. Seria absurdo definir como luta revolucionária de classe a primeira etapa desse processo e deixar de atribuir validade a essa caraterização em relação à segunda etapa; seria bastante singular considerar a insurreição para abolir a escravidão e o domínio colonial como luta revolucionária de classe e deixar de considerar como tal a resistência armada para impedir a restauração de uma e do outro. Em ambas as etapas, a questão nacional desenvolve um papel essencial e ambas são vistas favoravelmente por Žižek mesmo que ele ironize sobre a tendência de reduzir a luta de classes anticapitalista à luta anticolonialista e anti-imperialista.

No século XX, ocorre algo que pode ser comparado ao que acabamos de ver em São Domingos-Haiti e que tem seu lugar simbólico em Stalingrado, na batalha que inflige a derrota ao projeto hitleriano de colonizar e escravizar povos inteiros na Europa oriental. Não casualmente, os dois eventos comparados estimulam processos ideológicos parecidos. A contrarrevolução colonialista e escravista tentada por Napoleão adverte a necessidade de liquidar o conceito universal de homem ínsito na leitura feita pelos escravos de São Domingos da Proclamação dos Direitos do Homem de 1789; a Toussaint Louverture, que, como vimos, proclamou o princípio incondicionado de que, qualquer que seja a cor da pele, em nenhum caso um homem "pode ser propriedade de seu semelhante"[57], parece responder Napoleão: "Sou a favor dos brancos porque sou branco; não existe outra razão além dessa, mas essa é a boa"[58]. Ao *pathos* universalista ainda mais enfatizado que ressoa na Revolução de Outubro e no chamado aos escravos das colônias a romper seus grilhões, responde a teorização do *UnderMan/Untermensch*, do "sub-homem": trata-se de uma categoria que, depois de ser formulada pelo autor estadunidense Lothrop Stoddard, sobretudo em função antinegra, preside à campanha hitleriana pela colonização da Europa oriental e pela escravização dos eslavos, como também pelo extermínio dos judeus, etiquetados junto com os bolcheviques como ideólogos e instigadores da desgraçada revolta das "raças inferiores"[59].

---

[57] Ver, neste volume, cap. 3, seção 2.

[58] Laurent Dubois, *Avengers of the New World*, cit., p. 261.

[59] Sobre a história da categoria de *Under Man/Untermensch*, cf. Domenico Losurdo, *Nietzsche, il ribelle aristocratico. Biografia intellettuale e bilancio critico* (Turim, Bollati Boringhieri, 2002), cap. 27, seção 7; *Il linguaggio dell'Impero. Lessico dell'ideologia americana* (Roma/Bari, Laterza, 2007), cap. 3, seção 5.

Tornou-se uma espécie de lugar-comum comparar a invasão napoleônica da Rússia com a invasão hitleriana da União Soviética. No entanto, seria mais pertinente comparar esta última com a expedição contra São domingos promovida por Napoleão – em ambos os casos, está em jogo a sorte do sistema colonial e do instituto da escravidão (mais ou menos camuflada); em ambos os casos, trata-se de uma luta de classes que é ao mesmo tempo uma guerra de resistência e de libertação nacional.

Devemos entender a simultânea presença da luta nacional como um elemento de contaminação da luta de classes? Observando cuidadosamente, trata-se de um problema e de um debate que percorrem em profundidade a história do movimento de inspiração socialista e comunista. Marx e Engels lamentam o fato de que os operários ingleses se empenham para melhorar suas condições de vida e para conquistar direitos políticos, mas não prestam atenção na independência da Irlanda, da Polônia ou da Índia. Mais tarde, ao polemizar contra o trade-unionismo e ao erguer o apoio aos movimentos de libertação nacional, considerados elemento essencial da consciência revolucionária de classe, Lenin é por sua vez acusado de abandonar o ponto de vista classista, de afundar a causa da emancipação do proletariado numa mixórdia indiferenciada e insípida[60]. Saltemos algumas décadas. Em 1963, evocando Lenin, o Partido Comunista Chinês reafirma: "No mundo atual, a questão nacional é uma questão de luta de classes"; o que exige uma "clara demarcação" entre "nações oprimidas" e imperialismo é "o ponto de vista marxista-leninista de classe"[61]. É uma polêmica contra os comunistas soviéticos, os quais por sua vez acusam os comunistas chineses de esquecer a luta de classes do proletariado na metrópole capitalista.

O perigo da fragmentação das lutas de classes está sempre à espreita. Com certeza, em 1963 era difícil assumir a atitude etiquetada no seu tempo por Lenin como trade-unionismo e considerar as revoluções anticoloniais que eclodem no Vietnã, na Argélia, na América Latina – e que são combatidas pelo imperialismo recorrendo a práticas genocidas – como estranhas à luta de classes. O atual quadro mundial parece mais favorável à retomada do trade-unionismo. Deve ser colocada nesse contexto a posição de Žižek? Na realidade, numa situação de crise teórica do marxismo, faz-se perceber também a tendência a fugir do desafio implícito na leitura árdua do entrelaçamento

---

[60] Ver, neste volume, cap. 4, seção 2.

[61] PCC (Partido Comunista Chinês), *Die Polemik über die Generallinie der internationalen kommunistischen Bewegung* (Berlim, Oberbaum, 1970), p. 238.

320   A LUTA DE CLASSES

das contradições, a tendência que se poderia definir populista ao recuar para a leitura binária do conflito.

6. As lutas de emancipação entre vitória militar e derrota econômica

Para aprofundar a questão, convém que nos coloquemos uma pergunta preliminar: o que se passa hoje com a gigantesca revolução anticolonial estimulada pela Revolução de Outubro e acelerada por Stalingrado? Na Palestina, colonialismo e anticolonialismo continuam a enfrentar-se na forma clássica. E no resto do mundo? Faço uma premissa: não só decisivas lutas de classes da história contemporânea acabaram configurando-se como lutas nacionais, como também elas foram e são travadas no plano econômico, além do militar.

O caso mais clamoroso é mais uma vez o da revolução dos escravos negros de São Domingos. Ela consegue infligir uma derrota ao Exército mais poderoso da época, o napoleônico. O país independente que surge dessa revolução, o Haiti, desenvolve uma função revolucionária que vai além de seus confins: impulsiona Simón Bolívar a abolir a escravidão na América Latina hispânica, ajudando-o na luta pela independência; inspira a revolta dos escravos negros em Demerara (atual Guiana) e na Jamaica; e estabelece relações com os abolicionistas britânicos. O primeiro país que aboliu o instituto da escravidão apresenta-se orgulhosamente como a terra da liberdade, e efetivamente a ele olham com esperança os escravos de Cuba ou do Sul dos Estados Unidos.

Justamente por isso, a luta do poder colonialista e escravista, cuja força é intata em nível mundial e que almeja neutralizar e liquidar o exemplo potencialmente incendiário do país governado por ex-escravos, não se esgota com a derrota do Exército enviado por Napoleão. Só que agora a cruzada para reestabelecer a incontestada supremacia branca recorre a novos métodos. Segundo Thomas Jefferson, é necessário – depois de isolá-los diplomaticamente – condenar à "inanição" os que ousaram desafiar e perturbar a ordem internacional. Ao rejeitar o reconhecimento da independência do Haiti, a França também deixa vislumbrar a ameaça de uma retomada da intervenção militar. Isso induz os dirigentes do país caribenho a aceitar, em 1825, um acordo que se revela catastrófico: em troca do reconhecimento da independência por parte do governo de Paris, eles se empenham a indenizar os colonos expropriados e privados de seu gado humano (os escravos negros). Haiti acaba endividando-se cada vez mais pesadamente – em 1898, metade do orçamento estatal é empregado para pagar o

ENTRE EXORCIZAÇÃO E FRAGMENTAÇÃO DAS LUTAS DE CLASSES   321

país credor e, em 1914, essa porcentagem sobe para 80%[62]. A espiral da crescente dependência econômica anula cada vez mais a formal independência política. Não há dúvidas: vitoriosa no plano militar, a revolução de São Domingos-Haiti sofre uma derrota no plano econômico; o povo e o país que haviam derrotado o Exército de Napoleão não conseguem pôr em discussão a divisão internacional do trabalho imposta pelo sistema colonialista. As consequências são graves, e não só pelo fato de que no interior do país pioram as condições de vida das massas populares; no plano internacional, o colapso do prestígio do país surgido com a revolução dos escravos negros deixa mais tranquilo o regime de *white supremacy* vigente no Sul dos Estados Unidos e, em última análise, o contexto mundial.

Uma réplica desse acontecimento se desenvolve no século XX, em duas etapas. Vejamos a primeira. Logo depois de outubro de 1917, Herbert Hoover, naquele momento alto representante da administração Wilson e mais tarde presidente dos Estados Unidos, agita de forma explícita a ameaça da "fome absoluta" e da "morte por inanição", não só contra a Rússia soviética, mas contra os povos propensos a se contagiarem pela revolução bolchevique. Todos estão colocados diante de uma rude alternativa assim sintetizada por Gramsci já num artigo no *Avanti!* de 16 de dezembro de 1918: "Ou a bolsa ou a vida, ou a ordem burguesa ou a fome". Olhemos para a segunda etapa. Saído extenuado pelo segundo conflito mundial, em maio de 1947, o país que até então era aliado dos Estados Unidos é colocado, pelo plano Marshall, diante de uma alternativa assim sintetizada por um estudioso estadunidense: se não querem renunciar aos créditos e às trocas comerciais dos quais necessitam com urgência, "os sovietes [devem] abrir sua economia aos investimentos ocidentais, seus mercados aos produtos ocidentais, suas cadernetas de poupança aos administradores ocidentais", devem "aceitar a penetração econômica e mediática" dos países que se aprontam a constituir a Otan[63]. É a chantagem que já conhecemos: "Ou a bolsa ou a vida, ou a ordem burguesa ou a fome". Com toda evidência, a luta econômica exerceu um papel não negligenciável na derrota final sofrida na Europa oriental pela Revolução de Outubro.

Mesmo a Revolução Chinesa, depois de enfrentar uma intervenção militar dos Estados Unidos, ainda que limitada, na guerra civil que se alastra no grande país asiático, deve confrontar-se com uma ofensiva desencadeada sobretudo pela frente econômica. Os expoentes da administração Truman são às vezes explícitos:

---

[62]   Laurent Dubois, *Haiti. The Aftershock of History*, cit., p. 7-8.

[63]   S. F. Ambrose, "When the Americans Came Back to Europe", *International Herald Tribune*, 20 maio 1997, p. 10.

é necessário criar as condições para que a China "sofra a chaga" de "um padrão de vida geral próximo ou abaixo do nível de subsistência", do "atraso econômico" e de um "atraso cultural"; é necessário infligir "um custo pesado e bastante prolongado a toda a estrutura social" e criar, em última análise, "um estado de caos", uma "situação econômica catastrófica" que estimule o "desastre" e o "colapso". Sucedem-se os presidentes na Casa Branca, mas o embargo fica e inclui remédios, tratores e fertilizantes. No início dos anos 1960, um colaborador da administração Kennedy, Walt W. Rostow, faz notar que, através dessa política, o desenvolvimento econômico da China atrasou pelo menos "dezenas de anos". Se não a guerra econômica, a ameaça de guerra econômica não cessou nem na véspera do ingresso da China na Organização Mundial do Comércio. Ilustre cientista político estadunidense, Edwar Luttwak observou com satisfação: "Com uma metáfora, poder-se-ia afirmar que o bloqueio das importações chinesas é a arma nuclear que a América apontou contra a China"[64].

7. "Anexação política" e "anexação econômica"

Marx tem clara consciência do componente também econômico de toda grande luta de classes e nacional. Vimos como ele denunciou o colonialismo inglês por ter reduzido a Irlanda a "simples pastagem", a pura fornecedora de "carne e lã ao menor preço possível"[65]. Pois bem, em uma carta a Engels de 30 de novembro de 1867, Marx teoriza uma revolução popular que ponha fim ao domínio colonial na Irlanda e que sancione a independência do país. O novo poder revolucionário é chamado a rechaçar a desindustrialização praticada pelos colonizadores e a promover uma política protecionista, com a imposição, em primeiro lugar, de uma "barreira aduaneira contra a Inglaterra"[66]. Marx realça repetidamente o fato de que o livre-câmbio promove o desenvolvimento das forças produtivas, mas isso não lhe impede de recomendar o protecionismo, por um limitado período de tempo, para um país que deve livrar-se ao mesmo tempo do subdesenvolvimento e da dependência colonial e que deve levar o processo de emancipação do estado político-militar para o econômico.

---

[64] Sobre Bolívar e Jefferson, cf. Domenico Losurdo, *Controstoria del liberalismo* (Roma/Bari, Laterza, 2005), cap. 5, seção 8; sobre a guerra econômica contra a Rússia soviética e a República Popular Chinesa, cf. idem, *Stalin. Storia e critica di una leggenda nera* (Roma/Bari, Laterza, 2005), p. 196-7 e 288-9.

[65] Ver, neste volume, cap. 1, seção 3.

[66] MEW, v. 31, p. 400.

É um problema claramente presente em Lenin, que distingue com a habitual clareza a "anexação política" "daquela econômica". Não basta ter liquidado a primeira para ser livre também da segunda. Formalmente independentes, "a Argentina é de fato uma 'colônia' comercial da Inglaterra" e "Portugal é de fato um 'vassalo' da Inglaterra"[67]. Analisando as formas de poder e de domínio no âmbito de um único país, Marx observa que, a uma situação (feudal) caraterizada por "relações de dependência pessoal" direta sucede uma situação caraterizada pela "independência pessoal fundada sobre uma dependência *coisal*", como ocorre no âmbito da sociedade capitalista[68]. Pode-se compreender, então, a passagem, no que diz respeito à esfera das relações internacionais, do colonialismo ao neocolonialismo; à "dependência pessoal" corresponde a "anexação política", enquanto à "dependência coisal" entrelaçada com a "independência pessoal" corresponde a anexação "econômica" entrelaçada com a formal independência nacional.

O fenômeno de que se fala não pode certamente ser considerado obsoleto em um período histórico em que, em função de sua força econômica e tecnológica, recorrendo à guerra econômica ou à guerra propriamente dita, as grandes potências capitalistas revelam-se capazes de destruir países do terceiro mundo sem sofrer praticamente nenhuma perda, como na época clássica do colonialismo, ou melhor, de forma ainda mais acentuada! Portanto, ainda hoje a "questão social" pode apresentar-se em certa medida como "questão nacional" e pode verificar-se a parcial "identidade entre a luta nacional e a luta de classes" (usando a linguagem respetivamente de Marx e de Mao).

Nos momentos de maior força e maturidade, o movimento anticolonialista mostrou plena consciência da dimensão também econômica de sua luta pela emancipação. Em 16 de setembro de 1949, na véspera da conquista do poder, Mao Tse-Tung[69] chama atenção para o desejo de Washington de que a China se "reduza a viver de farinha americana", acabando, assim, por se "tornar uma colônia americana": a luta pelo desenvolvimento da produção configura-se como uma extensão da luta contra o domínio colonial ou semicolonial. Quatro décadas depois, Deng Xiaoping[70] reafirma: "Para conseguir uma genuína independência política, um país deve se livrar da pobreza".

---

[67] LO, v. 23, p. 42.

[68] Karl Marx, *Grundrisse*, cit., p. 75 [ed. bras.: *Grundrisse*, cit., p. 106].

[69] Mao Tse-Tung, *Opere scelte*, cit., v. 4, p. 467.

[70] Deng Xiaoping, *Selected Works*, cit., v. 3, p. 202.

324 A LUTA DE CLASSES

A milhares de quilômetros, em Cuba, não é diferente a atitude de Che Guevara[71], que nos anos 1960 invoca a vigilância também contra a "agressão econômica" e convida os países recém-independentes a "livrar-se não só do jugo político, mas também do jugo econômico imperialista".

Nesse mesmo período, na véspera da vitória da revolução argelina, Fanon encara o problema, para um movimento de libertação nacional, da passagem da fase político-militar à político-econômica. Para atribuir concretude e solidez à independência conquistada com luta armada, o país de nova independência deve sair do subdesenvolvimento. O empenho no trabalho e na produção toma o lugar da coragem na batalha; a figura do trabalhador, mais ou menos qualificado, entra no lugar do guerrilheiro. Quando percebe que será obrigada a capitular, a potência colonial parece dizer aos revolucionários: "Já que vocês querem a independência, tomem-na e morram". De modo que "a apoteose da independência transforma-se em maldição da independência". A esse novo desafio, que não tem mais caráter militar, é preciso saber responder: "Precisa-se de capitais, técnicos, engenheiros, mecânicos etc."[72].

De alguma forma, é previsto, de um lado, o impasse de tantos países africanos que não conseguiram passar da fase militar à fase econômica da revolução; do outro, a virada que ocorreu em revoluções anticoloniais como a chinesa ou a vietnamita. Estamos em 1961. Nesse ano, outro eminente teórico da revolução anticolonialista dedicava à figura de Toussaint Louverture um livro que é ao mesmo tempo um balanço da revolução que teve no jacobino negro seu grande protagonista. Depois da vitória militar, ele teve o mérito de colocar o problema da edificação econômica: por tal fim, estimulou a cultura do trabalho e da produtividade e tentou utilizar também os técnicos e os especialistas brancos provindo das fileiras do inimigo derrotado. Exatamente aquilo que mais tarde fez Lenin, nos anos da NEP, introduzindo nos locais de trabalho "a mais rigorosa disciplina" e recorrendo aos "especialistas burgueses"[73].

O comparatismo sempre é problemático e o próprio autor aqui citado chama a atenção para os limites da abordagem de tipo militar adotada pelo líder dos escravos negros, uma vez alcançado o poder. Contudo, permanece um fato essencial: a comparação que vimos nasce da consciência da passagem

---

[71] Ernesto Guevara, *Scritti, discorsi e diari di guerriglia. 1959-1967* (org. L. Gonsalez, Turim, Einaudi, 1969), p. 883 e 1.429.

[72] Frantz Fanon, *I dannati della terra*, cit., p. 56 e 58.

[73] Aimé Césaire, *Toussaint Louverture. La révolution française et le problème colonial* (Paris, Présence Africaine, 1961), p. 242.

que, em determinado momento, se impõe a toda revolução anticolonial, a toda revolução que de qualquer forma põe em discussão a divisão internacional do trabalho imposta pelo capitalismo e pelo imperialismo. É necessário, então, tomar consciência da tragédia que se consumou no curso da revolução liderada por Toussaint Louverture: por querer recorrer a especialistas e técnicos de raça branca, ele foi suspeito e acusado de traição, e sua linha política sofreu uma dura derrota. As consequências foram bastante graves: São Domingos era uma ilha rica, em função do açúcar produzido em plantações de amplas dimensões e de considerável eficiência e amplamente exportado. Com certeza, a riqueza produzida pelos escravos era embolsada por seus patrões. Poderiam os escravos fazer funcionar para seu proveito a estrutura econômica por eles herdada da revolução? Na realidade, uma atrasada agricultura de subsistência substituiu o sistema escravista e o domínio colonial. A ilha conheceu, assim, a miséria generalizada, sendo ainda hoje um dos países mais pobres do globo. Depois do acordo estipulado entre Haiti e França, um autor francês exultou: a antiga potência colonial restabelecera seu domínio sem recorrer à guerra, mas valendo-se, de forma tanto mais eficaz, do instrumento econômico[74]. Mais tarde, o Haiti escapa amplamente do controle da França, mas só porque a vizinha e mais poderosa república norte-americana entra no lugar do país europeu.

Agora pode ser interessante refletir sobre a história do terceiro mundo. Na conferência que se reúne em Bandung em 1955, depois de saudar com entusiasmo os primeiros importantes resultados da revolução anticolonial, ainda em pleno desenvolvimento, o líder indonésio Ahmed Sukarno chama os países recém-independentes a livrarem-se também do "controle econômico" exercido pelas velhas potências coloniais. No ano seguinte, o ganês Kwame Nkrumah publica um livro voltado a demonstrar que "um Estado nas garras do neocolonialismo não é dono de seu destino"[75].

Observamos à irrupção, em nível planetário, de uma dialética que já havia se manifestado no interior de alguns países e, com particular clareza, no contexto dos Estados Unidos. Aqui, depois da abolição da escravidão, os negros tentam consolidar ou tornar efetiva a emancipação através do acesso à propriedade da terra; o fracasso dessa tentativa, obstaculizada de todas as formas pela elite branca, condena os afro-americanos à segregação nos segmentos inferiores do mercado

---

[74] Laurent Dubois, *Haiti. The Aftershock of History*, cit., p. 102.

[75] Em Vijai Prashad, *Storia de Terzo Mondo* (2006) (Catanzaro, Rubbettino, 2009), p. 57-8 e 192.

de trabalho e à subalternidade econômica e social até nossos dias. À vitória da União, conseguida também em função do afluxo dos escravos nas fileiras do Exército, segue a derrota econômica e social dos ex-escravos. De qualquer forma, deveria estar fora de questão o fato de que a luta de classes se manifesta tanto na fase militar como na fase econômica das lutas pela emancipação.

Atualmente, nos países capitalistas avançados, a mesma cultura influenciada por Marx padece ao subsumir a luta para libertar-se da "anexação política" (Lenin), isto é, do "jugo político" (Che Guevara) à categoria de luta de classe emancipadora padece a rejeitar a agressão militar; resulta prejudicial a recusa a ler em termos de luta de classes o empenho para pôr fim à anexação "econômica" (Lenin), isto é, ao "jugo econômico imperialista" e a impedir a "agressão econômica" (Che Guevara). Por sorte, essa atitude não é desprovida de oscilações e incoerências. Žižek expressa seu desdém para a presumida degeneração da luta de classes em luta contra o imperialismo; em seus momentos politicamente mais felizes, entretanto, ele põe em discussão seus pressupostos teóricos. Com transparente referência à política israelense na Palestina, Žižek[76] chama atenção para as "apropriações colonialistas de terras". O objeto de crítica é a "anexação política" imposta pela força militar. Mas ele vai mais longe. Em relação ao Chile de Salvador Allende, o filósofo cita a indicação transmitida por Henry Kissinger à CIA – "Façam com que a economia grite de dor" – e realça o fato de que essa política continua a ser praticada contra a Venezuela de Chávez[77]. O teor é de dura condenação, uma condenação que claramente investe o imperialismo, analisado e etiquetado por sua política de agressão econômica, antes de militar. Pode-se muito bem negar a questão nacional, mas o comportamento aqui evidenciado e praticado contra a Palestina, o Chile, a Venezuela, se ainda pesa em particular sobre as classes subalternas, atinge a nação como tal, de modo que tem pouca credibilidade e pouca eficácia uma luta de classes que ignore essa questão.

Contudo, com o perigo do chauvinismo sempre à espreita, é lícito ainda falar de questão nacional e, em determinadas circunstâncias, ligá-la e até mesmo identificá-la com a luta de classes? Em 1916, enquanto se alastrava uma carnificina imperialista travada em nome da "defesa da pátria", sem hesitar, Lenin afirmava: "Em uma guerra *efetivamente* nacional, as palavras 'defesa da

---

[76] Slavoj Žižek, *Benvenuti in tempi interessanti* (Florença, Ponte alle Grazie, 2012), p. 97.

[77] Idem, "Welcome to Intersting Times!", em vários autores, *Revolution and Subjectivity* (Madri, Matadero, 2011), p. 130; *Benvenuti in tempi interessanti*, cit., p. 85.

pátria' não são, de modo algum, um engano, e nós não somos contrários a essa guerra"[78]. Tratava-se de uma indicação preciosa, destinada a desenvolver um papel essencial nas lutas de resistência e de libertação nacional contra o Terceiro Reich e contra o domínio colonial em geral. Do lado oposto, os que, por analogia à Primeira Guerra Mundial, ridicularizavam a "defesa da pátria" e apelavam ao derrotismo acabavam de fato fazendo o jogo do Terceiro Reich ou do Império do Sol Nascente. É a confirmação de que substituir o fácil jogo das analogias à árdua "análise concreta da situação concreta" é só fonte de desastres.

Por outro lado, não existe categoria e não existe palavra de ordem que não sofra com as contaminações das lutas políticas e sociais. Ficou talvez imaculado o termo "democracia"? "Democrático" era o nome do partido que por longo tempo nos Estados Unidos lutou em defesa do instituto da escravidão e depois da *white supremacy*. É análogo o destino de palavras que, à primeira vista, pareceriam ser patrimônio incontestado da esquerda: revolução, socialismo, classe operária. E eis em 1933 a "revolução" do "Partido Nacional-Socialista dos trabalhadores alemães" dirigido por Hitler! As afinidades linguísticas podem também denotar o antagonismo, a luta cerrada que se desenvolve para interpretar em uma ou outra direção as palavras de ordem que, em determinada situação histórica, se impuseram à consciência comum ou à atenção geral.

8. A China e o fim da "época colombiana"

Em relação à China, a (parcial) identidade entre luta de classes e luta nacional não desaparece com o fim do "século das humilhações". É verdade, em 1949 nasce a República Popular, porém ela não completou o processo de reunificação nacional e de recuperação da integridade territorial, aliás, deve tomar cuidado com os projetos de desmembramento cultivados pelo Ocidente, que apoia e alimenta todos os movimentos secessionistas (no Tibete, no Xingjian, na Mongólia Interior e alhures). Além disso, alvo de uma implacável guerra econômica, a República Popular Chinesa continua exposta ao perigo de agressão militar: não casualmente, por longo tempo foi excluída da Organização das Nações Unidas. Sobretudo, ela é um dos países mais pobres do mundo e, portanto, segundo a declaração de Mao de 16 de setembro de 1949, corre o risco de depender da "farinha americana" e de "tornar-se colônia americana". Desde o fim dos anos 1950, o líder revolucionário chinês não põe em discussão

---

[78] LO, v. 23, p. 28.

328 A LUTA DE CLASSES

sua tese da identidade ou, pelo menos, da substancial convergência na China entre luta de classes e luta nacional. Com certeza, o quadro muda claramente em primeiro lugar com o Grande Salto para Frente e depois, sobretudo, com a Revolução Cultural, quando ressoa a palavra de ordem "o um se divide em dois"; a frente unida anti-imperialista vive uma laceração e busca o alvo da luta de classes em primeiro lugar no plano interno. Mas, como sabemos, em maio de 1974, o próprio Mao expressa profunda decepção pelos resultados: reconhecendo, no curso de sua conversa com Heath, não ter conseguido resolver o problema da alimentação, ele deve ter pensado talvez no perigo, evocado quase um quarto de século antes, para a China de tornar-se colônia do país que lhe podia fornecer a "farinha" necessária à sobrevivência.

A tese da substancial convergência entre luta de classes e luta nacional volta ao auge com a chegada ao poder de Deng Xiaoping. A política de reformas e de abertura que ele lançou foi muitas vezes lida como homologação da China ao Ocidente e como afirmação de uma espécie de bonança no cenário mundial. Mas trata-se de uma leitura bastante superficial. Por alguns aspectos, essa política representa a tentativa de escapar das formas mais devastadoras da guerra econômica, que não esvaneceu. Enquanto continua a pesar a ameaça de um ataque "nuclear" sob a forma comercial, assiste-se a um jogo subtil: os Estados Unidos esperam ter à disposição um imenso país fornecedor de força de trabalho de baixo custo e de produtos de baixo conteúdo tecnológico a preços irrisórios; a China almeja acessar a tecnologia avançada que agora, depois da crise e da queda da URSS e do campo socialista, é monopólio do Ocidente. De tal maneira, poderia ser preenchida a diferença em relação aos países capitalistas mais avançados e liquidada a primeira desigualdade; entretanto, esse projeto não é absolutamente fácil de realizar, já que os Estados Unidos em particular tentam submeter o grande país asiático a uma espécie de embargo tecnológico. Pois bem, a que ponto chegou o desenvolvimento dessa disputa?

Nos últimos anos do século XX, Huntington[79] observava: se a industrialização e a modernização em curso no grande país asiático terão êxito, "a chegada da China a grande potência arrasará qualquer outro fenômeno comparável ocorrido na segunda metade do segundo milênio". Cerca de três lustros depois, não havia mais dúvidas: a China havia sido admitida na Organização Mundial do Comércio e os Estados Unidos não podiam mais agitar a ameaça de um ataque "nuclear" sob a forma comercial. De modo que,

---

[79] Samuel P. Huntington, *Lo scontro delle civiltà e il nuovo ordine mondiale*, cit., p. 340.

sempre em relação às transformações que marcaram época em curso na Ásia, Ferguson pôde concluir: "Aquilo que estamos vivendo é o fim de quinhentos anos de predomínio ocidental"[80] . Os dois autores aqui citados recorrem à mesma, enfática, datação. Voltando cerca de cinco séculos, deparamo-nos com a descoberta-conquista da América e com o início daquela que Halford J. Mackinder[81], um dos pais da geopolítica, definiu como a "época colombiana" da descoberta e da "apropriação política" do mundo pelo Ocidente, que se expande triunfalmente encontrando "uma resistência quase insignificante".

O fim da "época colombiana" é ao mesmo tempo o início do fim da "grande divergência" que escavou um sulco profundo entre o Ocidente e o resto do mundo, que possibilitou o imenso poder militar do primeiro e estimulou, ou facilitou, a arrogância cultural, e muitas vezes até racial, exibida pela estreita área de desenvolvimento econômico e tecnológico mais avançado. Abre-se, assim, a perspectiva de uma radical mudança na divisão internacional do trabalho; e, mais uma vez, o conflito no plano político, diplomático e econômico, cujo objetivo é modificar ou conservar a divisão internacional do trabalho imposta pelo capitalismo e pelo imperialismo, é em si uma luta de classes, uma luta de classes que tenta promover ou bloquear um processo de emancipação de dimensões planetárias. Do ponto de vista de Marx e Engels, a luta para superar, no âmbito da família, a divisão patriarcal do trabalho deve ser considerada parte integrante do processo de emancipação (e de luta de classes); seria bastante bizarro considerar alheia ao processo de emancipação (e de luta de classes) a luta para pôr fim, em nível internacional, à divisão internacional do trabalho que se afirmou pela força das armas no curso da "época colombiana"!

Em todo caso, tem enorme importância histórica a redução, em andamento, da "desigualdade global", aquela que se manifesta em nível planetário. Especialmente porque a "desigualdade global" permitiu uma terrível relação de coerção que ainda hoje está muito enraizada. Já Adam Smith[82] observava que, na época da descoberta-conquista da América (portanto, no início da "época colombiana"), "a superioridade de forças a favor dos europeus era tão grande

---

[80] Nial Ferguson, *Civilization. The West and the Rest* (Londres, Penguin, 2011), p. 322.

[81] Halford J. Mackinder, "The Geographical Pivot of History", *Geographical Journal*, v. 23, n. 4, 1904, p. 421-2.

[82] Adam Smith, *Indagine sulla natura e le cause della ricchezza delle nazioni* (1775-1776; 1783) (3. ed., Milão, Mondadori, 1977), livro IV, cap. 7, p. 618; cf. Giovanni Arrighi, *Adam Smith a Pechino. Genealogie del XXI secolo* (Milão, Feltrinelli, 2009), p. 11 e 15.

330 A LUTA DE CLASSES

que eles puderam cometer impunemente todo tipo de injustiça naqueles países longínquos". Muito tempo depois, Hitler[83] dirigia-se aos industriais que estavam para investi-lo de poder assim:

> A raça branca só pode realmente conservar sua posição se no mundo se mantiver a diversidade do padrão de vida. Se hoje concederem aos nossos chamados mercados de exportação o mesmo padrão de vida que nós temos, perceberão que a posição de domínio da raça não poderá ser mantida, nem no que diz respeito à potência política da nação nem no que diz respeito à situação econômica do singular indivíduo.

Era necessário visar em primeiro lugar à União Soviética, que, "com a ajuda das muletas da economia capitalista", estava próxima de se tornar "o mais temível concorrente econômico" dos países de raça branca. Em defesa daquilo que hoje chamamos de "desigualdade global", Hitler estava pronto para desencadear uma das mais ferozes lutas reacionárias de classes que a história universal já conheceu. O marxismo ou pós-marxismo sob o lema do trade-unionismo/populismo parece indiferente a tudo isso. Ele proclama que quer lutar contra a desigualdade, desde que não se trate da "desigualdade global", aquela mais grávida de violência e aquela que escava entre os homens o abismo mais profundo.

9. O OCIDENTE, A CHINA E AS DUAS "GRANDES DIVERGÊNCIAS"

Enquanto se reduz a "grande divergência" global e planetária, no interior do mundo capitalista mais desenvolvido amplia-se outra "grande divergência" (*great divergence*), como também foi chamada[84]. Já em curso há bastante tempo, esta segunda "grande divergência" acentuou-se na onda da crise de 2008. O chefe de redação financeiro do *Wall Street Journal*, em Nova York, observa que nos Estados Unidos "1% da população controla mais de um quinto da riqueza do país e 15% das pessoas vivem abaixo da linha de pobreza"[85]. Deparamo-nos, assim, com relações de poder que anulam a liberdade das classes populares: "Só 27% dos desempregados podem contar com o subsídio desemprego. Isso

---

[83] Adolf Hitler, *Reden und Proklamtionen 1932-1945* (org. M. Domarus, 1. ed. 1962-1963, Munique, Suddeutscher, 1965), p. 75 e 77.

[84] Timothy Noah, *The Great Divergence. American's Growing Inequality and What We Can Do About It* (Nova York, Bloomsbury, 2012).

[85] Francesco Guerrera, "Ascoltiamo quell'urlo in piazza", *La Stampa*, 2 out. 2011, p. 41.

permite às empresas atingir os sindicatos e ameaçar os dependentes que tentam organizar-se (no plano sindical)"[86].

Surge uma questão: a segunda "grande divergência" atinge também o país que mais do que qualquer outro está pondo em questão a primeira "grande divergência"? Se por um lado na China desapareceu a absoluta desigualdade qualitativa (a diferença entre a vida e a morte) que está à espreita numa situação de penúria, por outro lado, em relação à distribuição da riqueza social ela se tornou marcadamente mais desigual. Não é uma dialética nova na história do movimento originado pela Revolução de Outubro. Com referência à Rússia soviética, ela foi bem descrita por Trotski em 1936-1937:

> Em seu primeiro período, o regime soviético teve incontestavelmente um caráter muito mais igualitário e menos burocrático do que hoje. Mas sua igualdade foi a da miséria comum. Os recursos do país eram tão limitados que não permitiam destacar das massas quaisquer meios ou privilégios. O salário "igualitário", ao eliminar o estímulo individual, tornou-se um obstáculo ao desenvolvimento das forças produtivas. A economia soviética teria de sair um pouco da indigência para possibilitar a acumulação desses sujos objetos que são os privilégios.[87]

Apesar do tom polêmico – estou citando um livro que já no título denuncia a "traição" da revolução –, esse é um trecho esclarecedor: a) não se pode ficar parado na "miséria comum"; b) é verdade que em tal estado existe um "salário 'igualitário'". Mas deve-se prestar atenção nas aspas que contêm o adjetivo; trata-se de uma igualdade limitada só à miséria, ao "ascetismo universal" e coato do qual o *Manifesto Comunista* se distancia marcadamente e que – acrescento eu – pode implicar o deslizamento para a absoluta desigualdade qualitativa; c) para sair dessa condição, é necessário promover o "desenvolvimento das forças produtivas" pressionando o "estímulo individual"; emergem, assim, desigualdades legitimadas pelas diferentes quantidade e qualidade do trabalho fornecido, mas que podem transformar-se em "privilégios" intoleráveis.

Deparamo-nos com uma análise e um alerta que podem valer também para a China. As mudanças que ocorreram nas últimas décadas poderiam ser

---

[86] R. B. Reich, "When America's Rich Get Too Rich", *International Herald Tribune*, 5 set. 2011, p. 6.

[87] Leon Trotski, *Schriften. Sowjetgesellschaft und stalinistische Diktatur* (orgs. H. Dahmer et al., Hamburgo, Rasch und Rohring, 1988), p. 810 [ed. it.: *La rivoluzione tradita*, Roma, Samona e Savelli, 1968, p. 104].

332 A LUTA DE CLASSES

ilustradas com uma metáfora. Eis dois trens que saem da estação chamada "subdesenvolvimento" para avançar em direção à estação chamada "desenvolvimento". Um dos trens é superveloz, o outro tem velocidade mais reduzida – assim, a distância entre os dois aumenta progressivamente. Essa defasagem encontra uma fácil explicação se considerarmos as dimensões continentais da China e sua história atormentada: as regiões costeiras, que já dispunham de infraestruturas, ainda que elementares, e que desfrutam da proximidade e da possibilidade de troca com os países desenvolvidos, estão numa posição mais favorável em relação às regiões tradicionalmente mais atrasadas, sem litoral e, além do mais, confinantes com áreas marcadas pela estagnação econômica. Bastante diferente é o quadro que apresenta o Ocidente: nessa região do mundo, não poucos observadores falam de retorno de uma miséria que parecia erradicada e que irrompe em uma sociedade cuja opulência se concentra em um círculo cada vez mais estreito. Para a China, é necessário falar de retorno do bem-estar ou de uma condição de vida digna, embora no contexto de um processo rico de contradições; ainda que com velocidade diferente, os dois trens da metáfora avançam em direção à mesma meta.

Se nos Estados Unidos e na Europa ocidental a emergência ou a exacerbação da segunda "grande divergência" e o desmantelamento do Estado social foram precedidos por uma campanha ideológica que, independentemente de qualquer cálculo econômico, com Hayek cortava os direitos econômicos e sociais do catálogo dos direitos, na China ocorreu um processo ideológico e político completamente diferente. Ao promover a virada de 1979, bem longe de pôr em discussão os direitos econômicos e sociais, Deng Xiaoping realçou sua centralidade. Criticou o velho modelo pelo fato de que, incapaz como era de desenvolver as forças produtivas e de superar a situação de penúria, ele não teria condição de satisfazer realmente o direito à vida e a uma vida digna, os direitos econômicos e sociais dos cidadãos do país mais populoso do mundo. Impunha-se uma mudança de rota. Era necessário tomar consciência de "que a pobreza não é socialismo e que socialismo significa eliminação da miséria" e realização da "comum prosperidade" do "bem-estar" e da "felicidade" para o "povo"[88]. Nessa base, permanecia firme a oposição ao "capitalismo", que "pode enriquecer menos de dez por cento da população chinesa e jamais enriquecerá os noventa e poucos por cento restantes". Era necessário perseverar na escolha de 1949, acabando, porém, com os deslizamentos no populismo que identificava

---

[88] Ver, neste volume, cap. 7, seção 6.

na riqueza uma possível fonte de contaminação da pureza revolucionária e que, apagando todo incentivo material, premiava de fato a falta de empenho no trabalho: "Se aderirmos ao socialismo e aplicarmos o princípio [marxiano] da distribuição remunerando cada um segundo seu trabalho, não haverá excessiva disparidade de riqueza"; como na NEP soviética (explicitamente citada), ao lado da propriedade pública existiria uma propriedade privada, mas com um papel dirigente acordado à primeira[89].

Começa, então, a perfilar-se com clareza a luta ideológica e política que impôs o novo curso na China: por um lado, os defensores da distribuição igualitária da penúria, orientados para a transfiguração populista dessa condição como sinônimo de excelência política e moral; por outro, os defensores de uma "prosperidade" certamente "comum", mas a ser conseguida na competição entre indivíduos e entre empresas, através do mercado, do entrelaçamento da indústria pública e privada, permanecendo o papel dirigente do setor estatal e público da economia (e do poder político). Como demonstra também a referência de Deng Xiaoping à NEP soviética, não se trata de um debate novo na história dos países de orientação socialista. Mesmo que com um radicalismo inédito, repropõe-se um velho conhecido dilema: apostar tudo no "ascetismo universal" e no "rude igualitarismo" (ridicularizados pelo *Manifesto Comunista*) ou levar a sério a tarefa que, sempre segundo o *Manifesto*, um partido comunista no poder deve cumprir, a de "aumentar, com a maior rapidez possível, a massa das forças produtivas"?

Depois de pelo menos três décadas de prodigioso desenvolvimento econômico, que entre contradições e conflitos de todo tipo permitiu libertar centenas de milhões de pessoas da miséria, da absoluta desigualdade qualitativa ou do perigo de cair nela, na China de hoje assistimos ao esforço de agredir também as diferentes manifestações da desigualdade quantitativa. Nos últimos anos, o Tibete, a Mongólia Interior e outras regiões puderam orgulhar-se de uma taxa de desenvolvimento superior, e às vezes marcadamente superior, à média nacional; a mesma consideração pode ser feita em relação a uma enorme megalópole como Chongqing e a uma grande metrópole como Chengdu, que se encontram a uma distância de 1.500 quilômetros das regiões orientais e costeiras, as mais desenvolvidas, e que parecem lançadas em uma impetuosa perseguição. Portanto, no país-continente que é a China, se reduzem as diferenças regionais no curso de um processo acelerado de desenvolvimento econômico;

---

[89] Deng Xiaoping, *Selected Works*, cit., v. 3, p. 73, 143 e 145.

334 A LUTA DE CLASSES

essas diferenças se agravam na Europa (e no interior dos países) e se agravam no curso de um processo marcado, sobretudo, pela estagnação ou pela recessão.

Com certeza, na China a distância entre cidade (que atrai as forças mais jovens e dinâmicas) e campo continua crescendo, mas essa tendência é de alguma forma retida pelo rápido processo de urbanização: os passageiros do trem (urbano) de alta velocidade são cada vez mais numerosos; mas, de qualquer forma, não faltam esforços para aumentar a velocidade do trem (rural) relativamente menos rápido. Nas mesmas áreas urbanas, o acesso ao bem-estar e às vezes à riqueza e até mesmo à opulência não é homogêneo; mas as desigualdades e as distorções são controladas ou neutralizadas pela rápida elevação dos níveis salariais e pela introdução dos primeiros elementos de Estado social.

No conjunto, a diferente velocidade com que se deixa por trás a miséria e se acessa o bem-estar da civilização moderna não pode ser descrita pela categoria de "grande divergência". Ainda mais que os persistentes obstáculos no caminho que conduz à "prosperidade comum" são percebidos como rochedos que impedem o pleno desfrute dos direitos econômicos e sociais e que a sociedade é chamada a remover o mais rápido possível – também no plano ideológico é clara a antítese em relação ao neoliberalismo que promove e legitima a primeira, assim como a segunda, "grande divergência".

10. A CHINA E A LUTA DE CLASSES

E, então, como se configuram na China as relações entre as classes e a luta de classes? Qualquer resposta que se abstraísse do contexto internacional seria superficial. Convém lembrar as reprovações que o jornalista televisivo estadunidense Mike Wallace comunicava em 2 de setembro de 1986 a Deng Xiaoping: "Os investidores ocidentais lamentam o fato de que a China torna os negócios difíceis – aluguéis exorbitantes para escritórios, excessivas brigas para os contratos, excessivos impostos especiais; até o trabalho é demasiadamente caro"[90]. Esses reclamos renovam-se toda vez que em Pequim o poder político promulga normas a favor da classe operária ou que busca conter sua exploração. Nos dias atuais, ao rápido aumento dos salários e à introdução de normas mais rigorosas no plano ambiental e ecológico as multinacionais respondem transferindo seus estabelecimentos para países mais atrasados e mais condescendentes e, às vezes, até mesmo regressando ao país de origem,

---

[90] Ibidem, p. 173.

sobretudo aos Estados Unidos, onde, nesse meio-tempo, o custo do trabalho diminuiu sensivelmente. Compreende-se que, em uma primeira fase, também visando a superar a penúria e a respectiva situação de absoluta desigualdade qualitativa, os dirigentes de Pequim tenham se preocupado antes de tudo com a consolidação da base industrial e tecnológica.

Não termina aqui o condicionamento internacional da política econômica adotada pela China, um condicionamento regularmente ignorado pelos seguidores do idealismo da práxis. Vejamos qual era situação na segunda metade dos anos 1990. Já conhecemos a ameaça recorrente por parte de Washington de fechar o mercado estadunidense às mercadorias chinesas e, portanto, de recorrer a uma medida que algum tempo atrás constituía o equivalente comercial do recurso à "arma nuclear". A China podia buscar amparo aderindo à Organização Mundial do Comércio (OMC). Entretanto, essa e outras organizações econômicas internacionais hegemonizadas pelos Estados Unidos e pelo Ocidente pressionavam para que fossem desmanteladas de forma rápida e maciça as indústrias estatais, descuidando dos custos sociais, isto é, o aumento do desemprego e a perda dos benefícios sociais (creches, saúde etc.), que na China estão tradicionalmente vinculados ao emprego em uma fábrica estatal[91]. Outras vezes, as intervenções de Washington eram mais diretas. A própria imprensa estadunidense referia-se às advertências dirigidas ao embaixador dos Estados Unidos em Pequim sobre as "consequências negativas" da persistência de um extenso setor de economia estatal e coletivo e da "falta de empenho a favor do mercado". Preocupante e inaceitável era considerada uma política que, em vez de fechar as empresas estatais que davam prejuízo, perseguia a "tentativa de torná-las mais competitivas". Verdadeira indignação suscitava ademais o delinear-se de uma "estratégia" baseada na "pretensão" de que os "investidores estrangeiros" colaborassem "com os chefes do Partido Comunista para introduzir tecnologia moderna e técnicas de *management* nas indústrias estatais chinesas"[92].

No entanto, a China foi admitida na Organização Mundial do Comércio. Através dessa admissão e do prodigioso desenvolvimento econômico do grande

---

[91] E. Stern, "The Way Ahead for China. More Change Sustainably", *International Herald Tribune*, 19 maio 1994. R. A. Manning, "Getting China to Play by the World Trade Rules", *International Herald Tribune*, 9 jan. 1996.

[92] P. Bowring, "Toward More Efficient State Capitalism, if Beijing Has Its Way", *International Herald Tribune*, 9 nov. 1995; P. E. Tyler, "Industrial Reform Is Under Assalt in China", *International Herald Tribune*, 19 jun. 1995.

país asiático, a "arma nuclear" comercial foi neutralizada. Mas isso não significou o esvaziamento do arsenal de armas comerciais à disposição de Washington: se a China quer ser reconhecida como país de economia de mercado (e, assim, de alguma forma, garantir-se contra a ameaça protecionista) e, sobretudo, se quer afrouxar o embargo tecnológico a que está submetida, ela é chamada a fazer concessões na direção já observada. Sabemos que, como os outros países que passaram por uma revolução anticapitalista e anticolonialista, a China tem de enfrentar duas desigualdades diferentes, a "desigualdade global", vigente internacionalmente, e a interna ao país. Pois bem, é como se Washington dissesse aos dirigentes de Pequim: se querem remover os obstáculos que se entremetem à superação do primeiro tipo de desigualdade (com o apagamento das normas que impedem ou obstaculizam o acesso à tecnologia mais avançada), devem fazer concessões que de fato agravam o segundo tipo de desigualdade (o desmantelamento do setor social implicaria, em primeiro lugar, a redução da capacidade de intervenção a favor das regiões menos desenvolvidas e, portanto, tornaria mais difícil a luta contra as desigualdades regionais).

Teoricamente, a China poderia escapar dessas pressões e desses condicionamentos pegando uma via de desenvolvimento mais ou menos autárquica. Na realidade, a recuperação do atraso econômico e tecnológico – explica já o *Manifesto Comunista* – não pode ser alcançada à margem de um processo que está em curso em âmbito mundial, que vê "as velhas indústrias nacionais" serem suplantadas "por novas indústrias, cuja introdução se torna uma questão vital para todas as nações civilizadas – indústrias que já não empregam matérias-primas nacionais, mas sim matérias-primas vindas das regiões mais distantes, e cujos produtos se consomem não somente no próprio país, mas em todas as partes do mundo"[93]. Em outras palavras, o desenvolvimento que um país protagonista de uma revolução anticapitalista ou anticolonial é chamado a promover não está desvinculado do mercado mundial ainda amplamente controlado pela burguesia. Não existe real alternativa à escolha de dançar com os lobos.

Podemos chegar a uma conclusão: se quisermos compreender corretamente os termos da luta de classes na China, é necessário considerar o papel da burguesia ocidental e, sobretudo, estadunidense. A ofensiva por ela desencadeada não se limita a visar ao setor estatal da economia e, mais em geral, ao papel de direção do poder político sobre a economia. Existe uma ofensiva político-ideológica que pretende demonizar Mao a partir da absolutização e da descontextualização

---

[93] MEW, v. 4, p. 466 [ed. bras.: Karl Marx e Friedrich Engels, *Manifesto Comunista*, cit., p. 43].

de seus anos de governo mais infelizes. De um líder político que, morto em 1976, governou a China inteira a partir de 1948 e áreas mais ou menos extensas do imenso país a partir de 1928, só se consideram os anos do Grande Salto para Frente e da Revolução Cultural. Remove-se, assim, o essencial: "as conquistas sociais da era de Mao" consideradas num todo foram "extraordinárias": elas implicaram a nítida melhora das condições econômicas, sociais e culturais e uma forte elevação da "expectativa de vida" do povo chinês. Sem esses pressupostos, não se pode compreender o prodigioso desenvolvimento econômico que sucessivamente libertou centenas de milhões de pessoas da fome e até mesmo da morte por inanição[94].

Em segundo lugar, os ideólogos do Ocidente calam o fato de que o Grande Salto é por diversos aspectos a tentativa desesperada de enfrentar um embargo devastador. Isso vale também em parte para a Revolução Cultural, ela mesma caraterizada pela ilusão de promover um rapidíssimo desenvolvimento econômico chamando à mobilização de massa e aos métodos adotados com sucesso na luta militar. Tudo isso sempre na esperança de pôr fim de vez às devastações da "guerra econômica", atrás da qual se vislumbra a ameaça de uma guerra ainda maior. Em virtude dessas duas distorções, os corresponsáveis por uma tragédia, ou talvez seus principais responsáveis, assumem a atitude de juízes e emitem a sentença: Mao, o protagonista de uma épica luta de libertação nacional que derrota o projeto colonialista e escravista posto em marcha pelos imitadores asiáticos do Terceiro Reich, é colocado no mesmo plano de Hitler! É uma operação que visa a minar a autoestima tanto dos membros do Partido Comunista como dos cidadãos da República Popular Chinesa, no contexto de uma cruzada que deseja impor também em Pequim o poder da grande riqueza para liquidar uma anomalia considerada intolerável. É a combinação de pressão econômica e pressão político-ideológica que constitui a principal luta de classes que se desenvolve na China e em torno dela.

Para perceber esse fato é suficiente uma consideração elementar: o grande desenvolvimento industrial e tecnológico e a saída da "miséria" de "mais de 600 milhões de pessoas"[95], ou (segundo outros cálculos) de "660 milhões de pessoas"[96], não teriam sido possíveis se o projeto de *regime change* cultivado

---

[94] Giovanni Arrighi, *Adam Smith a Pechino. Genealogie del XXI secolo*, cit., p. 406-7.

[95] Andrea Goldstein, *BRIC. Brasile, Russia, India e Cina ala guida dell'economia globale* (Bolonha, Il Mulino, 2011), p. 31.

[96] S. Roach, "Transforming Economic Structure Risky but Vital Task of Nation's Future", *Global Times*, 15 nov. 2012.

pelos Estados Unidos não tivesse sido derrotado; e o eventual sucesso desse projeto travaria agora o caminho aos ulteriores passos que se impõem no caminho da luta contra as duas desigualdades e, além disso, colocaria em perigo os resultados já conseguidos.

Certamente, não se pode ignorar a burguesia interna, em rápido crescimento, contra a qual, muitas vezes, entram em conflito os trabalhadores em luta por salários mais altos e melhores condições de trabalho e de vida, que conseguiram e estão conseguindo importantes resultados. Mas essas lutas não visam a derrubar ou pôr em discussão o poder político, aliás, muitas vezes, solicitam seu apoio a fim de vergar a arrogância e a resistência deste ou daquele patrão, deste ou daquele chefe local.

É uma atitude que muitas vezes surpreende o marxista ocidental. Ele chama os operários chineses a rejeitar todo compromisso com o poder estatal em sua luta sindical e acredita, assim, ser radical e até mesmo revolucionário. Na realidade, ele lembra o operário belga, Lazarević, que na Rússia soviética devastada pela guerra mundial e pela guerra civil estava pronto para denunciar como sinônimo de exploração toda tentativa do poder soviético de reorganizar o aparato industrial e econômico[97]. Obviamente a situação da China é bastante diferente. Contudo, os operários chineses – que muitas vezes são filiados ao Partido Comunista e que nessa qualidade preocupam-se, além de receber um salário mais alto, também em promover o desenvolvimento tecnológico das empresas nas quais trabalham e da nação da qual são membros – talvez tenham aprendido algo, de modo direto ou indireto, com o *Que fazer?*. Do corporativo "secretário de uma qualquer trade-union", Lenin critica o fato de ele perder de vista a luta de emancipação em seus diversos aspectos nacionais e internacionais, tornando-se assim às vezes suporte de "uma nação que explora todo o mundo" (naquela época, a Inglaterra). Bastante diferente é a atitude do revolucionário "tribuno popular", que deve saber olhar para o conjunto das relações políticas e sociais em âmbito nacional e internacional. O operário chinês, ainda que vagamente consciente do fato de que o desenvolvimento tecnológico de seu país torna mais difícil a "anexação econômica" (Lenin), isto é, a "agressão econômica" e o "jugo econômico" (Che Guevara) impostos pelo imperialismo aos países rebeldes, é muito mais próximo do "tribuno popular" (protagonista da luta de classes revolucionária) do que o marxista ocidental, preocupado só com o salário. Diversamente de seu suposto defensor, aquele operário, de alguma maneira, intui o fato de que os principais

---

[97] Ver, neste volume, cap. 7, seção 1.

antagonistas da luta de classes na China e arredores são, de um lado, a burguesia estadunidense e ocidental e, do outro, um estrato político revolucionário que se autonomizou, mas que, diversamente do que ocorreu na Europa oriental, continua a desfrutar de grande prestígio pelo fato de encarnar com coerência a causa da emancipação nacional.

Ninguém pode prever qual será o resultado dessa luta. Não podem prevê-lo os capitalistas chineses, obrigados a confrontar-se com a política descrita então por Mao como total "expropriação política", mas só parcial "expropriação econômica" da burguesia. A expropriação política de que se fala não é só a impossibilidade de transformar o poder econômico em poder político. Na realidade, é o próprio poder econômico da burguesia que sofre fortes condicionamentos políticos. É suficiente entrar numa empresa chinesa de propriedade privada para perceber o peso que mesmo em seu interior exercem o Partido Comunista e os trabalhadores comunistas organizados: eles estimulam a propriedade a reinvestir uma parte consistente dos lucros no desenvolvimento tecnológico da empresa, de modo a acelerar o desenvolvimento das forças produtivas e a modernização do país e a reduzir ou apagar o primeiro tipo de desigualdade; ou a propriedade é estimulada a usar uma parte dos lucros para intervenções de caráter social. Se ademais considerarmos o fato de que as empresas privadas dependem amplamente do crédito fornecido por um sistema bancário controlado pelo Estado, uma conclusão emerge: nas próprias empresas privadas o poder da propriedade privada é balançado e limitado por uma espécie de contrapoder. Os capitalistas chineses que não se adaptam a essa situação abandonam o país, mas têm dificuldade para transferir sua riqueza.

O resultado da luta em curso não pode ser previsto nem pelo Partido Comunista. Ele é consciente da necessidade de avançar na via da democratização, apesar da persistência e, por certos aspectos, do agravamento do cerco e da ameaça militar. Mas, apesar da imprecisão de seus traços, a democracia perseguida por Pequim não é aquela invocada pelo Ocidente, que por democracia entende, em última análise, a possibilidade para a burguesia chinesa de transformar finalmente o poder econômico em poder político. Por outro lado, é necessário considerar que no interior do Partido Comunista Chinês parecem enfrentar-se uma corrente puramente nacional, que considera concluído o processo revolucionário com a conquista dos objetivos nacionais (modernização, recuperação da integridade territorial e renascimento da China), e uma corrente com objetivos muito mais ambiciosos, que remetem à história e ao patrimônio ideal do movimento comunista.

Existe, de qualquer forma, uma questão que não pode ser posta em discussão. Com seu desenvolvimento – que continua sendo amplamente dirigido pelo poder político e que ainda hoje busca subordinar aos fins gerais a habitual caça ao lucro dos setores privados da economia –, a China é o país que mais do que qualquer outro põe em discussão a divisão internacional do trabalho imposta pelo colonialismo e pelo imperialismo e que promove o fim da época colombiana, um fato de alcance histórico enorme e progressivo.

XII
A LUTA DE CLASSES ENTRE MARXISMO E POPULISMO

1. WEIL E A "LUTA DOS QUE OBEDECEM CONTRA OS QUE COMANDAM"

A partir, sobretudo, da crise eclodida em 2008, que muitas vezes é comparada com a Grande Depressão, perderam credibilidade os discursos edificantes no estilo de Arendt e Habermas, os quais contrapõem os milagres respetivamente do desenvolvimento tecnológico e da "pacificação" à luta de classes. Também no plano internacional, o quadro começa a ser mais claro: a grande burguesia promotora e beneficiária da segunda "grande divergência", que provoca uma polarização sempre mais acentuada no âmbito do Ocidente, segue com crescente alarme a redução da "primeira grande divergência", da "desigualdade global", e aparece decidida a contrastá-la recorrendo também a instrumentos extraeconômicos. Essa situação densa de perigos deveria, por outro lado, tornar possível a superação da fragmentação e a revitalização das lutas de classes: por que isso não acontece ou acontece de forma completamente insuficiente? É preciso confrontar-se com uma forma de pensar e de sentir (o populismo) que já mencionei diversas vezes, mas que é necessário examinar mais de perto.

Convém começar com uma filósofa que nesse contexto é particularmente significativa: com formação marxista e estimulada por seu vivo interesse e simpatia em relação à condição operária, colabora com jornais de inspiração socialista ou comunista, de qualquer forma, revolucionária ("La révolution prolétarienne"), empenha-se ativamente no sindicato (e na luta de classe operária), tem experiência de trabalho em algumas fábricas e acaba rompendo com a URSS, inicialmente, e depois com o próprio Marx. Em 1937, Simone Weil – é dela que se trata –, depois de uma premissa na qual afirma que a "luta

342 A LUTA DE CLASSES

de classes" é "uma locução que exigiria não poucos esclarecimentos", sintetiza nestes termos sua leitura da categoria em questão:

> A luta dos que obedecem contra os que comandam, quando o tipo de domínio implica por parte destes últimos a aniquilação da dignidade humana, representa o que de mais legítimo, motivado e autêntico existe no mundo. Essa luta sempre existiu, visto que os que comandam sempre tendem, sem ter necessariamente consciência disso, a passar por cima da dignidade humana dos que estão sob seu poder.[1]

Em virtude também da clareza que a distingue, essa formulação pode ser bastante útil para esclarecer, por contraposição, a visão de Marx e Engels. Para Weil, pode-se falar de luta de classes só quando o enfrentamento é entre os poderosos e ricos de um lado e os humildes e pobres do outro. Representando a causa da justiça e da emancipação estão sempre e somente os desprovidos de poder e de bens materiais – não existe luta de classes senão a partir da oposição. Se em Marx e Engels a luta de classes é a condição ordinária do processo histórico e social, em Weil ela é um momento moralmente privilegiado na história e na vida dos homens.

A filósofa francesa lê a luta de classes como um imperativo moral, que impõe o término das relações sociais que implicam a "aniquilação da dignidade humana". Esse significado está claramente presente também nos autores do *Manifesto Comunista*: os "proletários de todos os países" chamados a unir-se na luta são os intérpretes do "imperativo categórico de derrubar todas as relações" que degradam e humilham o homem[2]. Não se deve esquecer, contudo, que a luta de classes é também aquela que visa a perpetuar a exploração e a opressão, é também o massacre com que a classe dominante na França reprime a revolta operária de junho de 1848: a luta de classes concebida como "guerra civil mais ou menos latente", e segundo o *Manifesto* destinada cedo ou tarde a transformar-se em "aberta revolução"[3], chegava ao ponto de ruptura, mas se concluía, provisoriamente, com o triunfo da burguesia. Diversamente de Weil, em Marx e Engels a luta de classes não implica necessariamente um juízo de valor positivo.

---

[1] Simone Weil, *Oeuvres complètes* , tomo II. *Écrits historiques et politiques* (orgs. A. A. Devaux e F. de Lussy, Paris, Gallimard, 1989-1991), v. 2, p. 124.

[2] Ver, neste volume, cap. 3, seção 3.

[3] MEW, v. 4, p. 473 [ed. bras.: Karl Marx e Friedrich Engels, *Manifesto comunista*, 2. ed. rev., Osvaldo Coggiola, trad. Álvaro Pina e Ivana Jinkings, São Paulo, Boitempo, 2010, p. 147].

Mesmo olhando apenas para as lutas de classes emancipadoras, elas não coincidem de forma nenhuma com "a luta dos que obedecem contra os que comandam" de que fala Weil. Da opressão nacional e da "escravidão doméstica" imposta às mulheres não são vítimas somente os membros das classes subalternas e, portanto, os sujeitos das lutas de libertação nacional ou das lutas pela emancipação feminina não são exclusivamente "os que obedecem".

Concentremo-nos também sobre o conflito entre capital e trabalho. Nesse caso, o esquema de Weil não funciona. Olhemos para as lutas de classes mais duras vividas por Marx e Engels: em junho de 1848, a vitória da burguesia é garantida pelo apoio dos canalhas lumpemproletários, desprovidos de riqueza e de poder, mas inclines a colocarem-se a serviço dos que detêm ambos. No que diz respeito à agitação que originou a regulamentação legislativa do horário de trabalho na Inglaterra, tal reforma constituiu o "resultado de uma luta de quatrocentos anos entre capitalista e trabalhador", o "o produto de uma longa e mais ou menos oculta guerra civil entre as classes capitalista e trabalhadora"[4]. O conflito às vezes aproximou-se do ponto de ruptura; em alguns momentos, "o antagonismo de classes chegara a um grau de tensão inacreditável"[5]. Todavia, se na França a luta de classes havia provocado a revolução de junho de 1848, na Inglaterra, diante do perigo de uma revolução proletária de baixo, o poder político havia respondido com uma reforma pelo alto. Mas não se tratou apenas de um conflito entre proletários e capitalistas. A pressão para mudança surgiu também nos setores mais esclarecidos das classes dominantes, em um governo não por acaso acusado de jacobinismo por seus adversários[6].

Nem sequer a Comuna de Paris viu o enfrentamento exclusivo entre "os que obedeciam" e "os que comandavam". Como diria Marx, nela desenvolveram um papel importante as "memórias nacionais de 1792", o desdém pelo fato de que a avançada do Exército prussiano não tinha sido adequadamente contrastada pelo governo francês, que, portanto, estava posto no banco dos réus por sua debilidade e sua impotência. Essas memórias e esse sentimento tendiam a ampliar a base social da revolta além das classes populares em sentido estrito[7].

---

[4] Ibidem, v. 23, p. 286, 312 e 316 [ed. bras.: Karl Marx, *O capital*, Livro I, trad. Rubens Enderle, São Paulo, Boitempo, 2013, p. 343 e 370].

[5] Ibidem, v. 23, p. 309 [ed. bras.: ibidem, p. 363].

[6] Ibidem, v. 23, p. 253 e 301 [ed. bras.: ibidem, p. 313 e 356].

[7] Ver, neste volume, cap. 6, seção 10.

344   A LUTA DE CLASSES

É sobretudo com a crise histórica desenvolvida além do Atlântico que emerge, com particular clareza, a inadequação do esquema tão caro a Weil. Refiro-me à Guerra de Secessão. No campo de batalha, não se enfrentavam poderosos e humildes, ricos e pobres, mas dois exércitos regulares. É por isso também que personalidades e setores significativos do movimento operário e de inspiração mais ou menos socialista olhavam com distanciamento e desprezo para o gigantesco conflito que ocorria nos Estados Unidos, tanto mais que Lincoln declarava, inicialmente, querer liquidar não a escravidão, mas só a secessão. Contudo, Marx apontava no Sul o campeão declarado da causa do trabalho escravista e no Norte o campeão mais ou menos consciente da causa do trabalho "livre". De maneira absolutamente inesperada, a luta de classes pela emancipação do trabalho adquiria corpo em um exército regular, disciplinado e poderosamente armado. Em 1867, publicando o primeiro livro de *O capital*, Marx indicava na Guerra de Secessão "o único grandioso acontecimento da história de nossos dias", com uma formulação que chama à memória a definição da revolta operária de junho 1848 como o "acontecimento mais colossal na história das guerras civis europeias"[8]. Eis as duas etapas cruciais na história da luta de classes do século XIX: as "formas" podiam ser tão "diferentes" que o protagonista do processo de emancipação podia ser constituído pelos operários esfarrapados e famintos de junho de 1848 ou pelo formidável Exército comandado por Lincoln.

É verdade, no curso da marcha rumo ao Sul, o Exército da União via suas fileiras aumentarem através do afluxo de escravos ou ex-escravos que abandonavam seus patrões ou ex-patrões para contribuir à derrota da secessão escravista; sim, tratava-se de um exército apoiado, também de fora dos Estados Unidos, pela simpatia dos operários mais conscientes daquilo que estava em jogo: a liberdade ou a escravidão declarada do trabalho. Todavia, tratava-se de um exército regular, que pela primeira vez na história aplicava sistematicamente a tecnologia industrial às operações militares; de um exército que, bem longe de ser desprovido de poder, exercia-o de forma imperiosa. Enquanto Lincoln, decidido a derrotar o Sul, impunha o serviço militar obrigatório, rebelaram-se e insurgiram os imigrantes pobres, sobretudo irlandeses, de Nova York; eis, então, uma armada que marcha na cidade e esmaga a revolta com mão de ferro[9]. Desde sempre empenhado a favor da luta de libertação do povo irlandês, nesse

---

[8] Ver, neste volume, cap. 1, seção 7.

[9] Domenico Losurdo, *Il revisionismo storico. Problemi e miti* (Roma/Bari, Laterza, 1996), cap. 2, seção 5.

caso, Marx não hesitava em taxá-la de "canalha irlandesa"[10]. A classe operária era chamada a identificar-se com o Exército da União, não com os migrantes provindos da ilha oprimida pelo colonialismo britânico; pelo menos nesse caso, os humildes e os pobres eram parte integrante da reação, ao passo que quem promovia de fato a emancipação não eram os que obedeciam, para usar a linguagem de Weil, mas os que comandavam.

Pelos pressupostos teóricos sobre os quais se baseia Weil, compreendem-se claramente suas incertezas e suas oscilações em face das grandes lutas políticas e das lutas de classes do século XX. Um texto, que presumivelmente foi escrito poucos meses depois da chegada de Hitler ao poder, expressa inquietude em relação aos desenvolvimentos que poderiam derivar no plano internacional: "Defender as conquistas de outubro contra o capitalismo estrangeiro constituiria um aspecto da luta entre classes, não da luta entre nações"[11]. Como vemos, o conflito entre Rússia soviética e Alemanha nazista é subsumido à categoria de luta de classes (entre proletariado e burguesia). Entretanto, um texto coevo chega a conclusões opostas. Ao formular a hipótese de um ataque contra a URSS promovido por "uma fração da burguesia alemã", a filósofa francesa sente logo a necessidade de especificar: a fração mais agressiva da burguesia alemã cultiva o projeto de ataque "para satisfazer seu apetite imperialista, não já, como acreditam os stalinistas e até mesmo os trotskistas, para aniquilar um inimigo de classe"[12]. A categoria de luta de classes poderia fazer sentido na fase imediatamente sucessiva a outubro de 1917, quando os bolcheviques, a ponto de perder o poder também na Rússia, eram ameaçados pelo "chamado bloco antissoviético de todos os Estados capitalistas". Nessa fase, poderia ainda ter validade, em alguma medida, o esquema da contraposição entre humildes e poderosos, entre os que obedecem e os que comandam, entre pobres e ricos. Mas agora, como demostra a "aproximação franco-russa", o poder soviético se consolidou, é um Estado como os outros, "uma potência como as outras"[13] e não faz sentido falar de luta de classes em relação a um conflito entre poderes constituídos. Sim, o Terceiro Reich pretende submeter a Rússia, mas onde está o conflito entre proletariado e burguesia, onde está a luta de classes?

---

[10] MEW, v. 15, p. 565.

[11] Simone Weil, *Oeuvres complètes*, cit., v. 1, p. 237.

[12] Ibidem, v. 1, p. 258.

[13] Ibidem, v. 1, p. 312-3 e 258.

346 A LUTA DE CLASSES

Alguns anos depois, eclode a guerra civil na Espanha. Superando perplexidades e hesitações, a filósofa resolve partir para frente de combate em defesa da república. A luta de classes parece voltar – o governo legítimo encarna as razões dos operários e dos camponeses e deve enfrentar a revolta das classes proprietárias que contam com o apoio do possante aparato militar nazista e fascista. Muito rapidamente, porém, surgem o desencanto e a decisão de voltar à França. Isso não é de modo nenhum surpreendente. Afinal, são dois exércitos e dois aparatos de poder que se enfrentam. Além disso, o mesmo horrível "cheiro de guerra civil, de sangue e de terror", até mesmo de violência sádica, emana de ambos os lados[14]. Sobretudo, a guerra civil entrelaça-se agora com uma prova de força no plano internacional: em apoio aos franquistas intervêm a Itália e a Alemanha, enquanto o governo republicano de Madri é apoiado pela União Soviética. Se é difícil diferenciar as opostas frações da guerra civil espanhola, essa operação torna-se impossível em relação ao campo das grandes potências. "Tendo em conta a circulação internacional do capital", não se compreendem os "antagonismos entre as nações" e ainda menos "a oposição entre fascismo e comunismo"; "não existem duas nações estruturalmente tão semelhantes entre si como a Alemanha e a Rússia, mesmo que elas se ameacem reciprocamente"[15]. Não se pode falar de luta de classes, porque em nenhuma parte se distinguem os humildes, "os que não comandam".

Na realidade, eis os termos com os quais se exprime um capitão do Exército franquista, Gonzalo de Aguilera:

> As massas deste país são [...] animais de carga. Não servem para nada senão como escravos e são felizes só se usadas como escravos [...]. Quando a guerra terminar, destruiremos os esgotos. O melhor sistema de controle dos nascimentos para a Espanha é aquele escolhido por Deus. Os esgotos são um luxo que deve ser reservado para quem é digno deles, para as elites, não para a raça dos escravos.[16]

Como sabemos, os capatazes do Terceiro Reich querem reduzir os eslavos à condição de escravos. Olhando para a Espanha e para o conflito internacional, podemos questionar o sentido de pôr no mesmo plano aspirantes escravistas e potenciais escravos. Para falar de luta de classes, Weil busca os humildes, "os

---

[14] Simone Weil, *Écrits historiques et politiques* (Paris, Gallimard, 1960), p. 221.

[15] Idem, *Oeuvres complètes*, cit., v. 3, p. 52-5.

[16] Paul Preston, *La guerra civile spagnola. 1936-1939* (1986) (Milão, Mondadori, 1999), p. 167.

que não comandam", e não percebe a massa infinita de escravos ou potenciais escravos que se vislumbra no horizonte – mais uma vez, a floresta não permite perceber as árvores!

2. Weil e a "mendicidade" como lugar exclusivo da verdade

Ainda assim, Weil compreende imediatamente a mudança do quadro internacional ocorrido com a ascensão de Hitler ao poder: "De um lado, a guerra só faz prolongar essa outra guerra que se chama concorrência e que faz da produção uma simples forma de luta pelo domínio; de outro, toda a vida econômica é atualmente orientada para uma guerra futura"[17]. A competição entre grandes potências pela hegemonia não se concluiu em 1918, e ela se desenvolve já no plano econômico antes de alastrar-se nos campos de batalha. É uma situação que pesa duramente sobre as massas populares.

> Não é somente a empresa, mas toda espécie de coletividade trabalhadora, seja qual for, que tem necessidade de apertar ao máximo o consumo dos próprios membros para dedicar o maior tempo possível a forjar armas contra as coletividades rivais; de modo que desde que houver na superfície terrestre uma luta pelo poder, e desde que o fator decisivo da vitória for a produção industrial, os trabalhadores serão explorados.[18]

No que diz respeito à Rússia soviética, ela corre o risco de tornar-se colônia: "Para se defender, ela deve constantemente aumentar seu aparato de produção e seus armamentos, e isso ao preço de uma submissão total das massas trabalhadoras"[19].

A não ser pelas conclusões, que aparecem completamente incôngruas com as premissas, lendo essas análises pareceria que estamos folheando algumas das resoluções mais maduras da Internacional Comunista: antes ainda da guerra e do massacre, o imperialismo envolve a diminuição do padrão de vida e a intensificação dos ritmos de trabalho e sobre a Rússia soviética faz pesar uma ameaça ainda mais grave. Está em curso, portanto, uma aguda luta de classes que, por um povo que quer escapar da escravização colonial,

---

[17] Simone Weil, *Oeuvres complètes*, cit., v. 1, p. 292.

[18] Ibidem, v. 2, p. 32.

[19] Ibidem, v. 1, p. 312.

não pode ser travada senão através do fortalecimento do aparato produtivo e militar. Aos olhos de Weil, o fortalecimento geral do aparato produtivo e militar demonstra que a submissão do trabalhador à exploração e à mais rígida disciplina de fábrica se acentua em todos os países. Sim, em todo lugar o proletariado é "carne de trabalho, antes de ser carne de canhão". Em todo lugar se apresenta o mesmo desanimador espetáculo: "As massas enganadas, privadas de qualquer controle sobre uma diplomacia que põe em risco sua vida sem que elas o saibam"[20]. Mesmo querendo diferenciar os diversos países em base à maior ou à menor disponibilidade e prontidão a transformar seus habitantes em "carne de canhão", permanece o fato de que eles, aos olhos de Weil, são amplamente indistinguíveis em relação ao recurso à "carne de trabalho". A URSS não constitui uma exceção.

> Como o próprio Marx reconheceu, a revolução não se pode fazer simultaneamente em todo lugar e, quando se faz em um país, ela não extingue, mas acentua a necessidade desse país de explorar e oprimir as massas trabalhadoras, já que teme ser mais fraco do que outras nações. Disso a história da Revolução Russa constitui uma dolorosa ilustração.[21]

Estamos falando de um país que se originou de uma revolução que lança um apelo para uma dupla luta de classes: a dos operários ocidentais contra a burguesia capitalista e a dos "escravos das colônias" – assim são definidos – contra as grandes potências colonialistas e escravistas. O empenho da URSS em desenvolver o aparato produtivo e militar para escapar da escravização colonialista pode ser lido como uma política em perfeita coerência com o segundo apelo. Weil, diferentemente, lê isso como a traição do primeiro apelo por parte de um país que, com vista ao desenvolvimento do aparato produtivo e militar, não hesita em "explorar e oprimir as massas trabalhadoras". Observando com atenção, o objeto de condenação particularmente severa é a corrida contra o tempo para escapar do perigo da escravização colonialista. Por mais paradoxal que seja, é a conclusão obrigada da visão (populista) segundo a qual a única luta de classes digna desse nome é a "luta dos que obedecem contra os que comandam".

Com a eclosão do conflito mundial, parece verificar-se a virada: o horror da guerra desencadeada por Hitler a leste torna mais clara a natureza do

---

[20] Ibidem, v. 1, p. 238.
[21] Ibidem, v. 2, p. 32.

nazismo. Refletindo sobre a história do colonialismo, em 1943, Weil chega a esta significativa conclusão:

A colonização tem a mesma legitimidade da análoga pretensão de Hitler sobre a Europa central [...]. O hitlerismo consiste exatamente na aplicação, por parte da Alemanha, dos métodos de conquista e de dominação coloniais ao continente europeu e, mais em geral, aos países de raça branca.[22]

Agora de fato são as grandes potências coloniais que se aproximam do Terceiro Reich, não a Rússia soviética: "Para os ingleses que vivem na Índia, para os franceses que vivem na Indochina, o ambiente humano é formado por brancos. Os indígenas são parte da paisagem"[23]. É a própria lógica do colonialismo que reduz os povos submetidos "ao estado de matéria humana"; sim, "as populações dos países ocupados não são nada mais do que isso aos olhos dos alemães" e dos japoneses, que são os "imitadores" da Alemanha nazista[24]. O domínio colonial, e em particular o imposto por Hitler e por seus "imitadores", envolve uma clara desumanização das vítimas. Se, em base à definição dada pela própria Weil, a luta de classes combate "a aniquilação da dignidade humana", não há dúvidas de que seja necessário falar de luta de classes em relação à grande guerra patriótica e às outras lutas de libertação que se desenvolveram contra o imperialismo alemão e japonês. Mas a filósofa francesa não deixa essa categoria aflorar: está fora de seu horizonte intelectual a possibilidade de que a luta de classes, em determinadas circunstâncias, pode-se configurar como luta nacional.

Isto é, a virada acontece mais no plano político do que no teórico. Weil não põe mais no mesmo plano os diversos participantes à guerra; ao contrário, queria contribuir à derrota do Terceiro Reich organizando um corpo de enfermeiras que seriam enviadas à frente de guerra e que estariam dispostas a morrer. Leiamos uma carta que foi em algum momento celebrada, mas que em minha opinião parece discutível até no plano moral.

Neste mundo, só os seres que caíram no último grau da humilhação, bem abaixo da mendicidade, não só privados de toda consideração social, mas vistos por

---

[22] Idem, *Écrits historiques et politiques*, cit., p. 367-8.

[23] Ibidem, p. 373-4

[24] Ibidem, p. 369-70 e 375.

todos como se fossem desprovidos do primeiro elemento de dignidade humana, a razão; só esses seres, efetivamente, têm a possibilidade de dizer a verdade. Todos os outros mentem.[25]

Dia 4 de agosto de 1943. Apesar de Stalingrado, Hitler ainda não foi definitivamente derrotado e não renunciou à edificação de seu império continental. Mais do que nunca, ele recorre a práticas genocidas para reduzir os povos da Europa oriental à condição de peles-vermelhas (que devem ser expropriados de suas terras) e de negros (destinados a trabalhar como escravos a serviço da raça dos senhores). Mas a única contradição que parece suscitar o interesse de Weil é aquela que lacera transversalmente todos os países e que contrapõe os indigentes aos que não são indigentes. É o triunfo do populismo independentemente de qualquer concreta análise histórica e política – não tem espaço aqui para a distinção marxiana entre proletário e lumpemproletário –, o lugar da excelência moral é de qualquer forma representado pelos que são privados de poder e riqueza, pelos humildes, aliás, pelos humilhados e pelos mais humilhados de todos. Nesse caso, o populismo funciona como instrumento de fuga das lutas de classes que continuam se alastrando em todo lugar.

3. WEIL E A "PRODUÇÃO MODERNA" COMO LUGAR DA ESCRAVIDÃO

Depois de afirmar que a guerra e seus perigos provocam em todo lugar a intensificação do esforço produtivista, o fortalecimento da estrutura hierárquica e autoritária na fábrica e na sociedade e a exacerbação da exploração operária, Weil dá um novo passo: independentemente da situação internacional, mesmo em ausência de conflitos e tensões entre os diversos países, é "o próprio regime da produção moderna, isto é, da grande indústria", que deve ser posto em discussão. A razão é simples: "Com aquelas penitenciárias industriais que são as grandes fábricas, só se podem fabricar escravos, não trabalhadores livres"[26]. A eventual derrubada do capitalismo e a eventual nacionalização das empresas não contribuiriam para nenhuma real mudança: "A total subordinação do operário à empresa e aos que a dirigem apoia-se na estrutura da fábrica, não no regime da propriedade"; "a supressão da propriedade privada com certeza não

---

[25] Idem, *Écrits de Londres et dernières lettres* (Paris, Gallimard, 1957), p. 255

[26] Idem, *Oeuvres complètes*, cit., v. 2, p. 32 e 104.

seria suficiente para impedir que a fadiga das minas e das fábricas continuasse pesando como uma escravidão sobre os que estão submetidos"[27].

Nesse ponto, é inevitável a ruptura com Marx, acusado de ter cultivado uma "religião das forças produtivas" não dessemelhante da burguesa, não dessemelhante da religião "em nome da qual gerações de empresários esmagaram as massas trabalhadoras sem o menor remorso"; para ele, "a tarefa das revoluções consiste essencialmente na emancipação das forças produtivas, não dos homens"[28].

Na realidade, observamos que Marx configurou a luta de classes como luta pelo reconhecimento, conduzida contra um sistema político-social que desumaniza e reifica uma massa infinita de indivíduos concretos, e denunciou a produção capitalista como "dilapidadora de *homens*", responsável por um "'desperdício' de *vida humana*, digno de Timur-Tamerlão", ou melhor, por um "ininterrupto rito sacrifical contra a classe operária"[29]. Desde que existe o capitalismo, "todos os métodos para aumentar a força produtiva social do trabalho aplicam-se à custa do trabalhador individual; todos os meios para o desenvolvimento da produção se convertem em meios de dominação e exploração do produtor" mais uma vez individual[30]. O que foge a Weil é o fato de que, em consequência da unidade entre homem e natureza e do papel decisivo desenvolvido pelo conhecimento no desenvolvimento das forças produtivas, a dilapidação e o desperdício de vidas humanas são ao mesmo tempo a dilapidação e o desperdício de riqueza material. Destruição capitalista das forças produtivas e destruição capitalista dos recursos humanos estão estritamente entrelaçadas, aliás, tornam-se uma única coisa. "A maior força produtiva" é o proletariado, a "própria classe revolucionária"[31]; obrigar os operários a uma morte precoce em consequência da sobrecarga de trabalho e de uma vida de pobreza significa também desgastar a riqueza social. Para dispor de "material humano sempre pronto para ser explorado", o capitalismo condena "uma parte da classe operária a um ócio forçado". É o exército industrial de reserva que, com sua concorrência, permite forçar a parte ocupada da classe operária a uma sobrecarga de trabalho[32]. E, mais uma vez, por um lado tanto o "ócio forçado" como a sobrecarga de trabalho

---

[27] Ibidem, v. 2, p. 33 e 38.

[28] Ibidem, v. 2, p. 36 e 34.

[29] Ver, neste volume, cap. 3, seção 3 e cap. 1, seção 12.

[30] MEW, v. 23, p. 674 [ed. bras.: Karl Marx, *O capital*, Livro I, cit., p. 720].

[31] Ibidem, v. 4, p. 181.

[32] Ibidem, v. 23, p. 661 e 665 [ed. bras.: ibidem, p. 707].

comportam a humilhação e a degradação dos indivíduos concretos, dos homens de carne e osso, por outro lado constituem uma dissipação e uma destruição de recursos materiais. Trata-se de um processo que se manifesta em escala ainda mais ampla em ocasião das recorrentes crises de superprodução.

A filósofa francesa reconhece de alguma forma a incongruidade de sua crítica quando observa que "abundam em Marx as fórmulas vigorosas concernentes à submissão do trabalho vivo ao trabalho morto", dos indivíduos concretos às exigências da acumulação capitalista[33]. Efetivamente, a matéria da contenda é outra. Marx historicamente teve razão ao condenar o furor do ludismo contra a fábrica moderna como tal. Em primeiro lugar, ela pode recorrer a trabalhadores livres ou a escravos, como aconteceu na Alemanha hitleriana e em seu império. A derrota infligida ao Terceiro Reich com certeza não significou o fim da fábrica moderna, mas, de qualquer forma, salvou uma massa infinita de homens da escravização à qual estavam destinados. Em segundo lugar, é evidente que, no âmbito do capitalismo, a luta de classes e a ação política, além de evitar a reintrodução da escravidão, podem melhorar o ambiente de trabalho e reduzir sua carga horária, podem ademais conter e limitar o "despotismo" de que fala o *Manifesto Comunista*. Em terceiro lugar, por mais duro que seja o trabalho no interior da fábrica moderna, ele se torna ainda mais insustentável se, fora do portão, uma condição de miséria e degradação espera o trabalhador, isto é, se o aumento da produtividade, próprio da fábrica moderna, serve exclusivamente para enriquecer um punhado de exploradores. Nos três pontos enumerados, a luta de classes e a ação política são determinantes e podem produzir mudanças radicais. Podemos concluir com Marx: "O uso hodierno das máquinas diz respeito às relações do atual sistema econômico, mas a forma com que as máquinas são empregadas é coisa totalmente diferente das máquinas em si. A poeira permanece poeira independentemente de a usarmos para ferir um homem ou para sarar suas feridas"[34]. A aquisição de uma consciência de classes madura pressupõe a superação do ludismo: não se trata de combater a máquina e a indústria moderna, mas o uso capitalista de uma e de outra.

Para Weil, o alvo da autêntica luta de classes é constituído pela indústria moderna, que comporta inevitavelmente "a total subordinação do trabalhador"; a luta pela liberdade não pode deixar de visar às "grandes fábricas", que "só podem fabricar escravos". Se os seguidores do ludismo aparecem loucos e criminosos do

---

[33] Simone Weil, *Oeuvres complètes*, cit., v. 2, p. 32-3.

[34] MEW, v. 27, p. 456.

A LUTA DE CLASSES ENTRE MARXISMO E POPULISMO   353

ponto de vista de Arendt, porque culpados de obstaculizar a única possível solução da questão social e da miséria, eles tornam-se santos e mártires no calendário das lutas pela liberdade e pela emancipação idealmente elaborado por Weil. Se Arendt foge da luta de classes como de um "pesadelo", Weil abraça-a calorosamente, mas a interpreta em chave ludista, desviando-a para um objetivo quixotesco.

Criticando Sismondi, Marx observa que é inane querer "manter pela força métodos obsoletos de cultivação da terra" e "banir a ciência da indústria, assim como em seu tempo Platão expulsou os poetas de sua República": na realidade, "na sociedade está se realizando uma revolução silenciosa, da qual não é possível fugir"[35]. Em um mundo em que o conhecimento se tornou força produtiva por excelência[36], o desenvolvimento da ciência, da tecnologia e dos métodos de produção, que incorporam em medida sempre maior uma e outra, é um destino do qual só se poderia fugir com a catastrófica mutilação, realizada não se sabe como, das capacidades intelectuais humanas.

É necessário acrescentar que, em um mundo que não é de nenhuma forma unificado e onde, ao contrário, os conflitos internacionais estão muitas vezes na ordem do dia, para um país escassamente desenvolvido abrir mão da indústria moderna significa expor-se a perigos bastante graves. É uma questão realçada pela própria Weil quando analisa a situação internacional entre as duas guerras mundiais. Com certeza, o populista pode ignorar tudo isso e considerar moralmente relevante apenas a contradição no interior de cada país singular entre "os que obedecem" e "os que comandam". A verdade é que, abdicando da tarefa de promover a indústria moderna e a ciência e a tecnologia e entregando-se de fato à lei e ao domínio do mais forte, um país escassamente desenvolvido assume uma atitude bastante problemática também no plano moral.

Nos anos entre as duas guerras, se por um lado reconhecia o perigo que a Rússia soviética corria de tornar-se colônia, por outro Weil criticava o culto do produtivismo que se afirmou em um país que buscava libertar-se do atraso e da penúria e ao mesmo tempo defender e consolidar sua independência. Ainda hoje, não existe consonância entre populismo e luta que os países menos avançados travam contra a penúria e a dependência neocolonial. Em 2006, o vice-presidente da Bolívia (Garcia Linera) expressou sentimentos bastante difusos na América

---

[35] Ibidem, v. 8, p. 544.

[36] Karl Marx, *Grundrisse der Kritik der politischen Ökonomie* (Berlim, Dietz, 1953), p. 594 [ed. bras.: *Grundrisse. Manuscritos econômicos de 1857-1858. Esboços da crítica da economia política*, trad. Mario Duayer, São Paulo, Boitempo, 2011, p. 589].

Latina (e no terceiro mundo em geral) quando realçou a necessidade de realizar "o desmantelamento progressivo da dependência econômica colonial" e lançou, então, a palavra de ordem: "industrialização ou morte"[37]. O lema "Pátria ou morte" que encerrava às vezes os discursos de Fidel Castro[38] e os discursos e as cartas de Che Guevara[39] passou a entoar: "industrialização ou morte". A segunda formulação é só um esclarecimento da primeira. Se a primeira expressa a identidade, em uma situação determinada, de "questão social" e "questão nacional" (Marx) ou de "luta de classes" e "luta nacional" (Mao), a segunda formulação expressa a consciência de que a independência política revela-se frágil e até mesmo ilusória se não for sustentada pela independência econômica (e tecnológica), a consciência de que a liquidação da "anexação política" não é por si só a superação da anexação "econômica" (Lenin). E, sem tal superação, o reconhecimento para constituir-se como Estado nacional não é realmente alcançado: as guerras das quais, ainda nos dias atuais, são vítimas os países que não conseguem opor uma real resistência às grandes potências ocidentais demonstram-no.

4. O POPULISMO COMO NOSTALGIA DA "PLENITUDE ORIGINÁRIA"

A crítica implacável da modernidade e da indústria em Weil é a outra face de uma visão do passado carregada de *pietas*. É uma característica do populismo que podemos analisar usando a lição de Marx. Ele traça uma síntese deslumbrante da tragédia da Índia colonizada pela Grã-Bretanha: estamos diante de uma sociedade privada de seu "mundo antigo" sem receber compensação pela "conquista de um mundo novo"[40]. Tal situação provoca um "gênero particular de melancolia", orientada a transfigurar o passado; daqui a difusa tendência na Índia da época de lastimar sociedades ainda que "contaminadas pela divisão em castas e pela escravidão" – nelas o indivíduo está submetido a intransponíveis "normas consuetudinárias", fechado em um círculo restrito (que aparece como "um destino natural e inevitável") e, sobretudo no caso do pobre, obrigado a levar uma "vida desprovida de dignidade, estagnante, vegetativa"[41]. Todavia, na

---

[37] Pablo Stefanoni, "Bolivia a due dimensioni", *Il Manifesto*, 22 jul. 2006.

[38] Fidel Castro, *Socialismo e comunismo: un processo unico* (Milão, Feltrinelli, 1969), p. 145.

[39] Ernesto Guevara, *Scritti, discorsi e diari di guerriglia. 1959-1967* (org. L. Gonsalez, Turim, Einaudi, 1969), p. 1.418-9 e 1.448-54.

[40] Ver, neste volume, cap. 5, seção 3.

[41] MEW, v. 9, p. 132-3; MEGA-2 I/12, p. 172-3.

ausência de um "mundo novo", o "mundo antigo", idealizado e transfigurado em consequência dos sofrimentos do presente e da vagueza da lembrança do passado, continua a ser o objeto de uma lânguida nostalgia.

Não se trata de um fenômeno exclusivo do mundo colonial. Ele se manifesta também na Europa, no meio da Revolução Industrial, que, como diria o *Manifesto Comunista*, "destruiu as relações feudais, patriarcais e idílicas [...] para só deixar subsistir, de homem para homem, o laço do frio interesse, as duras exigências do 'pagamento à vista' [...], fez da dignidade pessoal um simples valor de troca" e até mesmo "rasgou o véu do sentimentalismo que envolvia as relações de família e reduziu-as a meras relações monetárias"[42]. Disso deriva – observam os *Grundrisse* – um "completo esvaziamento", que estimula uma nostalgia por uma "plenitude original" e a "ilusão das 'relações puramente pessoais' dos tempos feudais" e do mundo pré-moderno e pré-industrial em geral[43].

É nesse contexto que podemos colocar de um lado um movimento de massas como o ludismo e do outro um eminente contemporâneo de Marx, criticado por este último pelo fato de que "se refugia muitas vezes no passado, torna-se *laudator temporis acti*"[44]. Refiro-me a Sismondi. Em fuga com a família da França da revolução e, portanto, cético em relação a projetos de radical transformação político-social, sintonizado com os sofrimentos do povo, para evitá-los ou aliviá-los ele parece sugerir a imposição de um freio ao desenvolvimento industrial. É verdade que a seus olhos a introdução de novas e mais poderosas maquinarias envolve um "incremento de produtividade", mas termina destruindo o precedente equilíbrio, sem que se tenha alguma vantagem real e duradoura com isso. É um quadro desolador: os "velhos teares serão perdidos" e, junto com eles, desaparecerá o mundo dos humildes, que certamente é marcado pela modéstia das condições de vida e até mesmo pela penúria, mas de qualquer forma é rico por sua serenidade e sua dignidade[45].

Deparamo-nos aqui com a primeira forma de populismo, submetida a uma crítica pungente por Marx: a "plenitude originária" é só um produto

---

[42] MEW, v. 4, p. 464-5 [ed. bras.: Karl Marx e Friedrich Engels, *Manifesto Comunista*, 2. ed. rev., org. Osvaldo Coggiola, trad. Álvaro Pina e Ivana Jinkings, São Paulo, Boitempo, 2010, p. 42].

[43] Karl Marx, *Grundrisse*, cit., p. 80-2 [ed. bras.: *Grundrisse*, cit., p. 110-2].

[44] MEW, v. 26, 3, p. 50.

[45] Jean-Charles L. Sismonde de Sismondi, *Nuovi principi di economia politica o della ricchezza nei suoi rapporti con la popolazione* (1819; 1827) (org. Piero Barucci, Milão, Isedi, 1975), p. 208-9.

A luta de classes

da imaginação e da remoção de aflições e sofrimentos até mais graves do que aqueles dos quais se pretende fugir. Dirigindo o olhar para o passado, não nos deparamos com uma viva espiritualidade, mas com um mundo em que a luta cotidiana pela sobrevivência torna-a até mesmo impossível; não nos deparamos com maior riqueza de relações pessoais e intersubjetivas, mas com uma pobreza decididamente maior; aliás, observando melhor, a figura do sujeito, do indivíduo, ainda não emergiu de fato.

Na medida em que percebe com real afeição os sofrimentos dos humildes acometidos pela Revolução Industrial, essa primeira forma de populismo expressa, ainda que de maneira imatura, um legítimo e sagrado protesto. Mas ela pode assumir uma configuração bastante diferente e instrumental: recorrem a ela os que se propõem neutralizar, amortecer ou desviar o protesto das classes subalternas. Em relação a esse segundo aspecto, talvez ninguém mais do que Marx tenha criticado o tópos que faz, por exemplo, Mandeville dizer que "o maior dos reis" poderia estar com inveja da "encantadora [...] serenidade de espírito" do "mais humilde e ignorante camponês" e da "calma e tranquilidade de seu espírito"[46]. O camponês que vive constantemente no limiar da inanição está assim convidado a se satisfazer com sua condição, aliás, a agarrar-se a ela como a um bem e a um privilégio exclusivo. O mundo "encantador" diante do qual se extasiava aparentemente Mandeville torna-se o "embrutecimento da vida rural" de que fala o *Manifesto Comunista*[47] e que não promete nada de bom. Mais tarde, Marx explica assim o amplo consenso desfrutado por Luís Napoleão no mundo camponês: até que o "comércio com a sociedade" seja reduzido ao limite, não há "nenhuma riqueza de relações sociais"; tudo isso desarma os camponeses diante das manobras do aventureiro e ditador bonapartista[48].

E talvez ninguém mais do que Marx seja o oposto de Tocqueville[49], que assim descreve a condição do pobre no Antigo Regime: caracterizada, como era, por desejos "limitados" e pela tranquila indiferença em relação a "um futuro que não lhe pertencia", sua sorte "era menos lamentável do que a dos homens do povo atual"; acostumados desde sempre à própria condição, os pobres do

---

[46] B. de Mandeville, *The Fable of the Bees* (1705; 1714) (org. F. B. Kaye, Oxford, 1924) (edição fac-símile, Indianápolis, Liberty Classics, 1988), p. 311-6 [ed. it.: *Saggio sulla carità e sulle scuole di carità* (1723), Roma/Bari, Laterza, 1974, p. 116-9].

[47] MEW, v. 4, p. 466 [ed. bras.: Karl Marx e Friedrich Engels, *Manifesto Comunista*, cit., p. 44].

[48] Ibidem, v. 8, p. 198.

[49] Alexis Tocqueville, *Oeuvres complètes* (org. J. P. Mayer, Paris, Gallimard, 1951), v. 16, p. 121.

Antigo Regime "desfrutavam de uma espécie de felicidade *vegetativa*, e é difícil para o homem muito civilizado entender a graça de tal situação, assim como é negar sua existência". Dá o que pensar o termo que evidenciei em itálico: é o termo que, como vimos, foi usado por Marx para etiquetar a "vida desprovida de dignidade, estagnante, *vegetativa*", própria da sociedade de castas indiana e que, em última análise, é indigna de um ser humano.

É só uma mistificação consolatória a visão presente em Mandeville e Tocqueville, com base na qual a penúria econômica e material caminharia junto com a riqueza espiritual ou, de qualquer forma, com a "serenidade" ou com algum tipo de "felicidade". Além de a uma diferente e mais justa distribuição da renda, a luta de classes deve visar a superar a miséria material, que é sinônimo também de pobreza de relações sociais e, portanto, de pobreza espiritual, em primeiro lugar por um modo de produção diferente e um desenvolvimento mais acentuado das forças produtivas.

Marx contradiz também outro lugar-comum da retórica própria dessa primeira forma de populismo: ela gosta muitas vezes de contrapor a suave serenidade de uma restrita comunidade de aldeia às agitações do mundo político e da história universal. É uma retórica que na Alemanha se difundiu já desde os tempos da Revolução Francesa e da reação a ela. Na *Estética*, Hegel[50] observou que, se de um lado pode estimular uma atitude de "obtuso filisteu", o estreito círculo social próprio de uma pequena aldeia não protege dos "maiores acontecimentos mundiais", dos grandes tumultos históricos. Marx vai além, como se nota por sua observação segundo a qual é justamente o "idiotismo da vida rural" que constitui o fundamento dessa catástrofe que é o advento do regime bonapartista na França, com seu séquito de implacável ditadura militar no interior do país e de sangrentas aventuras bélicas no exterior.

O populismo não mantém de nenhum modo suas promessas. Todavia, no curso da história acabam reapresentando-se situações que favorecem seu ressurgir. Basta pensar no período entre as duas guerras mundiais, ambas caracterizadas pela aplicação em ampla escala da ciência e da tecnologia para colossais carnificinas. Além disso, é o momento em que à expectativa de crescimento ininterrupto da riqueza social sobrevém a Grande Depressão. A solução que parece perfilar-se é aquela representada pelo "keynesismo" militar, como demonstra em particular o caso da Alemanha hitleriana: o desenvolvimento das

---

[50] G. W. F. Hegel, *Werke in zwanzig Bänden* (org. E. Moldenhauer e K. M. Michel, Frankfurt, Suhrkampf, 1969-1979), v. 13, p. 340.

forças produtiva se dá, portanto, em função de uma nova imane destruição de recursos materiais e de vidas humanas. Nesse caldo espiritual, que encontra em Simone Weil sua maior expressão, não podia deixar de reaparecer a nostalgia da mítica "plenitude original".

Passemos aos dias atuais, ao mundo que sucede à derrota do projeto revolucionário ou, de qualquer forma, ao declínio das expectativas de regeneração total. Quanto mais a grande indústria submeter a seu controle as áreas agrícolas e arruinar o artesanato e a indústria doméstica tradicional e quanto mais fortemente perceberem-se as transformações da globalização, tanto maior se torna o espaço para a nostalgia e a transfiguração das relações sociais que deixamos para trás: pelo menos no passado – assim se argumenta e muitas vezes se devaneia – existiam laços comunitários e valores compartilhados, um mundo ainda não investido pela laceração e pela crise e, portanto, fornecido de significado. Pensemos em um autor como Pier Paolo Pasolini[51] e sua denúncia do "genocídio", cujo responsável seria – não obstante o sensível alongamento da expectativa média de vida – o desenvolvimento industrial e neocapitalista, com sua "supressão de amplas áreas da sociedade", isto é, de culturas e formas de vida amplamente difusas. A tentação populista torna-se ainda mais forte após o início ou o agravamento da crise ecológica.

5. O POPULISMO DE TRANSFIGURAÇÃO DOS OPRIMIDOS

A essa primeira forma de populismo se liga ou pode-se ligar uma segunda, caracterizada não pela transfiguração do passado como tal, mas pelas vítimas do presente, as quais são representadas e idealizadas como a encarnação da excelência moral. Nesse contexto podemos colocar as celebrações tratadas por Weil dos "seres caídos ao último nível da humilhação, bem abaixo da mendicidade" como os únicos capazes de pronunciar a verdade: eles são estranhos ao luxo, ao artifício, à inautenticidade e, em última análise, à mentira que são próprios das classes abastadas e dominantes; pelo fato de estar tão distantes do poder e do domínio, os mendigos e os humildes representam também a quietude. Essa é a primeira variável da segunda forma de populismo.

Existe uma segunda variável, que aponta como lugar da excelência moral não as classes subalternas ou uma delas em particular, mas este ou aquele povo

---

[51] Pier Paolo Pasolini, "Il genocidio" (1974), em *Scritti corsari* (3. ed., Milão, Garzanti, 1981), p. 277.

oprimido. No curso do século XX, Gandhi entrelaça a denúncia do domínio colonial inglês e ocidental com a celebração de uma "hinduidade" próxima da natureza, alheia ao luxo e incline à modéstia e à frugalidade, ademais, guardiã de valores morais (começando pela recusa da violência e da lógica da opressão) inatingíveis pelos opressores. Por sua vez, o político e intelectual africano Leopold Senghor eleva um hino à "negritude" (*négritude*) contrapondo-a à funesta cultura do gélido homem branco, que seria desprovido de impulsos de afeição, interessado apenas no cálculo e no pensamento calculista e que não casualmente teria imprimido sobre a história do mundo domínio, destruição e morte[52].

O populismo de transfiguração dos oprimidos se apresenta finalmente por uma terceira variável, que identifica o lugar de excelência moral não na "mendicidade" celebrada por Weil, tampouco na "hinduidade" ou na "negritude" tão caras respetivamente a Gandhi e a Senghor, mas na "diferença de gênero" e em uma diferente figura social vítima da opressão. Como geradora de vida, é a mulher que agora é mais próxima da natureza e mais distante do artifício e da inautenticidade e que constitui a antítese em relação à cultura da violência e do domínio, encarnada, nesse contexto, pela humanidade masculina.

Durante a luta para libertar-se da autofobia e para sacodir o descrédito aos quais tradicionalmente foram submetidos, muitas vezes, os protagonistas de emancipação social, nacional e sexual tendem a retomar certos estereótipos da cultura conservadora e reacionária, invertendo, porém, o juízo de valor e virando-os contra os opressores. Por séculos, a discriminação contra as classes subalternas, os povos coloniais ou as mulheres foi motivada por sua suposta incapacidade de elevar-se realmente acima do estado de natureza, a argumentar em termos rigorosa e abstratamente lógicos e por sua falta de coragem e de espírito guerreiro, por sua tendência a se deixar guiar pelos sentimentos e pela emotividade. A inversão do juízo de valor não acrescenta credibilidade aos estereótipos tradicionais. Com certeza, essa operação é uma forma de protesto compreensível e legítima e constitui um momento da luta pela emancipação. Faz-se uso, entretanto, de uma ideologia susceptível de uso também em sentido conservador.

É aquilo que podemos imediatamente perceber em relação à terceira variável do populismo. Em maio de 1846, Marx e Engels sentem-se obrigados a

---

[52] Domenico Losurdo, *La non violenza. Una storia fuori dal mito* (Roma, Laterza, 2010), cap. 2, seção 7 e cap. 4, seção 8 [ed. bras.: *A não violência. Uma história fora do mito*, trad. Carlo Alberto Dastoli, Rio de Janeiro, Revan, 2012].

polemizar contra Hermamm Kriege. Ele reza um "comunismo" entendido como superação do existente, "reino do ódio" fundado sobre o culto do lucro, da fria insensibilidade às necessidades e às dores do próximo, da opressão. Trata-se, ao contrário, de realizar o "reino do amor" que "foge do tinir do dinheiro" e funda uma comunidade vivificada pelo calor dos sentimentos e do amor ao próximo. Pois bem, só as mulheres – chamadas a "virar as costas à velha política" e a "dar a primeira bênção ao reino da felicidade" – podem ser protagonistas dessa transformação. Os dois filósofos e militantes revolucionários ironizam sobre essa efusão sentimental, cujo único conteúdo é "a hipócrita e confusa *captatio benevolentiae* da mulher"[53]. A ideologia aqui duramente contestada reapresenta-se, em formas um pouco diferentes, dois anos depois, na obra de um autor (Daumer) que, como vimos, recomendava a quietude e a felicidade da natureza em contraposição ao tumulto e às destruições da revolução de 1848[54]. Em Daumer, o lugar da natureza é tomado às vezes pela mulher.

> Natureza e mulher representam aquilo que é verdadeiramente divino [...]. A devoção daquilo que é humano para aquilo que é natural e daquilo que é masculino para aquilo que é feminino constitui a humildade e a dedicação autênticas, as únicas verdadeiras; são a virtude e a *pietas* supremas, aliás, únicas.

Depois de criticar a tendência de Daumer a fugir da "tragédia histórica para a suposta natureza, o estúpido idílio bucólico", Marx e Engels ironizam também sobre o vínculo entre "culto da natureza" e "culto da mulher" feito pelo mesmo autor; por sua estreita conexão com a reprodução da vida e, portanto, com a natureza, a mulher representaria uma via de fuga da violência que se alastra no mundo histórico e político. Na realidade, sabemos que a natureza não é sinônimo de paz e conciliação, mas de violentas catástrofes, e em relação ao mundo animal, de guerra de todos contra todos. De qualquer forma, assim como o "idílio bucólico" nada tem a ver com a luta contra a deterioração do meio ambiente, da mesma forma o vínculo entre "culto da natureza" e "culto da mulher" pode constituir uma evasão da luta pela emancipação feminina. Efetivamente, Daumer não só se cala sobre a "atual colocação social das mulheres", como também insiste no "culto" que lhe é caro para convidá-las a aguentar a subalternidade familiar e civil que lhes

---

[53] MEW, v. 4, p. 4-6.

[54] Ver, neste volume, cap. 1, seção 11.

A LUTA DE CLASSES ENTRE MARXISMO E POPULISMO   361

é imposta[55]. Poderíamos dizer que a um feminismo entendido como luta de classes pela emancipação, Marx e Engels contrapõem negativamente um feminismo como populismo edificante.

Cerca de um século depois de Kriege e Daumer, em 1938, Virigina Woolf[56] escreve:

> Combater sempre foi um hábito do homem, não da mulher [...]. Em todo o curso da história, contam-se nos dedos da mão os seres humanos assassinados pelo fuzil de uma mulher; e até a grande maioria de pássaros e de animais sempre vocês [machos] os mataram, não nós.

O dado aqui evidenciado é incontestável. O problema é ver se ele remete à natureza do homem e da mulher ou, ao contrário, à divisão social do trabalho historicamente determinada. Para fazer um exemplo, na época de Maomé, as mulheres convertidas à causa do profeta talvez não combatessem, mas não eram de forma alguma estranhas à máquina da guerra. Elas encorajavam os combatentes com seus incitamentos e cantos: "Se avançarem, abraçar-vos-emos/ estenderemos almofadas para vocês;/ se recuarem, abandonar-vos-emos"[57].

Ainda que de forma menos plástica, uma análoga divisão do trabalho operou também no Ocidente, inclusive nos períodos mais trágicos e mais sangrentos da história. Quando lemos sobre mulheres que, na Grã-Bretanha, ainda antes de 1914, se empenham "a envergonhar namorados, maridos ou filhos que não se alistarem voluntários"[58], somos levados a pensar nas mulheres, ou seja, nas Graças e nas Musas que encorajam e incitam os guerreiros de Maomé. O papel da mulher no contexto dessa divisão do trabalho, inspirado pela mobilização total e pela exaltação belicista geral, não passa despercebido a Kurt Tucholsky[59], que em 1927, na Alemanha, lança um duro ato de acusação: "Junto com os pastores evangélicos, esteve em guerra ainda uma espécie humana que nunca cansa de sugar sangue: trata-se de um estrato determinado, de um tipo determinado da

---

[55] MEW, v. 7, p. 201-3.

[56] Virginia Woolf, *The ghinee* (1938) (Milão, Feltrinelli, 1992), p. 25.

[57] Maxime Rodinson, *Maometto* (1967) (nova ed., Turim, Einaudi, 1995), p. 177 e 180.

[58] Geoffrey Best, "The Militarization of European Society. 1870-1914", em John R. Gillis (org.), *The Militarization of Western World* (New Bruneswick/Londres, Rutgers, 1989), p. 20.

[59] Kurt Tucholsky, "Der krieg und die deutsche Frau" (1927), em Kurt Tucholsky, *Gessammelte Werke* (org. M. Gerold Tuchosky e F. J. Raddatz, Hamburgo, Rowohlt, 1985), v. 3, p. 267.

mulher alemã". Enquanto o massacre assume formas sempre mais terríveis, ela sacrifica "filhos e maridos" lamentando o fato de não "ter o suficiente a sacrificar".

Embora não se expresse de forma explícita sobre o tema que estamos discutindo, Marx realça em diversas ocasiões o papel central da divisão do trabalho. *Miséria da filosofia* identifica-se plenamente com a tese de Adam Smith[60]:

> A diferença entre os talentos naturais dos homens é efetivamente muito menor daquilo que se pensa, e, em muitos casos, as diversíssimas inclinações que parecem distinguir em idade madura homens de diversas profissões são mais efeito do que causa da divisão do trabalho. A diferença entre dois personagens tão diferentes como um filósofo e um vulgar carregador de rua, por exemplo, parece derivar mais do hábito, do costume e da instrução do que da natureza.

Depois de citar esse trecho, *Miséria da filosofia* parece até mais dura: "A princípio, um carregador difere de um filósofo menos do que um cão de guarda difere de um cão de caça. É a divisão do trabalho que criou um abismo entre um e outro"[61].

Os setores do movimento feminista que consideram a recusa da cultura da morte como algo encarnado na mulher como tal e, para confirmar sua tese, fazem referência ao papel da mulher na reprodução da vida. Entretanto, historicamente, esse papel assumiu algumas vezes um significado contraposto em relação ao que lhe é atribuído. Em Esparta, era justamente a mãe que exortava o filho por ela gerado para ser capaz de enfrentar a morte em batalha: "Volta com teu escudo ou em cima dele", isto é, vitorioso empunhando as armas ou morto como guerreiro valoroso e honrado. Ademais, historicamente aconteceu que, em situações desesperadoras, foram as próprias mães que infligiram a morte aos recém-nascidos, os quais queriam arrancar de um futuro horrível e, de qualquer forma, considerado intolerável – agiram dessa forma as mulheres índias perseguidas pelas infâmias dos conquistadores, as escravas negras ou, ainda antes, na Idade Média, as mulheres judias diante dos cruzados cristãos, decididos a todo custo a convertê-las junto com seus filhos[62]. E de novo quem apagava uma vida era quem a tinha dado à luz.

---

[60] Adam Smith, *Indagine sulla natura e le cause della ricchezza delle nazioni* (1775-1776; 1783) (3. ed., Milão, Mondadori, 1977), livro I, cap. 2, p. 19.

[61] MEW, v. 4, p. 146.

[62] Domenico Losurdo, *Il linguaggio dell'Impero. Lessico dell'ideologia americana* (Roma/Bari, Laterza, 2007), cap. 1, seção 10.

A LUTA DE CLASSES ENTRE MARXISMO E POPULISMO 363

Em todo caso, a tradicional divisão do trabalho já está chegando ao fim, como demonstra também a presença crescente das mulheres nas forças armadas e, às vezes, até mesmo nos corpos de elite. No que diz respeito à visão do mundo, é provável que a distância que separa uma mulher-soldado de um soldado seja menor do que a que separa ambos dos que exercem, por exemplo, uma profissão liberal. É a confirmação, mais uma vez, da tese, de Smith e de Marx, da centralidade da divisão do trabalho e, portanto, aos olhos de Marx, da centralidade da divisão em classes e da luta de classes.

Cada uma dessas três variáveis da segunda forma de populismo obstaculiza ou impede a recomposição da unidade das lutas de classes. É bastante difícil construir um amplo bloco social, necessário para travar a luta pela emancipação das nações oprimidas e da mulher e, na realidade, travar a própria revolução anticapitalista, recorrendo a um discurso que celebra os humildes como encarnação exclusiva da excelência moral. Identificar o lugar da excelência moral nos povos oprimidos, e só neles, torna problemático o apelo à solidariedade das classes subalternas que pertencem às nações que oprimem; se ademais se santifica um povo oprimido específico, torna-se difícil até a solidariedade entre os povos oprimidos. De forma análoga, a transfiguração da mulher como perpétua encarnação da excelência moral corre o risco de provocar uma contradição fundamental e permanente com o sexo masculino, o que enfraqueceria as três formas da luta de classes. É necessário acrescentar que as três variáveis da segunda forma de populismo desviam a atenção da verdadeira causa da exploração, da opressão e da guerra.

6. Populismo e leitura binária do conflito

Considerados como depositários exclusivos de valores autênticos, os humildes são em toda situação e em toda circunstância os únicos agentes de uma mudança social moralmente significativa e relevante. O populismo entrelaça-se com a leitura binária do conflito social.

Podemos analisar a dialética que preside esse vínculo a partir de Proudhon. Ao realçar as consequências devastadoras para os pobres do roubo da propriedade perpetrado pelo estreito círculo dos ricos, ele etiqueta como "pornocracia" o movimento feminista que move os primeiros passos. O que motiva tal posição não é a sexofobia – tampouco, em primeiro lugar, o culto do poder patriarcal no contexto familiar, embora este último aspecto com certeza não esteja ausente. Mas a verdadeira chave de explicação é outra. No âmbito do movimento

364 A LUTA DE CLASSES

feminista que começa a tomar forma, um papel não desprezável é desenvolvido por mulheres que não são de extração popular. Isso está longe de ser surpreendente. Sabemos por Adam Smith[63] que, por serem obrigadas à mais rigorosa poupança e a uma rígida divisão do trabalho também no âmbito familiar, as massas populares expressam em geral uma "moral austera" mesmo em campo sexual, ao passo que a "moral liberal" encontra sua expressão sobretudo entre as classes mais ou menos abastadas; a crítica da "moral austera", que implica também a consagração do poder patriarcal do homem, tende a encontrar um terreno mais fértil onde se enraíza a "moral liberal". Os países da Europa ocidental da época veem, assim, desenvolverem-se duas diferentes contradições sociais: além da que contrapõe o proletariado à burguesia capitalista, age a contradição evidenciada pelo movimento feminista. Diversos são os sujeitos desses dois conflitos. Do ponto de vista de Marx, há duas manifestações diferentes das "lutas de classes", e não é fácil reduzi-las à unidade ou fazê-las confluir em um bloco social e político unitário. Uma mulher burguesa pode muito bem empenhar--se a favor da causa da emancipação feminina, de modo que, no âmbito da contradição homem/mulher, ela faz parte dos oprimidos, enquanto no âmbito da contradição burguesia/proletariado faz parte (por sua colocação social) dos opressores. A denúncia do movimento feminista como pornocracia permite a Proudhon livrar-se desses problemas e consolidar o esquema populista que vê só a contraposição de humildes e poderosos, oprimidos e opressores.

Se, desviando a atenção dos países mais desenvolvidos da Europa ocidental, olharmos para o leste, para a Polônia, percebemos que emerge com força uma terceira contradição, aquela nacional. Sabemos que Marx vê com bons olhos a participação da própria nobreza, ou de seus elementos mais avançados, na luta de libertação nacional (ela mesma uma manifestação da luta de classes, que nesse caso visa em primeiro lugar à aristocracia russa, pilar ao mesmo tempo do Antigo Regime e do expansionismo imperial). Mas não argumenta assim Proudhon, que ironiza e condena as aspirações nacionais dos povos oprimidos como expressão de apego obscurantista a preconceitos obsoletos. Na Polônia, quem participa da luta pela independência e ressurreição nacional é uma frente social bastante ampla, que vai bem além das fileiras dos humildes. A coisa não surpreende, já que quem sofre a opressão é a nação como um todo. Mas isso não constitui uma razão de escândalo para o populista, orientado a pensar que a única

---

[63] Adam Smith, *Indagine sulla natura e le cause della ricchezza delle nazioni*, cit., livro V, cap. 1, parte III, p. 782, art. 3.

contradição é aquela entre pobres e ricos, entre o "povo" humilde e incorrupto de um lado e os grandes e poderosos (burgueses e nobres) do outro. Disso deriva a atitude irrisória e sarcástica que Proudhon assume em relação aos movimentos nacionais. A propriedade é um roubo, é o fio condutor do livro mais célebre do autor francês; uma única linha de demarcação divide a humanidade inteira em proprietários e não proprietários, ladrões e vítimas de roubo, ricos e desamparados; para o populista, trata-se da única contradição realmente relevante. E, assim, o populismo revela um ulterior aspecto: é também uma fuga da complexidade.

7. O "CONJUNTO DOS PATRÕES CONTRA O CONJUNTO DOS TRABALHADORES"

Como sabemos, Proudhon faz apelo ao poder para realizar seus projetos de socorro aos pobres e aos humildes. A leitura binária do conflito não produziu ainda um populismo rigoroso e coerente. Isso vale também em relação à expectativa da "guerra civil mundial", que por algum tempo se difunde nas fileiras da Terceira Internacional – nesse caso também é evidente a leitura binária do conflito, cuja parte oprimida, porém, é protagonizada por um Estado, ou melhor, por uma grande potência (a Rússia soviética), e partidos fortemente organizados e hierarquizados. No momento em que desaparece o elemento do Estado e do partido, temos por assim dizer o populismo em sua pureza: os protagonistas da luta que se impõe são os desprovidos não só de riqueza, como também de qualquer forma de poder.

No século XX, a partir da instauração do Terceiro Reich, Weil se mostra consciente daquilo que está no horizonte: não só uma guerra expansionista em ampla escala, mas uma guerra que visa a transformar a Rússia soviética em colônia. Múltiplas e explosivas são, então, as contradições que se adensam, mas a filósofa francesa julga moral e politicamente significativa apenas uma delas:

> Marx mostrou com força que o modo moderno de produção é definido pela subordinação dos trabalhadores aos instrumentos de trabalho, instrumentos de que dispõem os que não trabalham; e também demonstrou que a concorrência, não conhecendo outra arma além da exploração, transforma-se em uma luta de todo patrão contra seus trabalhadores e, em última análise, *do conjunto dos patrões contra o conjunto dos trabalhadores*.
> Da mesma forma, a guerra é definida hoje pela subordinação dos combatentes aos instrumentos de combate; e os armamentos, verdadeiros heróis das guerras

modernas, assim como os homens votados a servi-los, são dirigidos pelos que não combatem. Como esse aparato de direção não tem outros meios para derrotar o inimigo a não ser enviar, com a coerção, os próprios soldados à morte, a guerra de um Estado contra outro se transforma imediatamente em guerra do aparato estatal e militar contra o próprio Exército, e a guerra finalmente aparece como uma *guerra conduzida pelo conjunto dos aparatos de Estado e dos estados maiores contra o conjunto dos homens válidos e na idade de pegar em armas.*[64]

Evidenciei em itálico os trechos que, com clareza e de forma até ingênua, expressam o ponto de vista de Weil sobre a luta de classes, isto é, sobre a luta de classes que só pode ser considerada autêntica, que vê o abraço universal dos humildes contraposto ao abraço universal dos poderosos.

Poucas décadas depois, eis de que forma um intelectual marxista de grande prestígio comenta os acontecimentos da Hungria em 1956:

A revolução húngara demole, não através das discussões teóricas, mas com o fogo da insurreição armada, a mais gigantesca fraude da história: a apresentação do regime burocrático como "socialista", fraude à qual colaboraram burgueses e stalinistas intelectuais "de direita" e "de esquerda", porque todos definitivamente encontraram seus interesses pessoais.[65]

Os insurgentes são obviamente apoiados pelo Ocidente. Essa circunstância, que põe em crise o esquema binário, é removida: "burgueses e stalinistas" aparecem unidos na atitude de repressão ou de mal camuflada hostilidade em relação à uma revolta de baixo que constitui um desafio ao poder, tanto a leste como a oeste. São os anos em que a Guerra Fria chega a seu ápice, parecendo às vezes a ponto de transformar-se em holocausto nuclear. Mas tudo isso é reduzido a mera aparência e, de qualquer forma, a total insignificância. Nenhuma atenção é prestada à doutrina Monroe com que a União Soviética busca reforçar sua segurança, mas que suscita ressentimentos e protestos entre os "países irmãos". Mais especificamente, no que diz respeito à Hungria, vimos que sem a questão nacional não se pode explicar a breve experiência comunista de Béla Kun; mas sem ela tampouco se podem compreender os eventos de 1956.

---

[64] Simone Weil, *Oeuvres complètes*, cit., v. 1, p. 292-3.

[65] Cornelius Castoriadis, "La rivoluzione proletaria contro la burocrazia", *MicroMega*, n. 9, p. 119.

Tudo isso está ausente em Castoriadis. Em seu modo de ver, só um conflito é relevante: "Atrás de toda a história do último século" (isto é, a partir do *Manifesto Comunista*), está em curso "a luta da classe operária contra a exploração, a luta da classe operária para uma nova forma de organização da sociedade"[66]. Sob a categoria de luta de classes, não estão subsumidas as gigantescas lutas que impediram ao Terceiro Reich e ao Império do Sol Nascente reduzir a condições de escravidão povos inteiros, não estão incluídos os movimentos anticoloniais, que ainda estão bastante vivos em meados do século XX, assim como é terrivelmente vivo o domínio colonial na Ásia, na África e no Oriente Médio. Nesta última região, simultânea à insurreição húngara, desenvolve-se a intervenção militar anglo-franco-israelense contra a revolução nacional egípcia (e argelina). Para Castoriadis[67], o quadro mundial é homogêneo: "Os trabalhadores sofrem, em medida e formas semelhantes, a mesma exploração, a mesma opressão". Todos podem e devem inspirar-se na revolução húngara: "Suas lições valem para trabalhadores russos, tchecos ou iugoslavos, como valerão para os trabalhadores chineses. Da mesma forma, valem para trabalhadores franceses, ingleses ou americanos", convidados a insurgir contra os dirigentes das fábricas nacionalizadas, exatamente quando sobre o país pesam um esmagador embargo econômico e uma ameaça militar que não exclui o recurso à arma atômica.

Quase meio século depois, recolhem uma extraordinária fortuna, à esquerda, dois livros escritos a quatro mãos, nos quais podemos ler a tese de que, no mundo de hoje, a uma burguesia essencialmente unificada em nível planetário contrapor-se-ia uma "multidão", ela mesma unificada pelo desaparecer das barreiras estatais e nacionais[68]. Ao evocar fugazmente a questão palestina, os dois autores escrevem que, "desde a Índia até a Argélia, desde Cuba até o Vietnã, o Estado é o presente envenenado da libertação nacional". Sim, os palestinos podem contar com a simpatia dos dois autores; mas, no momento em que "são institucionalizados", não se pode mais estar a "seu lado". O fato é que "no momento em que a nação começa a formar-se e se torna um Estado soberano, deixam de existir suas funções progressistas"[69]. Com base nessa abordagem, procedendo para trás, é deslegitimada a épica luta de classes dos

---

[66] Ibidem, p. 121.

[67] Ibidem, p. 118.

[68] Micheal Hardt e Antonio Negri, *Impero* (Milão, Rizzoli, 2002); *Moltitudine. Guerra e democrazia nel nuovo ordine imperiale* (Milão, Rizzoli, 2004).

[69] Idem, *Impero*, cit., p. 133 e 112.

ex-escravos de São Domingos-Haiti, os quais, após constituirem-se em Estado nacional, impedem ao Exército napoleônico de restaurar o domínio colonial e o instituto da escravidão. Sobretudo, são deslegitimadas as lutas de classes com as quais atualmente as ex-colônias tentam conferir concretude econômica à independência política duramente conquistada. Isto é, para Hardt e Negri, só é possível ter simpatia por vietnamitas, palestinos ou por outros povos enquanto eles forem oprimidos e humilhados; só se pode apoiar uma luta de libertação nacional na medida em que ela continua sendo derrotada!

É uma ulterior manifestação do populismo: a excelência moral reside no oprimido que se rebela e em quem oferece ajuda ao oprimido e rebelde; mas este último, uma vez conquistado o poder, deixa de ser oprimido e rebelde e perde sua excelência moral; e em grave dificuldade encontra-se também quem só prestando ajuda ao oprimido e rebelde consegue desfrutar de sua excelência moral. É a dialética já analisada por Hegel a propósito do mandamento cristão que impõe socorrer os pobres e que claramente pressupõe a permanência da pobreza.

Nesse mesmo contexto está inserido um autor que invoca Marx, faz profissão de fé revolucionária e recomenda a renúncia ao poder para empenhar-se a transformar o mundo "sem tomar o poder"[70]. Dessa maneira, os humildes e os oprimidos não correm mais o risco de mudar de natureza nem de perder sua excelência moral. O culto do rebelde configura-se como a celebração de sua impotência para realizar e governar uma nova ordem político-social.

Finalmente, à luz dessas considerações, podemos compreender o fervor com que Žižek[71] fala da "simples e tocante formulação" de Weil segundo a qual só os mendigos e os excluídos podem dizer a verdade, enquanto todos os outros mentem e não podem deixar de mentir. Somos induzidos a perguntar-nos: quem pronunciará a verdade quando se realizar a situação pela qual luta todo crítico do capitalismo e do neoliberalismo? Isto é, quando não houver mais a mendicidade. E, no que diz respeito ao presente, quem autoriza a falar os que não são mendigos em nome dos mendigos?

A abordagem tão cara a Hardt e Negri não consegue de modo algum iluminar o século XX, o século que viu o colonialismo entrar em crise e a tentativa hitleriana de revitalizar o sistema colonialista (e escravista) sofrer uma derrota, na onda de lutas memoráveis travadas pelos movimentos de libertação *nacional*.

---

[70] John Holloway, *Cambiare il mondo senza prendere il potere. Il significato della rivoluzione oggi* (Roma, Carta, 2002).

[71] Slavoj Žižek, *Benvenuti in tempi interessanti* (Florença, Pontealle Grazie, 2012), p. 89.

Consegue tal abordagem iluminar pelo menos o presente? Na realidade, se as classes dominantes se unificaram em um nível planetário, como explicar a interminável tragédia que na Palestina não atinge a "multidão", mas todo um povo? E como explicar as guerras recorrentes protagonizadas pelo Ocidente e por seu país-guia e que, embora visem a países pequenos e sem defesa, suscitam alguma vez a irritação de grandes potências como a Rússia e a China? Na época da guerra contra a Iugoslávia, um dos dois autores precedentemente citados escreveu:

> É preciso reconhecer que esta não é uma ação do imperialismo americano. Efetivamente, é uma operação internacional (ou, na verdade, supranacional). E seus objetivos não são guiados pelos limitados interesses nacionais dos Estados Unidos: ela é efetivamente finalizada a tutelar os direitos humanos (ou, na verdade, a vida humana).[72]

Por um lado, estamos em presença de uma tautologia: se o império não tem fronteiras, os conflitos que se desenvolvem em seu interior não são guerras entre Estados soberanos, mas operações de polícia travadas contra províncias refratárias, rebeldes e primitivas. Por outro lado, deparamo-nos com uma contradição ignorada e removida pelos teóricos do advento do império universal: não existe só o conflito que não conhece fronteiras nacionais e estatais, entre classes dominantes e multidões; existe também o conflito que contrapõe países e Estados responsáveis pela violação dos "direitos humanos" e Estados cuja tarefa é fazer com que estes sejam respeitados, e estes últimos tendem a coincidir com os tradicionais protagonistas do domínio colonial. É singular essa convergência com os campeões daquela que, por analogia com a *white supremacy* do passado, poderíamos chamar de *western supremacy*. Mas ainda mais singular é a ausência de reflexão, que de qualquer forma emerge: os países aos quais – mesmo independentemente da ONU – pertenceria a tarefa de intervir militarmente em toda situação na qual julgam ser violados os direitos do homem, têm atribuída uma soberania monstruosamente dilatada; a superação da soberania estatal, sobre a qual tanto insiste *Impero*, transformou-se em seu contrário; o populismo, que entende como contaminação o constituir-se em Estado de um movimento de libertação nacional, acaba contaminando-se desmedidamente através do apoio às intervenções militares do Estado mais poderoso do mundo.

---

[72] Michael Hardt, "La nuda vita sotto l'Impero", *Il Manifesto*, 15 maio 1999, p. 8.

8. "Proibido proibir!" e "Rebelar-se é justo!"

Não conseguindo explicar o desenvolvimento histórico real, ou caindo em clamorosos infortúnios ao tentar fazê-lo, o populismo (de esquerda) estimula uma visão da luta de classes que exclui de seu raio de atenção acontecimentos decisivos da história mundial. Tomemos como exemplo um intelectual inglês merecidamente famoso: David Harvey. Em um ensaio que ele dedica às perspectivas da luta de classes no mundo e que no título remete a Lenin (*Que fazer?*), podemos ler:

> Na história do capitalismo, numerosos movimentos revolucionários, mais do que contar com a estreita base de fábrica, tiveram uma base urbana ampla (as revoluções de 1848 na Europa, a Comuna de Paris de 1871, Leningrado em 1917, a greve geral de Seattle de 1918, a revolta de Tucumán de 1969, assim como Paris, Cidade do México e Bangkok de 1969, a Comuna de Shangai de 1967, Praga em 1989, Buenos Aires em 2001-2002... e a lista poderia ser muito mais extensa). Mesmo para os movimentos que tiveram no centro as fábricas (a greve de Flint no Michigan dos anos 1930 e os conselhos operários em Turim nos anos 1920), o vizinhado desenvolveu na ação política um papel crítico, mas muitas vezes negligenciado (as mulheres e os grupos de apoio dos desempregados em Flint e as comunas "casas do povo" em Turim).
> A esquerda tradicional cometeu um erro ao ignorar os movimentos sociais que se desenvolveram fora das fábricas e das minas.[73]

É uma lista que justamente polemiza contra a visão restrita da luta de classes e que, todavia, suscita imediatamente uma série de perguntas, tanto por causa das ausências como das presenças. Comecemos pelas primeiras. No que diz respeito ao século XIX, passa-se das revoluções europeias de 1848 à Comuna de Paris, mas seria estranha às lutas de classes a Guerra de Secessão, a guerra para pôr fim ou para bloquear o que Marx define como uma "cruzada da propriedade contra o trabalho" e que saúda, em 1867, como o "único acontecimento grandioso" da história contemporânea? Diz respeito à luta de classes o conflito gigantesco que na última fase de seu desenvolvimento vê os escravos negros, êmulos de alguma maneira de Toussaint Louverture,

---

[73] David Harvey, "What Is to Be Done?", em vários autores, *Revolution and Subjectivity* (Madri, Matadero, 2011), p. 40.

A LUTA DE CLASSES ENTRE MARXISMO E POPULISMO   371

empunharem as armas para derrubar um regime que os reduz à condição de gado humano?

E, numa lista que (com referências a Bangkok e Shanghai) parece querer abraçar o mundo inteiro, como explicar o silêncio sobre a revolta dos Taiping (1851-1864), "a guerra civil mais sangrenta da história mundial, com um número estimado entre 20 milhões e 30 milhões de mortos"? A questão é que esse conflito tem também uma dimensão nacional; os insurgidos pegam em armas em nome da justiça social, mas também para acabar com uma dinastia que capitulou perante a agressão dos governantes e "*narcotraficantes* britânicos"[74], para acabar com "os Ching servos do imperialismo"[75]. Não casualmente, nas áreas por eles controladas, os Taiping apressavam-se em proibir o uso do ópio, o que de fato constitui um desafio ao governo de Londres, que apoiava efetivamente a vacilante dinastia. Dando prova nesse caso também, ao mesmo tempo, de capacidade de previsão profética e de impaciência revolucionária, em 1853 Marx observa que "as crônicas revoltas eclodidas na China nos últimos dez anos [...] adensaram-se agora em uma única *gigantesca revolução*", que é destinada a exercer sua influência bem além da Ásia. Com certeza, essa revolução tem "causas sociais" internas, mas é incentivada também por um impulso nacional: ela é também consequência da humilhação, da hemorragia financeira e da ruína geral que devastam uma nação inteira a partir da primeira guerra do ópio[76]. Surge uma pergunta: tudo isso é estranho à luta de classes ou constitui um dos capítulos mais importantes da luta de classes do século XIX?

Não é menos relevante o silêncio, na lista que estamos analisando, sobre a revolta dos Sepoy na Índia de 1857, uma revolta que um historiador indiano contemporâneo definiu como "uma gigantesca luta de classes" e, ao mesmo tempo, uma grande revolução anticolonial. Essa "guerra patriótica e ademais guerra civil e de classes", que é travada em primeiro lugar pelos camponeses e que visa ao domínio colonial e "aos grandes príncipes e aos grandes comerciantes filo-britânicos", se estende bem além de 1857 e, em alguns momentos, se desenvolve segundo o modelo, mais tarde teorizado por Mao, do campo que cerca a cidade, e custa ao povo indiano mais de 10 milhões de mortos[77].

---

[74]   Mike Davis, *Olocausti tardovittoriani* (Milão, Feltrinelli, 2001), p. 16 e 22.

[75]   Mao Tse-Tung, *Opere scelte* (Pequim, Edizioni in Lingue Estere, 1969-1975), v. 4, p. 469.

[76]   MEW, v. 9, p. 95-6; MEGA-2 I/12, p. 147-8.

[77]   Amaresh Misra, *War of Civilizations. India AD 1857* (Nova Deli, Rupa, 2008), p. 1.866, 1.874-5 e 1.897.

Explicaria o silêncio a "identidade entre luta nacional e luta de classes" que, segundo Mao, tende a verificar-se nas revoluções anticoloniais?

Ainda mais radicalmente seletiva na lista citada é a leitura das lutas de classes e dos movimentos revolucionários no século XX: pula-se meio século, desde 1917 e desde a Revolução de Outubro, para chegar a 1967-1969. E Stalingrado? Com certeza, uma grande luta de classes é aquela que se desenvolve em Seattle entre 1918 e 1919 e que vê a adesão de 100 mil trabalhadores à greve, em luta contra salários de fome, contra o cancelamento das liberdades sindicais impostas na onda da guerra imperialista e, em última análise, contra o capitalismo; mas seria bastante estranho deixar de falar de luta de classes em relação à épica resistência de dezenas e dezenas de milhões de pessoas, de um povo inteiro que empunha as armas e rechaça o mais poderoso Exército do mundo e sua tentativa de escravizá-lo. E como avaliar as insurreições contra a ocupação nazista que sucessivamente ocorrem em diversos países europeus e as revoluções no mundo colonial ou semicolonial, que continuam desenvolvendo-se ainda mais tarde e que impõem mudanças de uma radicalidade sem precedentes na ordem do mundo? A julgar pelos silêncios do estudioso inglês, a luta de classes pouco ou nada teria a ver com as guerras de resistência e de libertação nacional e as insurreições e revoluções e anticoloniais.

O resultado dessa abordagem é paradoxal. Pode-se dizer que a luta de classes intervém exclusivamente em acontecimentos isolados, quando, separados claramente por uma clara linha de demarcação, enfrentam-se explorados e exploradores, oprimidos e opressores. Isto é, a teoria de Marx e Engels é aplicada e considerada digna de aplicação só em relação a uma reduzida micro-história, a única realmente significativa do ponto de vista da emancipação dos explorados e oprimidos, enquanto o resto é degradado a macro-história profana, estranha e indiferente à história sagrada da salvação, isto é, da causa da emancipação.

Na realidade, quando Marx fala da história como história da luta de classes, são considerados nessa chave não só as greves e os conflitos sociais de todo dia, mas também e sobretudo as grandes crises, as grandes viradas históricas que se cumprem sob os olhos de todos. A luta de classes é uma macro-história exotérica, e não a micro-história esotérica à qual muitas vezes é reduzida. Estamos claramente em face de um dilema: ou é válida a teoria das "lutas de classes" enunciada pelo *Manifesto Comunista*, e então é necessário saber ler nessa chave a história toda, começando pelos acontecimentos decisivos dos séculos XIX e XX e deste início do século XXI, ou, se tais acontecimentos forem estanhos às lutas de classes, é necessário despedir-se dessa teoria.

Vejamos agora as presenças estupefacientes na lista dos "movimentos revolucionários" e das lutas de classes de caráter revolucionário definida por Harvey. Nela, ao lado de "Leningrado em 1917" destaca-se "Praga em 1989". Em outra ocasião, o autor escreve: "[...] séculos de luta política em que o princípio da igualdade tem animado a ação política e os movimentos revolucionários, da Bastilha à praça Tiananmen"; pelo menos a partir de 1789, o "igualitarismo radical" não deixou de alimentar esperanças, agitações, revoltas e revoluções[78]. Eis assim, de forma direta ou indireta, colocados lado a lado, em nome do "igualitarismo radical", acontecimentos como Petersburgo ou "Leningrado em 1917", "Praga em 1989" e "praça Tiananmen"! Numa linha de continuidade com os protagonistas da Revolução de Outubro, devemos, portanto, colocar Václav Havel e os lideres estudantis que, exilados da China, encontraram sua nova pátria nos Estados Unidos? Um e outros julgariam como um insulto tal aproximação. Mas deixemos isso de lado. Devemos considerar essas personalidades como representantes do "igualitarismo" e até mesmo do "igualitarismo radical"? Pelo menos no que diz respeito às relações internacionais, eles são, na realidade, os campeões da supremacia do Ocidente, aos quais é atribuído o direito (e às vezes o dever) de intervir militarmente em cada canto do mundo, independentemente de quaisquer resoluções do conselho de segurança da ONU. Mesmo querendo concentrar atenção exclusivamente nas relações sociais no interior de um país, não há dúvidas de que Havel e a maioria dos exilados da China se identificam com o neoliberalismo. Se vitoriosas, as revoltas da praça Tiananmen de 1989 significariam, com toda probabilidade, a ascensão ao poder de um Eltsin chinês; é bem difícil pensar numa revolução igualitária no grande país asiático no mesmo momento em que o Ocidente capitalista e neoliberal triunfava na Europa oriental e também na América Latina (pensemos na derrota dos sandinistas na Nicarágua), os partidos comunistas em boa parte do mundo, um após outro, se apressavam a mudar de nome, e o poder dos Estados Unidos e a influência e o prestígio do *Washington Consensus* eram tão incontestados e incontestáveis que suscitavam até a ideia do "fim da história"! Podemos acreditar nesses milagres se formos populistas, isto é, se abrirmos mão da análise laica das classes e da luta de classes (no plano interno e internacional) para substituí-la pela crença mitológica no valor em todo caso salvífico do "povo" e das "massas".

---

[78] David Harvey, *L'enigma del capitale e il prezzo della sua sopravvivenza* (Milão, Feltrinelli, 2011), p. 232-3 [ed. bras.: *O enigma do capital e as crises do capitalismo*, trad. João Alexandre Peschanski, São Paulo, Boitempo, 2010, p. 187].

374   A LUTA DE CLASSES

Pode-se dizer que o marxismo do fim do século XX e do início do século XXI é por vezes herdeiro da cultura de 1968, que agitou a palavra de ordem "Proibido proibir!" e que tentou usar nessa direção também o lema com que Mao desencadeou a Revolução Cultural: "Rebelar-se é justo!". Na realidade, a rebelião "justa" tinha limites bem definidos, não podendo ir até o ponto de recolocar em discussão a revolução que havia originado a República Popular Chinesa. Não foi por acaso que o próprio Mao fez intervir o Exército para pôr fim a uma situação que parecia provocar uma guerra de todos contra todos e uma anarquia demolidora. Mas a cultura de 1968 não se preocupava excessivamente com isto: de seu ponto de vista, a luta de classes progressiva ou revolucionária coincidia com a revolta de baixo, motivada, em todo caso, contra o poder constituído, que era, em todo caso, por si só, sinônimo de opressão.

Se partirmos desse pressuposto, não é difícil aproximar "praça Tiananmen", a tomada da Bastilha e os acontecimentos de 1989-1991 na Europa oriental – a "segunda Restauração" da qual fala Badiou[79] – da Revolução de Outubro. Deveríamos, então, inserir também na lista das revoluções e das revoltas populares a Vendeia e, no que diz respeito ao século XX, a revolta de Kronstadt contra os bolcheviques e também as endêmicas revoltas dos camponeses contra o novo poder central, empossado em Moscou. Aliás, querendo ser completamente coerente, nesta lista não deveriam faltar as agitações e as revoltas ocorridas nos anos em que a União Soviética teve de enfrentar a agressão da Alemanha hitleriana. Absolutizando a contradição massas/poder e condenando o poder como tal, o populismo revela-se incapaz de traçar uma linha de demarcação entre revolução e contrarrevolução.

Talvez seja melhor tirar proveito da lição do velho Hegel[80], que, com o olhar voltado para as agitações sanfedistas e antissemitas de seu tempo, observava que às vezes "a coragem não consiste em atacar os governos, mas em defendê-los". O rebelde populista que julgue Hegel pouco revolucionário poderia sempre levar em consideração o alerta de Gramsci[81], contra as frases de "'rebelismo',

---

[79] Alain Badiou, *Il secolo* (Milão, Feltrinelli, 2006), p. 39.

[80] G. W. F. Hegel, *Berliner schriften* (org. J. Hoffmeister, Hamburgo, Meiner, 1956), p. 699. Cf. Domenico Losurdo, *Hegel e la Germania. Filosofia e questione nazionale tra rivoluzione e reazione* (Milão, Guerini/Istituto Italiano per gli Studi Filosofici, 1997), cap. 7, seção 11.

[81] Antonio Gramsci, *Quaderni del carcere* (ed. crítica de V. Gerratana, Turim, Einaudi, 1975), p. 2.108-9 e 326-7.

'subversivismo', de ' antiestatalismo' primitivo e elementar", expressão, em última análise, de substancial "apolicitismo".

9. Para além do populismo

Quando observamos estudiosos que são leitores e prestigiosos intérpretes de Marx e Engels deslizarem no populismo, somos obrigados a colocar-nos uma pergunta: os dois autores do *Manifesto Comunista* são em absoluto estranhos ao modo de ver e de sentir aqui criticado? Em relação à primeira forma do populismo, não há dúvidas: a Marx se deve a crítica mais pungente da nostalgia por uma mítica "plenitude original". Se analisarmos a segunda forma de populismo, chegamos a conclusões mais articuladas. Nesse caso, é necessário distinguir entre as diferentes variáveis do populismo de transfiguração dos oprimidos. Comecemos pela segunda: mesmo denunciando o martírio infligido ao povo irlandês pelo colonialismo britânico, bem longe de abandonar-se à celebração de uma essencialista alma "irlandesa", os dois filósofos e militantes revolucionários realçam ao mesmo tempo o papel reacionário e antiabolicionista desenvolvido nos Estados Unidos, em ocasião da Guerra de Secessão, pelos migrantes de origem irlandesa.

Análogas considerações podem ser feitas em relação à terceira variável que pode assumir o populismo de transfiguração dos oprimidos. Denunciando a condição da mulher como "primeira opressão de classe", não há dúvidas de que Marx e Engels deram forte impulso ao movimento feminista. O *Manifesto Comunista* condena fortemente não só a opressão, como também o processo de reificação que pesa sobre a mulher; ao mesmo tempo, porém, o texto não tem dificuldade em falar de "a exploração das crianças pelos seus próprios pais", sem excluir a mãe[82]. Não existe lugar para o essencialismo: assim como para os povos oprimidos, para as mulheres também não faz sentido explicar sua condição remetendo a uma presumida natureza longamente vilipendiada, mas da qual agora, invertendo o tradicional juízo de valor, é necessário reconhecer e celebrar a superioridade moral. Trata-se de analisar e de pôr em discussão uma divisão do trabalho historicamente determinada que envolva respectivamente a submissão colonial ou semicolonial e a escravidão ou a segregação doméstica.

Convém fazer mais algumas observações em relação à primeira variação do populismo de transfiguração dos oprimidos, a variável orientada a transfigurar as classes subalternas. Em seus escritos juvenis, contrapondo-se aos que tocam

---

[82] MEW, v. 4, p. 478 [ed. bras.: Karl Marx e Friedrich Engels, *Manifesto Comunista*, cit., p. 55].

o alarme para a nova invasão dos bárbaros, Marx e Engels tendem a atribuir ao proletariado a capacidade de adquirir facilmente uma consciência revolucionária madura, uma espécie de imunidade dos "preconceitos nacionais", da tacanhez de espírito e do ódio chauvinista, além de uma nobreza de espírito completamente ausente nas classes proprietárias. Todavia, desde o início prevalece marcadamente a atenção reservada à concreta análise histórica e social: fala-se de "nobreza de espírito" mesmo para a nobreza polonesa, que sacrifica seus interesses de classe ou de estrato por causa da libertação nacional; assim como do lado oposto não se esconde a depravação do lumpemproletariado, de uma classe na qual o sistema capitalista ameaça continuamente impelir indivíduos e camadas da classe operária.

Pelo contrário, pode-se colher um resíduo de populismo na visão segundo a qual, na sociedade comunista, o Estado seria destinado a extinguir-se. Já realcei o caráter completamente irrealista dessa espera. Pode-se agora acrescentar uma ulterior consideração: não se compreende por que a absorção do Estado na sociedade civil deveria constituir um progresso. Historicamente, medidas entre si tão diferentes, como a introdução da escolaridade obrigatória no Ocidente, a proibição do sati (o suicídio "voluntário" das viúvas) na Índia, o fim da segregação das escolas no Sul dos Estados Unidos, foram todas resultado de uma imposição do Estado sobre a sociedade civil. Hoje, em certos países islâmicos a emancipação das mulheres é mais fácil de ser promovida pelo Estado do que pela sociedade civil. É verdade que, quando Marx e Engels auspiciam a absorção do Estado na sociedade civil, pensam numa sociedade civil liberada do antagonismo de classe. Contudo, no discurso deles está presente certa idealização da sociedade civil (pensada em contraposição ao poder) e, nesse sentido, um resíduo de populismo.

É esse resíduo de populismo que explica os deslizamentos na leitura binária do conflito, na qual às vezes caem os dois filósofos e militantes revolucionários. Sim, quando analisam um acontecimento histórico concreto (por exemplo, a luta pela redução da carga horária de trabalho ou a Guerra de Secessão), Marx e Engels repetidamente chamam atenção para as múltiplas contradições e para o papel às vezes progressivo desenvolvido pelo Estado e até mesmo pelo Estado burguês. Isto é, estamos nos antípodas do populismo. Todavia, em ocasião da Comuna de Paris, Marx vê a contraposição entre "contraorganização internacional do trabalho" e "conspiração cosmopolita do capital". Sobretudo, o *Manifesto* reduz "em breve" a luta de classes à luta entre "opressores e oprimidos". Se tomarmos essa fórmula agitadora ao pé da letra, é claro que não estamos muito distantes da visão (populista) tão cara a Weil da história como "luta dos que obedecem contra os que comandam". Na realidade, considerando o pano de fundo e a elaboração mais geral de Marx e Engels, persuade mais uma interpretação diferente. Podemos com certeza dizer que as épicas lutas de classes desenvolvidas em Valmy, Porto Príncipe, Paris (em junho de 1848), Gettysburg e Stalingrado viram a contraposição de oprimidos e opressores. Mas isso é verdadeiro só em última análise; ou seja, levando em conta a absoluta centralidade e urgência daquilo que, cada vez, está em jogo (os destinos respetivamente do Antigo Regime, da escravidão negra nos Estados Unidos, da nova escravidão colonial que o Terceiro Reich estava decidido a impor contra os eslavos), todas as outras contradições, todas as outras relações de coerção tornavam-se (naquele determinado momento histórico) absolutamente secundárias.

10. *WALL STREET* E *WAR STREET*

Nos dias atuais até os magnatas do capital e da finança sentem-se às vezes obrigados a reler Marx, de primeira ou de segunda mão – existem autores que podem explicar melhor do que ele a crise econômica eclodida em 2008? Da janela de seu escritório, esses magnatas dão uma olhada para as manifestações inéditas e inquietantes que ocasionalmente ocorrem: elas convidam a ocupar Wall Street e põem no banco dos réus o 1% de privilegiados que de fato exercem o poder e enriquecem à custa do 99% restante da população. Como mudou o clima ideológico e político em relação ao triunfal anúncio do "fim da história" que ressoava há vinte anos! Junto com a história, parece voltar a luta de classes. Mas, se os manifestantes se limitassem à denúncia das graves consequências da crise econômica mais do que ao retorno da marxiana luta de classes, assistir-se-ia à sua permanente e eficaz mutilação por obra da classe e da ideologia dominante.

Prosseguindo em sua leitura, talvez os magnatas percebam um arrepio quando se deparam com a análise das crises de superprodução relativa. Elas são a confirmação do declínio ao qual é destinado um sistema social que destrói de forma recorrente uma enorme quantidade de riqueza social e obriga ao desemprego, à precariedade, ao "despotismo" no local de trabalho (do qual fala o *Manifesto Comunista*), à miséria uma massa infinita de homens: eles se sentem impressionantemente rechaçados em sua luta pelo reconhecimento e percebem de forma tanto mais dolorosa sua condição, pelo fato de que, com relações sociais e políticas diferentes das existentes, a ciência e a tecnologia hodiernas poderiam imprimir uma forte aceleração ao desenvolvimento das forças produtivas e da riqueza social. Entretanto, no Ocidente não existem partidos capazes de expressar de maneira organizada o crescente descontentamento de massa – não há particular motivo que angustie os magnatas.

Talvez particularmente preocupantes sejam alguns cartazes levantados pelos manifestantes, os quais gritam sua raiva não só contra *Wall Street*, mas também contra *War Street*; o bairro da alta finança é identificado como o bairro, ao mesmo tempo, da guerra e do complexo militar-industrial; emerge ou começa a emergir a consciência da relação entre capitalismo e imperialismo. É verdade que, mesmo que visem a áreas de grande relevância geopolítica e geoeconômica, concluindo-se com a instalação de novas e poderosas bases militares e com a ulterior retomada do mercado das armas, as guerras desencadeadas pelos Estados Unidos e pelo Ocidente são apresentadas como operações humanitárias. Mas eis o balanço que um autor acima de qualquer suspeita traça da operação humanitária na Líbia: "Hoje sabemos que a guerra fez pelo menos 30 mil mortos, contra as trezentas vítimas da repressão inicial" perpetrada por Gaddafi[83]. A esmagadora superioridade do aparato multimediático do Ocidente consente, com eficácia decrescente, a manipulação da opinião pública, mas começa a penetrar a consciência de que tanto a verdade como sua remoção remetem à luta de classes, a suas múltiplas formas e a seu entrelaçamento.

Essas múltiplas formas e seu entrelaçamento acabam emergindo mesmo que estejamos concentrados exclusivamente no conflito social na metrópole capitalista. Logo deparamo-nos com a massa crescente de migrantes. Provindos dos países mais pobres do mundo, eles são o resultado da primeira "grande divergência" imposta, em determinado momento, pelo capitalismo e pelo colonialismo ocidental ao resto do mundo, da "desigualdade global"; e eles chegam à metrópole capitalista enquanto aqui se torna aguda a segunda "grande divergência", a crescente polarização social entre um círculo privilegiado cada vez mais estreito e o resto da população. Nessas circunstâncias, compreende-se claramente o fato de que os migrantes são muitas vezes considerados e tratados como os *niggers* nos Estados Unidos pela *white supremacy*. Eles muitas vezes deixam para trás países (ou áreas) onde foram condenados à expropriação e à marginalização pelo colonialismo clássico (é o caso da Palestina); países que foram objetos mesmo recentemente de guerras desencadeadas pelo Ocidente ou que, não tendo passado da fase político-militar à fase político-econômica

---

[83] Tzevetan Todorov, "La guerra impossibile", *La Repubblica*, 26 jun. 2012.

da revolução anticolonial são, ainda hoje, vítimas do subdesenvolvimento, da penúria e das guerras civis que vezes derivam disso. Chegando ao Ocidente, esses migrantes levam consigo sua história e sua cultura, uma cultura que muitas vezes (pensemos em particular na condição da mulher) gera graves conflitos. Como organizar essa massa tão heterogênea em um bloco unitário de mulheres e homens capazes de travar uma eficaz luta de classes contra o capitalismo e suas diferentes manifestações (desde a polarização social até a política de guerra)?

À iniciativa política e ideológica da classe dominante acrescentam-se as dificuldades objetivas. Sobretudo nos Estados Unidos, a classe dominante, seguindo uma tradição consolidada e uma técnica testada, procura deslocar para o exterior o conflito social, desviando a cólera crescente das massas populares em direção aos países emergentes e em particular à China, que, depois de libertar-se do "século das humilhações" e da desesperadora miséria de massa que seguem às guerras do ópio, agora põe em discussão a "época colombiana" e o meio milênio de incontestada supremacia ocidental.

Portanto, a organização dos trabalhadores dependentes em uma coerente luta de classes na metrópole capitalista pressupõe uma capacidade de orientação nas múltiplas contradições e lutas de classes que atravessam o mundo contemporâneo. Mais do que nunca, é necessária a releitura da teoria marxiana das "lutas de classes" (no plural). Só assim será possível apropriar-se novamente de um instrumento essencial para a compreensão do processo histórico e, ao mesmo tempo, para a promoção das lutas de emancipação.

REFERÊNCIAS BIBLIOGRÁFICAS

ADLER, Georg. *Die imperialistische sozialpolitik*: Disraeli, Napoleon III, Bismarck. Eine skizze. Tübingen, Laupp'sche Buchhandlung, 1897.

AGOSTI, Aldo (org.). *La Terza Internazionale*: storia documentaria. Roma, Editori Riuniti, 1974-1979.

ALBERT, Michel. *Capitalisme contre capitalisme*. Paris, Seuil, 1991.

ALBERTINI, Mario. Nota biográfica. In: PROUDHON, Pierre-Joseph. *La giustizia nella rivoluzione e nella chiesa*. Turim, Utet, 1968.

ALTHUSSER, Louis. *Per Marx*. Roma, Editori Riuniti, 1967. [Ed. bras.: *A favor de Marx*, trad. Dirceu Lindoso, 2.ed., Rio de Janeiro, Zahar, 1979.]

ALTHUSSER, Louis; BALIBAR, Étienne. *Leggere "Il capitale"*. Milão, Feltrinelli, 1968. [Ed. bras.: *Ler "O capital"*, trad. Nathanael C. Caixeiro, Rio de Janeiro, Zahar, 1979, 2 v.]

ALY, Götz. *Hitler Volkstaat, Raub, Rassenkrieg und nationaler Sozialismus*. Frankfurt, Fischer, 2005.

AMBROSE, S. F. When the Americans Came Back to Europe. *International Herald Tribune*, 20 maio 1997, p. 5, 10 e 11.

ARCHIBOLD, R. C. Cuba's Imprint on Haiti. *International Herald Tribune*, 9 nov. 2011, p. 2.

ARENDT, Hannah. *Crises of the Republic*. San Diego/Nova York/Londres, Harcourt Brace Jovanovich, 1972.

_____. *Sulla rivoluzione*. Milão, Comunità, 1983. [Ed. bras.: *Sobre a revolução*, trad. Denise Bottmann, São Paulo, Companhia das Letras, 2011.]

_____. *Politica e menzogna*. Milão, Sugarco, 1985.

ARRIGHI, Giovanni. *Il lungo XX secolo*: denaro, potere e le origini del nostro tempo. Milão, Il Saggiatore, 1996. [Ed. bras.: *O longo século XX*: dinheiro, poder e as origens do nosso tempo, trad. Vera Ribeiro, Rio de Janeiro/São Paulo, Contraponto/Editora da Unesp, 2000.]

_____. *Adam Smith a Pechino*: genealogie del XXI secolo. Milão, Feltrinelli, 2008. [Ed. bras.: *Adam Smith em Pequim*: origens e fundamentos do século XXI, trad. Beatriz Medina, São Paulo, Boitempo, 2008.]

BADIOU, Alain. *Il secolo*. Milão, Feltrinelli, 2006.

BEBEL, August. *Die Frau und der Sozialismus*. 60.ed. Berlim, Dietz, 1964.

BENJAMIN, Walter. Mosca (1927). In: _____. *Immagini di città*. Turim, Einaudi, 2007. [Ed. bras.: *Imagens de pensamento*: sobre o haxixe e outras drogas, trad. João Barrento, Belo Horizonte, Autêntica, 2013.]

382 A LUTA DE CLASSES

BENTHAM, J. *The Works*. Org. J. Bowring. Edimburgo, Tait, 1838-1843.

BERELOVITCH, Alexis. L'Occidente o l'utopia di un mondo normale. *Europa/Europe*, n. 1, 1993, p. 37.

BERNSTEIN, Eduard. Der Sozialismus und die Kolonialfrage. *Sozialistische Monatshefte*, 1900, p. 549-62.

BEST, Geoffrey. The Militarization of European Society. 1870-1914. In: GILLIS, John R. (org.). *The Militarization of Western World*. New Bruneswick/Londres, Rutgers, 1989.

BLOCH, Ernst. *Geist der Utopie*.1918: erste Fassung. Frankfurt, Suhrkamp, 1971.

BOCCA, Giorgio. Dimenticare Hilter... *La Repubblica*, 6 fev. 1992.

BOFFA, Giuseppe. *L'ultima illusione*: l'Occidente e la vittoria sul comunismo. Roma/Bari, Laterza, 1997.

BONANNI, Andrea. Si apre la sfida al Congresso. Eltsin è pronto a ricorrere alle urne per contrastare l'opposizione. *Corriere della Sera*, 1 dez. 1992.

BOWRING, P. Toward More Efficient State Capitalism, if Beijing Has Its Way. *International Herald Tribune*, 9 nov. 1995.

BROUÉ, Pierre. *La rivoluzione perduta*: vita di Lev Trotsky. Turim, Boringhieri, 1991.

BUKHARIN, Nikolai. Critica della piattaforma economica dell'opposizione (15 jan. 1925). In: BUKHARIN, Nikolai; PREOBRAZENSKIJ, Evgenij A. *L'accumulazione socialista*. Org. L. Foa. Roma, Editori Riuniti, 1969.

_____. La nuova politica economica e i nostri compiti (30 abr. e 1º jun. 1925). In: BUKHARIN, Nikolai; PREOBRAZENSKIJ, Evgenij A. *L'accumulazione socialista*. Org. L. Foa. Roma, Editori Riuniti, 1969.

BUCKLEY, Kevin. *Panama, The Whole History*. Nova York, Simon & Schuster, 1991.

BURKE, Edmund. *The Works*. Londres, Rivington, 1826.

BURTON, Antoinette M. The White Woman's Burden: British Feminists and "The Indian Woman", 1865-1915. In: CHAUDHURI, Nupur; STROBEL, Margaret. *Western Women and Imperialism*: Complicity and Resistance. Bloomington/Indianápolis, Indiana University Press, 1992.

BUZAN, Barry G. New Pattern of Global Security in the Twenty-First Century. *International Affairs*, n. 6, jul. 1991, p. 451.

CALHOUN, John C. *Union and Liberty*. Org. R. M. Lence. Indianápolis, Liberty Classics, 1992.

CALLAWAY, Helen; HELLY, Dorothy O. Crusader for Empire. Flora Shaw/Lady Lugard. In: CHAUDHURI, Nupur; STROBEL, Margaret. *Western Women and Imperialism*: Complicity and Resistance. Bloomington/Indianápolis, Indiana University Press, 1992.

CARETTO, Ennio. "A Mosca chiederò la testa di Castro". Bush annuncia le sue richieste per aiutare le riforme in URSS. *La Repubblica*, 19 jul. 1991.

_____. L'ONU vuol punire la Libia. *La Repubblica*, 29-30 mar. 1992.

CARLYLE, Thomas. *Latter-Day Pamphlet* (1850). Org. M. K. Goldberg e J. P. Seigel. Ottawa. Canadian Federation for the Humanities, 1983.

CARR, Eduard H. *La rivoluzione bolscevica* (1950). 4.ed. Turim, Einaudi, 1964. [Ed. port.: *A revolução bolchevique (1917-1923)*, trad. A. Sousa Ribeiro, Porto, Afrontamento, 1977.]

CASTORIADIS, Cornelius. La rivoluzione proletaria contro la burocrazia. *MicroMega*, 9, p. 117--22. [Ed. original: La révolution prolétarienne contre la bureaucratie. *Socialisme ou Barbarie*, n. 20, dez. 1956-fev. 1957, p. 134-71.]

CASTRO, Fidel. *Socialismo e comunismo*: un processo unico. Milão, Feltrinelli, 1969.

REFERÊNCIAS BIBLIOGRÁFICAS 383

CÉSAIRE, Aimé. *Toussaint Louverture*: la révolution française et le problème colonial. Paris, Présence Africaine, 1961.

CONDORCET, Marie-Jean-Antoine. *Oeuvres*. Org. A. Condorcet O'Connor e M. F. Arago. Paris, 1847. [Ed. fac-símile: Stuttgart-Bad Cannstatt, Frommann-Holzboog, 1968.]

CONSTANT, Benjamin. *Principi di politica*. Org. Umberto Cerroni. 2.ed. Roma, Editori Riuniti, 1970.

_____. De la liberté des anciens comparée à celle des modernes (1819). In: _____. *De la liberté chez les modernes*: Ecrits politiques. Org. M. Gauchet. Paris, Hachette, 1980. [Ed. it.: *Principi di politica*, org. Umberto Cerroni, 2.ed., Roma, Editori Riuniti, 1970.]

CORRADINI, Enrico. *Scritti e discorsi 1901-1914*. Org. L. Strappini. Turim, Einaudi, 1980.

Croce B. *Storia d'Italia dal 1871 al 1915* (1928). Bari, Laterza, 1967.

CROCE, Benedetto. Prefazione alla 3ª edizione (set. 1917). In: _____. *Materialismo storico ed economia marxistica*. Bari, Laterza, 1973.

CUCURNIA, Fiammetta. Mosca, tra furti e racket dilaga la baby-delinquenza. *La Repubblica*, 5 maio 1993.

DAHRENDORF, Ralf. *Classi e conflitti di classi nella società industriale* (1959). Bari, Laterza, 1963. [Ed. bras.: *As classes e seus conflitos na sociedade industrial*, trad. José Viegas, Brasília, UnB, 1982, Coleção Pensamento Político, v. 28.]

_____. *Per un nuovo liberalismo*. Roma/Bari, Laterza, 1988.

_____. *Riflessioni sulle rivoluzioni in Europa*. Roma/Bari, Laterza, 1990. [Ed. bras.: *Reflexões sobre as revoluções na Europa*, trad. Ruy Jungmann, Rio de Janeiro, Zahar, 1991.]

DAVIS, Mike. *Olocausti tardovittoriani*. Milão, Feltrinelli, 2001. [Ed. bras.: *Holocaustos coloniais*, trad. Alda Porto, Rio de Janeiro, Record, 2002.]

DE GENNARO, Riccardo. Paura a Torino. E gli impiegati vanno in corteo. *La Repubblica*, 16 jan. 1994, p. 5.

DEGRAS, Jane (org.). *Storia dell'Internazionale comunista attraverso i documenti ufficiali*. Milão, Feltrinelli, 1975.

DENG Xiaoping. *Selected Works*. Pequim, Foreign Languages Press, 1992-1995.

DIAZ, Furio. *Filosofia e politica nel Settecento francese*. Turim, Einaudi, 1962.

DIMITROV, Georgi. Die offensive des Faschismus und die Aufgabe der Kommunistschen Internationale im Kampf für die Einheit der Arbeiterklasse gegen den Faschismus [Informe ao VII Congresso da Internacional Comunista, 2 ago. 1935]. In: _____. *Ausgewälte Schriften*. Colônia, Rote Fahne, 1976.

DISRAELI, Bejamin. *Sybel or the Two Nations* (1845). Org. S. M. Smith. Oxford/Nova York, Oxford University Press, 1988.

DOSTOIÉVSKI, Fiódor. *I fratelli Karamazov* (1879). Turim, Einaudi, 2005. [Ed. bras.: *Os irmãos Karamazov*, trad. Paulo Bezerra, São Paulo, Editora 34, 2008, 2 v.]

DRESCHER, Seymoure. *From Slavery to Freedom*: Comparative Studies in the Rise and Fall of Atlantic Slavery. Londres, Macmillan, 1999.

DUBOIS, Laurent. *Avengers of the New World*. Cambridge/Londres, The Belknap Press of Harvard University Press, 2004.

_____. *Haiti*: The Aftershock of History. Nova York, Metropolitan, 2012.

DUVERGER, Maurice. Mafia e inflazione uccidono la Russia. *Corriere della Sera*, 18 out. 1993.

ENZENSBERGER, Hans Magnus (org.). *Colloqui con Marx e Engels*. Turim, Einaudi, 1977.

384 A LUTA DE CLASSES

FANON, Frantz. *I dannati della terra* (1961). 2.ed. Turim, Einaudi, 1967. [Ed. bras.: *Os condenados da terra*, trad. J. L. de Melo, 2.ed., Rio de Janeiro, Civilização Brasileira, 1979.]

_____. *Scritti politici*: l'anno V della rivoluzione algerina (2001). Roma, DeriveApprodi, 2007, v. 2.

FAURÉ, Christine (org.). *Les déclarations de droits de l'homme de 1789*. Paris, Payot, 1988.

FERGUSON, Niall. *Colossus. The Rise and Fall of the American Empire*. Londres, Penguin, 2005.

_____. *The War of the World*. Londres, Penguin, 2006. [Ed. port.: *A guerra do mundo*, Porto, Civilização Editora, 2006.]

_____. *Civilization*: The West and the Rest. Londres, Penguin, 2011.

FEUERBACH, Ludwig. Die Naturwissenschaft und die Revolution (1865). In: SCHMIDT, A. (org.). *Antrophologische Materialismus*: Ausgewählte Schriften. Frankfurt/Viena, Europäische Verlagsanstalt, 1967, v. 2.

FIGES, Orlando. *La tragedia di un popolo*: la Rivoluzione Russa (1891-1924) (1996). Milão, TEA, 2000. [Ed. bras.: *A tragédia de um povo*: a Revolução Russa (1891-1924), trad. Valéria Rodrigues, Rio de Janeiro, Record, 1999.]

FLORES, Marcello. *L'immagine dell'URSS*: l'Occidente e la Russia di Stalin, 1927-1956. Milão, Il Saggiatore, 1990.

FRANCESCHINI, Enrico. Mafia e donne in topless sulle rive del Mar Nero. *La Repubblica*, 18-19 ago. 1991.

_____. Emergenza in Russia. Un milione alla fame, Eltsin corre ai ripari. *La Repubblica*, 17 out. 1991.

FRASER, Nancy. Social Justice in the Age of Identity Politics: Redistribution, Recognition and Participation. In: FRASER, Nancy; HONNETH, Alex. *Redistribution or Recognition?* A Political-Philosophical Exchange. Londres, Verso, 2003.

FREDERICO II, rei da Prússia. *Oeuvres Posthumes*, v. 20. *Correspondance de Monsieur d'Alembert avec Fréderic II Roi de Prusse*. Berlim, 1791.

FRIEDBERG, A. L. Menace: Here be Dragons: Is China a Military Threat? *The National Interest*, set.-out. 2009, p. 20-1.

FUKUYAMA, Francis. The End of History? *The National Interest*, 1989, p. 3-18.

FURET, François. *Il passato di un'illusione*: l'idea comunista nel XX secolo. Milão, Mondadori, 1995. [Ed. bras.: *O passado de uma ilusão*, trad. Roberto Leal Ferreira, São Paulo, Siciliano, 1995.]

GADAMER, Hans Georg. *Verità e método*. 3.ed. Milão, Bompiani, 1983. [Ed. bras.: *Verdade e método*, trad. Flavio Paulo Meurer, 3.ed., Petrópolis, Vozes, 1999.]

GOEBBELS, Josef. *Tagebücher*. Org. R. G. Reuth. Munique/Zurique, Piper, 1992.

GOLDSTEIN, Andrea. *BRIC*: Brasile, Russia, India e Cina alla guida dell'economia globale. Bolonha, Il Mulino, 2011.

GRAMSCI, Antonio. Lettera dell'Ufficio politico del PCI al Comitato centrale del Partito comunista sovietico (1926). In: _____. *La costruzione del Partito comunista*. Turim, Einaudi, 1971.

_____. *Quaderni del carcere* [Edição crítica de Valentino Gerratana]. Turim, Einaudi, 1975. [Ed. bras.: *Cadernos do cárcere*, trad. Carlos Nelson Coutinho, Rio de Janeiro, Civilização Brasileira, 1999, 6 v.]

_____. *Cronache torinesi: 1913-1917*. Org. S. Caprioglio. Turim, Einaudi, 1980.

_____. *La città futura: 1917-1918*. Org. S. Caprioglio. Turim, Einaudi, 1982.

_____. *L'Ordine Nuovo: 1919-1920*. Org. V. Gerratana e A. Santucci. Turim, Einaudi, 1987.

GREEN, Thomas Hill. Lecture on Liberal Legislation and Freedom of Contract (1881). In: NETTLESHIP, R. L. (org.). *Works*. 3.ed. Londres, 1891. [Ed. fac-símile: Londres, Longmans Green, 1973, v. 3.]

REFERÊNCIAS BIBLIOGRÁFICAS 385

GUERRERA, Francesco. Ascoltiamo quell'urlo in piazza. *La Stampa*, 2 out. 2011, p. 41.

GUEVARA, Ernesto. *Scritti, discorsi e diari di guerriglia*: 1959-1967. Org. L. Gonsalez. Turim, Einaudi, 1969.

GUILLEMIN, Henri. *La première résurrection de la République*. Paris, Gallimard, 1967.

GUMPLOWICZ, Ludwig. *Der Rassenkampf. Soziologische Untersuchungen*. Innsbruck, Wagner'sche Universitätsbuchandlung, 1883.

HABERMAS, Jurgen. *Per la ricostruzione del materialismo storico* (1976). Milão, Etas, 1979. [Ed. bras.: *Para a reconstrução do materialismo histórico*, trad. Carlos Nelson Coutinho, São Paulo, Brasiliense, 1983.]

_____. *Teoria dell'agire comunicativo* (1981). Trad. G. E. Rusconi. Bolonha, Il Mulino, 1986.

HARDT, Michael. La nuda vita sotto l'Impero. *Il Manifesto*, 15 maio 1999, p. 8.

HARDT, Micheal; NEGRI, Antonio. *Impero* (2000). Milão, Rizzoli, 2002.

_____; _____. *Moltitudine*: Guerra e democrazia nel nuovo ordine imperiale. Milão, Rizzoli, 2004.

HARVEY, David. *L'enigma del capitale e il prezzo della sua sopravvivenza*. Milão, Feltrinelli, 2011. [Ed. bras.: *O enigma do capital e as crises do capitalismo*, trad. João Alexandre Peschanski, São Paulo, Boitempo, 2010.]

_____. What Is to Be Done? In: Vários autores, *Revolution and Subjectivity*. Madri, Matadero, 2011.

HAYEK, Friedrich A. Von. *La società libera*. Florença, Vallecchia, 1969.

_____. *Legge, legislazione e libertà*. Trad. A. Petroni e S. Monti Bragadin. Milão, Il Saggiatore, 1986. [Ed. bras.: *Direito, legislação, liberdade*, trad. Anna Maria Capovilla et al., São Paulo, Visão, 1985.]

HEGEL, G. W. Friedrich. *Vorlesungen über die Philosophie der Weltgeschichte*. Org. G. Lasson. Leipzig, Meiner, 1919-1920.

_____. *Berliner schriften*. Org. J. Hoffmeister. Hamburgo, Meiner, 1956.

_____. *Lezioni sulla filosofia della storia*. Florença, La Nuova Italia, 1963. v. 4.

_____. *Lineamenti di filosofia del diritto*. Roma, Laterza, 2012. [Ed. bras.: *Princípios da filosofia do direito*, trad. Orlando Vitorino, São Paulo, Martin Fontes, 1997.]

_____. *Werke in zwanzig Bänden*. Org. E. Moldenhauer e K. M. Michel. Frankfurt, Suhrkampf, 1969-1979.

_____. *Jenaer Realphilosophie*. Org. J. Hoffmeister. Hamburgo, Meiner, 1969.

_____. *Filosofia dello Spirito jenese*. Org. G. Cantillo. Bari, Laterza, 1971.

HENNESSY, Peter. *Never Again*: Britain, 1945-1951. Nova York, Pantheon, 1993.

HERZL, Theodor. Zionistisches Tagebüch. In: BEIN A. et al. *Briefe und Tagebücher*. Berlim/Frankfurt/Viena, Propyläen, 1984-1985.

HILDEBRAND, Klaus. *Vom Reich zum Weltreich*: Hitler, NSDAP, und Koloniale Frage, 1919--1945. Munique, Fink, 1969.

HIMMELFARB, Gertrud. *The Idea of Poverty*: England in the Early Industrial Age. Nova York, Vintage Books, 1985.

HIMMLER, Heinrich. *Geheimreden 1933 bis 1945*. Org. B. F. Smith e A. F. Peterson. Berlim, Propyläen, 1974.

HITLER, Adolf. *Mein Kampf* (1925-1927). Munique, Zentralverlag der NSDAP, 1939. [Ed. bras.: *Minha luta*, trad. Klaus Von Pushen, São Paulo, Centauro, 2001.]

386 A luta de classes

_____. *Reden und Proklamtionen 1932-1945* (1962-1963). Org. M. Domarus. Munique, Süddeutscher Verlag, 1965.

HOFFMEISTER, Johannes (org.). *Dokumente zu Hegels Entwicklung*. Stuttgart, Frommann, 1936.

HOLLOWAY, John. *Cambiare il mondo senza prendere il potere*: il significato della rivoluzione oggi. Roma, Carta, 2002.

HUNTINGTON, Samuel P. *Lo scontro delle civiltà e il nuovo ordine mondiale*. Milão, Garzanti, 1997. [Ed. bras.: *O choque das civilizações e a recomposição da ordem mundial*, trad. M. H. C. Côrtes, Rio de Janeiro, Objetiva, 1997.]

IKENBERRY, G. J. America's Imperial Ambition. *Foreign Affairs*, set.-out. 2002, p. 44-60.

JEAN, Carlo. "Guerre giuste" e "guerre ingiuste", ovvero, i rischi del moralismo. *Limes. Rivista italiana di geopolitica*, n. 3, jun.-ago. 1993, p. 257-71.

JESSEN, J. Unterwegszur plutokratie. *Die Zeit*, 1° set. 2011.

JOHNSON, Paul. Colonialism's Back – And Not a Moment Too Soon. *New York Times Magazine*, 18 abr. 1993.

JUDT, Tony. *Dopoguerra*: com'è cambiata l'Europa dal 1945 ad oggi. Milão, Mondadori, 2007. [Ed. bras.: *Pós-guerra*: uma história da Europa desde 1945, trad. José Roberto O'Shea, Rio de Janeiro, Objetiva, 2007.]

KANT, Immanuel. *Gesammelte Schriften*. Berlim/Leipzig, Academia das Ciências, 1900.

KAPLAN, R. D. A NATO's Victory Can Bridge Europe's Growing Divide. *The International Herald Tribune*, 8 abr. 1999, p. 10.

KAUTSKY, Karl. *La dittatura del proletariato* (1918). Trad. L. Pellicani. 2.ed. Milão, Sugarco, 1977.

KOLKO, Gabriel. *Century of War Politics, Conflicts, and Society Since 1914*. Nova York, The New Press, 1994.

KRASTINS, V. Latvia's Past and Present. *International Herald Tribune*, 7 abr. 2000, p. 7.

LACLAU, Ernesto; MOUFFE, Chantal. *Egemonia e strategia socialista*: verso una politica democratica radicale (1985). Genova, Il Melangolo, 2011.

LACOUTURE, Jean. *Ho Chi Minh* (1967). Milão, Il Saggiatore, 1967. [Ed. bras.: *Ho Chi Minh*: sua vida, sua revolução, trad. Roberto Paulino, Rio de Janeiro, Nova Fronteira, 1979.]

LASSALLE, Ferdinand. Arbeiterprogramm (1862-1863). In: _____. *Reden und Schriften*. Leipzig, Reclam, 1987.

LE BON, Gustave. *Psicologia delle folle* (1895). 2.ed. Milão, Longanesi, 1980. [Ed. bras.: *Psicologia das multidões*, trad. Mariana Servulo da Cunha, São Paulo, WMF Martins Fontes, 2008.]

LENIN, Vladimir I. *Opere complete*. Roma, Editori Riuniti, 1955-1970.

LIVI, Roberto. La riforma di Raul. *Il Manifesto*, 3 ago. 2010, p. 8.

LOCKE, John. Saggio sulla tolleranza (1667). In: MARCONI, Diego (org.). *Scritti sulla tolleranza*. Turim, Utet, 1977. [Ed. port.: *Carta sobre a tolerância*, trad. João da Silva Gama, Lisboa, Edições 70, 2000.]

_____. La ragionevolezza del cristianesimo quale si manifesta nelle Scritture (1695). In: SINA, Mario (org.). *Scritti Filosofici e religiosi*. Milão, Rusconi, 1979.

LOSURDO, Domenico. *La comunità, la morte, l'Occidente. Heidegger e l'"deologia della guerra"*. Turim, Bollati Boringhieri, 1991.

_____. *Hegel e la libertà dei moderni*. Roma, Editori Riuniti, 1992.

_____. *Democrazia o bonapartismo*: trionfo e decadenza del suffragio universale. Turim, Bollati Boringhieri, 1993. [Ed. bras.: *Democracia ou bonapartismo*: triunfo e decadência do sufrágio universal, trad. Luiz Sérgio Henriques, Rio de Janeiro/São Paulo, Editora da UFRJ/Editora da Unesp, 2004.]

_____. *Il revisionismo storico*. Problemi e miti. Roma/Bari, Laterza, 1996.

_____. *Hegel e la Germania*: filosofia e questione nazionale tra rivoluzione e reazione. Milão, Guerini/Istituto Italiano per gli Studi Filosofici, 1997.

_____. *Antonio Gramsci*: dal liberalismo al "comunismo critico". Roma, Gamberetti, 1997. [Ed. bras.: *Antonio Gramsci*: do liberalismo ao comunismo crítico, trad. Teresa Ottoni, 2.ed., Rio de Janeiro, Revan, 2011.]

_____. *Nietzsche, il ribelle aristocratico*: biografia intellettuale e bilancio critico. Turim, Bollati Boringhieri, 2002.

_____. *Controstoria del liberalismo*. Roma/Bari, Laterza, 2005. [Ed. bras.: *Contra-história do liberalismo*, trad. Giovanni Semerano, Aparecida, Ideias & Letras, 2006.]

_____. *Il linguaggio dell'Impero*: lessico dell'ideologia americana. Roma/Bari, Laterza, 2007. [Ed. bras.: *A linguagem do Império*: léxico da ideologia estadunidense, trad. Jaime A. Clasen, São Paulo, Boitempo, 2010.]

_____. *Stalin*: storia e critica di una leggenda nera. Roma, Carocci, 2008. [Ed. bras.: *Stalin*: história e crítica de uma lenda negra, trad. Jaime A. Clasen, Rio de Janeiro, Revan, 2010.]

_____. *La non violenza*: una storia fuori dal mito. Roma, Laterza, 2010. [Ed. bras.: *A não violência*: uma história fora do mito, trad. Carlo Alberto Dastoli, Rio de Janeiro, Revan, 2012.]

LUKÁCS, György, *Ontologia dell'essere sociale*. Trad. Alberto Scarponi. Roma, Editori Riuniti, 1976-1981. [Ed. bras.: *Para uma ontologia do ser social*, trad. Carlos Nelson Coutinho et al. São Paulo, Boitempo, 2012-2013, 2 v.]

_____. *Storia e coscienza di classe* (1922). 7.ed. Milão, Sugarco, 1988.

LU, Xun. *Letteratura e sudore*: scritti dal 1925 al 1936. Org. A. Bujatti. Isola del Liri, Pisani, 2007.

MACKINDER, Halford J. The Geographical Pivot of History. *Geographical Journal*, v. 23, n. 4, 1904, p. 421-2.

MALLABY, S. The Recluctant Imperialism. *Foreign Affairs*, mar.-abr. 2002, p. 2-7.

MANDEVILLE, B. *Saggio sulla carità e sulle scuole di carità* (1723). Roma/Bari, Laterza, 1974.

_____. *The Fable of the Bees* (1705; 1714). Org. F. B. Kaye. Oxford, 1924. [Ed. fac-sílime: Indianápolis, Liberty Classics, 1988.]

MANNING, R. A. Getting China to Play By the World Trade Rules. *International Herald Tribune*, 9 jan. 1996.

MAO, Tse-Tung. *Opere scelte*. Pequim, Edizioni in Lingue Estere, 1969-1975.

_____. *Rivoluzione e costruzione*: scritti e discorsi 1949-1957. Org. M. A. Regis e F. Coccia. Turim, Einaudi, 1979.

_____. *On Diplomacy*. Pequim, Foreign Languages Press, 1998.

MARTINETTI, Cesare. Il parlamento riabilita il vecchio rublo. *La Stampa*, 29 jul. 1993, p. 13.

MARX, Karl. *Grundrisse der kritik der politischen Ökonomie (Rohentwurf), 1857-1858*. Berlim, Dietz, 1953. [Ed. bras.: *Grundrisse*: manuscritos econômicos de 1857-1858 – esboço da crítica da economia política, trad. Mario Duayer, São Paulo, Boitempo, 2011.]

_____. *Manuskripte über die polnische Frage (1863-64)*. Org. W. Conze e D. Hertz-Eichenrode. Haia, Mouton, 1961.

MARX, Karl; ENGELS, Friedrich. *Werke*. Berlim, Dietz, 1955-1989. [Ed. it.: *Opere complete*, Roma, Editori Riuniti, 1970; Nápoles, La Città del Sole, s.d.].

_____; _____. *Gesamtausgabe*. Berlim/Amsterdã, Dietz/Imes, 1975.

388   A LUTA DE CLASSES

MARX-AVELING, Eleanor; AVELING, Edward. *Die Frauenfrage* (1887). Org. I. Nödinger. Frankfurt, Marxistische Blätter, 1983.

MAYER, Arno J. *Politics and Diplomacy of Peacemaking*: Containment and Counterrevolution at Versailles, 1918-1919. Nova York, Knopf, 1967.

_____. *Il potere dell'Ancien Régime fino alla Prima guerra mondiale*. Roma/Bari, Laterza, 1982. [Ed. bras.: *A força da tradição*: a persistência do Antigo Regime, trad. Denise Bottmann, São Paulo, Companhia das Letras, 1987.]

MAZOWER, Mark. *Hitler's Empire*: How the Nazis Ruled Europe. Londres, Penguin, 2009.

MILL, John Stuart. *La servitù delle donne* (1869). Lanciano, Carabba, 1926.

_____. *Considerazioni sul governo rappresentativo* (1861). Org. P. Crespi. Milão, Bompiani, 1946.

_____. The Subjection of Women (1869). In: MILL, John Stuart. *Collected Works*. Org. J. M. Robson. Toronto/Londres, University of Toronto Press/Routledge & Kegan Paul,1963-1991, v. 21.

MISRA, Amaresh. *War of Civilizations*: India AD 1857. Nova Deli, Rupa, 2008, 2 v.

MOLNÁR, Miklós. *Marx, Engels et la politique internationale*. Paris, Gallimard, 1975.

MOSSE, George L. *Le guerre mondiali*: dalla tragedia al mito dei caduti. Roma/Bari, Laterza, 1990.

MYRDAL, Gunnar. *An American Dilema*: the Negro Problem and Modern Democracy. Nova York/Londres, Harper&Brothers Publishers, 1944.

NAÍM, M. Mafia States. Ogranized Crime Takes Offices. *Foreign Affairs*, maio-jun. 2012, p. 14.

NIETZSCHE, Friedrich. *Sämtlike Werke*: Kritische Studienausgabei. Org. G. Colli e M. Montinari. Munique, dtv-de Gruyter, 1988.

_____. *Crepuscolo degli idoli*: il problema Socrate. Milão, Adelphi, 1983. [Ed. bras.: *Crepúsculo dos ídolos*, trad. Renato Zwick, Porto Alegre, L&PM, 2012.]

_____. *Genealogia della morale*. Milão, Orsa Maggiore, 1993. [Ed. bras.: *Genealogia da moral*, trad. Mario Ferreira dos Santos, São Paulo, Vozes, 2009.]

_____. *Al di là del bene e del male*. Roma, Newton Compton, 2011. [Ed. bras.: *Além do bem e mal*, trad. Renato Zwick, Porto Alegre, L&PM, 2008.]

_____. *L'Anticristo*. Roma, Carocci, 2012. [Ed. bras.: *O Anticristo*: ensaio de uma crítica do cristianismo, trad. Renato Zwick, Porto Alegre, L&PM, 2008.]

NOAH, Timothy. *The Great Divergence*: American's Growing Inequality and What We Can Do About It. Nova York, Bloomsbury, 2012.

NOLTE, Ernst. *Der europäischer Bürgerkrieg 1917-1945. Nationalsozialismus und Bolschewismus*. Frankfurt/Berlim, Ullstein, 1987.

OLUSOGA, David; ERICHSEN, Casper W. *The Kaiser's Holocaust*: Germany's Forgotten Genocide. Londres, Faber & Faber, 2001.

PASOLINI, Pier Paolo. Il genocidio (1974). In: *Scritti corsari*. 3.ed. Milão, Garzanti, 1981.

PARTIDO COMUNISTA CHINÊS. *Die Polemik über die Generallinie der internationalen kommunistischen Bewegung*. Berlim, Oberbaum, 1970.

PIPER, Ernst. *Alfred Rosenberg Hitlers Chefideologie*. Munique, Blessing, 2005.

POMERANZ, Kenneth. *La grande divergenza*: la Cina, l'Europa e la nascita dell'economia mondiale moderna. Bolonha, Il Mulino, 2004. [Ed. port.: *A grande divergência*: a China, a Europa e a formação da economia mundial moderna. Lisboa, Edições 70, 2013.]

POPPER, Karl. *La società aperta e i suoi nemici* (1943). Roma, Armando, 1974. [Ed. bras.: *A sociedade aberta e seus inimigos*, trad. Milton Amado, São Paulo, Edusp, 1974.]

_____. Kriege führen für den Frieden [entrevista a Olaf Ihlau]. *Der Spiegel*, 23 mar. 1992.

REFERÊNCIAS BIBLIOGRÁFICAS   389

_____. Io, il Papa e Gorbachev [entrevista a Barbara Spinelli]. *La Stampa*, 9 abr. 1992.

PRASHAD, Vijai. *Storia de Terzo Mondo* (2006). Catanzaro, Rubbettino, 2009.

PRESTON, Paul. *La guerra civile spagnola*: 1936-1939 (1986). Milão, Mondadori, 1999.

PROUDHON, Pierre-Joseph. *La pornocratie, ou les femmes dans le monde moderne*. Paris, Librairie Internationale, 1875.

R.E. Clinton: Usammo i negri come cavie umane. Una vergogna americana. *Corriere della Sera*, 10 abr. 1997, p. 8.

REICH, R. B. When America's Rich Get Too Rich. *International Herald Tribune*, 5 set. 2011, p. 6.

RENAN, Ernest. *Oeuvres complètes*. Org. H. Pischari. Paris, Calmann-Levy, 1947.

RENMIN RIBAO [Diário do Povo]. Ancora a proposito dell'esperienza storica della dittatura del proletariato (1956). In: *Sulla questione di Stalin*. 3. ed. Milão, Oriente, 1971.

ROACH, S. Transforming Economic Structure Risky But Vital Task of Nation's Future. *Global Times*, 15 nov. 2012.

ROBESPIERRE, Maximilien. *Oeuvres*. Paris, PUF, 1950-1967.

RODINSON, Maxime. *Maometto* (1967). Turim, Einaudi, 1995.

ROWAN, C. T.; MAZIE, D. M. Fame in America. *Selezione dal Reader's Digest*, mar. 1969, p. 99-104.

SCALFARI, Eugenio. Al pettine i nodi di Reagan e Thatcher. *La Repubblica*, 26-27 jan. 1992.

SCHLESINGER JR, Arthur (org.). *History of United States Political Parties*. Nova York/Londres, Chelsea House and Bawker, 1973.

_____. *I cicli della storia americana*. Pordenone, Edizioni Studio, 1991. [Ed. bras.: *Os ciclos da história americana*, trad. Raul de Sá Barbosa e Múcio Bezerra, Rio de Janeiro, Civilização Brasileira, 1992.]

_____. Four Days with Fidel: a Havana Diary. *The New York Review of Books*, 26 mar. 1992, p. 25.

SCHREIBER, Gerhard. *La vendetta tedesca, 1943-1945*: le rappresaglie naziste in Italia (1996). Milão, Mondadori, 2000.

SIEYÈS, Emmanuel-Joseph. Écrits politiques. Org. R. Zappieri. Paris, Editions des Archives Contemporaines, 1985.

SISCI, Francesco. *La differenza tra la Cina e il mondo*: la rivoluzione degli anni Ottanta. Milão, Feltrinelli, 1994.

SISMONDI, Jean-Charles L. Sismonde de. *Nuovi principi di economia politica o della ricchezza nei suoi rapporti con la popolazione* (1819; 1827). Org. Piero Barucci. Milão, Isedi, 1975.

SLOTKIN, Richard. *The Fatal Environment*: The Myth of the Frontier in the Age of Industrialization 1800-1890. Nova York, Harper Perennial, 1994.

SMITH, Adam. *Indagine sulla natura e le cause della ricchezza delle nazioni* (1775-1776; 1783). 3.ed. Milão, Mondadori, 1977. [Ed. bras.: *A riqueza das nações*: investigação sobre sua natureza e suas causas, trad. Luiz João Baraúna, São Paulo, Nova Cultural, 1996, Coleção Os Economistas.]

_____. *Lectures on Jurisprudence* (1762-1763; 1766). Indianápolis, Liberty Classics, 1982; Glasgow, Oxford University Press, 1978, v. 5.

SNOW, Edgar. *Red Star Over China* (1938). Londres, Gollzac, 1973. [Ed. it.: *Stella rossa sulla Cina*, 3.ed., Turim, Einaudi, 1967.]

SOPRANI, Anne. *La révolution et les femmes, 1789-1796*. Paris, MA Éditions, 1988.

SPENCER, Herbert. *The Principles of Ethics* (1879-1893). Org. T. R. Machan. Indianápolis, Liberty Classics, 1978.

390 A LUTA DE CLASSES

_____. *The Proper Sphere of Government* (1843). In: _____. *The Man Versus the State*. Indianápolis, Liberty Classics, 1981.

SPENGLER, Oswald. *Jahre der Entscheidung*. Munique, Beck, 1933.

STALIN, Joseph. *Questioni del leninismo*. 2.ed. Roma, Rinascita, 1952.

_____. *Opere complete*. Roma, Rinascita, 1952-1956.

_____. *Il marxismo e la linguistica* (1950). Milão, Feltrinelli, 1968.

_____. *Werke*. Hamburgo, Roter Morgen, 1971-1973.

_____. *Problemi economici del socialismo nell'URSS* (1952). Milão, Cooperativa Editrice Distributrice Proletaria, 1973.

STEFANONI, Pablo. Bolivia a due dimensioni. *Il Manifesto*, 22 jul. 2006.

STERN, E. The Way Ahead for China. More Change Sustainably. *International Herald Tribune*, 19 maio 1994.

TAINE, Hippolyte. *Le origini della Francia contemporanea*: l'Antico Regime (1876). Milão, Adelphi, 1986.

TAWNEY, Richard H. *La religione e la genesi del capitalismo*. Turim, Utet, 1975. [Ed. bras.: *A religião e o surgimento do capitalismo*, trad. Janete Meiches, São Paulo, Perspectiva, 1971.]

THUROW, Lester. *Head to Head*: The Coming Economic Battle Among Japan, Europe and America. Nova York, Morrow, 1992.

TOCQUEVILLE, Alexis. *Oeuvres complètes*. Org. J. P. Mayer. Paris, Gallimard, 1951.

TODOROV, Tzevetan. La guerra impossibile. *La Repubblica*, 26 jun. 2012.

TOGLIATTI, Palmiro. *Opere*. Org. Luciano Gruppi. Roma, Editori Riuniti, 1974-1984, v. 5.

TROTSKI, Leon D. *La rivoluzione tradita*. Roma, Samonà e Savelli, 1968. [Ed. bras.: *A revolução traída*, trad. Henrique Canary, Paula Maffei e Rodrigo Ricupero, São Paulo, Instituto José Luís e Rosa Sundermann, 2005.]

_____. *Schriften*: Sowjetgesellschaft und stalinistische Diktatur. Org. H. Dahmer et al. Hamburgo, Rasch un Röhring, 1988.

TUCHOLSKY, Kurt. Der krieg und die deutsche Frau (1927). In: _____. *Gessammelte Werke*. Org. M. Gerold Tuchosky e F. J. Raddatz. Hamburgo, Rowohlt, 1985, v. 3.

TURONE, Sergio. *Storia del sindacato in Italia (1943-1969)*. Roma/Bari, Laterza, 1973.

TYLER, P. E. Industrial Reform Is Under Assalt in China. *International Herald Tribune*, 19 jun. 1995.

VOGEL, Ezra F. *Deng Xiaoping and the Transformation of China*. Cambridge-MA/Londres, Harvard University Press, 2011.

WEIL, Simone. Écrits de Londres et dernières lettres. Paris, Gallimard, 1957.

_____. Écrits historiques et politiques. Paris, Gallimard, 1960.

_____. *Oeuvres complètes*, tomo II. Écrits historiques et politiques. Org. A. A. Devaux e F. de Lussy. Paris, Gallimard, 1989-1991, 3 v. [Ed. it.: *Riflessioni sulle cause della libertà e dell'oppressione sociale*, Milão, Adelphi, 1983 e Milão, Corriere della Sera, 2011; *Incontri libertari*, org. M. Zani, Milão, Eleuthera, 2001; *Sul colonialismo*, org. D. Canciani, Milão, Medusa, 2003.]

WILKINSON, William John. *Tory Democracy* (1925). Nova York, Octagon, 1980.

WOLLSTONECRAFT, Mary. *Sui diritti delle donne* (1792). Org. B. Antonucci. Milão, Bur, 2008.

WOOLF, Virginia. *The Ghinee* (1938). Milão, Feltrinelli, 1992.

ZINOVEV, Aleksandr. *La caduta dell'"impero del male"*: saggio sulla tragedia della Russia. Turim, Bollati Boringhieri, 1994.

ŽIŽEK, Slavoj. Mao Tse-Tung, the Marxist Lord of Misrule. In: MAO, Tse-Tung. *On Practice and Contradiction*. Londres, Verso, 2007. [Ed. bras.: Mao Tse-Tung, senhor do desgoverno marxista. In: *Sobre a prática e a contradição*, trad. José Maurício Gradel, Rio de Janeiro, Zahar, 2008, Coleção Revoluções.]

_____. *Dalla tragedia alla farsa* (2009). Florença, Ponte alle Grazie, 2010.

_____. Welcome to Intersting Times! In: Vários autores, *Revolution and Subjectivity*. Madri, Matadero, 2011. p. 125-36. [Ed. it.: *Benvenuti in tempi interessanti*, Florença, Ponte alle Grazie, 2012.]

ÍNDICE ONOMÁSTICO

Acton, J. E. E. Dalberg Lord, 108
Adler, G., 127n
Agosti, A., 172n, 193n
Aguilera, G. de, 346
Albert, M., 304n
Albertini, M., 122n
Alexandre II, czar da Rússia, 130, 132
Allende, S., 326
Althusser, L., 99-100, 103
Aly, G., 186n
Ambrose, S. F., 321
Annenkov, P. W., 255
Archibold, R. C., 218n
Arendt, H., 93, 115, 216-7, 297-304, 308,
    341, 353
Aristófanes, 57
Arrighi, G., 214n, 243n, 280n, 329n, 337n
Aveling, E., 97n, 313

Badiou, A., 374
Bakunin, M. A., 16, 124
Balibar, E., 103n
Balzac, H. de, 57
Bebel, A., 38, 91, 92n, 162
Beecher Stowe, H., 40
Benjamin, W., 197, 198n, 213, 242, 244, 263
Bentham, J., 47, 116
Berelovitch, A., 288n
Bernstein, E., 116, 159-60, 164
Best, G., 361n

Bevin, E., 311
Bismarck, O. von, 91-3, 122, 127, 234
Blanc,. L., 153-4
Bloch, E., 259
Bobbio, N., 310
Bocca, G., 277n
Boffa, G., 283n
Bogomolov, O., 288
Bolívar, S., 320, 322n
Bonanni, A., 283n
Bourbons, dinastia, 293-4
Bowring, P., 335n
Brecht, B., 267
Breznev, L. I., 292
Broué, P., 190n
Brown, J., 24, 130-2
Brusilov, A. A., 174, 251
Buchanan, J., 145
Bukharin, N. I., 207, 212, 216, 222, 239
Buckley, K., 277n
Burke, E., 95, 105, 292
Burton, A. M., 314n
Bush, Sr., 277
Bush, Jr., 278
Buzan, B. G., 280

Cabet, E., 125
Calhoun, J. C., 55, 57, 78, 80, 87, 298
Callaway, H., 314

A LUTA DE CLASSES

Caretto, E., 277n, 279n
Carlyle, T., 49-50, 134
Carr, E. H., 172n, 201n, 228n, 262n
Castoriadis, C., 366-7
Castro, F., 273, 277, 354
Castro, R., 267
Catarina II, imperatriz, 54, 154-5
Cavaignac, J.-B., 232
Cervantes, M. de, 57
Césaire, A., 324
Chávez Frías, H. R., 326
Cheney, R. B., 280
Chiang Kai-Shek, 183
Chu Enlai, 253
Cícero, 58.
Clausewitz, C. P. G von, 67
Condorcet, M.-J. A., 31, 94-5
Constant, B., 74, 229, 247
Constantino, imperador romano, 56, 88
Corradini, E., 177-8
Croce, B., 64-5, 67, 206
Cromwell, O., 293-4
Cromwell, R., 294.
Cucurnia, F., 283n, 284n

Dahrendorf, R., 11-3, 15, 289, 291-2, 304
D'Alembert, J.-B., 52, 57
Dante, 57
Daumer, G. F., 57, 59-60, 360-1
Davis, M., 74n, 215n, 371n
De Gennaro, R., 287n
Degras, J., 193
Deng Xiaoping, 218-9, 221-3, 241, 243, 250, 253, 262, 265, 268, 273, 323, 328, 332-4
Dessalines, J.-J., 317
Diaz, F., 155n
Diderot, D., 54
Dimitrov, G., 187n, 193
Diocleciano, imperador romano, 56
Disraeli, B., 44, 47, 126-7, 186, 313
Dostoiévski, F., 179-180
Drescher, S., 41n, 125n
Dubois, L., 94n, 317n, 318n, 320n, 325n
Duverger, M., 283n

Eltsin, B. N., 295, 373
Engels, F., 15-7, 19-28, 30-1, 33-5, 38-9, 45, 48-9, 51-4, 56-7, 59-60, 62-4, 66-7, 73n, 75, 77n, 78-80, 82, 84-5, 87, 91-2, 94-5, 97-101, 105, 108-13, 115-8, 123-36, 139, 141-5, 147-8, 151, 153-7, 159, 161-2, 164, 169-70, 172, 177-9, 185, 195n, 196, 200-1, 205, 209n, 228, 230-1, 234-8, 241, 246, 248-9, 252-3, 256-8, 261-2, 268, 292-3, 306-7, 313, 319, 322, 329, 342-3, 359-61, 372, 375-7
Enzensberger, H. M., 16n, 24n, 27n, 34n, 59n
Erichsen, C. W., 187n
Ésquilo, 57

Fanon, F., 309, 315, 324
Fauré, C., 110
Ferguson, N., 14-5, 67, 189n, 276n, 278n, 280n, 328
Frederico II, rei da Prússia, 52, 57, 154
Frederico Guilherme IV, rei da Prússia, 235
Feuerbach, L. A. von, 20, 58-60, 103, 162
Fichte, J. G., 256-7, 260
Figes, O., 175n, 180n, 201n, 202n, 227n, 244n
Fitzhugh, G., 42
Flores, M., 197n, 198n, 199n, 205n, 242n, 246n
Foucault, M., 89
Fourier, F.-M.-C., 30, 124
Franceschini, E., 283n, 284n
Franco, F., 189
Fraser, N., 91, 308
Friedberg, A. L., 280
Fukuyama, F., 275, 292
Furet, F., 199, 201

Gadamer, H. G., 85-6
Galilei, G., 88
Gandhi, M., 358-9
Garbai, A., 173
Garrison, W. L., 55
Gaddafi, M. el-, 378
George V, rei da Grã Bretanha e da Irlanda, 289
Gobineau, A. de, 44, 47n
Goebbels, J., 192

Goldstein, A., 283n, 337n
Gorbachev, M. S., 273, 276n, 277, 286, 295
Göring, H., 14, 189
Gouges, O. de, 31, 110
Gramsci, A., 139, 175, 192, 204-5, 234-5, 242, 247-9, 253-4, 260, 290, 309, 321, 374
Grozio, U., 106, 109, 112
Guerrera, F., 330n
Guevara, E. *apelidado* Che, 214, 217, 267, 324, 326, 338, 354
Guilherme II, imperador da Alemanha, 38, 167, 215, 279
Guillemin, H., 96n
Guizot, F., 50
Gumplowicz, L., 44, 160, 189

Habermas, J., 13, 15, 115, 304-8, 341
Hardinge, C., Lord, 289
Hardt, M., 367n, 368n, 369n
Harvey, D., 370, 373
Havel, V., 373
Hayek, F. A. von, 288, 332
Heath, E., 221, 328
Hegel, G. W. F., 47, 58-60, 66, 79, 86, 112n, 113-4, 118, 148, 208, 226, 235, 256-7, 291-2, 357, 368, 374
Helly, D. O., 314n
Hennessy, P., 311n
Herzen, A.I., 123-4
Herzl, T., 176-7
Hildebrand, K., 186n
Hill Green, T., 107
Himmelfarb, G., 104n
Himmler, H., 186, 188-9
Hitler, A., 119, 167, 185-9, 194, 327, 330, 337, 345, 347-50
Hobbes, T., 60
Ho Chi Minh, 309
Hoffmeister, J., 86n
Holloway, J., 368n
Hoover, H., 321
Hugo, G., 56-7
Huntington, S. P., 313n, 328
Hussein, S., 277, 279

Ikenberry, G. J., 281n

Jardin, A., 124n
Jean, C., 281
Jefferson, T., 109, 320, 322n
Jessen, J., 305n
Johnson, P., 276
Judt, T.,. 289n

Kant, I., 74, 86, 107
Kaplan, R. D., 278n
Kautsky, K., 155, 157, 225-7, 230
Kelsen, H., 261
Kennedy, J. F., 322
Kipling, J. R., 281
Kissinger, H. A., 326
Kolko, G., 173n
Kornilov, L. G., 165
Krastins, V., 285n
Kriege, H., 359, 361
Kruschev, N. S., 209, 252, 269
Kugelmann, L., 54
Kun, B., 173-4, 366

Laclau, E., 170n
Lacouture, J., 310n
Lafargue, L., 59, 116
Lafargue, P., 59, 154
Lassalle, F., 122-3, 125, 160
Lazarevic, N., 198, 200, 243, 338
Le Bon, G., 45-7, 164-5, 171
Le Chapelier, I. R. G., 111
Leclerc, C., 317
Lenin, *pseudônimo de* V. I. Ulianov, 138, 158,160-2, 164-71, 175, 177-82, 193, 195, 197-9, 202-6, 209-13, 215-8, 227-8, 236-9, 243-7, 249, 251, 253, 258-60, 262-3, 266, 268, 270, 310, 314, 319, 323-4, 326, 338, 354, 370
Lincoln, A., 39-42, 55, 92, 131, 145-7, 153, 169, 344
Linera, G., 353
Liu Shaochi, 220
Livi, R., 267n
Locke, J., 53, 106, 111
Longuet, C., 23, 25, 27, 34

Losurdo, D., 32n, 42n, 47n, 51n, 55n, 56n, 58n, 65n, 66n, 78n, 95n, 96n, 106n, 112n, 114n, 203n, 206n, 208n, 232n, 240n, 256n, 257n, 261n, 279n, 313n, 318n, 322n, 344n, 359n, 362n, 374n

Louverture, T., 43, 94, 125, 298, 317-8, 324-5, 371

Lukács, G., 257n, 259

Luttwak, E., 322

Luxemburgo, R., 168

Lu Xun, 190

L'vov, G. E., 180

Mackinder, H., 329

Madison, J., 109

Mallaby, S., 278

Malouet, P.-V., 109

Mandeville, B. de, 356-7

Manning, R. A., 335n

Manuel, P., 97

Maomé, 361

Mao Tsé-Tung, 183-5, 190, 214, 220-1, 240-1, 247, 250, 253, 269, 271, 273n, 309, 314, 316, 317n, 323, 327-8, 337, 339, 354, 371-2, 374

Marat, J.-P., 96

Marmont, A. F. L. V. de, 295

Martinetti, C., 283n

Marx, J., 24, 54

Marx, K., 13, 15-7, 19-31, 33-45, 48-60, 61n, 63-7, 73n, 74-89, 92-5, 97-103, 105-6, 108-19, 122, 124-32, 133n, 134n, 136, 138-42, 144-57, 161-2, 165, 168-70, 172, 176, 178-9, 184, 189, 194-5, 200-1, 204, 208, 209n, 213, 222, 228-38, 241, 245-6, 248, 249n, 251-3, 255-8, 261-2, 266, 268n, 271, 275, 285-7, 290, 292, 297-300, 302-4, 306, 313, 316, 319, 322-3, 326, 329, 341-5, 348, 351-7, 359-65, 368, 370-72, 375-7

Marx-Aveling, E., 97, 313,

Mayer, A. J., 65, 173n, 235n, 290n

Mazie, D. M., 12n

Mazower, M., 188n

Menotti Serrati, G., 172

Metternich, K. W. von, 141

Mill, J. S., 31, 33, 46-8, 71-2, 76-7

Misra, A., 372n

Molnár, M., 23n

Monk, G., 294-5

Montesquieu, C.-L. de Secondat, barão de La Bréde, 298

More, T., 101, 300

Mosse, G. L., 65n

Mouffe, C., 170n

Mussolini, B., 192, 279, 315

Myrdal, G., 14

Naím, M., 284n

Napoleão I Bonaparte, imperador dos franceses, 124, 139, 155, 231-2, 291, 294, 317-21, 356

Napoleão III Bonaparte (Luís Carlos Napoleão), imperador dos franceses, 49, 122, 127, 143, 232-3, 356

Negri, A., 367n, 368

Nicolau I, czar da Rússia, 52, 141

Nietzsche, F., 33, 42, 47-8, 51, 56-7, 78, 80, 86-9, 116, 247, 298

Nkrumah, K., 325

Noah, T., 330n

Nolte, E., 165, 166n, 181n

Olusoga, D., 187n

Owen, R., 302

Pareto, V., 65, 171

Pascal, P., 198-201, 205, 246

Pasolini, P. P., 358

Pelletier, M., 197

Phillips, W., 55, 146

Pilsudski, J., 173

Piper, E., 187n

Platão, 353

Pomeranz, K., 73n, 215n

Popper, K., 66-7, 276

Prashad, V., 325n

Preston, P., 346n

Proudhon, P.-J., 25, 53, 121-4, 127, 142-3, 154, 283, 363-5

Radek, K. B., 174

Reagan, R. W., 276

ÍNDICE ONOMÁSTICO

Reich, R. B., 331n
Renan, E., 176
Rhodes, C., 177, 185-6
Richet, D., 201n
Roach, S., 338n
Robespierre, M. de, 38, 96, 110-1, 230, 291
Rodinson, M., 361n
Roosevelt, F. D., 288
Rostow, W. W., 322
Roth, J., 205, 242
Rousseau, J.-J., 54, 292
Rowan, C. T., 12n
Ruge, A., 75, 99

Saint-Simon, C.-H. de Rouvroy, conde de, 124
Scalfari, E., 277n
Schiller, J. C. F. von, 58-60
Schlesinger Jr., A. , 147n, 274n, 286n
Schoelcher, V., 124
Schreiber, G., 192n
Senghor, L., 359
Sieyès, E.-J., 95, 106
Sisci, F., 267n
Sismondi, J. C. L. S. de, 353, 355
Slotkin, R., 42n
Smith, A., 105, 147-8, 169, 329, 362-4
Snow, E., 182, 241n
Sócrates, 86-7
Soprani, A., 97n
Spencer, H., 62, 74-5, 108
Spengler, O., 308
Stalin, *pseudônimo de* I.V. Džugašvili, 174, 180, 195, 207-8, 213, 216, 261, 263-5, 273
Stefanoni, P., 354n
Stern, E., 335n
Stirner, M., 99
Stoddard, L., 318

Stuart, dinastia, 293-4
Sukarno, A., 325

Taine, H., 46, 51, 247, 298n
Talleyrand-Périgord, C.-M. de, 295
Tawney, R. H., 95n
Thurow, L., 284n
Timur (Tamerlão), 101, 351
Tirpitz, A. von, 65
Tito, *pseudônimo de* J. Broz, 273
Tkaciov, P., 124
Tocqueville, A. de, 41, 44-8, 50-1, 69-74, 77, 124, 232, 356-7
Todorov, T., 378n
Togliatti, P., 310, 311n
Trotski, L. D., 139, 172, 190-2, 200, 202, 205, 208, 243, 254, 259, 262-4, 331
Truman, H. S., 321
Tuchačevskij, M. N., 172
Tucholsky, K., 361
Turone, S., 12n
Tyler, P. E., 335n

Vogel, E. V., 268n
Voltaire, *pseudônimo de* F.-M. Arouet, 54

Walker, W., 42, 176
Wallace, M., 334
Weil, S., 213, 341-54, 358-9, 365-6, 368, 377
Wilkinson, W. J., 127n
Wilson, T. W., 321
Wollstonecraft, M., 32, 96
Woolf, V., 361

Zašulic, V., 145
Zinovev, A., 282n
Zinovev, G. E., 172-3
Žižek, S., 273n, 316-9, 326, 368

Exército Vermelho conquista Berlim, em 9 de maio de 1945, marcando o fim da Segunda Guerra Mundial.

Publicado em 2015, setenta anos após a vitória do Exército Vermelho sobre o nazismo – e também no ano em que se completaram quarenta anos da vitória do Vietnã sobre os EUA – este livro foi composto em Adobe Garamond Pro, corpo 11/14,3, e reimpresso em papel Avena 80 g/m² pela gráfica Rettec para a Boitempo, em agosto de 2021, com tiragem de 2.000 exemplares.